大學國文與應用文

黃連忠 編撰

萬卷樓圖書股份有限公司 印行

自序

十年前，筆者初次教授大學國文課程時，心中發願，希望編輯一本能按時代先後次序，又兼有文學作品賞析與哲學名著思維的教科書。十年來，人生風雨飄搖，流泊東西南北，如今九死一生，略得喘息間隙，子夜晨昏，一燈熒熒，終於編就這一本書，也是實現筆者十年來心中的一個夢想。

就全書體裁與目標而言，本書可以分爲上、下兩部，分別是前半部爲「大學國文選」，後半部爲「現代應用文與論文寫作綱要」，兩書本來分開出版，亦可自由選讀，並且有兩書合編在一起爲合訂本的「大學國文與應用文」。其中，或分或合，皆是希望爲讀者提供方便。至於兩書合編的原因，主要是著眼於「語文教育實用化」爲目標，設定爲今日工商業經濟社會形態的須求加以回應，同時不以「文學欣賞」或「應用文書」爲限，期望提供更爲寬廣的層次，包含以「生活應用」與「實用性質」的中文各式文書的書寫與表達爲課程教材的目標，企圖藉此課程與教材培養學生廣泛性的「說」（演講詮釋）、「聽」（溝通理解）、「讀」（語文閱讀）與「寫」（應用文書）等四大項進階性的語文整合能力，培養大學生在通識教育「國文」課程的基礎之上，得到更進一步與生活實用結合的開展。

就本書的選文標準與內容性質而言，共有三項：其一，以中國文學史上經典作品爲主軸，限於篇幅，精選代表性的作品爲主，選輯抒發性靈與情韻深切者，兼有詩歌（詩詞曲）、散文、駢文、傳記、雜劇與小說等；其二，以中國哲學名著的作品爲橫樑，希望在文學賞析之餘，亦有哲學思辨的訓練，因此不限學派流別，選有儒家的《易經》、《中庸》與道家的《老子》、《莊子》，以及釋家的經典名著如「天女散花」、「目連救母」與《六祖壇經》等；其三，本書爲增廣視野，跳脫傳統國文教材的窠臼，另選有勵志格言名著選讀的《菜根譚》，兵學思想名著選讀的《孫子兵法》與「禪宗公案」等，可爲修身處世與思想辯證的參考。

本書的體例，大致上可以概分爲「題解與作者」、「正文與註釋」及「問題與討論」等三大項。其中，作者的部分多半從略，因爲許多作者在學生上大學以前即已熟稔，本書就不再重複贅述。至於註釋部分，以簡註爲先，輔以注音，並未詳釋，主要還是因爲篇幅所限。在小說部分，亦不加註，讓讀者自行查閱相關工具書，也是教學訓練的一環。在問題討論部分，可以提供讀者進一步思維選文中的各種問題。筆者必須坦言，一個人編輯這一本書，確見才學困窘與能力有所不足的地方，若讀者見有體例前後不一致，或有錯謬之處，尚盼海涵與指正，是幸！

「語文教育」爲現代國民的基本素養，也是文化意識與現代教育潛移默化的必經途徑。透過語文的溝通，可以達成社會的和諧與進步的目標。然而，隨著時代的快速進步與變遷，過去以「文言文」爲主體的大學國語文教學內容，逐漸轉變爲以「實用性」爲導向的教育理念。換句話說，過去夾帶著「五千年文化」與「由上而下」的教學灌輸形式，固然可以深化大學生文化認知的層次，但也因爲不容易在生活中實用而形成一種「文化疏離」，不僅高深的文學或哲學的涵養不易取得，反而在基本的語文表達與溝通能力方面難以得到應有的訓練，特別是在今日以工商經濟爲導向的社會形態中，傳統的中文能夠提供什麼樣的服務呢？面對「走向世界」的通識教育體系中，「華語文」的訓練又能提供那些協助呢？雖說如此，筆者深思大學國語文的教育，還是要以「文言文」的研讀與訓練爲根柢，唯有深厚的國學素養，才能真正的深入而淺出，入乎其內於文化的深層涵蘊，現乎其外的煥發人文藝術的光華。

本書雖然蘊釀十載，然而編撰時間仍嫌倉促，加上學識有限，髮蒼齒搖，視力茫茫，必多有疏漏與謬誤之處，企盼博雅君子，不吝賜教，是爲至禱！

黃連忠　謹誌　二〇〇九年七月於桃園家中

目錄

【應用文】目錄

現代應用文篇

學術論文寫作綱要篇

第一課　《詩經》節選

【題解與作者】

《詩經》是中國現存最早的一部詩歌總集，內容主要是收集了從西周初年（約西元前十一世紀）至春秋中葉（約公元前六世紀）前後大約五百年間的詩歌，現在內容實存三百零五篇，另外六篇是有目無辭（有題目而無內容的是《南陔ㄍㄞ》、《白華》、《華黍》、《由庚》、《崇丘》與《由儀》等，故現存篇目有三百一十一篇）。《詩經》在先秦時期稱爲《詩》，或簡稱爲《詩三百》。到了漢代之後，《詩》被漢代朝廷正式奉爲經典之一，才出現《詩經》的名稱，並且沿用至今，也是儒家的重要經典之一。

《詩經》中的〈國風〉是指各諸侯國的地方歌謠（或有近代學者不認爲如此），其中佔大多數都是各地的民歌，也是《詩經》內容中最富於思想意義與藝術價值的菁華所在。〈國風〉則是包含了周南、召ㄕㄠˋ南、邶、鄘、衛、王、鄭、齊、魏、唐、秦、陳、鄶ㄎㄨㄞˋ、曹、豳ㄅㄧㄣ等十五地的諸侯國，在此共一百六十篇。〈雅〉是指當時西周王畿地區的雅樂正聲，又區分爲〈大雅〉三十一篇，其內容主要是諸侯朝會的歌辭；〈小雅〉有七十四篇，其內容主要是貴族宴享的歌辭。〈頌〉是指宗廟祭祀的舞曲歌辭，其中〈周頌〉有三十一篇，〈魯頌〉有四篇，〈商頌〉有五篇，合計共四十篇。本文則是選錄了〈關雎〉與〈毛詩大序〉等篇，以及補充了「詩經六義說」的內容。

〈關雎〉是《詩經》的首篇，主旨是寫才德出眾的男子思慕美好女子的感情。〈野有死麕〉是指一位打獵的男孩追求懷春少女的描寫，少女表示要男孩以禮相待而不能心急的情節。〈碩人〉一篇，原義是稱讚衛國莊姜美麗賢惠的姿貌，在此看出先秦的審美觀。〈將仲子〉則是描述含蓄的女子希望追求者要遵守禮節。〈綢繆〉是一篇賀人新婚的詩歌。〈桃夭〉主旨是祝賀女兒新婚，嫁到夫家而能夠使夫家歡樂和諧與多子多孫。〈毛詩大序〉是總論詩經的綱領。

一、〈關雎〉（《詩經．國風．周南》）

關關❶雎鳩❷，在河之洲❸。窈窕❹淑女❺，君子❻好逑❼。

參差❽荇菜❾，左右流❿之。窈窕淑女，寤寐⓫求之。

求之不得，寤寐思服⓬。悠哉⓭悠哉，輾轉反側⓮。

參差荇菜，左右采⓯之。窈窕淑女，琴瑟友之⓰。

參差荇菜，左右芼⓱之。窈窕淑女，鐘鼓樂之⓲。

❶關關：鳥類雌雄相和鳴聲。　❷雎鳩：鳥名。上體暗褐，下體白色。趾具銳爪，適於捕魚。據傳此鳥非常專情，有固定配偶。

❸洲：水中的陸地。　❹窈窕：嫻靜美好的樣子。窈窕，音ㄧㄠˇ ㄊㄧㄠˇ。　❺淑女：善良美好的女子。淑，或音ㄕㄨ，善良。

❻君子：在此指才德出眾的人。「君子」一詞，古有四義：除了才德出眾的人之外，其二是對統治者和貴族男子的通稱、其三是妻子對丈夫的尊稱或尊稱自己的父親，其四是對別人的敬稱，猶言現代對「先生」的稱呼。

❼好逑：善良美好的配偶。逑，音ㄑㄧㄡˊ，是指配偶的意思，《毛傳》：「逑，匹也。」。好，音ㄏㄠˇ，指善良美好的意思。好，或指女子貌美之意。淑女，古時稱婦女貞靜柔善，或是賢良美好、幽閒貞專的品貌。　❽參差：不整齊的樣子。參差，音ㄘㄣ ㄘ。

❾荇菜：多年生水生草本植物，葉呈對生圓形，嫩時可食，亦可入藥。荇，音ㄒㄧㄥˋ。　❿流：尋求、擇取的意思。

⓫寤寐：醒與睡。寤寐，音ㄨˋ ㄇㄟˋ。寤，是睡醒的意思。寐，是入睡的意思。　⓬思服：想念。服，思念的意思。

⓭悠哉：憂思與思念的意思。　⓮輾轉反側：形容心中有事，翻來覆去不能入睡。　⓯采：摘取的意思。采，同「採」字。

⓰琴瑟友之：彈奏琴瑟，以示心中愛意。琴瑟二字當動詞用，是指彈奏琴瑟的意思。友，指親近相愛的意圖。　⓱芼：擇取或選擇摘取的意思。芼，音ㄇㄠˋ。　⓲鐘鼓樂之：鐘鼓二字當動詞用，以為鳴鐘擊鼓，使對方歡樂的意思。

二、〈野有死麕〉（《詩經．國風．召南》）

野有死麕❶，白茅包之。有女懷春❷，吉士❸誘之。
林有樸樕❹，野有死鹿。白茅純束❺，有女如玉❻。
舒而脫脫❼兮，無感我帨❽兮。無使尨❾也吠。

❶麕：同「麇」，音ㄐㄩㄣ，獐鹿。　❷懷春：謂少女思慕異性。　❸吉士：「吉」古義為「結」字，指身體結實的男子，即今俗稱「猛男」。　❹樸樕：叢木、小樹。樸樕，音ㄆㄨˊ ㄙㄨˋ。　❺純束：纏束，包裹。純，音ㄊㄨㄣˊ。　❻有女如玉：容貌美麗的女人。　❼舒而脫脫：緩慢從容腳步輕的狀態。脫，音ㄊㄨㄟˋ。　❽帨：帨，音ㄕㄨㄟˋ，佩巾。古代女子出嫁時，母親所授。用以擦拭不潔。在家時掛在門右，外出時繫在身左。　❾尨：尨，音ㄆㄤˊ，狗。在《漢語大辭典中》註為「莫江切」，應唸成ㄇㄤˊ。

三、〈碩人❶〉節（《詩經．國風．衛》）

手如柔荑❷，膚如凝脂❸，領如蝤蠐❹，齒如瓠犀❺，螓首❻蛾眉❼，巧笑倩❽兮，美目盼❾兮。

❶碩人：身材修長高大的美人。碩，音ㄕˊ。　❷柔荑：荑，音ㄊㄧˊ，茅的嫩芽。柔軟而白的茅草嫩芽。
❸凝脂：脂，音ㄓ，油脂，脂肪，亦泛指動植物所含的油質。凝固的油脂。常用以形容潔白柔潤的皮膚或器物。
❹蝤蠐：蝤蠐，音ㄑㄧㄡˊ ㄑㄧˊ，天牛的幼蟲。色白身長，多比喻美女之頸。　❺瓠犀：瓠瓜的子。瓠，音ㄏㄨˋ，蔬類名，即瓠瓜。
❻螓首：指女子美麗的方廣如螓的額，形容女子貌美。螓，音ㄑㄧㄣˊ，蟬的一種。較小，色綠，方頭廣額，身有彩紋。
❼蛾眉：蠶蛾觸鬚細長而彎曲，因以比喻女子美麗的眉毛。　❽倩：笑容美好的樣子。　❾盼：眼睛黑白分明貌。

四、〈將仲子〉（《詩經．國風．鄭》）

將仲子❶兮，無踰我里❷，無折我樹杞❸。豈敢愛之？畏我父母。仲可懷❹也，父母之言，亦可畏也。

將仲子兮，無踰我牆，無折我樹桑❺。豈敢愛之？畏我諸兄。仲可懷也，諸兄之言，亦可畏也。

將仲子兮，無踰我園，無折我樹檀❻。豈敢愛之？畏人之多言。仲可懷也，人之多言，亦可畏也❼。

---

❶將仲子：將，請求，願望，希望。仲子，原是對兄弟中排行第二者的一種尊稱，亦可泛稱所有的男子，在此指該男子。

❷無踰我里：踰，音ㄩˊ，同「逾」，越過或超過的意思。里，毛傳：「里，居也。」高亨注：「里，廬也，即宅院。」

❸樹杞：杞，樹木名，杞柳，柳樹的一種。樹杞，指古時圍籬在房屋四周短矮的灌木叢。杞，音ㄑㄧˇ。

❹仲可懷：仲，指準備超越圍籬的男子，即前述的仲子。懷，指思戀、愛惜與思慕的意思。

❺樹桑：桑，樹木名。樹桑，指房屋四周的圍籬植物。　❻樹檀：檀，樹木名，指房屋四周的圍籬植物。

❼人之多言，亦可畏也：這是成語「人言可畏」的典故出處，說明古時婦女亦畏懼流言蜚語，可對照當今資訊媒體化世界情況。

五、〈綢繆〉（《詩經．國風．唐》）

綢繆❶束薪❷，三星在天❸。今夕何夕，見此良人❹？子兮子兮！如此良人何？

綢繆束芻❺，三星在隅❻。今夕何夕，見此邂逅❼？子兮子兮！如此邂逅何？

綢繆束楚❽，三星在戶❾。今夕何夕，見此粲者❿？子兮子兮！如此粲者何？

❶綢繆：綢繆，音ㄔㄡˊ ㄇㄡˊ，緊密纏縛的樣子。《毛傳》：「綢繆，猶纏綿也。」《孔穎達疏》：「以爲綢繆猶纏綿束薪之貌，言薪在田野之中，必纏綿束之，乃得成爲家用。」 ❷束薪：原指捆扎起來的柴木，在此比喻男女情意纏綿，好像柴薪綁在一起。

❸三星在天：三星，即是參星，又稱參宿，二十八星宿之一，即是獵戶座的七顆亮星，其中象徵腰帶的三顆亮星，亦可稱三星。三星在天，是指黃昏的時候，先秦古人舉行婚禮的時候，多在黃昏。在此也比喻年輕男女已到適婚的年齡，可以結婚了。

❹良人：指美人。或是古時女子對丈夫的稱呼。 ❺束芻：指捆草成束。 ❻隅：角落。隅，音ㄩˊ。

❼邂逅：指不期而遇，歡悅貌，音ㄒㄧㄝˋ ㄏㄡˋ。 ❽束楚：指捆荊成束。 ❾三星在戶：指已夜半。比喻男女已到適婚年紀。

❿粲者：指美女。在女子適婚的年紀，未婚男女相遇時，臉上自然會泛起一種光彩。粲，鮮明、美好、光亮的樣子。

六、〈桃夭〉（《詩經．國風．周南》）

桃之夭夭❶，灼灼其華❷。之子❸于歸❹，宜其室家。

桃之夭夭，有蕡其實❺。之子于歸，宜其家室。

桃之夭夭，其葉蓁蓁❻。之子于歸，宜其家人。

---

❶桃之夭夭：夭夭，柔嫩美盛貌。桃之夭夭，藉桃花盛開光彩美麗的樣子，形容即將結婚的女子，如同盛開的桃花。

❷灼灼其華：華，即是花的古字，音ㄏㄨㄚ。灼灼，明亮的樣子。在此指桃花盛開的花朵很多又明亮耀眼的樣子。

❸之子：這個人，指這個如桃花盛開的新婚女子。

❹于歸：女子出嫁。朱熹《詩集傳》：「婦人謂嫁曰歸」。古代女子以夫家爲真正的家，故出嫁就是回歸本來之家。

❺有蕡其實：蕡，音ㄈㄣˊ，草木果實繁盛碩大的樣子，蕡，大的意思。實，果實。指出嫁女子會多產孩子如桃花結實纍纍成桃子。

❻蓁蓁：形容草木茂盛的樣子。蓁，音ㄓㄣ。

七、〈毛詩大序〉

詩❶者，志之所之也。在心爲志，發言爲詩。情動於中❷而形於言，言之不足，故嗟歎❸之，嗟歎之不足，故永歌❹之，永歌之不足，不知手之舞之足之蹈之也。

情發於聲，聲成文❺，謂之音。治世之音安以樂，其政和。亂世之音怨以怒，其政乖❻。亡國之音哀以思，其民困。故正得失，動天地，感鬼神，莫近於詩。先王以是經❼夫婦，成孝敬，厚人倫，美教化，移風俗。

故詩有六義焉：一曰風❽，二曰賦❾，三曰比❿，四曰興⓫，五曰雅⓬，六曰頌⓭。上以風化下，下以風刺上，主文而譎諫⓮，言之者無罪，聞之者足以戒，故曰風。至於王道衰，禮義廢，政教失，國異政，家殊俗，而變風變雅⓯作矣。國史明乎得失之跡，傷人倫之廢，哀刑政之苛，吟詠情性，以風其上，達於事變而懷其舊俗者也。故變風發乎情，止乎禮義。發乎情，民之性也；止乎禮義，先王之澤也。是以一國之事，繫一人之本，謂之風；言天下之事，形四方之風，謂之雅。雅者，正也，言王政之所由廢興也。政有小大，故有小雅焉，有大雅焉。頌者，美盛德之形容，以其成功告於神明者也。是謂四始，詩之至也。

---

❶詩：詩是文學體裁的一種，凡是具有節奏、韻律的語言，而能反映生活抒發情感的文字。詩也是最爲精鍊的語言，有些可以口誦，有些可以歌唱，歷代的詩亦有演變，在近代有現代詩的發展。

❷中：內心的意思。 ❸嗟歎：亦作「嗟嘆」，嘆息的意思。嗟，音ㄐㄧㄝ。 ❹永歌：詠歌，歌唱的意思。

❺聲成文：聲音形成樂章的意思。　❻乖：指反常與謬誤的意思。　❼經：準則或倫理的意思。

❽風：指《詩經》中各地的民間歌謠，也是《詩經》中文學體裁的一種。

❾賦：指《詩經》中直述其事的表現手法，也是直接表達而無修飾的意思，在《詩經》中是創作方法的一種。

❿比：指《詩經》中類比譬喻的表現手法。　⓫興：指《詩經》中先言他物以引起所詠之詞的一種創作手法。

⓬雅：指《詩經》中朝廷宗廟的音樂，也是《詩經》中文學體裁的一種。

⓭頌：指《詩經》中祭祀時用的舞曲歌辭，也是《詩經》中文學體裁的一種。

⓮主文而譎諫：朱自清在《經典常談・詩經》說：「不直陳而用譬喻叫『主文』，委婉諷刺叫『譎諫』。」譎，音ㄐㄩㄝˊ。

⓯變風變雅：正風是指《詩經》國風中的《周南》、《召南》，除此之外尚有邶至豳等十三國風。清・馬瑞辰：《毛詩傳箋通釋・風雅正變說》：「變化下之名爲刺上之什，變乎風之正體，是謂變風。」正雅是《詩經》中正《小雅》、正《大雅》的統稱，與變雅相對。變雅，一般是指反映周政衰亂的作品。《詩經・小大雅譜》：「《大雅・民勞》、《小雅・六月》之後，皆謂之變雅。」

《詩經》六義說解釋對照表

	一般解釋	分類	學者考證	意義	孔穎達疏		劉勰《文心雕龍》	鍾嶸詩品序	朱熹		王夢鷗文學概論
風	民間歌謠	詩經的題材分類	各國的民間歌謠	表現的內容與方法	詩篇之異體	詩之成形			音樂之異	民俗歌謠之辭。	
雅	王室正樂		周王畿的歌曲							正樂之歌也。小雅是燕饗之樂；大雅是朝會之樂。	
頌	宗廟祭詩		廟堂祭祀的樂歌							宗廟之樂歌。	
賦	直舖其事	詩經的創作方法	敷陳其事直接敘述	創作的精神與原則	詩文之異辭	詩之所用	賦者，鋪也；鋪采摛文，體物寫志也。	直書其事，寓言寫物。	作法之異	敷陳其事而直言之者。	不用譬喻而直接表述作者的意象
比	指物譬喻		明顯的比喻				比者，附也。附理者，切類以指事。	因物喻志。		以彼物比此物也。	用類似的東西來說明原來的東西
興	借物起興		隱蔽的比喻				興者，起也。起情者，依微以擬義。	文已盡而意有餘。		先言他物以引起詠之辭也；引物以起吾意。	原意象引發繼起意象的傳達。

【問題與討論】

一、《詩經》成立的時代大約於何時？前後跨越的時間有多久？

二、《詩經》現存有多少篇目？有多少篇有目無辭？實存內容有多少篇？

三、《詩經》中的〈國風〉是指那些諸侯國的地方歌謠？

四、何謂「大雅」？何謂「小雅」？

五、〈關雎〉的主旨爲何？

六、〈野有死麕〉描寫何種主題？

七、〈碩人〉一篇描述了那些先秦時代對女子審美的標準，這一些又與現代審美觀有何不同？

八、〈將仲子〉的主旨爲何？你對「人言可畏」有何看法？

九、〈綢繆〉一篇的主旨爲何？你認爲現代女子適婚的年齡是多少？

十、〈桃夭〉主旨爲何？你期待的婚姻家庭生活氛圍又是如何？

十一、〈毛詩大序〉是總論詩經的綱領，其主旨與內容爲何？

十二、何謂「六義」？何謂「四始」？

十三、「六義」說的古代定義與現代學者的看法，有何異同？

第二課　《楚辭》節選

【題解與作者】

楚辭，原是興起於先秦戰國時期中國南方江淮流域楚國的詩歌形式。「楚辭」一詞，依據現存文獻的記載，最早是見於西漢初年的《史記》。《楚辭》作品中最具代表性作品的是屈原（約西元前三三九至二七八）的《離騷》，從漢代開始，《楚辭》成為屈原等人作品的總集名稱。漢代人有時簡稱其「辭」，或是連稱為「辭賦」，亦有用「騷」來代稱《楚辭》。楚辭最早淵源於中國江淮流域楚地的地方歌謠，多少受到《詩經》的某些影響，但是其主要內容成份，還是以南方民間的歌謠為主。此外，在屈原的影響之下，楚國後來也形成其他創作楚地民歌的作者。依據《史記》的記載，尚有宋玉、唐勒、景差等人。但是現存的《楚辭》總集中，主要還是以屈原與宋玉的作品為主。關於《楚辭》的藝術特徵，在宋代黃伯思《校定楚辭序》中曾說：「蓋屈宋諸騷，皆書楚語，作楚聲，記楚地，名楚物，故可謂之《楚辭》。」本文選錄了〈離騷〉節選、〈九歌．少司命〉與〈卜居〉等重要篇章。

〈離騷〉篇名的意義，古今以來諸家說法不一，司馬遷在《史記．屈原列傳》中說：「離騷者，猶離憂也。」，在班固〈離騷讚序〉中解釋為「遭憂」，也就是解釋為「遭遇憂患」。漢代王逸注：「離，別也；騷，愁也。言已放逐離別，中心愁思，猶陳直徑，以諷諫君也。」也就是說「離別愁思」的意思。

《楚辭．九歌》中的〈少司命〉是一種祭祀生育神靈的樂歌，這一首樂歌描繪了善良美麗與多情溫柔的少司命，呈現人神與音樂之間，相互關懷的深厚情感。另外從文學藝術的角度觀察，〈少司命〉這一篇作品的文字清新流暢，人物的形象活潑有趣，景物的敘述生動而細膩，其美學情境優美而幽深，具有高度的文學價值。

〈卜居〉原是指經過占卜的動作而選擇安居之地，其中「居」字是指「安處自居」的意思，借占卜住居來比喻如何安身立命而自處於混亂的人世。文中顯示一個具有道德良知與理想抱負的君子，面對汙濁政局與自我遭遇的愁思。

一、〈離騷〉節選

索❶藑茅❷以筳篿❸兮，命靈氛❹爲余占之。曰：「兩美其必合兮，孰信脩而慕之❺？恖❻九州❼之博大兮，豈唯是其有女❽？」曰：「勉遠逝❾而無狐疑❿兮，孰求美而釋女？何所獨無芳草兮，爾何懷乎故宇⓫？世幽昧⓬以眩曜⓭兮，孰云察余之善惡。民好惡其不同兮，惟此黨人其獨異。戶服艾⓮以盈要⓯兮，謂幽蘭其不可佩。覽察草木其猶未得兮，豈珵美之能當⓰？蘇糞壤以充幃⓱兮，謂申椒⓲其不芳！」欲從靈氛之吉占兮，心猶豫而狐疑。巫咸⓳將夕降兮，懷椒糈⓴而要之。百神翳㉑其備降兮，九疑繽其並迎。皇剡剡㉒其揚靈兮，告余以吉故。

---

❶索：探索尋求的意思。❷藑茅：一種多年生的蔓草，也就是名稱旋花的植物。生於田野之中，地下根莖可以蒸而食之，有甘甜的味道，今人用以釀酒和入藥。在此爲靈草的意思。藑茅，音ㄑㄩㄥˊ ㄇㄠˊ。❸筳篿：古代楚地人士占卜的一種特殊方法。筳篿，音ㄊㄧㄥˊ ㄓㄨㄢ。❹靈氛：古代善於占卜吉凶的占卜人，如現代高級靈媒或算命師。❺孰信脩而慕之：孰信是誰能相信的意思。脩是美好的意思，此句應解釋爲誰能相信美好而不會令人傾慕呢？❻恖：恖是「思」，音ㄙ。❼九州：古代劃分中國爲九州。❽豈唯是其有女：意思是難道這裡才有美好的淑女嗎？❾遠逝：遠行與遠去的意思。❿狐疑：指猜疑與懷疑的意思。

⓫故宇：原指舊居，引申爲故國或家鄉的意思。⓬幽昧：昏暗不明的意思。⓭眩曜：在此指惑亂迷惑。

⓮艾：植物名。其莖與葉皆可以作爲中藥，性溫而味苦，有祛寒與除濕、止血與活血及養血的各種功效。⓯盈要：要，指腰。引申爲將物品繫滿於腰部的意思。⓰珵美之能當：珵美是指美麗的玉器。珵，美玉的意思。當，指評價衡量的意思。珵，音ㄔㄥˊ。⓱幃：指佩帶的香囊。⓲申椒：香木的名稱。即是大椒。⓳巫咸：古代傳說之人，指占卜創始的神巫。

⓴椒糈：以椒香混拌精米製成的祭神食物。椒糈，音ㄐㄧㄠ ㄒㄩˇ。㉑翳：指隱藏。㉒剡剡：閃爍的樣子。剡，音ㄧㄢˇ。

二、〈九歌·少司命〉❶

秋蘭兮麋蕪❷，羅生兮堂下。綠葉兮素枝❸，芳菲菲兮襲予❹。夫人❺自有兮美子❻，蓀❼何以兮愁苦！秋蘭兮青青❽，綠葉兮紫莖❾。滿堂兮美人❿，忽獨與余兮目成⓫。入不言兮出不辭，乘回風兮載雲旗⓬。悲莫悲兮生別離，樂莫樂兮新相知。荷衣⓭兮蕙帶⓮，儵⓯而來兮忽而逝。夕宿兮帝郊⓰，君誰須兮雲之際？與女遊兮九河⓱，衝風至兮水揚波。與女沐兮咸池⓲，晞⓳女髮兮陽之阿⓴。望美人㉑兮未來，臨風怳㉒兮浩歌。孔蓋㉓兮翠旍㉔，登九天兮撫彗星㉕。竦㉖長劍兮擁幼艾㉗，蓀獨宜兮爲民正㉘。

---

❶少司命：依據《史記·天官書》的記載，「司命」爲斗魁戴匡六星之一，其功能是「主老幼」。在洪興祖《楚辭補注》中曾說：「司命，星名，主知生死，輔天行化，誅惡擴善也。」由此可以知道司命是主宰人類生死的神靈。清初王夫之的《楚辭通釋》中也說：「少司命則司人子嗣之有無。以其所司者嬰稚，故曰少。」有學者考證推論少司命應是一位女神。

❷麋蕪：一種香草的名稱。麋，音ㄇㄧˊ，通「蘼」，音ㄇㄧˊ。　❸素枝：此指無花的樹枝。亦有不同版本作「素華」，指白色的花。　❹芳菲菲兮襲予：芳，指芬芳的氣味。菲菲，指香氣濃郁。襲，是指侵襲、觸及與薰染的意思。予，指我。　❺夫人：指眾人或人人的意思。夫，音ㄈㄨˊ。　❻美子：指美好的子女。　❼蓀：一種香草的名稱。指稱少司命。蓀，音ㄙㄨㄣ。　❽青青：草木茂盛的樣子。青，在此音ㄐㄧㄥ。　❾紫莖：紫色根莖。　❿美人：此指美好的參與者。　⓫目成：通過眉目傳情的方式結成親好關係。　⓬雲旗：以天上雲爲旗。　⓭荷衣：古代傳說中用荷葉所製成的衣服，也指隱士高人的服裝。　⓮蕙帶：以香草所作的佩帶。　⓯儵：同「倏」，疾速的意思。儵，音ㄕㄨ。　⓰帝郊：指天上國度的郊野。　⓱與女遊兮九河：女，是汝，你的意思，音ㄖㄨˇ。九河，天上銀河。　⓲咸池：古代神話中以爲日浴之處。　⓳晞：曝曬乾，音ㄒㄧ。　⓴陽之阿：古代神話傳說中的山名，說明太陽初升時經過的地方。　㉑美人：指少司命。　㉒怳：心神不定失意貌，音ㄏㄨㄤˇ。　㉓孔蓋：以孔雀的羽毛裝飾的車蓋，泛指華麗車輛。　㉔翠旍：翠旍亦作「翠旌」，指以翡翠鳥羽毛製成的旌旗。旍，音ㄐㄧㄥ。　㉕彗星：即今彗星。　㉖竦：執持，音ㄙㄨㄥˇ。　㉗幼艾：艾，長也。幼，少也。　㉘民正：民眾的長官。正，長官主宰。

三、〈卜居〉

屈原既放[1]，三年不得復見。竭知[2]盡忠，而蔽鄣於讒[3]。心煩慮亂，不知所從。往見太卜[4]鄭詹尹，曰：「余有所疑，願因先生決之。」詹尹乃端策拂龜[5]，曰：「君將何以教之？」

屈原曰：「吾寧悃悃款款[6]，朴[7]以忠乎？將送往勞來[8]，斯無窮乎？寧誅鋤草茅，以力耕乎？將游大人[9]，以成名乎？寧正言不諱，以危身乎[10]？將從俗富貴[11]，以媮生[12]乎？寧超然高舉[13]，以保真[14]乎？將哫訾栗斯，喔咿儒兒[15]，以事婦人[16]乎？寧廉潔正直，以自清乎？將突梯滑稽[17]，如脂如韋[18]，以潔楹[19]乎？寧昂昂若千里之駒乎？將氾氾若水中之鳧[20]，與波上下，偷以全吾軀乎？寧與騏驥[21]亢軛[22]乎？將隨駑馬[23]之迹乎？寧與黃鵠[24]比翼乎？將與雞鶩[25]爭食乎？此孰吉孰凶？何去何從？世溷濁[26]而不清，蟬翼爲重，千鈞[27]爲輕；黃鐘[28]毀棄，瓦釜[29]雷鳴；讒人高張[30]，賢士無名。吁嗟默默兮，誰知吾之廉貞？」

詹尹乃釋策而謝[31]曰：「夫尺有所短，寸有所長[32]，物有所不足，智有所不明，數有所不逮，神有所不通。用君之心，行君之意，龜策誠不能知事。」

---

❶放：指流放，古代將犯罪之人放逐到邊疆地方。

❷知：同「智」，音ㄓˋ。

❸蔽鄣於讒：被讒言所蒙蔽。鄣，即障字。讒言，是指說壞話毀謗別人，亦指挑撥離間的壞話。讒，音ㄔㄢˊ。

❹太卜：古代掌管卜筮的官名。周代時屬春官，爲卜官之長。

❺端策拂龜：拿妥蓍草，指拭龜甲，表示虔誠的預備占卜的工作。策，指古代卜筮用的蓍ㄕ草。龜，指古代卜筮用的龜甲。

❻悃悃款款：悃悃，忠誠的樣子。款款，誠懇的樣子。悃，音ㄎㄨㄣˇ。

❼朴：同「樸」字，質樸的意思。

❽將送往勞來：將，「還是」的意思。送往勞來，指送往迎來，應酬客人，接送官員。勞，音ㄌㄠˋ。

❾游大人：游，指結交或交往。大人，指高官顯貴。

❿正言不諱，以危身乎：正言不諱，是說正直真實而不隱瞞的話。諱，指隱諱與隱瞞。諱，音ㄏㄨㄟˋ。危身，指危及於身。

⓫從俗富貴：指刻意的迎合流俗而追求富貴的意思。從俗，指順從時俗。

⓬媮生：媮，同「偷」字，音ㄊㄡ。媮生，指苟且求生，無所作為與無所追求的生活。

⓭超然高舉：超然，指高超出眾或遠離世俗的意思。高舉，指行為超出凡俗的範圍。

⓮保真：指保全一個人純真的本性或天性。

⓯哫訾栗斯，喔咿儒兒：哫訾，指阿諛奉承逢迎的意思，音ㄗㄨˊ ㄗˇ。栗斯，刻意討好獻媚的樣子，音ㄌㄧˋ ㄙ。栗，同慄字。喔咿，指獻媚而勉強迎笑的樣子，音ㄨㄛ ㄧ。儒兒，指強顏歡笑的樣子，音ㄖㄨˊ ㄋㄧˊ。這兩句是形容刻意迎合的醜陋形態。

⓰婦人：依據朱熹注，在此指楚懷王寵姬鄭袖，可能當時權臣刻意奉承並賄賂金銀財寶討好而保固其權位，這一現象古今皆然。

⓱突梯滑稽：突梯，圓滑的樣子。滑稽，形容圓轉而隨順流俗的態度，音ㄍㄨˇ ㄐㄧ。突梯滑稽，指刻意委婉順從而圓滑庸俗。

⓲如脂如韋：表示心態如同油脂般滑溜，行為如同牛皮般柔軟。韋，指去毛而經過反覆整理好的獸皮而成為柔軟的皮革，音ㄨㄟˊ。

⓳潔楹：楹，指廳堂的前柱。楹，音ㄧㄥˊ。指清潔楹柱而顯示其迎合世俗，重視表面工夫。

⓴氾氾若水中之鳧：氾氾，指漂浮或浮行的樣子。氾，同泛字。鳧，指野鴨，其形狀如家鴨但略小，傳說肉味甚美。鳧，音ㄈㄨˊ。

㉑騏驥：指駿馬，音ㄑㄧˊ ㄐㄧˋ。

㉒亢軛：軛，指牛馬牽拉物件時架在脖子上的器具。亢，同「伉」，並也。亢軛，指並駕齊驅，音ㄎㄤˋ ㄜˋ。

㉓駑馬：指劣馬。

㉔黃鵠：鵠，通稱天鵝，音ㄏㄨˊ。類似雁而較大，頸長，飛翔高度甚高，羽毛潔白，亦有黃、紅、黑色者。黃鵠，指黃天鵝，在此比喻賢士高才的人。

㉕鶩：指家鴨。鶩，音ㄨˋ。

㉖溷濁：指混亂污濁的樣子。溷濁，音ㄏㄨㄣˋ ㄓㄨㄛˊ。

㉗千鈞：古代以三十斤爲一鈞，千鈞即是三萬斤。常用來比喻形容器物的重量或是力量之大。

㉘黃鐘：古代作「黃鍾」，古樂的十二調之一。十二調分爲陽律六：黃鐘、太簇ㄘㄨˋ、姑洗ㄒㄧˇ、蕤ㄖㄨㄟˊ賓、夷則、無射；陰律六：大呂、夾鐘、中呂、林鍾、南呂、應鐘。共爲十二律。黃鍾爲陽律之首，聲音宏亮，適合並用於古代廟堂大鐘之律。

㉙瓦釜：本指古代製作簡單的樂器，後來比喻粗俗的音樂或是平庸的事物。

㉚高張：指居高位而跋扈囂張的樣子。

㉛謝：指辭謝之意。

㉜尺有所短，寸有所長：指在各種不同的情況，不能單純的用外在形式衡量。

【問題與討論】

一、《楚辭》成立的時代大約於何時？形成的背景又是如何？

二、楚辭的藝術特徵爲何？請以本課所選篇章加以說明。

三、何謂「離騷」？

四、古代楚地爲何會重視「靈氛」、「太卜」的功能或角色，其文化背景爲何？

五、何謂「悲莫悲兮生別離，樂莫樂兮新相知」？你對「生別離」與「新相知」的看法如何？

六、屈原懷抱著高遠的理想，卻在現實的生活中受到誹謗與挫折，如果你是屈原，你會如何自處？

七、你相信占卜或算命嗎？如何能夠建立正確客觀與科學的人生觀？

第三課　先秦兩漢文選

【題解與作者】

《周易》是中國古代智慧結晶的重要典籍，非一人一時所作，而是經過一段長時間眾人的努力而成。歷代的儒家學者，皆尊此經爲「群經之首」。上至帝王將相，下至風水算命，都奉此經爲至高無上的經典。《周易》本是占筮之書，但是內含揭示萬事萬物變化規律的人生哲學，甚至爲近代數學、物理學與天文學等各種哲學範疇的學科研究的對象。

《周易》無疑的是一部重要的哲學典籍，透過直觀的卦畫與具象的天地山水，以及爻畫不同位置的安排，顯示任何事物轉變的規律，以及啓發吾人如何自處於吉凶禍福之中，做出適宜的舉措與調適的心情與準備。

《周易》的組成是由「爻」開始，所謂爻，或稱畫，分爲陽爻⚊與陰爻⚋，陽爻以九稱之，陰爻以六稱之，每卦爲三爻，由下而上，排列組合後形成八卦，三爻之八卦，兩兩相疊，形成六十四卦，其中一卦皆有六爻，而分爲上三爻的上卦或稱外卦，下三爻稱爲下卦或稱內卦。六十四卦各有卦名（見附錄），卦形之後爲卦辭，揭示全卦的總義。卦辭之後爲爻辭，從初爻開始，解釋每一爻的爻義。另外《易傳》，其內容是儒家學者對《周易》所作的各種解釋。

本課另選司馬談的〈論六家要指〉一文。司馬談（？至西元前一一〇年），爲西漢著名史學家司馬遷的父親，在漢武帝建元、元封年之間擔任太史令，他是一位具有多方面淵博學問的學者，他在〈論六家要旨〉中，對春秋戰國以來的諸子學派，明確的標列出陰陽、儒、墨、名、法與道家等六家的學派名稱，並且給予簡要的評論。由於西漢初年經過文景之治，崇尚黃老道德之學，所以完全肯定道家的思想並給予最高的地位，然而對於其他五家則有褒有貶，但整體而論，尚稱允當，並且對後世的影響極大，從〈漢書藝文志諸子略序〉一文中，即可明白兩文立論的差異，本課限於篇幅，未及收錄，敬請讀者自行參酌閱讀。

一、〈易經．乾卦．坤卦〉節選

乾䷀　乾為天　乾上　乾下

〈卦辭〉乾[1]：元[2]、亨[3]、利[4]、貞[5]。

〈爻辭〉初九[6]，潛龍[7]勿用。九二，見[8]龍在田[9]，利見大人[10]。九三，君子[11]終日[12]乾乾[13]，夕惕若[14]，厲[15]无咎[16]。九四，或躍在淵[17]，无咎。九五[18]，飛龍在天，利見大人。上九[19]，亢[20]龍有悔[21]。用九[22]，見[23]群龍无首，吉[24]。

〈彖〉[25]曰：大哉乾元[26]！萬物資[27]始，乃統[28]天。雲行雨施，品[29]物流[30]形。大明[31]終始，六位[32]時成[33]，時乘六龍[34]以御天。乾道[35]變化，各正性命[36]，保合大和[37]，乃利貞。首出庶物[38]，萬國[39]咸[40]寧。

〈象〉[41]曰：天行健[42]，君子以自強不息。

坤䷁　坤為地　坤上　坤下

〈卦辭〉坤[43]：元、亨、利牝馬[44]之貞。君子有攸[45]往，先迷後得主[46]，利。西南得朋，東北喪朋[47]。安貞[48]吉。

〈彖〉曰：至[49]哉坤元，萬物資生，乃順承天。坤厚載物，德合無疆[50]。含弘[51]光大，品物咸亨。牝馬地類，行地無疆，柔順利貞。君子攸行，先迷失道，後順得常[52]。西南得朋，乃與類行；東北喪朋，乃終有慶[53]。安貞之吉，應地無疆。

❶乾：卦名，下卦與上卦都爲乾。乾以象天，卦義爲健，具陽剛的性質。❷元：始善也，根源也，是以陽剛之氣生養萬物。❸亨：通順也，通達無阻之象。❹利：和也，和諧有利的意思，是指乾卦陽剛之氣對萬物和諧相處能夠得到利益的意思。❺貞：正也，貞正堅固，守持正道。❻初九：本爻爲乾卦最下一畫，《周易》每一卦的六爻，皆是由下而上所畫的爻所組成，分爲初、二、三、四、上等。《周易》卜筮，以九爲陽，以六爲陰。乾卦初爻，稱爲初九。爻，音ㄧㄠˊ。❼潛龍：潛伏於下的龍，以龍比喻君子剛健之德。潛，音ㄑㄧㄢˊ。❽見：同「現」字，音ㄒㄧㄢˋ。❾田：田野的意思。❿大人：指具道德而居上位的君子。⓫君子：指具道德而居上位的人。⓬終日：終日，整天。⓭乾乾：重疊的卦名，顯示剛健不息的意思。⓮夕惕若：即使到黃昏晚上仍然戒慎警惕。⓯厲：指危險。⓰无咎：咎，指災難、罪過、過錯等概念，無咎即避免災禍。⓱淵：水深流處，比喻龍將要離淵高飛。⓲九五：《周易》中的第五爻是上卦的中位，這也是君王之位，也是吉祥的尊位，在六爻之中，被視爲是最好的位置。由於初、三、五爻爲奇，應爲陽位；二、四、六爻，爲偶，應爲陰位，所以陰爻居陰位，或是陽爻居陽位，就被視爲「得正」或「當位」，符合正道。⓳上九：第六爻的陽爻，稱爲「上九」。⓴亢：極處義。㉑悔：過失、災禍或悔恨，這是由於物極必反與盛極必衰的道理。㉒用九：在《周易》六十四卦裡，只有乾坤兩卦，在六爻外，還有「用九」與「用六」的情況，這是與筮法有關。㉓見：同「現」，出現的意思。㉔吉：由於群龍無首，彼此互相尊重，反而達到和諧的境界。㉕彖：音ㄊㄨㄢˋ，斷也，統論與斷定一卦之義。㉖乾元：孔穎達疏：「乾是卦名，元是乾德之首。」說明乾卦象徵陽剛之氣，是天地萬物的本元。㉗資：依靠與憑藉。㉘統：率領的意思。㉙品：指類別。㉚流：變化。㉛大明：指太陽的宇宙光明。㉜六位：指乾卦的六爻。㉝時成：說明按時位而組成。㉞六龍：乾卦六爻，皆取象於龍，所以稱六龍。㉟乾道：指乾卦的法則。㊱各正性命：得其天命的意思。㊲保合大和：指陰陽和諧與會合之義。㊳庶物：萬物。㊴萬國：指天下宇宙。㊵咸：全部。㊶〈象〉：在《周易》中的〈象〉辭是解釋卦象爻象的文辭。㊷天行健：乾卦象徵太陽，周行不息，強調積極進取的精神。㊸坤：上下卦皆爲陰爻，其象是地，其義爲順。㊹牝馬：雌馬，牝音ㄆㄧㄣˋ。㊺攸：所也。㊻先迷後得主：指坤的柔順，應順從才好。㊼喪朋：東北爲陰，陰陽要和諧。㊽安貞：安順貞正義。㊾至：極至。㊿無疆：無限時間與空間。51弘：大。52常：恆久。53慶：指喜慶。

二、司馬談〈論六家要指[1]〉

太史公[2]學天官[3]於唐都，受《易》於楊何，習道論於黃子。太史公仕於建元、元封[4]之間，愍學者之不達其意而師悖[5]，乃論六家之要指曰：

易大傳[6]：「天下一致而百慮，同歸而殊塗。」夫陰陽[7]、儒、墨、名、法、道德，此務爲治者也，直所從言之異路[8]，有省不省耳。嘗竊觀陰陽之術，大祥而衆忌諱[9]，使人拘而多所畏；然其序四時之大順，不可失也。儒者博而寡要[10]，勞而少功，是以其事難盡從；然其序君臣父子之禮，列夫婦長幼之別，不可易也。墨者儉而難遵，是以其事不可偏循；然其彊本節用[11]，不可廢也。法家嚴而少恩；然其正君臣上下之分，不可改矣。名家使人儉而善失真[12]；然其正名實，不可不察也。道家使人精神專一，動合無形，贍足萬物[13]。其爲術也，因陰陽之大順，采儒墨之善，撮名法之要[14]，與時遷移，應物變化，立俗施事，無所不宜，指約而易操，事少而功多。儒者則不然。以爲人主天下之儀表也，主倡而臣和，主先而臣隨。如此則主勞而臣逸。至於大道之要，去健羨，絀聰明[15]，釋此而任術。夫神大用則竭，形大勞則敝。形神騷動，欲與天地長久，非所聞也。

夫陰陽四時、八位、十二度、二十四節[16]，各有禁忌，各有教令，順之者昌，逆之者不死則亡，未必然也，故曰「使人拘而多畏」。夫春生夏長，秋收冬藏，此天道之大經也，弗順則無以爲天下綱紀，故曰「四時之大順，不可失也」。

夫儒者以六藝[17]爲法。六藝經傳以千萬數，累世不能通其學，當年不能究其禮，故曰「博而寡要，勞而少功」。若夫列君臣父子之禮，序夫婦長幼之別，雖百家弗能易也。

墨者亦尙堯舜道，言其德行曰：「堂高三尺，土階三等，茅茨不翦，采椽不刮[18]。食土簋，啜土刑[19]，糲粢之食，藜藿之羹[20]。夏日葛衣，冬日鹿裘[21]。」其送死，桐棺[22]三寸，舉音不盡其哀。教喪禮，必以此爲萬民之率。使天下法若此，則尊卑無別也。夫世異時移，事業不必同，故曰「儉而難遵」。要曰彊本節用，則人給家足之道也。此墨子之所長，雖百長弗能廢也。

法家不別親疏，不殊貴賤，一斷於法，則親親尊尊[23]之恩絕矣。可以行一時之計，而不可長用也，故曰「嚴而少恩」。若尊主卑臣，明分職不得相踰越[24]，雖百家弗能改也。

名家苛察繳繞[25]，使人不得反其意，專決於名而失人情，故曰「使人儉而善失真」。若夫控名責實[26]，參伍不失[27]，此不可不察也。

道家無爲，又曰無不爲，其實易行，其辭難知。其術以虛無爲本，以因循爲用。無成勢，無常形，故能究萬物之情。不爲物先，不爲物後，故能爲萬物主。有法無法，因時爲業；有度無度，因物與舍。故曰「聖人不巧，時變是守」。虛者道之常也，因者君之綱」也。羣臣並至，使各自明也。其實中其聲者謂之端，實不中其聲者謂之窾[28]。窾言不聽，姦乃不生，賢不肖自分，白黑乃形。在所欲用耳，何事不成。乃合大道，混混冥冥[29]。光燿天下，復反無名。凡人所生者神也，所託者形也。神大用則竭，形大勞則敝，形神離則死。死者不可復生，離者不可復反，故聖人重之。由是觀之，神者生之本也，形者生之具也。不先定其神形[30]，而曰「我有以治天下[31]」，何由哉？

❶要指：同「旨」，旨意與意向的意思。要指，同要旨，指主要的旨趣與意思。

❷太史公：漢代司馬談爲太史令，其子司馬遷繼任，《史記》中皆稱爲「太史公」。太史公爲漢代官名，一說漢武帝時設置，因其位在丞相之上，而與三公相等，故稱太史公。另一說太史令掌天文圖書等職，古代主天官者皆爲上公，故沿用舊名而稱之。

❸天官：古代官名。《周禮》分設六官，以天官冢宰居於首位，總御百官。在此指天文天象之學。

❹建元元封：漢武帝是中國第一個使用年號的皇帝，建元元封皆爲其年號。

❺悖：昏亂與惑亂的意思。悖，音ㄅㄟˋ。

❻易大傳：《周易》的其中一部分。解釋經典爲「傳」。《易傳》亦稱《十翼》。其中包括了〈彖傳〉上下篇、〈象傳〉上下篇、〈繫辭〉上下篇、〈文言〉、〈序卦〉、〈說卦〉、〈雜卦〉。內容是儒家學者對《周易》所作的各種解釋。文中所引內容出自〈繫辭〉。

❼陰陽：原指宇宙間貫通人事及物質的兩大對立面，在此指學派名稱。

❽直所從言之異路：指各家所言立論的進路不同。

❾大祥而衆忌諱：大者，太也，音ㄊㄞˋ。祥，同詳，細密周全的意思。忌諱，避忌與顧忌的意思。在此指陰陽家有太多過於細密周全而使衆人感受到顧忌的吉凶之說。

❿博而寡要：要，音ㄧㄠ，精深微妙的意思。在此指儒家的學問廣博而較少精深微妙的義理。由於西漢初年崇尚黃老道德之說，所以對儒家思想還有負面的看法。

⓫彊本節用：彊，同強字。音ㄑㄧㄤˊ，強盛與強大的意思。彊本，重視農桑之事。節用，節省各種生活費用，崇尚節儉之風。

⓬名家使人儉而善失真：儉，薄少簡略，通簡字。善失真，失去事物真實的相貌。名家以簡略的論證，不容易讓人明白真相。

⓭贍足萬物：贍，音ㄕㄢˋ，充足豐富，亦可解爲澹，澹在此音ㄕㄢˋ，供給充裕。贍足萬物，即是滿足萬物變化的需要。

⓮采儒墨之善，撮名法之要：采，即採字，采擇選取。撮，音ㄘㄨㄛ，摘取攝取。指道家攝取選擇了儒、墨、名、法各家的優點。

⓯去健羨，絀聰明：健羨，指貪欲。絀，音ㄔㄨˋ，排斥與廢除。此句指道家要人去掉剛強與貪欲，放棄聰明技巧。

⓰四時、八位、十二度、二十四節：四時，指春夏秋冬。八位，指八卦之位，乾、兌、離、震、巽、坎、艮、坤。十二度，中國古代爲觀測日、月、五星的位置及其運動，把黃赤道帶自西向東劃分成爲十二個部分，就稱爲十二度，亦有稱爲十二月之

說。二十四節，即是二十四節氣，古代曆法，依據太陽在黃道上的位置，就將一年劃分成為二十四節氣。其名稱是：立春、雨水、驚蟄、春分、清明、穀雨、立夏、小滿、芒種、夏至、小暑、大暑、立秋、處暑、白露、秋分、寒露、霜降、立冬、小雪、大雪、冬至、小寒與大寒等。

⑰六藝：指古代教育學生必修的六種科目。《周禮・地官・大司徒》：中說：「六藝：禮、樂、射、御、書、數。」

⑱茅茨不翦，采椽不刮：茨，音ㄘˊ，以茅草或蘆葦等蓋屋。椽，音ㄔㄨㄢˊ，指放在架屋與屋瓦上的條木。用茅草蓋屋而不修整，用便宜的木頭做木條而不刮削，表示墨家的節儉。

⑲食土簋，啜土刑：簋，音ㄍㄨㄟˇ，古代裝盛黍稷的器皿。啜，音ㄔㄨㄛˋ，食飲。刑，音ㄒㄧㄥˊ，通鉶字，指盛羹的器皿。

⑳糲粢之食，藜藿之羹：糲粢，音ㄌㄧˋ ㄗ，指粗惡的飯食。藜藿，音ㄌㄧˊ ㄏㄨㄛˋ，藜菜與藿葉，亦泛指粗劣的飯菜。

㉑夏日葛衣，冬日鹿裘：葛衣，用便宜的葛布所製成的夏衣。鹿裘，指鹿皮所做的大衣，古代常用為喪服與隱士的服裝。

㉒桐棺：用桐木做的棺材，因為其質地樸素，因此表示這是薄葬，類似今日的環保葬。

㉓親親尊尊：親愛自己的親人與尊重長輩的意思。第一個親與尊，皆作動詞解釋。

㉔明分職不得相踰越：分，音ㄈㄣˋ，分際。踰，音ㄩˊ，同逾，超過的意思。此句說明確的知道自己的名份與職守而不能超越。

㉕苛察繳繞：苛察，以煩瑣與苛刻為明察的態度。繳繞，指以繁複說理行文，或以其他問題對事情的過度解釋而糾纏不清。

㉖控名責實：引名以求實，循名以求實。控，駕馭，依據。

㉗參伍不失：指名家習慣採用交互錯雜與錯綜比較的論證方法而加以驗證。

㉘窾：窾，音ㄎㄨㄢˇ，空虛。

㉙混混冥冥：混混，指陰陽二氣混沌未分與純樸未散的原始狀態。冥冥，昏暗不明的樣子。

㉚不先定其神形：不先安定自己的精神與形體。

㉛我有以治天下：我有學說理論可以治理天下。

附錄：六十四卦表

上／下	☰ 乾（天）	☱ 兌（澤）	☲ 離（火）	☳ 震（雷）	☴ 巽（風）	☵ 坎（水）	☶ 艮（山）	☷ 坤（地）
☰ 乾（天）	䷀ 1 乾爲天	䷪ 43 澤天夬	䷍ 14 火天大有	䷡ 34 雷天大壯	䷈ 9 風天小畜	䷄ 5 水天需	䷙ 26 山天大畜	䷊ 11 地天泰
☱ 兌（澤）	䷉ 10 天澤履	䷹ 58 兌爲澤	䷥ 38 火澤睽	䷵ 54 雷澤歸妹	䷼ 61 風澤中孚	䷻ 60 水澤節	䷨ 41 山澤損	䷒ 19 地澤臨
☲ 離（火）	䷌ 13 天火同人	䷰ 49 澤火革	䷝ 30 離爲火	䷶ 55 雷火豐	䷤ 37 風火家人	䷾ 63 水火既濟	䷕ 22 山火賁	䷣ 36 地火明夷
☳ 震（雷）	䷘ 25 天雷無妄	䷐ 17 澤雷隨	䷔ 21 火雷噬嗑	䷲ 51 震爲雷	䷩ 42 風雷益	䷂ 3 水雷屯	䷚ 27 山雷頤	䷗ 24 地雷復
☴ 巽（風）	䷫ 44 天風姤	䷛ 28 澤風大過	䷱ 50 火風鼎	䷟ 32 雷風恒	䷸ 57 巽爲風	䷯ 48 水風井	䷑ 18 山風蠱	䷭ 46 地風升
☵ 坎（水）	䷅ 6 天水訟	䷮ 47 澤水困	䷿ 64 火水未濟	䷧ 40 雷水解	䷺ 59 風水渙	䷜ 29 坎爲水	䷃ 4 山水蒙	䷆ 7 地水師
☶ 艮（山）	䷠ 33 天山遯	䷞ 31 澤山鹹	䷷ 56 火山旅	䷽ 62 雷山小過	䷴ 53 風山漸	䷦ 39 水山蹇	䷳ 52 艮爲山	䷎ 15 地山謙
☷ 坤（地）	䷋ 12 天地否	䷬ 45 澤地萃	䷢ 35 火地晉	䷏ 16 雷地豫	䷓ 20 風地觀	䷇ 8 水地比	䷖ 23 山地剝	䷁ 2 坤爲地

【問題與討論】

一、《周易》這本書的性質爲何？何謂八卦？何謂六十四卦？這本書對你的啓發爲何？

二、〈論六家要指〉形成的時代背景爲何？各家學派的優缺點又如何？

三、請任擇〈論六家要指〉中的任何一家，深入說明自己的看法與評論。

第四課 《老子》節選

【題解與作者】

《老子》，先秦道家的根本典籍，又名《道德經》，此書分爲上、下兩篇，上篇爲第一至三十七章，下篇爲第三十八至八十一章，總共爲八十一章，約五千餘字。後人因此稱上篇爲《道經》，下篇爲《德經》，合稱《道德經》。傳說爲老聃所撰，老聃姓李，名耳，字伯陽，謚曰聃。據《史記》記載爲楚國苦縣人（今河南鹿邑），約生於春秋後期，比孔子年紀略長，曾經擔任周王室的柱下史官，掌管朝廷王室圖籍。在《史記》與其他相關典籍中記載有「孔子問禮於老聃」或是「孔子學於老聃」的說法，可見老聃確有其人，至於是否爲《老子》的作者，古今學者有不同的看法。此外，有關於《老子》的版本問題，魏晉以來流傳甚廣的傳本是王弼註本與河上公註本，後代屢有校訂，清末於敦煌石室中，發現了六朝與唐代的寫本殘卷。另外，在一九七三年十二月的長沙馬王堆漢墓的出土文物中，發現了漢初抄寫的帛書《老子》甲、乙本，這是《老子》一書目前所見最古的抄本。

《老子》一書，內容精深玄妙，不僅在哲學思想上揭示無爲自然的宇宙人生觀，在文學上亦具有生動辭彙的敘述。特別是論證哲學的本體與現象的作用，使用了許多象徵及比喻，說明道體是無爲自然的空虛，道體的作用與修行工夫是以「柔弱」、「無欲」、「無爲」爲方法，從有無相對說明萬事萬物依存的關係，積極的去除人爲的主觀與貪欲，也從相反的方向作用思考，因此《老子》哲學的觀點，往往與世俗追求名利富貴的想法是相反的。這部書對後世的影響極大，在儒釋兩家以外，經常爲政治思想家所運用，對法家思想亦有啓迪之功，是爲吾人必讀的一部重要經典。

〈第一章〉道可道，非常道；名可名，非常名。無，名天地之始；有，名萬物之母。故常無，欲以觀其妙；常有，欲以觀其徼❶。此兩者，同出而異名，同謂之玄，玄之又玄，衆妙之門。

❶徼：邊際或端倪的意思，音ㄐㄧㄠˋ。

〈第二章〉天下皆知美之爲美，斯惡已；皆知善之爲善，斯不善已。故有無相生，難易相成，長短相形，高下相傾，音聲相和，前後相隨。是以聖人處無爲之事，行不言之教。萬物作焉而不辭，生而不有，爲而不恃❶，功成而不居。夫唯弗居，是以不去。

❶恃：依賴或憑藉的意思。

〈第三章〉不尙賢，使民不爭；不貴難得之貨，使民不爲盜；不見可欲，使民心不亂。是以聖人之治：虛其心，實其腹，弱其志，強其骨。常使民無知無欲，使夫智者不敢爲也。爲無爲，則無不治。

〈第四章〉道沖❶，而用之或不盈。淵兮❷似萬物之宗。挫其銳，解其紛，和其光，同其塵。湛兮似或存。吾不知誰之子？象❸帝❹之先。

❶道沖：沖，通「盅」，音ㄓㄨㄥ，空虛的意思。道沖，指道的本體是空虛無邊的。
❷淵兮：指如水淵的深不可測。
❸象：好像。
❹帝：指創造宇宙的造物者。

〈第五章〉天地不仁，以萬物爲芻狗❶；聖人不仁，以百姓爲芻狗。天地之間，其猶橐籥❷乎。虛而不屈，動而愈出。多言數窮，不如守中。

❶芻狗：指古代祭祀時用草扎成的狗，以爲祭祀之用。　❷橐籥：古代冶煉時鼓風吹火的裝置，類似現今風箱。音ㄊㄨㄛˊ ㄩㄝˋ。

〈第七章〉天長地久。天地所以能長且久者，以其不自生，故能長生。是以聖人後其身而身先，外其身而身存。非以其無私邪？故能成其私。

〈第八章〉上善若水。水善利萬物而不爭，處衆人之所惡❶，故幾於道。

❶惡：討厭或憎恨，音ㄨˋ。

〈第九章〉持而盈之，不如其已。揣而銳之❶，不可長保。金玉滿堂，莫之能守。富貴而驕，自遺其咎。功成身退，天之道。

❶揣而銳之：揣，音ㄓㄨㄟ，捶擊。銳，指鋒利與銳利。揣而銳之，是指故意捶擊或表現銳利，顯露鋒芒而已。

〈第十章〉載營魄❶抱一，能無離乎？專氣致柔，能嬰兒乎？滌除❷玄覽❸，能無疵❹乎？愛國治民，能無爲乎？天門開闔，能爲雌乎？明白四達，能無知乎？

❶營魄：即魂魄。　❷滌除：清除洗去。　❸玄覽：指人的內心與知見。　❹疵：引申爲缺點與過失。疵，音ㄘ。

〈第十一章〉三十輻，共一轂❶，當其無，有車之用。埏埴❷以爲器，當其無，有器之用。鑿戶牖❸以爲室，當其無，有室之用。故有之以利，無之以爲用。

❶三十輻，共一轂：輻，指車輪上湊集於中心轂上的直木。轂，音ㄍㄨˇ，位於車輪中心的部位，其周圍與車輻的另一端相接，中間有圓孔而用以插軸的裝置。此句形容萬事爲有而以「無」爲中心而得以運轉。 ❷埏埴：指和泥製作陶器。埏，以水和土。埴，土也。埏埴，音ㄕㄢ ㄓˊ。 ❸戶牖：門窗。牖，音ㄧㄡˇ。

〈第十二章〉五色令人目盲；五音令人耳聾；五味令人口爽；馳騁畋獵，令人心發狂；難得之貨，令人行妨。

〈第十三章〉寵辱若驚，貴大患若身。何謂寵辱若驚？寵爲上，辱爲下。得之若驚，失之若驚，是謂寵辱若驚。何謂貴大患若身？吾所以有大患者，爲吾有身。及吾無身，吾有何患！故貴以身爲天下，若可寄天下；愛以身爲天下，若可託天下。

〈第十五章〉古之善爲道者，微妙玄通，深不可識。夫唯不可識，故強爲之容：豫兮若冬涉川❶，猶兮若畏四鄰❷，儼兮其若客❸，渙兮若冰之將釋❹，敦兮其若樸，曠兮其若谷，渾兮其若濁。孰能濁以靜之徐清。孰能安以動之徐生。保此道者，不欲盈。夫唯不盈，故能蔽而新成。

❶豫兮若冬涉川：指修行者立身行事猶豫謹慎，如同冬天走過淺薄的冰面，戒慎恐懼。豫，猶豫。
❷猶兮若畏四鄰：指修行者時時注意言行，就如同害怕四邊的鄰居窺伺一般。猶，徘徊不進而疑懼的樣子。
❸儼兮其若客：指修行者恭敬莊重的像是客人一般。儼，恭敬莊重與莊嚴的樣子。
❹渙兮若冰之將釋：指修行者除去情欲，就如同寒冰逐漸融化一般。

〈第十八章〉大道廢，有仁義。智慧出，有大僞，六親不和，有孝慈。國家昏亂，有忠臣。

〈第二十二章〉曲則全，枉則直，窪則盈，敝則新，少則得，多則惑。是以聖人抱一爲天下式。不自見，故明；不自是，故彰；不自伐，故有功；不自矜，故長。古之所謂曲則全者，豈虛言哉！誠全而歸之。

〈第二十三章〉希言自然。故飄風不終朝，驟雨不終日。孰爲此者？天地。天地尚不能久，而況於人乎？

〈第二十五章〉有物混成，先天地生。寂兮寥兮，獨立而不改，周行而不殆，可以爲天地母。吾不知其名，字之曰道，強爲之名曰大。……人法地，地法天，天法道，道法自然。

〈第二十八章〉知其雄，守其雌，爲天下谿。爲天下谿，常德不離，復歸於嬰兒。知其白，守其黑，爲天下式。爲天下式，常德不忒，復歸於無極。知其榮，守其辱，爲天下谷，常德乃足，復歸於樸。

〈第三十章〉以道佐人主者，不以兵強天下。其事好還。師之所處，荆棘生焉。大軍之後，必有凶年。善者果而已，不敢以取強。果而勿矜，果而勿伐，果而勿驕。果而不得已，果而勿強。物壯則老，是謂不道，不道早已。

〈第三十一章〉夫佳兵者，不祥之器，物或惡之，故有道者不處。君子居則貴左，用兵則貴右。

〈第三十三章〉知人者智，自知者明。勝人者有力，自勝者強。知足者富。

〈第三十五章〉道之出口，淡乎其無味，視之不足見，聽之不足聞，用之不足既。

〈第三十六章〉將欲歙❶之，必固張之；將欲弱之，必固強之；將欲廢之，必固舉之；將欲奪之，必固與之。是謂微明。柔弱勝剛強。魚不可脫於淵，國之利器❷不可以示人。

❶歙：縮斂與收縮的意思。歙，音ㄒㄧˋ。 ❷利器：本義爲鋒利的武器。但在此指權謀或統治技術。

〈第三十八章〉故失道而後德，失德而後仁，失仁而後義，失義而後禮。夫禮者，忠信之薄而亂之首。

〈第四十章〉反者道之動，弱者道之用。天下萬物生於有，有生於無。

〈第四十一章〉上士聞道，勤而行之；中士聞道，若存若亡；下士聞道，大笑之。不笑不足以爲道。故建言有之，明道若昧，進道若退，夷道若纇❶，上德若谷，大白若辱，廣德若不足，建德若偷，質真若渝，大方無隅，大器晚成，大音希聲，大象無形。

❶纇：音ㄌㄟˋ，不平。

〈第四十三章〉天下之至柔，馳騁天下之至堅。無有入無間，吾是以知無爲之有益。不言之教，無爲之益，天下希及之。

〈第四十六章〉天下有道，卻走馬以糞。天下無道，戎馬生於郊。禍莫大於不知足；咎莫大於多欲。

〈第四十八章〉爲學日益，爲道日損。損之又損，以至於無爲。

〈第五十七章〉以正治國，以奇用兵，以無事取天下。

〈第六十章〉治大國，若烹小鮮。

〈第六十七章〉我有三寶，持而保之。一曰慈，二曰儉，三曰不敢為天下先。慈故能勇；儉故能廣；不敢為天下先，故能成器長。今舍慈且勇；舍儉且廣；舍後且先；死矣！夫慈，以戰則勝，以守則固。天將救之，以慈衛之。

〈第七十六章〉人生之也柔弱，其死也堅強。草木之生也柔脆，其死也枯槁。故堅強者死之徒，柔弱者生之徒。

〈第七十七章〉天之道，其猶張弓與？高者抑之，下者舉之；有餘者損之，不足者補之。天之道，損有餘而補不足。人之道，則不然，損不足以奉有餘。

〈第七十八章〉天下莫柔弱於水，而攻堅強者莫之能勝，以其無以易之。弱之勝強，柔之勝剛，天下莫不知，莫能行。是以聖人云：「受國之垢，是謂社稷主；受國不祥，是謂天下王。」正言若反。

〈第七十九章〉天道無親，常與善人。

〈第八十章〉小國寡民。使有什伯之器而不用；使民重死而不遠徙。雖有舟輿，無所乘之；雖有甲兵，無所陳之。使民復結繩而用之。甘其食，美其服，安其居，樂其俗。鄰國相望，雞犬之聲相聞，民至老死，不相往來。

【問題與討論】

一、《老子》所謂的「道」是指什麼？

二、何謂「玄之又玄，衆妙之門」？

三、何謂「挫其銳，解其紛，和其光，同其塵」？

四、何謂「上善若水」？

五、何謂「曲則全，枉則直，窪則盈，敝則新，少則得，多則惑」？

六、何謂「爲學日益，爲道日損」？

七、請說明《老子》的思想對吾人生活在現代的啓發爲何？

八、請任擇本課所選《老子》原文，發表自己的看法。

第五課　《莊子》節選

【題解與作者】

莊子（約西元前三六九至二八六），戰國時宋國蒙人（今河南商丘東北），在《史記・老莊申韓列傳》中說：「莊子者，蒙人也，名周。周嘗爲蒙漆園吏，與梁惠王、齊宣王同時。其學無所不闚，然其要本歸於老子之言。故其著書十餘萬言，大抵率寓言也。」莊周是我國思想史上傑出優秀的哲學家，其作品亦富有極高的文學價值，莊周及其後學的集成的著作集，名爲《莊子》。《莊子》一書，依據《漢書・藝文誌》著錄，原有五十二篇，現存三十二篇，分別是內篇有七篇，外篇有十五篇，雜篇有十一篇。近代學者經過精審的研究發現，內七篇的思想與風格較爲一致，可能爲莊周親自撰作的作品，至於外、雜諸篇，應是莊周後學陸續創作與修改後的作品。若以思想詮釋的立場觀察，內七篇的特色在於生命的解脫與逍遙，具有修行要領與身心體驗的特質，古今學者受限於哲學詮釋，欲忽略其豐富的修證歸真的內涵，至爲可惜。至於外、雜諸篇，相對內七篇而言，文學性質較爲濃厚，寓意深遠，值得深入探究。

莊子與老子同屬於先秦道家的代表人物，其關係類同於孔子與孟子，但老莊兩人思想仍有很大的差異。老子言約而涵義深遠，玄不可測；莊子娓娓道來，感情豐富，善用巧妙的譬喻解說玄奧的哲理。老子以把握生命解脫的原則立論，莊子則以寓言與對話的模式陳述，兩人先後都在哲學史上綻放了動人的光輝。

本課所選篇章，皆爲內七篇的重點內容，因受篇幅所限，所引原文未必依照前後文的順序，讀者可以自行查閱原文。

一、〈逍遙遊〉節選

北冥❶有魚，其名爲鯤。鯤之大，不知其幾千里也。化而爲鳥，其名爲鵬。鵬之背，不知其幾千里也。怒❷而飛，其翼若垂天之雲❸。是鳥也，海運則將徙於南冥❹。南冥者，天池也。

藐姑射之山❺，有神人居焉，肌膚若冰雪，綽約❻若處子；不食五穀，吸風飲露；乘雲氣，御飛龍，而遊乎四海之外。其神凝，使物不疵癘❼而年穀熟。

惠子謂莊子曰：「吾有大樹，人謂之樗❽。其大本臃腫而不中繩墨，其小枝卷曲而不中規矩。立之塗，匠者不顧。今子之言，大而無用，衆所同去也。」莊子曰：「子獨不見狸狌乎？卑身而伏，以候敖者❾；東西跳梁❿，不避高下；中於機辟⓫，死於罔罟⓬。今夫斄牛⓭，其大若垂天之雲。此能爲大矣，而不能執鼠。今子有大樹，患其無用，何不樹之於無何有之鄉，廣莫之野，彷徨⓮乎無爲其側，逍遙乎寢臥其下。不夭斤斧，物無害者，無所可用，安所困苦哉！」

---

❶北冥：指古代傳說中北方最遠的大海。冥，通「溟」，海也。冥，亦有高遠蒼茫的意思。或說北冥不在地球，而在外星世界。

❷怒：奮起，指鼓動翅膀而飛，音ㄋㄨˋ。　❸若垂天之雲：指鵬鳥的翅膀張開時如同天邊的雲彩。　❹海運則將徙於南冥：海風將鵬鳥送往南方的大海。海運，指海風。徙，音ㄒㄧˇ，遷移或移居。　❺藐姑射之山：遙遠的姑射山。藐，遙遠廣闊的意思。姑射山，傳說中神仙修行的靈山，或指《山海經‧東山經》中所述而於現今山西省臨汾縣西的山名。姑射，音ㄍㄨ ㄧㄝˋ。

❻綽約：柔婉美好的樣子。　❼疵癘：指各種災變與災害疫病。疵癘，音ㄘ ㄌㄧˋ。　❽樗：木名。即是臭椿。苦木科，落葉喬木。唯堪爲薪柴，古代以爲不能成爲好木材，現今多爲綠化植物。　❾敖者：指奔跑的小動物。敖，通「遨」，音ㄠˊ。

❿跳梁：指跳躍。梁，通「踉」，音ㄌㄧㄤˊ。　⓫機辟：古代捕捉鳥獸的工具。　⓬罔罟：指古代漁獵的網具，音ㄨㄤˇ ㄍㄨˇ。

⓭斄牛：指氂牛。斄，音ㄌㄧˊ。氂，音ㄇㄠˊ。　⓮彷徨：優游自得的樣子。彷徨，音ㄆㄤˊ ㄏㄨㄤˊ。

二、〈齊物論〉節選

故有儒墨之是非，以是其所非而非其所是❶。欲是其所非而非其所是，則莫若以明❷。物無非彼，物無非是。自彼則不見，自知則知之。

至人❸神矣！大澤焚而不能熱，河漢沍❹而不能寒，疾雷破山風振海而不能驚。若然者，乘雲氣，騎日月，而遊乎四海之外，死生無變於己，而況利害之端乎！

昔者莊周夢爲胡蝶，栩栩然❺胡蝶也，自喻適志❻與！不知周也。俄然❼覺，則蘧蘧然❽周也。不知周之夢爲胡蝶與？胡蝶之夢爲周與？周與胡蝶，則必有分矣。此之謂物化❾。

---

❶以是其所非而非其所是：以自己以爲正確的觀念否定別人，並且批評別人自以爲正確的觀念。第一個是與非，皆爲動詞。
❷明：洞悉事物的真相，即是明白實相。
❸至人：指道家超脫凡俗而達到無我境界的修行者。
❹沍：凍結，音ㄏㄨˋ。
❺栩栩然：歡喜自得的樣子。栩，音ㄒㄩˇ。
❻適志：舒適自得而合於自己的志向。
❼俄然：忽然之間。俄，音ㄜˊ。
❽蘧蘧然：悠然自得的樣子。蘧，音ㄑㄩˊ。
❾物化：指事物的自然變化，也是宇宙人生自然變易的道理。

三、〈養生主〉節選

吾生也有涯，而知也無涯。以有涯隨無涯，殆❶已；已而為知者，殆而已矣。為善無近名，為惡無近刑❷，緣督以為經❸，可以保身，可以全生❹，可以養親❺，可以盡年。

庖丁❻為文惠君❼解牛❽，手之所觸，肩之所倚，足之所履，膝之所踦❾，砉然❿嚮然，奏刀騞然⓫，莫不中音⓬，合於桑林⓭之舞，乃中經首之會⓮。文惠君曰：「譆⓯！善哉！技蓋⓰至此乎？」

庖丁釋刀對曰：「臣之所好者道⓱也，進⓲乎技矣。始臣之解牛之時，所見無非全牛者。三年之後，未嘗見全牛也。方今之時，臣以神遇⓳而不以目視，官知止而神欲行。依乎天理⓴，批大郤㉑，導大窾㉒，因其固然㉓，技經㉔肯綮㉕之未嘗微礙，而況大軱㉖乎！良庖歲更刀，割也；族庖月更刀，折也。今臣之刀十九年矣，所解數千牛矣，而刀刃若新發於硎㉗。彼節者有閒，而刀刃者無厚，以無厚入有閒㉘，恢恢乎㉙其於遊刃必有餘地矣。是以十九年而刀刃若新發於硎。雖然，每至於族㉚，吾見其難為，怵然㉛為戒，視為止，行為遲。動刀甚微，謋然㉜已解，如土委㉝地。提刀而立，為之四顧，為之躊躇滿志㉞，善刀㉟而藏之。」

文惠君曰：「善哉！吾聞庖丁之言，得養生焉。」

---

❶殆：困乏，疲憊。亦可以解釋為危險。殆，音ㄉㄞˋ。

❷為善無近名，為惡無近刑：為善為了求取名譽，為惡會接近刑罰，因此善惡都不好，必須超越善惡。

❸緣督以為經：注意而依循身後的督脈來修持，亦可以解釋為依順依循的中道而行。督脈，為身後中脈，藏於後背脊柱。

❹全生：保全人的天性而順其自然。生，在此讀為ㄒㄧㄥˋ，指人的本性。

❺養親：本為奉養父母。但在此應解釋為「養精」，指保養精神。

❻庖丁：廚師。

❼文惠君：指戰國時的梁惠王。

❽解牛：用刀分割宰殺牛的肢體，即殺牛。

❾膝之所踦：指用膝蓋抵住牛的肢體。踦，在此音ㄧˇ，抵住。

❿砉然：狀聲詞，經常用來形容破裂或折斷的聲音。砉，音ㄏㄨㄛˋ。　⓫騞然：主要指以刀刃割裂物體的聲音。騞，音ㄏㄨㄛˋ。　⓬中音：指庖丁解牛時合於宇宙大道的音律與節奏。　⓭桑林：古代樂曲名稱。相傳爲殷商天子的音樂。　⓮經首之會：古代樂章名，指堯樂。　⓯譆：感嘆詞，表示感嘆或讚美的意思。譆，音ㄒㄧ。　⓰蓋：通「盍」，何以如此的意思。　⓱道：指宇宙人生的終極大道與根本道理。　⓲進：超過。　⓳神遇：本是指從精神上去感知事物，在此指以生命的直覺去體悟事物真實的相貌。　⓴天理：指天道的自然法則。　㉑批大郤：劈砍牛肢體大的隙縫。批，通「劈」。郤，通「隙」，指孔隙與隙縫。郤，音ㄒㄧˋ。　㉒導大窾：指以刀子導向大的空隙。窾，空隙。窾，音ㄎㄨㄢˇ。　㉓因其固然：依其原有間隙。　㉔技經：指身體的經絡。技，應爲「枝」的誤寫。　㉕肯綮：指筋骨結合的地方。綮，筋與骨結合處。綮，音ㄑㄧㄥˋ。　㉖大軱：大骨。軱，音ㄍㄨ。　㉗硎：磨刀石。硎，音ㄒㄧㄥˊ。　㉘無厚入有閒：以沒有厚度的刀刃切入骨節的縫隙。閒，爲「間」字，音ㄐㄧㄢ。　㉙恢恢乎：寬闊廣大的樣子。　㉚族：指筋骨聚集的地方。　㉛怵然：指戒慎恐懼與專注一心的意思。怵，音ㄔㄨˋ。　㉜謋然：迅速裂開的樣子。謋，音ㄏㄨㄛˋ。　㉝委：棄置。　㉞躊躇滿志：指心滿意足與自得從容的樣子。躊躇，音ㄔㄡˊ ㄔㄨˊ，自得從容。　㉟善刀：拭刀。善，有收好的意思。

四、〈人間世〉節選

顏回曰：「吾無以進矣，敢問其方。」仲尼曰：「齋❶，吾將語若！……」顏回曰：「回之家貧，唯不飲酒不茹葷者數月矣。若此，則可以爲齋乎？」曰：「是祭祀之齋，非心齋也。」回曰：「敢問心齋❷。」仲尼曰：「若一志，無聽之以耳而聽之以心，無聽之以心而聽之以氣。聽止於耳，心止於符❸。氣也者，虛而待物者也。唯道集虛。虛者，心齋也」

❶齋：本指齋戒，亦可指修持。　❷心齋：指摒除雜念而使心境純一專注。　❸心止於符：心靈只能感知意念的符號。

五、〈大宗師〉節選

且有真人[1]而後有真知[2]。何謂真人？古之真人，不逆寡[3]，不雄成[4]，不謨士[5]。若然者，過而弗悔，當而不自得[6]也。若然者，登高不慄，入水不濡[7]，入火不熱，是知之能登假於道也若此。

古之真人，其寢不夢，其覺無憂，其食不甘，其息深深。真人之息以踵[8]，眾人之息以喉。屈服者，其嗌言若哇[9]。其耆欲深者，其天機淺[10]。

泉涸[11]，魚相與處於陸，相呴以濕[12]，相濡以沫，不如相忘於江湖。

吾猶守而告之，三日而後能外天下；已外天下矣，吾又守之，七日而後能外物；已外物矣，吾又守之，九日而後能外生；已外生矣，而後能朝徹[13]；朝徹，而後能見獨[14]；見獨，而後能無古今；無古今，而後能入於不死不生。

子祀、子輿、子犁、子來四人相與語曰：「孰能以無為首，以生為脊，以死為尻[15]，孰知死生存亡之一體者，吾與之友矣！」四人相視而笑，莫逆於心[16]，遂相與為友。

且夫得者，時也；失者，順也。安時而處順，哀樂不能入也，此古之所謂縣解[17]也。

魚相忘乎江湖，人相忘乎道術。

顏回曰：「回益矣。」仲尼曰：「何謂也？」曰：「回忘禮樂矣！」曰：「可矣，猶未也。」他日，復見，曰：「回益矣。」曰：「何謂也？」曰：「回忘仁義矣。」曰：「可矣，猶未也。」他日，復見，曰：「回益矣！」曰：「何謂也？」曰：「回坐忘[18]矣。」仲尼蹴然[19]曰：「何謂坐忘？」顏回曰：「墮肢體，黜聰明[20]，離形去知，同於大通，此謂坐忘。」

❶真人：道家稱修真得道的修行者。

❷真知：指對宇宙人生終極真理有正確與深刻的認識。

❸不逆寡：不會違逆拒絕失敗，表示順其自然。寡，失敗的意思。

❹不雄成：不會積極刻意的追求成功。雄，積極的意思。

❺不謀士：應爲不謀事，指不會胡思亂想或是思考某些事情，保持精神專一而無所思慮的樣子。

❻當而不自得：做任何事情都十分的適當，自在適意。

❼登高不慄，入水不濡：登往高處不會害怕，進入水中不會浸潤而感動潮濕。慄，音ㄌㄧˋ。濡，音ㄖㄨˊ。

❽真人之息以踵：指修真得道的修行者的呼吸氣息遍佈全身，從足後跟貫通至頂門，安心足下，自然無爲，與天地同一合息。

❾嗌言若哇：指咽喉阻塞好像即將嘔吐的樣子。嗌，音ㄞˋ。哇，音ㄨㄚ。

❿其耆欲深者，其天機淺：對於各種欲望嗜好執著很深的人，他的天賦靈性就很淺薄了。耆，應爲嗜，音ㄕˋ。

⓫泉涸：泉水枯竭。涸，音ㄏㄜˊ，水枯竭的樣子。

⓬相呴以濕：指彼此以呼出的氣息互相濕潤對方。呴，音ㄒㄩˇ，噓氣哈氣。

⓭朝徹：指忽然之間開悟而澈底明白宇宙人生的實相。

⓮見獨：指證悟而見道，道家以爲因此達到至高無上妙道的境界。或可解釋悟見天下萬事萬物皆一一獨立而無關聯。

⓯尻：脊骨的末端，即臀部。尻，音ㄎㄠ。

⓰莫逆於心：指心心相印而無所違逆。

⓱縣解：指安處於自然的解脫，不再爲生死動心，亦指生命的痛苦如身體倒懸，解開這種狀況即是解脫。縣，音ㄒㄩㄢˊ，同懸。

⓲坐忘：道家修持者修到人我兩忘而與萬物冥合的境界。類似佛家禪定或是三昧解脫無我的境界。

⓳蹴然：表示驚訝不解的樣子。蹴，音ㄘㄨˋ。

⓴墮肢體，黜聰明：擺脫對身體感官的執著，排除自以爲是的主觀見解。感官與心意識皆是虛幻而不真實，不應被其蒙蔽。

【問題與討論】

一、何謂神人？何謂至人？何謂真人？

二、何謂「其神凝」？

三、何謂「無用是爲大用」？

四、「莊周夢爲胡蝶」是真實的描述呢？還是寓言呢？

五、「庖丁解牛」對吾人提供了那些養生哲學的啓發？

六、何謂「心齋」？

七、何謂「真人之息以踵」？

八、何謂「朝徹」？何謂「見獨」？試說明兩者有何不同。

九、何謂「相視而笑，莫逆於心」？

十、何謂「安時而處順」？

十一、何謂「人相忘乎道術」？

十二、《莊子》哲學的思想特質爲何？

十三、《莊子》對於生命存在的命限有何看法？如何可以超越命限而得到生命的解脫？

十四、《莊子》的美學思想有何特徵？

第六課　魏晉傳記選讀

【題解與作者】

楊衒之（生卒年不詳），北魏時人，曾於北魏永安年間擔任奉朝請、期城太守、撫軍府司馬等要職，可惜正史中無其傳記，卻因《洛陽伽藍記》名傳後世。楊衒之於東魏孝靜帝武定五年（西元五四七年）經過洛陽，感傷於時代戰亂後殘破不堪的昔日繁華都城，借敘佛寺的興衰，寄託亡國之慨，語言明快潔淨，描寫精緻生動，文筆蒼涼內蘊，冷眼觀照，字句表面寒光無情，其中卻含蓄無限深情。

《洛陽伽藍記》是我國歷史發展上，一部以載錄佛寺為主綱，同時具有高度的文學與文化價值的歷史地理名著，並且與《水經注》、《顏氏家訓》齊名的北朝三部傑出文學作品之一，一直受到世人所矚目。本書既有優美華麗的文詞，更是具有豐富精彩的內涵與珍稀史料的意義，在文學、地理、佛教、交通等歷史各層面都具有甚高的研究價值。《洛陽伽藍記》的創作主旨包含了三個方面：其一，是寄託懷念故國的幽思；其二，揭示楊衒之看待佛教的態度並加以評論；其三，詳細記錄時代戰亂的前後變化與興衰，並且暗喻了政治評論與歷史評價。

本課所選為〈洛陽伽藍記序〉、〈永寧寺〉與〈白馬寺〉等節錄。從〈洛陽伽藍記序〉的形式觀察，主要還是以駢體文的行文為主，文詞華麗，用典繁多，但內容深刻博雅，言簡意賅，亦可略見作者撰述的要旨。〈永寧寺〉寫一代名刹之風華，高聳入雲的佛塔，亦可見人類對於高塔的憧憬。其中「高風永夜，寶鐸和鳴」誠乃千古名句。〈白馬寺〉記佛教傳入中國之說，亦具歷史研究的價值。

一、魏．楊衒之〈洛陽伽藍記序〉

三墳[1]五典[2]之說，九流[3]百氏[4]之言，並理在人區，而義兼天外[5]。至於一乘[6]二諦[7]之原，三明[8]六通[9]之旨，西域備詳，東土靡記[10]。自項日感夢[11]，滿月流光[12]，陽門飾豪眉之象，夜台圖紺髮[13]之形，邇[14]來奔競[15]，其風遂廣。至於晉室永嘉[16]，唯有寺四十二所。逮皇魏受圖[17]，光宅嵩洛[18]，篤信彌繁，法教[19]愈盛。王侯貴臣，棄象馬如脫屣[20]，庶士豪家，捨資財若遺跡。於是招提[21]櫛比[22]，寶塔駢羅[23]，爭寫天上之姿[24]，競摹山中之影[25]；金剎[26]與靈台[27]比高，講殿[28]共阿房[29]等壯。豈直木衣綈繡，土被朱紫[30]而已哉！暨永熙[31]多難，皇輿遷鄴[32]，諸寺僧尼，亦與時徙[33]。至武定[34]五年，歲在丁卯，余因行役，重覽洛陽。城郭崩毀[35]，宮室傾覆，寺觀灰燼，廟塔[36]丘墟。牆被蒿艾，巷羅荊棘。野獸穴於荒階，山鳥巢於庭樹。遊兒牧豎[37]，躑躅於九逵[38]；農夫耕老[39]，藝黍於雙闕[40]。麥秀之感，非獨殷墟[41]；黍離之悲，信哉周室[42]！京城表裡，凡有一千餘寺，今日寮廓[43]，鐘聲罕聞。恐後世無傳，故撰斯記。然寺數最多，不可遍寫，今之所錄，止[44]大伽藍[45]。其中小者，取其祥異[46]，世諦俗事，因而出之。先以城內爲始，次及城外，表列門名，以記遠近，凡爲五篇。余才非著述，多有遺漏，後之君子，詳其闕[47]焉。

---

[1] 三墳：古書名，傳說裡中國最古老的典籍，今已不存。 [2] 五典：傳說裡的五部上古典籍，今已不存。 [3] 九流：指先秦時的九個學術流派，詳見〈漢書藝文志諸子略序〉。 [4] 百氏：指諸子百家。 [5] 並理在人區，而義兼天外：指諸子百家的思想是說明人間的思想，但也論及形而上的天道。 [6] 一乘：指教化引導眾生成佛的唯一途徑與方法，亦即無大小乘之分，歸於唯一佛乘。乘，音ㄕㄥˋ。 [7] 二諦：指真諦和俗諦，又名勝義諦與世俗諦。諦，真實不變的道理。 [8] 三明：指佛教專有名詞，指天眼明、宿命明與漏盡明。明，無礙之義。天眼明，能見過去、現在與未來之事，亦能見一切眾生善惡因緣業力。

❾六通：指佛教所謂的六種神通力，分別是：其一，天眼通（天眼智證通），指得色界天眼根通力，能夠透視遠近無礙；其二，天耳通（天耳智證通），指得色界天耳根通力，能夠聽聞遠近聲音無礙；其三，他心通（他心智證通），指能夠知道他人的心念而沒有隔礙；其四，宿命通（宿住隨念智證通），指知道自身與六道眾生宿世各種因緣業力而沒有障礙；其五，神足通（神境智證通），指自在變化遠近來去自在；其六，漏盡通（漏盡智證通），指斷盡一切煩惱而得自在無礙的無漏境界。前面五通，一般凡夫與佛教以外的修行者亦能證得，只有第六神通是真正證悟解脫的聖人才能證得。

❿東土靡記：中國沒有記載。東土，指中國。靡，沒有，音ㄇㄧˇ。

⓫項日感夢：指東漢明帝感夢的典故，漢明帝曾經夜夢金人飛行於朝廷的殿閣之間，隔日詢問於群臣，臣子答以是「佛」，於是派遣郎中蔡愔西行遠赴天竺求取佛法，後來得到沙門攝摩騰、竺法蘭以白馬負經而返中國，於是為其立白馬寺於洛陽，佛教正式傳入中國。 ⓬滿月流光：指佛像面容如滿月而佈滿光彩。

⓭紺髮：原指佛教佛陀紺青琉璃色的頭髮。紺，深青透紅之色，音ㄍㄢˋ。 ⓮邇：近，音ㄦˇ。

⓯奔競：原指對世俗名利的追求，在此指對佛教信奉的熱烈情況。

⓰永嘉：西晉懷帝的年號。 ⓱皇魏受圖：指魏朝受天命立國。

⓲光宅嵩洛：指大量興建佛教寺院於嵩山洛陽之間。 ⓳法教：指佛法的教化。

⓴棄象馬如脫屣：指布施錢財如同脫掉鞋子一般容易。象馬，本為騎乘的工具，比喻財富。屣，鞋子，音ㄒㄧˇ。

㉑招提：梵語 catur-disa 的音譯，指四方。

㉒櫛比：像梳子那樣密密地排列。櫛，音ㄐㄧㄝˊ，指梳子等。 ㉓駢羅：指駢比羅列的樣子。

㉔天上之姿：指描繪佛國的景像，或是佛寺林立後向天空的發展。 ㉕山中之影：指佛寺林立如同山中樹影。

㉖金剎：指寶塔。 ㉗靈台：指漢光武帝所建之天文觀測台，在永寧寺附近。

㉘講殿：指佛寺講經說法的殿堂。 ㉙阿房：指秦始皇所建的阿房宮。

㉚木衣綈繡，土被朱紫：指建造寺廟的華麗與奢靡，連土地與樹枝都覆蓋錦繡彩畫。綈繡，指飾以彩繡的厚錦。綈，音ㄊㄧˊ，平滑厚實而有光澤的一種絲織物。被，音ㄆㄧ，通「披」，意指穿著。朱紫，紅色與紫色，比喻華麗的顏色。

㉛永熙：北魏孝武帝的第二個年號。

㉜皇輿遷鄴：北魏孝武帝於永熙三年七月，西出長安，十月時孝靜帝即位，遷都於今河北省臨漳縣北的鄴城。皇輿，國君所乘的專用車輛，借指朝廷或國君。

㉝諸寺僧尼，亦與時徙：指各寺的男女僧眾，也跟著一同遷徙。徙，音ㄒㄧˇ。

㉞武定：東魏孝靜帝年號。　㉟城郭崩毀：楊衒之當年看到城池都毀壞了。

㊱廟塔：即佛塔。梵語 stūpa，音譯作數斗波。略譯作浮圖、浮屠、佛塔。意譯爲高顯處、功德聚、塔廟、廟等義，有「頂」的「堆土」意思，原指爲安置佛陀舍利等物品，後安置佛教高僧遺骨的地方。

㊲遊兒牧豎：指流浪小兒與牧童。牧豎，牧童。

㊳躑躅於九逵：徘徊不前於四通八達的大道之上。躑躅，音ㄓˊ ㄓㄨˊ，徘徊不前的樣子。九逵，指四通八達的大道。逵，音ㄎㄨㄟˊ。

㊴耕老：指老農夫。

㊵藝黍於雙闕：種植農作物於宮門兩旁，形容城池敗壞。藝，種植。黍，去皮後在中國北方通稱爲黃米，音ㄕㄨˇ。闕，宮門或城門兩側的高臺，音ㄑㄩㄝˋ。

㊶麥秀之感，非獨殷墟：古人箕子朝周朝時，經過殷商故墟，發現宮城毀壞，已生長禾黍，感傷之餘，作〈麥秀〉之詩，楊衒之在此比喻故城淪爲廢墟的感慨。

㊷黍離之悲，信哉周室：指亡國的悲痛。語出《詩經．王風．黍離》：「彼黍離離，彼稷之苗。行邁靡靡，中心搖搖！知我者，謂我心憂；不知我者，謂我何求。悠悠蒼天，此何人哉！」

㊸寮廓：空闊，空曠。　㊹止：僅止於之義。

㊺伽藍：梵語 samghārāma 的略譯，全譯應爲僧伽藍摩，意譯爲眾園、僧園或僧院。原意本指僧眾所居的園林，後來用以稱呼僧侶所居住的寺院。

㊻祥異：本指吉祥與災異，在此指特殊的事蹟。

㊼詳其闕：補足缺漏的地方。闕，音ㄑㄩㄝ，指殘缺不完善。

二、魏．楊衒之《洛陽伽藍記》節選

永寧寺，熙平元年❶靈太后胡氏❷所立也，在宮前閶闔門❸南一里御道西。中有九層浮圖❹一所，架木爲之，舉❺高九十丈。上有金剎❻，復高十丈；合去地一千尺。去京師百里，已遙見之。初掘基至黃泉❼下，得金像三十軀，太后以爲信法之徵❽，是以營建過度也。剎上有金寶瓶❾，容二十五斛❿。寶瓶下有承露金盤⓫三十重⓬，周匝皆垂金鐸⓭。復有鐵鎖⓮四道，引剎向浮圖四角，鎖上亦有金鐸，鐸大小如一石甕⓯子。浮圖有九級，角角皆懸金鐸，合上下有一百二十鐸。浮圖有四面，面有三戶六窗，戶皆朱漆。扉⓰上各有五行金釘，合有五千四百枚。復有金環鋪首⓱，殫⓲土木之功，窮造形之巧，佛事精妙，不可思議。繡柱金鋪，駭人心目。至於高風永夜⓳，寶鐸和鳴，鏗鏘⓴之聲，聞及十餘里。

---

❶熙平元年：即爲西元五一六年。熙平，北魏孝明帝的年號。 ❷靈太后胡氏：即北魏孝明帝的母親，孝明帝即位後被尊爲皇太后。

❸閶闔門：指皇宮宮門的正南之門。 ❹浮圖：亦作浮屠、蒲圖、休屠與佛圖，本有三義：一者，爲梵語 **Buddha** 的音譯，即是佛陀；二者，指佛教或和尚；三者，指佛塔，爲梵語 **buddha-stūpa** 的訛略，即是佛寺與佛塔的意思。

❺舉：仰高的意思。 ❻金剎：本指佛地懸幡ㄈㄢ的塔柱，在此指寶塔。剎，音ㄔㄚˋ。 ❼黃泉：指地下的泉水。

❽信法之徵：指信奉佛法而得到的祥瑞的表徵。 ❾金寶瓶：在此指以金銅所製而用以承盛佛教法器或舍利子的金屬瓶子。

❿斛：古代量重量的量詞。多用於測量糧食，古代一斛爲十斗。斛，音ㄏㄨˊ。 ⓫承露金盤：傳說漢武帝時好神仙之術，製銅人置於高臺之上，以承接甘露。 ⓬重：是「層」之義，應唸爲ㄔㄨㄥˊ。 ⓭鐸：鈴鐺，晃蕩可以發聲，多爲球形或圓扁形，內置金屬小丸。在此指風鈴。鐸，音ㄉㄨㄛˊ。 ⓮鐵鎖：指鐵鎖鏈。 ⓯甕：指小口而大腹的陶製汲水罐子。甕，音ㄨㄥˋ。

⓰扉：門扇。 ⓱鋪首：指大門上的銜環獸面，常作虎、螭ㄔ、龜、蛇等形，也多爲金屬所鑄成。 ⓲殫：竭盡，音ㄉㄢ。

⓳高風永夜：指強勁的風在漫漫的長夜裡吹著。 ⓴鏗鏘：形容金玉或金屬樂器互相撞擊的清亮聲音。鏗鏘，音ㄎㄥ ㄑㄧㄤ。

裝飾畢功，明帝與太后共登之。視宮中如掌內，臨京師若家庭。以其目見宮中，禁人不聽升之。衒之嘗與河南尹胡孝世共登之，下臨雲雨，信哉不虛！

時有西域沙門❶菩提達摩❷者，波斯國胡人❸也。起自荒裔，來遊中土。見金盤炫日，光照雲表，寶鐸含風，響出天外；歌詠讚歎，實是神功。自云：「年一百五十歲，歷涉諸國，靡不周遍，而此寺精麗，閻浮❹所無也。極佛境界，亦未有此！」口唱南無❺，合掌連日。

白馬寺，漢明帝所立也。寺在西陽門外三里御道南。帝夢金神，長丈六，項佩日月光明。胡人號曰佛，遣使向西域求之，乃得經像焉。明帝崩，起祇洹❻於陵上。自此以後，百姓冢❼上或作浮圖焉。

---

❶沙門：梵語 śramaṇa，音譯舍囉摩拏，意譯爲淨志、勤勞、息心、修道，後爲出家僧衆的總稱。

❷菩提達摩：（？至五三五）梵名 **Bodhidharma**。意譯爲覺法。又通稱達磨或達摩。爲中國禪宗初祖，西天第二十八祖。

❸波斯國胡人：古波斯國爲現今的伊朗。胡人，我國古代對北方邊疆地區或西域等民族人民的一種稱呼。

❹閻浮：梵名 **Jambu-dvīpa** 的音譯。又作閻浮提鞞波。閻浮，梵語 **jambu** 爲樹名；提，梵語 **dvīpa** 爲洲的意思。一般作南贍部洲，也是指人類居住的地球。

❺南無：梵語 **namas**，意譯爲歸依、敬禮、學習，本爲「禮拜」的意思，現今多作歸依的意思。

❻祇洹：梵名 **Jetavana-anāthapiṇḍasyārāma**，即是祇洹精舍，又稱祇樹給孤獨園，爲印度佛教聖地之一，古代位於中印度憍薩羅國舍衛城之南。略稱爲祇園或祇樹，佛陀曾經多次在此說法。祇洹，音ㄑㄧˊ ㄏㄨㄢˊ。

❼冢：墳墓。冢，音ㄓㄨㄥˇ。

【問題與討論】

一、楊衒之《洛陽伽藍記》的敘述主旨爲何？

二、何謂「高風永夜，寶鐸和鳴」？請說明自己對古今佛教寺院建築的看法。

三、本課主旨是爲時代環境寫下紀錄，請試著也爲當下的時空環境做一簡單的描述。

第七課　釋家經典文選

【題解與作者】

佛教傳入中國至今已超過二千年，並且深刻的融入中華文化的各個層面，成爲我國思想史上儒釋道三家之一，同時對於日本、韓國等地亦有深遠的影響。台灣近六十年來，佛教與其他宗教都發展迅速，然而從文化與文學的層面而言，佛經文學也是中國文學發展史上極爲重要的一環。此外，歷代的文學家，絕大多數都對佛教有一定的接觸，對於佛經文學皆有普遍的涉獵，故本課所選乃是基於大學生應有更廣博的人文素養，所以精選四篇短文，略爲介紹。

〈無盡燈〉與〈天女散花〉同選於《維摩詰所說經》，其中展現維摩詰居士超越對立與跳脫凡俗的智慧，透過對話的形式，揭顯大乘佛教菩薩的智慧，也深具文學優美浪漫的藝術特質。〈誤影爲實〉是選自《雜譬喻經》，雖然是一篇寓言，但也以略帶諷刺詼諧的文字，敘述世人常自以爲是，以虛爲實，造成不必要的誤會。

「目連救母」的故事形成後世的盂蘭盆法會，簡稱爲盂蘭盆會或盆會，主要是在漢語系佛教流傳的地區，根據《佛說盂蘭盆經》的記載，在每年農曆七月十五日舉行超度先人亡魂的佛教法會儀式。盂蘭盆法會的起源甚早，在古印度兩大史詩之一的《摩訶婆羅多》（梵語 Mahābhārata），都有類似的敘述。我國最早實行盂蘭盆法會的人，相傳爲梁武帝，依據《佛祖統紀》卷三十七的記載，梁武帝曾在同泰寺設盂蘭盆齋，後代蔚成風氣，至今已有一千五百年左右，仍盛行不衰，並且影響至日本、韓國等地。特別是日本，形成的盂蘭盆節是日本民間最大的傳統節日，又稱爲「魂祭」，在每年的盂蘭盆節與新年的兩個長假中，日本人會回到故鄉，並且參與這場盛會，在農村小鎮生活的民眾，在佛寺附近（如東京成田山新勝寺）會舉行超渡法會，這些民眾還會穿著夏季的單和服跳著盂蘭盆舞，形成一種節慶的活動。

一、〈無盡燈〉（《維摩詰所說經．菩薩品》節錄）

佛告持世菩薩：「汝行詣維摩詰問疾！」持世白佛言：「世尊！我不堪任詣❶彼問疾。所以者何？憶念我昔，住於靜室。時魔波旬❷從萬二千天女，狀如帝釋❸，鼓樂弦歌來詣我所。與其眷屬稽首我足，合掌恭敬於一面立。我意謂是帝釋，而語之言：『善來，憍尸迦❹！雖福應有，不當自恣。當觀五欲無常，以求善本。於身命財，而修堅法。』即語我言：『正士！受是萬二千天女，可備掃灑。』我言：『憍尸迦！無以此非法之物，要我沙門釋子❺。此非我宜！』所言未訖，時維摩詰來謂我言：『非帝釋也，是爲魔來嬈固❻汝耳！』即語魔言：『是諸女等，可以與我，如我應受。』魔即驚懼，念維摩詰將無惱我？欲隱形去，而不能隱。盡其神力，亦不能去。即聞空中聲曰：『波旬！以女與之，乃可得去。』魔以畏故，俛仰而與。

爾時維摩詰語諸女言：『魔以汝等與我，今汝皆當發阿耨多羅三藐三菩提❼心。』即隨所應而爲說法，令發道意。復言：『汝等已發道意❽，有法樂可以自娛，不應復樂五欲❾樂也。』天女即問：『何謂法樂？』答曰：『樂常信佛。樂欲聽法。樂供養眾。樂離五欲。樂觀五陰❿，爲怨賊。樂觀四大，如毒蛇。樂觀內入，如空聚。樂隨護道意。樂饒益眾生。樂敬養師。樂廣行施。樂堅持戒。樂忍辱柔和。樂勤集善根。樂禪定不亂。樂離垢明慧。樂廣菩提心。樂降伏眾魔。樂斷諸煩惱。樂淨佛國土。樂成就相好，故修諸功德。樂莊嚴道場。樂聞深法不畏。樂三脫門，不樂非時。樂近同學，樂於非同學中心無恚礙。樂將護惡知識。樂親近善知識。樂心喜清淨。樂修無量道品之法。是爲菩薩法樂。』於是波旬告諸女言：『我欲與汝，俱還天宮。』諸女言：『以我等與此居士，有法樂我等甚樂，不復樂五欲樂也。』魔言：『居士！可捨此女，一切所有施於彼者，是爲菩薩。』維摩詰言：『我已捨矣，汝便將去。令一切衆生得法，願具足。』

於是諸女問維摩詰：『我等云何止於魔宮？』維摩詰言：『諸姊！有法門名無盡燈，汝等當學。無盡燈者：譬如一燈，然百千燈；冥者皆明，明終不盡。如是諸姊！夫一菩薩開導百千衆生，令發阿耨多羅三藐三菩提心。於其道意，亦不滅盡。隨所說法，而自增益一切善法，是名無盡燈也。汝等雖住魔宮，以是無盡燈，令無數天子天女發阿耨多羅三藐三菩提心者，爲報佛恩，亦大饒益一切衆生。』

爾時天女頭面禮維摩詰足，隨魔還宮，忽然不現。世尊！維摩詰有如是自在神力、智慧辯才。故我不任詣彼問疾！」

---

❶詣：拜訪。詣，音ㄧˋ。　❷波旬：梵名爲Pāpman，佛教經典中常作「魔波旬」（梵名爲Māra-pāpman），意譯爲殺者、惡物。指斷除人類或衆生的生命與善根的惡魔。

❸帝釋：梵名爲Śakra Devānām-indra，音譯爲釋迦提桓因陀羅，略稱爲釋提桓因。亦名天帝釋、帝釋天等。本爲印度教的神，在古印度時稱爲因陀羅，佛教成立後，稱爲帝釋天。

❹憍尸迦：梵名爲Kauśika，是忉利天（三十三天）的天主，又稱爲憍支迦，是帝釋天的異名。

❺沙門釋子：沙門，見本課第四十四頁註一。釋子，爲釋迦牟尼佛的弟子，多指出家衆。

❻嬈固：擾亂蠱惑。嬈，煩擾，擾亂，嬈，音ㄖㄠˇ。

❼阿耨多羅三藐三菩提：梵語爲anuttara-samyak-saṃbodhi，意譯爲無上正等正覺，「阿耨多羅」意譯是「無上」，「三藐三菩提」意譯是「正遍知」。　❽道意：猶言道心，追求最高真理的心。指追求無上佛果的心，也就是菩提心。

❾五欲：梵語爲pañca kāmāḥ，指執著於色、聲、香、味、觸等境界所引起的五種情欲。亦或指財欲、色欲、飲食欲、名欲與睡眠欲等五欲。　❿五陰：梵語爲pañca-skandha，又作五蘊，指積聚與類別的意思。即是類聚一切有爲法的五種類別，分別是色蘊、受蘊、想蘊、行蘊與識蘊。

二、〈天女散花〉（《維摩詰所說經．觀眾生品》節錄）

時維摩詰室有一天女，見諸大人，聞所說法，便現其身，即以天華散諸菩薩大弟子上。華至諸菩薩，即皆墮落。至大弟子便著不墮。一切弟子神力去華，不能令去。爾時天問舍利弗：「何故去華？」答曰：「此華不如法，是以去之。」天曰：「勿謂此華，為不如法。所以者何？是華無所分別，仁者自生分別想耳。若於佛法出家，有所分別，為不如法。若無所分別，是則如法。觀諸菩薩華不著者，已斷一切分別想故。譬如人畏時，非人得其便。如是弟子畏生死故，色聲香味觸得其便。已離畏者，一切五欲無能為也。結習未盡，華著身耳。結習盡者，華不著也。」

三、〈誤影為實〉（《雜譬喻經》節錄）

昔有長者子，新迎婦甚相愛敬。夫語婦言：卿入廚中取蒲桃酒來共飲之，婦往開瓮，自見身影在此瓮中，謂更有女人。大恚還語夫言：汝自有婦藏著瓮中，復迎我為。夫自得入廚視之，開瓮見己身影，逆恚其婦，謂藏男子！二人更相忿恚各自呼實。有一梵志與此長者子素情親厚。遇與相見，夫婦鬥問其所由，復往視之。亦見身影，恚恨長者，自有親厚藏瓮中，而陽共鬥乎？即便捨去。復有一比丘尼長者所奉，聞其所諍如是，便往視瓮中有比丘尼。亦恚捨去，須臾有道人亦往視之，知為是影耳喟然歎曰：世人愚惑以空為實也！呼婦共入視之，道人曰：吾當為汝出瓮中人！取一大石打壞瓮酒，盡了無所有，二人意解知定身影各懷慚愧。比丘為說諸要法言，夫婦共得阿惟越致，佛以為喻：見影鬥者，譬三界人不識五陰四大苦空身三毒生死不絕，佛說是時，無數千人皆得無身之決也！

四、〈目連救母〉（《佛說盂蘭盆經》）

聞如是。一時佛在舍衛國祇樹給孤獨園[1]。大目犍連[2]始得六通[3]，欲度父母，報乳哺之恩[4]。即以道眼[5]觀視世間，見其亡母生餓鬼[6]中，不見飲食，皮骨連立。目連悲哀，即以鉢盛飯，往餉[7]其母，母得鉢飯，即以左手障鉢[8]，右手摶食[9]，食未入口，化成火炭，遂不得食。目連大叫，悲號涕泣[10]，馳還白佛，具陳如此。

佛言：「汝母罪根深結，非汝一人力所奈何。汝雖孝順，聲動天地、天神地祇、邪魔外道、道士四天王神，亦不能奈何。當須十方眾僧威神之力乃得解脫。吾今當說救濟之法，令一切難皆離憂苦。」

佛告目連：「十方眾生，七月十五日，僧自恣時[11]，當爲七世父母及現在父母厄難中者，具飯、百味五果、汲灌盆器、香油錠燭、床敷臥具，盡世甘美以著盆中，供養十方大德眾僧。當此之日，一切聖眾，或在山間禪定、或得四道果、或在樹下經行、或六通自在教化聲聞緣覺[12]、或十地菩薩大人[13]，權現比丘[14]，在大眾中，皆同一心，受鉢和羅飯[15]，具清淨戒，聖眾之道，其德汪洋。其有供養此等自恣僧者，現世父母、六親眷屬，得出三塗之苦應時解脫，衣食自然；若父母現在者，福樂百年；若七世父母生天，自在化生，入天華光。」

時佛敕[16]十方眾僧，皆先爲施主家咒願[17]，願七世父母行禪定意[18]，然後受食。初受食時，先安在佛前，塔寺中佛前，眾僧咒願竟，便自受食。

時目連比丘及大菩薩眾皆大歡喜，目連悲啼泣聲釋然除滅。

時目連母即於是日，得脫一劫[19]餓鬼之苦。

目連復白佛言：「弟子所生母，得蒙三寶[20]功德之力，眾僧威神力故。若未來世，一切佛弟子，亦應奉盂蘭盆[21]，救度現在父母，乃至七世父母，可爲爾否？」

佛言：「大善快問㉒！我正欲說，汝今復問。善男子！若比丘比丘尼㉓、國王太子、大臣宰相、三公百官、萬民庶人㉔，行慈孝者，皆應先爲所生現在父母、過去七世父母，於七月十五日，佛歡喜日㉕，僧自恣日，以百味飯食，安盂蘭盆中，施十方自恣僧，願使現在父母，壽命百年無病、無一切苦惱之患，乃至七世父母離惡鬼苦，生人天中，福樂無極。是佛弟子修孝順者，應念念中，常憶父母，乃至七世父母。年年七月十五日，常以孝慈，憶所生父母，爲作盂蘭盆，施佛及僧，以報父母長養慈愛之恩。若一切佛弟子，應常奉持是法。」

時目連比丘、四輩弟子㉖，歡喜奉行。

---

❶舍衛國祇樹給孤獨園：舍衛國的梵名爲Śrāvastī，是古代中印度王國名。又譯作室羅伐國，意譯爲豐德、好道與多聞者的意思。此座城國，以多產勝物與多出名人的緣故，而被稱爲聞物之國。釋迦牟尼佛在世時，是由波斯匿王統治此國，佛陀前後居住在此達二十五年。根據英國知名考古學家康林罕（A. Cunningham）的推證，其位置應該是靠近於尼泊爾的奧都（Oudh，古稱沙祇）的北方約九十餘公里的地方。祇樹給孤獨園，見本書第六課第四十四頁的註釋❻。

❷大目犍連：梵名是Maudgalyāyana，是釋迦牟尼佛十大弟子之一。又作摩訶目犍連（梵名爲Mahāmaudgalyāyana），音譯爲大目犍連、大目乾連，簡稱爲大目連、目連、目揵連等，意譯爲天抱，是釋迦牟尼佛十大弟子中被譽爲神通第一的大阿羅漢。晚年曾在王舍域內托缽行乞時，慘遭嫉恨佛陀教團的非佛教徒婆羅門徒，以木杖瓦石攻擊而致死，此事是在佛陀涅槃之前。

❸六通：見本書第六課第四十一頁的註釋❾。

❹乳哺之恩：指養育與哺育的恩德。

❺道眼：指以天眼通觀視之意。

❻餓鬼：指六道輪迴中的餓鬼道，爲三惡道之一。餓鬼道的梵語爲preta或pitr，音譯爲薜荔多或卑帝黎，指因前生造作惡業，因爲多好貪欲的緣故，死後轉生爲餓鬼，經常苦於饑渴而無法得到滿足。

❼餉：饋食於人的意思，也就是拿東西給別人吃。

❽障缽：遮蔽持缽的意思。障，遮蔽與手腕環抱的意思。

❾摶食：以手捉取食物。摶，音ㄉㄛˊ，攫取拾取的意思。

❿悲號涕泣：悲傷呼號哭泣流淚。號，音ㄏㄠˊ，大聲呼叫。

⓫七月十五日，僧自恣時：自恣，梵語爲 pravāraṇā，音譯鉢利婆刺拏，意譯爲滿足、喜悅與隨意。指自我舉發所犯之過錯並求懺悔，因爲懺悔清淨而自生喜悅，所以稱爲自恣。這是佛教的一種修行制度與文化，即是「安居」（梵語爲 vārṣika），在雨季時要夏安居、雨安居，又作結夏、坐臘、坐夏、夏坐，由於印度的夏季雨期長達三個月，唯恐雨季期間僧眾自由外出時，踩殺地面的蟲蟻與草木的新芽，所以聚集修行，避免外出聚居一處而致力修行。這個制度是延續印度古代婆羅門教的形式，爲後世佛教所採用。安居時間爲農曆四月十六日開始，自恣日爲七月十五日。恣，音ㄗˋ。

⓬聲聞緣覺：聲聞，梵語爲 śrāvaka，音譯爲舍羅婆迦，意譯作弟子，主要是指聽聞佛陀立聲教法而證悟的出家弟子。緣覺，梵語爲 pratyeka-buddha，音譯鉢刺醫迦佛陀，或譯作辟支迦佛、辟支佛、獨覺，指非因佛陀教誨而獨自悟道的修行者。

⓭大人：指證悟聖道的聖賢，也就是菩薩。

⓮比丘：梵語爲 bhikṣu，音譯苾芻。意譯爲乞士、怖魔。主要是指出家得度並受具足戒的男子。

⓯鉢和羅飯：梵語爲 pravāraṇā，音譯作鉢刺婆刺拏。同「自恣」意，於七月十五日安居結束的時候，供養三寶的飯食，稱爲鉢和羅飯，意譯爲自恣食。

⓰敕：誡飭，告誡。敕，音ㄔˋ。

⓱咒願：指佛教出家沙門接受信徒供養飲食的時候，以唱誦與持誦咒語的方式爲眾生祈福祝願。

⓲行禪定意：在此指專注一心的意思。指出家沙門應專心一致的咒願，爲信徒祈福。

⓳一劫：佛教以劫爲基礎，度量與說明「時間」的觀念，主要是詮釋宇宙從生成到毀滅的過程。劫，梵語爲 kalpa，音譯爲劫波，意譯爲分別時分或分別時節，原爲古代印度婆羅門教極大時間的時間單位。一劫相當於人間的四十三億二千萬年。

⓴三寶：梵語爲 tri-ratna 或是 ratna-traya，指爲佛教徒尊敬供養的佛寶、法寶與僧寶等三寶。佛寶，即是佛陀（梵語 buddha）；法寶是宇宙實相的真理，也是佛陀悟道後宣說的教法；僧寶，（梵語 dharma），指依佛制出家，恪守佛戒而爲世人尊敬學習

的對象。以上三者爲世間之寶，故稱三寶。其中，所謂的歸依（或皈依）三寶，並非是歸依木石金玉的佛像，或是某位出家僧人，而是歸依吾人本自具足的佛性，以合格與持戒清淨能代表佛陀的佛教出家僧眾爲證明的法師，故歸依三寶，即是以佛爲師，向出家法師學習覺悟解脫之道的意思。六祖惠能有一段很精彩的說明：「善知識！歸依覺，兩足尊；歸依正，離欲尊；歸依淨，眾中尊。從今以後，稱佛爲師，更不歸依邪迷外道，願自三寶慈悲證明。善知識！惠能勸善知識歸依三寶。佛者，覺也；法者，正也；僧者，淨也。自心歸依覺，邪迷不生，少欲知足，離財離色，名兩足尊。自心歸依正，念念無邪故，即無愛著，以無愛著，名離欲尊。自心歸依淨，一切塵勞妄念，雖在自性，自性不染著，名眾中尊。凡夫不解，從日至日，受三歸依戒。若言歸佛，佛在何處？若不見佛，即無所歸；既無所歸，言卻是妄。善知識！各自觀察，莫錯用意，經中只言自歸依佛，不言歸依他佛。自性不歸，無所依處。」（見敦博本《六祖壇經》第二十三折）

㉑盂蘭盆：梵名爲 Ullambana 的音譯，原指農曆七月十五日用於超度先人的一種供器，如現代供奉神佛的供盤或供碗。

㉒大善快問：指佛陀讚美目連尊者發問的問題非常好。

㉓比丘尼：梵語爲 bhikṣuṇī。音譯爲苾芻尼。意譯爲乞士女、沙門尼。指出家得度並受具足戒的女眾。

㉔庶人：指平民百姓。

㉕佛歡喜日：即是前述的「自恣日」。因爲七月十五日僧眾因發露懺悔與精進修持而多能證道，所以佛陀歡喜，稱爲歡喜日。

㉖四輩弟子：指出家的比丘、比丘尼與在家的（男）優婆塞、（女）優婆夷等佛弟子，又稱爲四眾弟子。

【問題與討論】

一、何謂「無盡燈」？吾人如何發揮「無盡燈」的精神？

二、「天女散花」的典故，出自何處？有何象徵？

三、何謂「誤影爲實」？吾人如何避免生活中的誤會？

四、如何看待「目連救母」的孝道思想或是故事情節？何謂「盂蘭盆會」？

五、「目連救母」的故事，對後世中國文學的影響十分深遠，試就所知說明之。

第八課　魏晉詩歌選讀

【題解與作者】

曹操（一五五至二二〇）〈短歌行〉，此爲樂府舊題，主旨是曹操欲表達禮遇賢士與求賢若渴的心情，同時也是爲了實現其統一天下的弘遠抱負，作品中透露了作者的豪情，運用了悲涼慷慨的意象，詩歌情境含蘊深厚，詩風高曠懷古，吟誦悠遠綿長，是中國文學史上膾炙人口的千古名篇。

曹丕（一八七至二二六）〈燕歌行〉，此爲樂府舊題，也是曹丕詩中傳誦最廣最有名的一首，這首詩歷來受到重視，主要是因爲表達了完整的七言閨怨詩的形式，得到很高的文學藝術創作的評價。

曹植（一九二至二三二）〈七哀詩〉，選自《昭明文選》卷二十三哀傷類中，元人李冶《敬齋古今黈ㄊㄡˇ》中說：「人之七情，有喜、怒、哀、樂、愛、惡、欲之殊，今而哀戚太甚，喜、怒、樂、愛、惡、欲皆無有，情之所繫，惟有一哀而已，故謂之七哀也。」此說可供參考。這一首詩是描寫一位女子因丈夫長年流連在外，孤獨的棲守在閨房之中。自古至今有許多評論家以爲，曹植借喻自己與其兄曹丕的身世與關係，亦可供參酌。

曹操、曹丕與曹植的三曹父子，是建安文學的代表人物，同時與當時的建安七子，共同創造了中國文學史上輝煌燦爛的純文學文藝時代的開啓，本課所選篇章，略記一代風華之盛事。

田園詩人陶淵明（三六五至四二七）〈歸園田居〉五首，本課所選爲第一首，也是他的代表作，主旨是陶淵明自我描述辭官歸隱的生活與心情，創作的年代大約於東晉安帝義熙元年（西元四〇五）。陶詩的評價，在當時並未受到太高的重視，直到唐初以後與盛唐的王維才讓人見識其特殊的價值，尤其是北宋的蘇東坡，可謂陶淵明的千古知己。

一、曹操〈短歌行〉

對酒當歌，人生幾何？譬如朝露❶，去日苦多。慨當以慷❷，憂思難忘。何以解憂？唯有杜康❸。

青青子衿，悠悠我心❹。但爲君故，沈吟❺至今。呦呦鹿鳴，食野之苹。我有嘉賓，鼓瑟吹笙❻。

明明如月，何時可掇❼？憂從中來，不可斷絕。越陌度阡，枉用相存❽。契闊談讌❾，心念舊恩。

月明星稀，烏鵲南飛，繞樹三匝，何枝可依❿？山不厭高，海不厭深⓫。周公吐哺⓬，天下歸心。

---

❶朝露：清晨的露水，比喻人生的短暫。曹操作此詩時已五十四歲，乃有感傷。《漢書‧蘇武傳》：「人生如朝露，何久自苦如此！」

❷慨當以慷：慷慨的意思，指情緒激昂。慷慨，音ㄎㄤ ㄎㄞˇ。

❸杜康：原爲傳說中古代最早造酒的人，後代借指爲酒。

❹青青子衿，悠悠我心：語出《詩經‧鄭風‧子衿》。青衿，本指青年學子，在此應指當時年二十七歲的孫權，以及年紀相若的劉琦，曹操視之，即爲青年學子。

❺沈吟：深思。

❻呦呦鹿鳴……鼓瑟吹笙：語出《詩經‧小雅‧鹿鳴之什》。呦，音ㄧㄡ，狀聲詞。鹿鳴聲。苹，草名，白蒿類。

❼掇：拾取。掇，音ㄉㄨㄛˊ。

❽越陌度阡，枉用相存：指曹操曾厚待劉備，後來兩人卻爲敵人的意思。陌阡，南北曰阡，東西曰陌。陌阡，音ㄇㄛˋ ㄑㄧㄢ。

❾契闊談讌：久別爲契闊，一邊宴飲一邊敘談爲談讌。讌，聚談或飲宴的意思。契闊的契，讀爲ㄑㄧㄝˋ。讌，音ㄧㄢˋ。

❿何枝可依：曹操暗指劉備無安身托命的地方。

⓫山不厭高，海不厭深：曹操表示自己心胸廣大，如山之高，如海之深。

⓬周公吐哺：在《史記‧魯周公世家第三》中說周公：「一沐三捉髮，一飯三吐哺，起以待士，猶恐失天下之賢人。」曹操比喻自己如周公禮遇賢士的心，希望得到天下人的歸心。哺，音ㄅㄨˇ。

二、曹丕〈燕歌行〉

秋風蕭瑟❶天氣涼，草木搖落露爲霜❷。群雁辭歸雁南翔❸，念君客遊多思腸。
慊慊❹思歸戀故鄉，君何淹留❺寄他方？賤妾煢煢❻守空房，憂來思君不敢忘。
不覺淚下沾衣裳❼，援琴鳴絃發清商❽。短歌微吟不能長。明月皎皎照我床❾。
星漢西流夜未央❿，牽牛織女遙相望，爾獨何辜限河梁⓫？

❶蕭瑟：本爲形容大風吹動樹木的聲音，比喻凋零冷落與淒涼的意思。
❷草木搖落露爲霜：形容秋天的氣象。《楚辭．九辯》：「悲哉！秋之爲氣也。蕭瑟兮，草木搖落而變衰。」
❸群雁辭歸雁南翔：雁在《宋書》與《樂府詩集》中作「鵠」字。由於深秋來臨，群雁南飛而歸。
❹慊慊：心中不滿足的樣子，或指怨恨的意思。慊，音ㄑㄢˋ或ㄑㄧㄢˋ（《廣韻》苦簟切，上忝，溪。）。
❺淹留：指羈留或逗留。
❻賤妾煢煢：古代婦女妻比妾的地位高，故爲人妻的婦女常謙稱自己爲地位卑下的賤妾。煢煢，音ㄑㄩㄥˊ，孤零而孤單無依的樣子。
❼沾衣裳：沾濕衣服。沾或作霑。裳，音˙ㄕㄤ。
❽援琴鳴絃發清商：取琴彈絃發出心中哀怨的情思。援與鳴皆爲動詞。清商，古謂其調悲涼淒清。商聲爲古代宮商角徵羽五音之一。
❾明月皎皎照我床：皎皎，光明清白的樣子。《古詩十九首．迢迢牽牛星》：「迢迢牽牛星，皎皎河漢女。」
❿星漢西流夜未央：星漢，即是銀河，又稱天河、銀漢、星河、河漢。未央，未盡之意。央，盡的意思。
⓫爾獨何辜限河梁：指織女爲何要受到河上橋樑每年七夕一會的限制呢？辜，應爲「故」字。

三、曹植〈七哀〉

明月照高樓，流光❶正徘徊。上有愁思婦，悲歎有餘哀❷。

借問❸歎者誰，言是客子妻❹。君行踰十年❺，孤妾❻常獨棲❼。

君若清路塵，妾若濁水泥❽。浮沉各異勢❾，會合何時諧❿？

願爲西南風，長逝入君懷⓫！若懷良不開，賤妾當何依⓬？

❶流光：指如流水般流動的月光。

❷悲歎有餘哀：指無盡的哀傷。

❸借問：古代時向別人打聽事情時所用的敬辭，猶言請問，現在閩南語中仍有借問做客氣請問的意思。

❹客子妻：指丈夫作客他鄉的妻子。

❺君行踰十年：指自己的丈夫在外面已經超過十年了。君，古代女子稱自己的丈夫爲君。踰，音ㄩˊ，超過，亦作逾。

❻孤妾：自稱爲孤獨的妻子。古代女子對自己的丈夫謙稱爲妾。

❼獨棲：獨自居住。

❽君若清路塵，妾若濁水泥：指自己的丈夫如同清淨路上的飛塵隨風飄浮，自己卻像是汙濁的水泥停頓滯留在原地。

❾異勢：態勢或形勢不同。

❿諧：協調和合的意思。

⓫願爲西南風，長逝入君懷：指孤獨的妻子自願化成爲西南風，遠行投入自己丈夫的胸懷。

⓬若懷良不開，賤妾當何依：指丈夫的胸懷若不打開時，自己還有什麼依靠呢？

四、陶淵明〈歸園田居〉之一

少無適俗韻❶，性本愛丘山；誤落塵網❷中，一去三十年❸。

羈❹鳥戀舊林，池魚思故淵；開荒南野際，守拙歸園田。

方宅❺十餘畝，草屋八九間；榆樹蔭後簷，桃李羅❻堂前。

曖曖❼遠人村，依依❽墟里❾煙；狗吠深巷中，雞鳴桑樹巔。

戶庭無塵雜❿，虛室⓫有餘閒；久在樊籠⓬裡，復得返自然。

---

❶適俗韻：迎合世俗的個性與興趣。

❷塵網：指人生世俗之網。因為人生在世間會受到種種的束縛，如同水中魚在網裡，故稱為塵網。

❸三十年：有不同版本作「十三年」。

❹羈：原是馬絡，引伸為束縛或停留於籠中的鳥。

❺方宅：方，或作傍，指屋旁。或是指形狀如方形的屋宅。

❻羅：陳列。

❼曖曖：指昏暗不明的樣子。曖，音ㄞˋ。

❽依依：指輕柔緩慢的樣子或依稀隱約的樣子。

❾墟里：即農村中的村落。

❿塵雜：指人世間的瑣事煩雜。

⓫虛室：指清幽空靈的居室。《莊子．人間世》：「虛室生白，吉祥止止。」

⓬樊籠：本為關鳥獸的籠子，在此比喻受到束縛而不得自由的情況。

【問題與討論】

一、三曹父子的詩歌成就，何人最高？

二、曹操〈短歌行〉的詩歌風格為何？主旨在表達什麼心情或抱負？

三、曹丕〈燕歌行〉的詩歌藝術風格為何？

四、曹植〈七哀詩〉的「七哀」有何特殊的意義？

五、曹丕〈燕歌行〉與曹植〈七哀詩〉同是閨怨詩，兩者有何異同？

六、陶淵明作品中透露其人生觀為何？

七、何謂「誤落塵網中，一去三十年」？何謂「塵網」？

八、從陶淵明的作品選讀心得中，請說明你對「人品」與「詩品」之間的關聯或看法。

第九課　南北朝詩選讀

【題解與作者】

〈子夜歌〉原為樂府《吳聲歌曲》的名稱。相傳為晉代女子於子夜所作。現存晉、（南朝）宋、（南朝）齊等三代歌詞共四十二首，均寫男女之間的戀情，文學形式為五言四句，而且詩中多用雙關的隱語，文字活潑，口語通俗，描寫直率大膽，感情真切自然。

鮑照（？至四六六）為南朝宋文學家，字明遠。鮑照一生坎坷遭逢，抑鬱不得志，但其詩文成就甚高，生前即負盛名，並且對後來的文學作家產生重大影響。鮑照最有名的作品是《擬行路難》十八首，雖然所詠的內容並非一事，但是每篇作品情感十分強烈，氣勢驚人，辭藻甚為華美，多半抒發了寒士出身而備遭壓抑的痛苦心情。

梁簡文帝蕭綱（五〇三至五五一年），字世纘，南蘭陵（今江蘇武進）人。梁天監二年出生於顯陽殿。五三一年，昭明太子蕭統薨，蕭綱被冊封為太子。後得繼大統，但未及二年，被侯景廢為晉安王，終年僅四十九歲。蕭綱的文學造詣甚高，但因當時流尚宮體詩的流派，所以傷於輕豔，並且醉心於描寫男女情愛與女性體態容顏之美，相當具有一代文學的特質。

徐陵（五〇七至五八三），為南朝梁陳間詩人與駢文大家，其詩喜用典故，善用華豔辭藻與對仗工整。當時流行宮體詩，因此其作品與蕭綱、蕭繹的等風格相似。

本課所選其他作品，皆為北朝樂府民歌，用語相較吳聲歌曲更為自然豪放，可堪比較。

一、〈子夜歌〉

宿昔不梳頭，絲髮被兩肩。婉伸郎膝上，何處不可憐。

自從別歡來，奩器❶了不開。頭亂不敢理，粉拂生黃衣。

始欲識郎時，兩心望如一。理絲入殘機，何悟不成匹。

前絲斷纏綿，意欲結交情。春蠶易感化，絲子已復生。

年少當及時，蹉跎❷日就老。若不信儂❸語，但看霜下草。

夜長不得眠，轉側聽更鼓。無故歡相逢，使儂肝腸苦。

夜長不得眠，明月何灼灼❹。想聞散喚聲，虛應空中諾。（以上選自《樂府詩集》卷四十四〈清商曲辭．子夜歌〉）

梅花落已盡，柳花隨風散。歎我當春年，無人相要喚。（選自《樂府詩集》卷四十四〈清商曲辭．子夜歌．春歌〉）

望歡四五年，實情將懊惱。願得無人處，回身與郎抱。（選自《樂府詩集》卷四十九〈清商曲辭．西曲歌下．孟珠〉）

夜相思，投壺❺不停箭，憶歡作嬌時。（選自《樂府詩集》卷四十六〈清商曲辭．華山畿〉）

思歡久，不愛獨枝蓮，只惜同心藕。（選自《樂府詩集》卷四十六〈清商曲辭．讀曲歌〉）

---

❶奩器：指古代盛梳妝用品的器具。奩，音ㄌㄧㄢˊ。

❷蹉跎：指虛度光陰。蹉跎，音ㄘㄨㄛ ㄊㄨㄛˊ。

❸儂：我。儂音是古代吳越一帶的語音，現今江蘇、浙江一帶方言，仍說「我」為「儂」。

❹灼灼：明亮的樣子。

❺投壺：古代宴會中的禮制與娛樂遊戲。賓主依次用箭矢投向盛酒的壺口，以投中的多少決定勝負，負者必須飲酒。

二、鮑照〈擬行路難〉

君不見，河邊草，冬時枯死春滿道。君不見，城上日，今暝❶沒盡去，明朝復更出。今我何時當得然，一去永滅入黃泉。人生苦多歡樂少，意氣敷腴❷在盛年。且願得志數相就，床頭恆有沽酒❸錢。功名竹帛❹非我事，存亡貴賤付皇天。（《擬行路難十八首》之五）

君不見，少壯從軍去，白首流離不得還。故鄉窅窅❺日夜隔，音塵斷絕阻河關。朔風❻蕭條白雲飛，胡笳❼哀急邊氣寒。聽此愁人兮奈何，登山遠望得留顏；將死胡馬跡，寧見妻子難。男兒生世轗軻❽欲何道，綿憂❾摧抑❿起長歎。（《擬行路難十八首》之十四）

---

❶暝：日暮，夜晚。暝，音ㄇㄧㄥˊ。

❷敷腴：喜悅的樣子。敷腴，音ㄈㄨ ㄩˊ。

❸沽酒：從街市上買來的酒，買酒。沽，音ㄍㄨ，買也。

❹竹帛：原指竹簡與白絹，因為古代沒有紙，所以用竹帛書寫文字，在此指書籍與史冊，作者表示自己不在意歷史功名。

❺窅窅：遙遠的樣子。窅，音ㄧㄠˇ。

❻朔風：北風，寒風。

❼胡笳：我國古代北方民族的一種管樂器，傳說是由漢代張騫從西域傳入中土。笳，音ㄐㄧㄚ。

❽轗軻：指困頓不得志。轗軻，音ㄎㄢˇ ㄎㄜ，同坎坷。

❾綿憂：連綿不斷的憂愁。

❿摧抑：悲痛壓抑。

三、蕭綱〈美女篇〉（選自《樂府詩集》卷六十三〈雜曲歌辭〉）

佳麗❶盡關情，風流❷最有名。約黃能效月❸，裁金巧作星❹。粉光勝玉靚❺，衫薄擬蟬輕。密態隨流臉，嬌歌逐軟聲。朱顏❻半已醉，微笑隱香屏。

四、徐陵〈長相思〉（選自《樂府詩集》卷六十九〈雜曲歌辭〉）

長相思，望歸難，傳聞奉詔戍臯蘭❼。龍城遠，雁門寒，愁來瘦轉劇❽，衣帶自然寬。念君今不見，誰爲抱腰看。

長相思，好春節，夢裏恆啼悲不泄❾。帳中起，窗前咽❿。柳絮飛還聚，遊絲斷復結。欲見洛陽花，如君隴頭雪。

---

❶佳麗：秀麗的美女。
❷風流：指美女風韻美好動人。
❸約黃能效月：約黃能效月，是指額黃的化妝方式。額黃，又名叫鴉黃，是在額頭間塗上黃色的化妝方法。
❹裁金巧作星：是指古代女子化妝的方法，也就是花子、面花、貼花，主要是貼在眉間與臉上的一種小裝飾。
❺粉光勝玉靚：指美女服裝的顏色比美玉還要漂亮。靚，音ㄐㄧㄥˋ，艷麗，美好。
❻朱顏：指紅潤美好的容顏，多借指年輕的女子或青年。
❼奉詔戍臯蘭：接受皇帝所下達的命令保衛臯蘭山。臯蘭，在今甘肅蘭州市南。臯，音ㄍㄠ。
❽愁來瘦轉劇：因爲憂愁所以身材變瘦的更厲害了。劇，極或甚之意。
❾不泄：不停留。
❿咽：指聲音因爲悲傷而滯澀，多半用在形容心中的悲切。

五、〈幽州馬客吟歌辭〉（選自《樂府詩集》卷六十九〈雜曲歌辭〉）

快馬常苦瘦，剿兒❶常苦貧。黃禾起羸馬❷，有錢始作人。（《樂府詩集》卷二十五〈橫吹曲辭〉）

六、〈隴頭歌辭〉（選自《樂府詩集》卷二十五〈橫吹曲辭〉）

隴頭❸流水，流離山下。念吾一身，飄然曠野。〈其一〉

朝發欣城，暮宿隴頭。寒不能語，舌捲入喉。〈其二〉

隴頭流水，鳴聲嗚咽❹。遙望秦川，心肝斷絕。〈其三〉

七、〈敕勒歌〉（選自《樂府詩集》卷八十六〈雜歌謠辭〉）

敕勒❺川，陰山下。天似穹廬❻，籠蓋四野。天蒼蒼，野茫茫，風吹草低見牛羊。

---

❶剿兒：剿，音ㄐㄧㄠˇ，本指滅絕，剿兒在此指身手勇捷的人，猶如今日所說的健兒。

❷黃禾起羸馬：黃禾是穀物糧食，羸馬是瘦弱的馬。在此指不好的糧食是只能養起瘦弱的馬。

❸隴頭：隴山，借指邊塞。隴，音ㄌㄨㄥˇ。

❹嗚咽：指低聲哭泣或悲泣的聲音。

❺敕勒：我國古代北方的一支民族名稱。北魏時稱爲鐵勒或是高車部。

❻穹廬：古代游牧民族居住的一種氈帳。氈，音ㄓㄢ，主要是指羊毛或其它動物的毛經濕、熱與壓力等各種作用，壓縮製成的塊片狀的材料。

【問題與討論】

一、〈子夜行〉描寫古代男女之間的感情態度為何？

二、何謂「樂府詩」？何謂「清商曲辭」？

三、〈子夜行〉是以男性還是女性為主角的敘述？原因為何？

四、鮑照〈擬行路難〉的「人生苦多歡樂少」，主要是在表達何種人生觀？

五、蕭綱〈美女篇〉中的美女形象，究竟具備那些特點？

六、何謂「長相思，望歸難」？作者運用那些詞彙形容「相思」的情形？

七、請說明你對「有錢始作人」的看法。

八、請說明「念吾一身，飄然曠野」的文學意象。

九、請說明「天蒼蒼，野茫茫，風吹草低見牛羊」的景象。

第十課　唐代詩歌選讀

【題解與作者】

張若虛（六六〇至七二〇），揚州（今江蘇揚州）人，著名的唐代詩人。〈春江花月夜〉本為樂府舊題，相傳是南北朝時期陳朝末代皇帝陳後主所創，內容本是描寫豔情的宮體詩轉變而來，張若虛第一次將此舊題改寫成長篇的七言歌行體裁，全詩酣暢淋漓，情韻深切，對人生短促的惆悵與對宇宙恆長的思索，全都浸溶在無邊風月的春江月色之中，營造成既明麗浪漫又靜謐悲傷的情境，此詩亦受到明清以來詩歌評論家的高度讚賞。

王維、李白、杜甫與杜牧四人生平，在歷來國語文教材屢見不鮮，故本課不再重複敘述。王維的〈渭川田家〉是一首描述渭川附近農家的生活景象，採用白描的敘述，宛如一幅農村實景寫真，從悠遊閒逸與單純真摯的感情中，可見作者歸隱山林不問世事的人生觀，也對現代忙碌的工商業社會，提供另一種回返自然與歸心質樸的生活型態，值得吾人深入省思與參考。

李白〈宣州謝朓樓餞別校書叔雲〉一文，寫出李白對政治腐敗與個人遭逢的憂憤與感傷，從心緒之亂，發為吟詠之篇，唯有酒酣之後可以忘憂，對此長風萬里目送秋雁之景，精神一爽，心情暢懷，寫下千古佳作，亦寫出古今文人浮沈世海的心情。

杜甫〈詠懷古跡〉五首，是杜甫於大曆元年（七六六年）在夔州完成的一組七言律詩。因為在夔州與三峽附近有宋玉、王昭君、劉備與諸葛亮等人留下的事跡或是古跡，杜甫借此懷念古人，並且抒發身處亂世而面對家國流離與歷史興衰的感慨。

一、張若虛〈春江花月夜〉（選自《樂府詩集》卷四十七〈清商曲辭〉）

春江潮水連海平，海上明月共潮生。灩灩❶隨波千萬里，何處春江無月明。
江流宛轉繞芳甸❷，月照花林皆似霰❸。空裏流霜不覺飛，汀❹上白沙看不見。
江天一色無纖塵，皎皎空中孤月輪。江畔何人初見月，江月何年初照人。
人生代代無窮已，江月年年只相似。不知江月待何人，但見長江送流水。
白雲一片去悠悠，青楓浦上不勝愁。誰家今夜扁舟子，何處相思明月樓。
可憐樓上月徘徊，應照離人妝鏡臺。玉戶簾中卷不去，擣衣砧上拂還來❺。
此時相望不相聞，願逐月華流照君。鴻雁長飛光不度，魚龍潛躍水成文。
昨夜閑潭夢落花，可憐春半不還家。江水流春去欲盡，江潭落月復西斜。
斜月沈沈藏海霧，碣石❻瀟湘❼無限路。不知乘月幾人歸，落月搖情❽滿江樹。

❶灩灩：水光浮動的樣子。灩，音ㄧㄢˋ。
❷芳甸：芳草茂盛的原野。甸，音ㄉㄧㄢˋ，指古代京城郊外的地方。
❸霰：小雪珠，指白色略為透明或不透明的球形或圓錐形的小冰粒，多半是在下雪之前或下雪時一起降落。霰，音ㄒㄧㄢˋ。
❹汀：原指水之平線，後來多引申為水邊的平地或小洲。汀，音ㄊㄧㄥ。
❺擣衣砧上拂還來：搗衣石上擦拭過了一次又一次。擣，音ㄉㄠˇ。砧，音ㄓㄣ。
❻碣石：山名，在河北昌黎縣北。或指獨立高聳的山。碣，音ㄐㄧㄝˊ。
❼瀟湘：指湘江，因為湘江水清且深故名瀟湘。或指湘江與瀟水的並稱，後多借指今天湖南地區。
❽搖情：動搖心中的感情。

二、王維〈渭川田家〉

斜光照墟落，窮巷牛羊歸。野老念牧童，倚杖候荊扉❶。
雉雊❷麥苗秀，蠶眠桑葉稀。田夫荷鋤至，相見語依依❸。
即此羨閑逸，悵然❹吟式微❺。

三、李白〈宣州謝朓樓餞別校書叔雲〉

棄我去者，昨日之日不可留。亂我心者，今日之日多煩憂。
長風萬里送秋雁，對此可以酣高樓。蓬萊文章建安骨❻，中間小謝又清發。
俱懷逸興❼壯思飛，欲上青天覽明月。抽刀斷水水更愁，舉杯銷愁愁更愁。
人生在世不稱意，明朝散髮弄扁舟。

---

❶荊扉：指柴門，鄉下農夫的家門。荊，落葉灌木的一種。扉，音ㄈㄟ，門扇。
❷雉雊：雉鳴叫。雉雊，音ㄓˋ ㄍㄡˋ。
❸依依：依戀不捨的樣子。
❹悵然：失意不樂的樣子。悵，音ㄔㄤˋ。
❺式微：衰微或衰敗。
❻蓬萊文章建安骨，中間小謝又清發：唐宋時期稱秘書省爲蓬萊道山，建安是指建安文學的風骨，小謝是指謝朓。此處是讚美叔雲在秘書省任職，他的詩歌有建安文學的風骨，又有謝朓的洋溢才華。
❼逸興：豪放超逸的意興。

四、杜甫〈詠懷古跡〉五首

支離東北風塵際[1]，漂泊西南天地間。三峽樓臺淹[2]日月，五溪[3]衣服共雲山。
羯胡[4]事主終無賴，詞客哀時且未還。庾信[5]平生最蕭瑟，暮年詩賦動江關[6]。〈其一〉

搖落深知宋玉悲[7]，風流儒雅亦吾師。悵望千秋[8]一灑淚，蕭條異代不同時。
江山故宅[9]空文藻，雲雨荒臺[10]豈夢思？最是楚宮[11]俱泯滅，舟人指點到今疑。〈其二〉

群山萬壑赴荊門[12]，生長明妃[13]尚有村。一去紫臺[14]連朔漠，獨留青塚[15]向黃昏。
畫圖省識春風面[16]，環珮[17]空歸月夜魂。千載琵琶作胡語[18]，分明怨恨曲中論[19]。〈其三〉

蜀主窺吳幸三峽[20]，崩年亦在永安宮[21]。翠華[22]想像空山裡，玉殿[23]虛無野寺中。
古廟杉松巢水鶴，歲時伏臘走村翁[24]。武侯祠屋常鄰近[25]，一體君臣祭祀同。〈其四〉

諸葛大名垂宇宙，宗臣[26]遺像肅清高。三分割據紆籌策[27]，萬古雲霄一羽毛[28]。
伯仲之間見伊呂[29]，指揮若定失蕭曹[30]。運移漢祚終難復，志決身殲[31]軍務勞。〈其五〉

---

❶支離東北風塵際：支離，流浪分離。東北風塵際，主要是指安祿山叛亂的時期。

❷淹：主要是指浸漬、浸泡。

❸五溪：指地名，指雄溪、樠ㄇㄢˊ溪、無溪、酉溪、辰溪等五條溪，皆位於武陵地區，於今湖南西部和貴州的東部。

❹羯胡：本爲五胡之一，泛稱來自北方的外族，此處主要是指安祿山等人。

❺庾信：字子山，梁代詩人庾肩吾之子。他在早年曾經擔任梁湘東國常侍等重要職務。

❻江關：這裡指荊州江陵，相傳爲宋玉的故居。

❼搖落深知宋玉悲：搖落，指凋殘零落。這裡指寒貧之士不得志的感傷。

❽千秋：本指千年，在此形容長久的歲月。

❾故宅：在江陵與歸州相傳都有宋玉的故宅。

❿雲雨荒臺：此處是指陽雲臺，位置是在四川省巫山縣陽臺山上。

⓫楚宮：指楚國的宮殿，戰國時楚國建都在今湖北江陵地區。

⓬荊門：指荊門山在湖北荊門縣南方。

⓭明妃：此指王昭君，晉代人爲了避司馬昭的諱而不得不改爲明君。

⓮紫臺：本指道家稱神仙所居。在此指紫宮，是古代帝王所居住地方的代稱。

⓯青塚：指王昭君的墳墓。主要是因爲塞外野草皆是白色，只有王昭君墓邊的野草是青色的，所以稱爲青塚。今於內蒙古自治區呼和浩特市南方。塚，音ㄓㄨㄥˇ。

⓰畫圖省識春風面：省識，本指認識，在此指大概可以看出。春風面，借指王昭君美麗姣好的面貌。省，音ㄒㄧㄥˇ。

⓱環珮：指女子所佩戴玉飾，這裡也是借稱王昭君。

⓲胡語：一般是指匈奴的語言，泛稱中國西北與北方各族的語言。

⓳論：表達意見或發表評論。論，音ㄌㄨㄣˊ。

⓴蜀主窺吳幸三峽：蜀主，此指劉備。窺吳，主要是指征服吳國。幸，古代指帝王親臨爲幸。

㉑崩年亦在永安宮：崩，古代指帝王死亡。這裡是指劉備稱帝與死亡的地方皆在永安宮。

㉒翠華：指古代天子儀杖中以翠羽爲飾的旗幟或車蓋。

㉓玉殿：本爲宮殿的美稱，此指劉備的皇宮。

㉔歲時伏臘走村翁：伏，本指六月。臘，本指十二月。伏臘皆爲古代祭祀的時期。本句是指村民在每年夏伏冬臘時祭拜劉備。

㉕武侯祠屋常鄰近：武侯祠在先主劉備廟的西邊，說明比鄰在一起。三國蜀諸葛亮在死後諡爲忠武侯，後世因此稱爲武侯。

㉖宗臣：本指與君主同宗之臣，此指朝廷中的大臣。

㉗三分割據紆籌策：指當時魏蜀吳三分天下割據一方。紆，指複雜曲折。籌策，指籌算與謀畫。紆，音ㄩ。

㉘萬古雲霄一羽毛：指諸葛亮的高超智慧就像是鸞鳳舉翼高翔於天，這是後人難以與之相提並論的境界。
㉙伯仲之間見伊呂：伯仲，本指兄弟的次第，這裡指不相上下的意思。伊呂，伊尹和呂尙，皆爲古代商周的賢相。全句是指諸葛亮的成就和伊呂兩人是不相上下，這是極力推崇諸葛亮的功績與成就。
㉚失蕭曹：主要是指即使是漢高祖謀臣的蕭何與曹參也爲之遜色。
㉛身殲：是指以身殉職的自我消滅。殲，音ㄐㄧㄢ。

五、韓愈〈左遷至藍關示姪孫湘詩〉

一封朝奏九重天，夕貶潮陽路八千。本爲聖朝除弊事，肯將衰朽惜殘年。
雲橫秦嶺家何在，雪擁藍關馬不前。知汝遠來應有意，好收吾骨瘴江邊。

六、柳宗元〈別舍弟宗一〉

零落殘紅倍黯然，雙垂別淚越江邊。一身去國六千里，萬死投荒十二年。
桂嶺瘴來雲似墨，洞庭春盡水如天。欲知此後相思夢，長在荊門郢樹煙。

七、張籍〈節婦吟〉

君知妾有夫，贈妾雙明珠。感君纏綿意，繫在紅羅襦。妾家高樓連苑起，良人執戟明光裡。
知君用心如日月，事夫誓擬同生死。還君明珠雙淚垂，恨不相逢未嫁時！

八、杜牧詩選

煙籠❶寒水月籠沙，夜泊❷秦淮近酒家。商女❸不知亡國恨，隔江猶唱後庭花❹。〈泊秦淮〉

娉娉嫋嫋❺十三餘，豆蔻❻梢頭二月初。春風十里揚州路，捲上珠簾總不如。〈贈別之一〉

多情卻似總無情，唯覺樽❼前笑不成。蠟燭有心還惜別，替人垂淚到天明。〈贈別之二〉

千裡鶯啼綠映紅，水村山郭酒旗風。南朝四百八十寺，多少樓台煙雨中。〈江南春〉

青山隱隱水迢迢，秋盡江南草未凋。二十四橋❽明月夜，玉人何處教吹簫。〈寄揚州韓綽判官〉

遠山寒山石徑斜，白雲生處有人家。停車坐愛楓林晚，霜葉紅於二月花。〈山行〉

六朝文物草連空，天澹雲閑今古同。鳥去鳥來山色裏，人歌人哭水聲中。深秋簾幕千家雨，落日樓臺一笛風。惆悵無因見范蠡❾，參差煙樹五湖東。〈題宣州開元寺水閣閣下宛溪夾溪居人〉

---

❶籠：籠罩。籠，音ㄌㄨㄥˇ。

❷泊：停船靠岸。泊，音ㄅㄛˊ。

❸商女：指歌女。

❹後庭花：本爲樂府清商曲中吳聲歌曲的名稱。唐代爲教坊曲名。

❺娉娉嫋嫋：指女子輕盈柔美的樣子。娉娉，輕盈美好的樣子。嫋嫋，輕盈纖美的樣子。娉，音ㄆㄧㄥ。嫋，音ㄋㄧㄠˇ。

❻豆蔻：又名草果。多年生的草本植物。南方人取其尚未完全大開的，稱爲含胎花，古代詩文中經常用以比喻少女。

❼樽：盛酒的器具，多指酒杯，借指爲酒。

❽二十四橋：杜牧所指的故址在今江蘇省揚州市江都縣的西郊。

❾范蠡：字少伯，又名陶朱公，生卒年不詳，一說約爲楚平王十二年（西元前五一七年）。范蠡以經商致富，後廣爲世人所知，後代許多商人皆供奉其塑像，並稱之爲財神。

【問題與討論】

一、張若虛〈春江花月夜〉作品的主旨爲何？

二、張若虛〈春江花月夜〉流暢的敘述中，你覺得那幾句詩歌最能反應人生變化的無常？

三、王維〈渭川田家〉描繪的農村生活場景爲何？

四、李白〈宣州謝朓樓餞別校書叔雲〉是如何描寫人生的瀟灑與豪情？

五、杜甫〈詠懷古跡〉各首詩的主旨爲何？

六、杜牧的詩歌有何特色，請舉出本課所選之詩句以說明之。

第十一課　六朝小說與唐傳奇選

【題解與作者】

中國古代小說的起源於宗教與神話的傳說，在先秦兩漢時期受限於政治上與文學觀影響，所以並不發達，文章多半是篇幅短小，一般稱爲「殘叢小語」，集合了古代街談巷議與民間傳說，在相關的作品中如《莊子》、《楚辭》與《山海經》中皆有不少古代神話故事，但是這些並非是文人刻意創作的作品。到了南北朝時期出現了誌（志）怪與誌人的小說，此時尚無完整結構的小說形式，其中內容可以分爲神怪、軼聞與掌故等三類。到了唐代的傳奇小說，其形成的背景有所謂「溫卷」之說，也是文人自覺刻意創作小說的開始，再到宋元以後便有蓬勃的發展，明清時達到高峰。

本課受限於篇幅，僅選錄了五篇作品。其中，《太平廣記》爲宋代李昉等人奉宋太宗之命編纂，取材於漢代至宋初的野史小說，其中神怪故事所佔比率較多，此書基本上是一部古代小說的總集。《西京雜記》是一部歷史小說集，作者不詳。本書共有一二九則短篇小說，都是敘寫發生於西漢首都長安的宮廷與文士的遺聞佚事，夾雜著怪誕傳說或歷史傳聞，後世常引以爲典故。至於唐傳奇的〈枕中記〉、〈定婚店〉與〈圓觀〉皆爲代表性的作品，人物刻劃生動活潑，故事情節緊湊，創作主題意識明確，涵蘊人生哲學與喻意深遠，可供細細品讀。

在《異苑》中另有一篇記載頗堪玩味，略記於此，供讀者賞玩：「西域有鼠王國。鼠之大者如狗，中者如兔，小者如常。大鼠頭悉已白，然帶金環枷。商估有經過其國，不先祈祀者，則齧人衣裳也。得沙門咒願，更獲無他。釋道安昔至西方，親見如此。俗諺云：鼠得死人目睛，則爲王。」（《異苑》卷三）

一、《太平廣記》節選

談生者，年四十，無婦。常感激讀《詩經》，夜半有女子可年十五六，姿顏服飾，天下無雙，來就生爲夫婦。乃言曰：「我與人不同，勿以火照我也。三年之後，方可照。」爲夫妻，生一兒，已二歲。不能忍，夜伺其寢後，盜照視之，其腰已上生肉如人，腰下但有枯骨。婦覺，遂言曰：「君負我！我垂生矣，何不能忍一歲而竟相照也？」生辭謝，涕泣不可復止。云：「與君雖大義永離，然顧念我兒，若貧不能自偕活者，暫隨我去，方遺君物。」生隨之去，入華堂，室宇器物不凡。以一珠袍與之，曰：「可以自給。」裂取生衣裾，留之而去。後生持袍詣市，睢陽王家買之，得錢千萬。王識之曰：「是我女袍，此必發墓。」乃取考之，生具以實對。王猶不信，乃視女冢，冢完如故。發視之，果棺蓋下得衣裾。呼其兒，正類王女，王乃信之。即召談生，復賜遺衣，以爲主婿。表其兒以爲侍中。（卷三一六）

二、《西京雜記》節選

元帝後宮既多，不得常見，乃使畫工圖形，案圖召幸之。諸宮人皆賂畫工，多者十萬，少者亦不減五萬，獨王嬙不肯，遂不得見。匈奴入朝，求美人爲閼氏，於是上案圖以昭君行。及去，召見，貌爲後宮第一，善應對，舉止閑雅，帝悔之。而名籍已定，帝重信於外國，故不復更人。乃窮案其事，畫工皆棄市，籍其家，資皆巨萬。畫工有杜陵毛延壽，爲人形，醜好老少必得其真。安陵陳敞，新豐劉白、龔寬，並工爲牛馬飛鳥眾勢，人形好醜不逮延壽。下杜陽望亦善畫，尤善布色。樊育亦善布色。同日棄市。京師畫師於是差稀。（畫工棄市）

三、沈既濟〈枕中記〉

開元[1]七年，道士有呂翁者，得神仙術，行邯鄲[2]道中，息邸舍[3]，攝帽弛帶[4]，隱囊[5]而坐。俄見旅中少年，乃盧生也。衣短褐[6]，乘青駒，將適于田[7]，亦止於邸中，與翁共席而坐，言笑殊暢。久之，盧生顧其衣裝敝褻[8]，乃長歎息曰：「大丈夫生世不諧[9]，困如是也！」翁曰：「觀子形體，無苦無恙，談諧方適，而歎其困者，何也？」生曰：「吾此苟生耳。何適之謂？」翁曰：「此不謂適，而何謂適？」答曰：「士之生世，當建功樹名，出將入相，列鼎而食[10]，選聲而聽，使族益昌而家益肥，然後可以言適乎。吾嘗志於學，富於游藝[11]，自惟[12]當年青紫可拾[13]。今已適壯，猶勤畎畝[14]，非困而何？」言訖，而目昏思寐。時主人方蒸黍。

翁乃探囊中枕以授之，曰：「子枕吾枕，當令子榮適如志。」其枕青瓷[15]，而竅[16]其兩端。生俛[17]首就之，見其竅漸大，明朗。乃舉身而入，遂至其家。數月，娶清河崔氏女[18]。女甚容麗，生資愈厚[19]。生大悅，由是衣裝服馭[20]，日益鮮盛。明年，舉進士[21]，登第[22]；釋褐秘校[23]；應制[24]，轉渭南尉[25]；俄遷監察御史[26]；轉起居舍人[27]，知制誥[28]。……同列[29]害之，復誣與邊將交結，所圖不軌。……引刃自刎，其妻救之，獲免。……帝知冤，復追爲中書令，封燕國公[30]，恩旨殊異。生五子，……出入中外，徊翔臺閣[31]，五十餘年，崇盛赫奕[32]。性頗奢蕩，甚好佚樂[33]，後庭聲色，皆第一綺麗。前後賜良田、甲第[34]、佳人、名馬，不可勝數。後年漸衰邁，屢乞骸骨[35]，不許。……是夕，薨[36]。

盧生欠伸[37]而悟，見其身方偃[38]於邸舍，呂翁坐其傍，主人蒸黍未熟，觸類如故[39]。生蹶然而興[40]，曰：「豈其夢寐也？」翁謂生曰：「人生之適，亦如是矣。」生憮然[41]良久，謝曰：「夫寵辱之道，窮達之運，得喪之理，死生之情，盡知之矣。此先生所以窒[42]吾欲也。敢不受教！」稽首[43]再拜而去。

❶開元：唐玄宗的年號（西元七一三至七四一年）。
❷邯鄲：唐代郡縣名。於今河北邯鄲。
❸邸舍：古代專指貨棧或旅店。
❹攝帽弛帶：指摘下帽子與鬆開衣帶的動作。
❺隱囊：倚靠著背後的行囊。隱是倚與靠的意思。
❻短褐：古代的粗布短衣，指古代平民所穿的服裝。
❼適于田：指到農田裡去。適，到與往。
❽敝褻：指破舊骯髒與汙穢。褻，音ㄒㄧㄝˋ，此指污穢。
❾生世不諧：指生不逢時的意思。諧，和合與協調。
❿列鼎而食：指古代富貴人家奢侈浪費的生活。鼎，本爲古代炊器，後來演變爲宗廟禮器與墓葬祭器，此指豪貴人家。
⓫游藝：本指游憩於六藝之中，後來則泛指學藝修養與研習學問。
⓬惟：思考。
⓭青紫可拾：指很容易獲得擔任高官的機會。青紫，漢代制度，公侯印綬使用紫色，九卿乃用青色。後代便以青紫借指高官。
⓮畎畝：田野或農田，常用作務農的一種代稱。畎畝，音ㄑㄩㄢˇ ㄇㄨˇ。
⓯瓷：同「磁」字，皆爲瓷器的意思。
⓰竅：洞或孔穴。
⓱俛：同「俯」。
⓲清河崔氏女：唐代的社會極爲重視氏族與門第的觀念，所以非世族出生的讀書人是難以獲得高官之位的。當時極爲顯赫的高門氏族有五姓七族之稱，例如：清河崔氏、范陽盧氏、博陵崔氏、隴西李氏、趙郡李氏、滎陽鄭氏、太原王氏等。唐代的平民都以娶到「五姓女」爲至高無上的光榮。本文中的盧生即是娶到了清河崔氏女，顯示其進入了貴族豪門之列，前途可期。
⓳生資愈厚：此處是指爲崔氏女的嫁粧豐厚而能使盧生的資產因此而增多。

⑳服馭：指車馬服飾器用之類，又作「服御」。

㉑舉進士：指古代由州郡薦舉參加進士科的考試。

㉒登第：指古代參加科舉考試的舉人，考取進士，稱爲「及第」或「登第」。

㉓釋褐秘校：初次授官就得到秘書省校書郎的職務。釋褐，登第之後，就可授官，脫去平民所穿的「褐」衣而改著朝廷官服，因此用「釋褐」做爲初次授官而得到官職的代稱。校書郎是掌管校正皇家圖書的工作，也是初任官時令人羨慕的一個職務。

㉔應制：唐代的考試制度，進士與明經等科舉登第與現職官員，還可以參加皇帝親自主持的考試，稱爲應制。

㉕轉渭南尉：調任渭南的縣府。轉，是昇調的意思。唐代重視在京爲官，渭南縣在京畿地區，所以渭南尉在當時是很好的職位。

㉖俄遷監察御史：很快的昇調爲監察御史的清譽之官。俄，是指不久的意思。監察御史是唐代中央監察機關御史臺的官官，掌管監察百官的言官，並且監督法律的執行與刑獄。

㉗起居舍人：唐代官名。工作職掌是記錄皇帝平日的言行與朝廷政令的大事，因此編寫爲《起居注》，將來作爲編修國史的根據，這是親近皇帝的重要職官，可見其開始受到重視與將來飛黃騰達的進身之階。

㉘知制誥：職掌皇帝聖旨制誥的擬稿職務。知，是擔任的意思。

㉙同列：指朝廷上同班排列的高官，指和盧生同時的其他官員。

㉚燕國公：唐代制度，封爵分爲九等，國公爲其中的第三等，僅次於唐代的親王和郡王。

㉛徊翔臺閣：指不斷升官與轉調於高級官職之間。臺，原指御史臺。閣，是指中書、門下兩省，都是重要的行政機關。

㉜赫奕：光輝炫耀的意思。

㉝佚樂：指過度的享樂。

㉞甲第：古代豪門貴族的宅第。

㉟乞骸骨：古代官員申請告老還鄉的代用詞。骸，音ㄏㄞˊ。

㊱薨：原是死的別稱，在唐代則以薨尊稱三品以上的大官往生。薨，音ㄏㄨㄥ。

㊲欠伸：指打呵欠與伸懶腰，是疲倦的狀態。欠，指打呵欠。伸，指伸懶腰。

㊳偃：仰臥，安臥。偃，音ㄧㄢˇ。

㊴觸類如故：指盧生醒來時接觸到的一切與作夢前是完全一樣的。

㊵蹶然而興：突然間吃驚的站起來。蹶然，指受驚而忽然站起來的樣子。蹶，音ㄐㄩㄝˊ。

㊶憮然：指悵然失意的樣子。憮，音ㄨˇ。

㊷窒：指抑制遏止。窒，音ㄓˋ。

㊸稽首：古代的跪拜禮，以頭額叩至地上。稽，音ㄑㄧˇ。

四、李復言〈定婚店〉

杜陵❶韋固，少孤，思早娶婦，多歧❷求婚，必無成而罷。元和二年，將遊清河，旅次❸宋城南店。客有以前清河司馬潘昉女見議者，來日先明，期於店西龍興寺門。固以求之意切，且往焉，斜月尚明。有老人倚布囊，坐於階上，向月撿書。固步覘❹之，不識其字；既非蟲篆八分蝌蚪❺之勢，又非梵書❻。因問曰：「老父所尋者何書？固少小苦學，世間之字，自謂無不識者，西國梵字，亦能讀之；唯此書目所未覿❼，如何？」老人笑曰：「此非世間書，君因何得見？」固曰：「非世間書則何也？」曰：「幽冥之書。」固曰：「幽冥之人，何以到此？」曰：「君行自早，非某不當來也。凡幽吏皆掌生人之事，掌人可不行冥中乎？今道途之行，人鬼各半，自不辨耳。」固曰：「然則君又何掌？」曰：「天下之婚牘❽耳。」固喜曰：「固少孤，常願早娶，以廣胤嗣❾。爾來十年，多方求之，竟不遂意。今者人有期此，與議潘司馬女，可以成乎？」曰：「未也，命苟未合，雖降衣纓而求屠博❿，尚不可得，況郡佐乎？君之婦，適三歲矣。年十七，當入君門。」因問：「囊中何物？」

」曰：「赤繩子耳，以繫夫妻之足。及其生，則潛用相繫，雖讎敵之家，貴賤懸隔，天涯從宦，吳楚異鄉。此繩一繫，終不可逭[11]。君之腳，已繫於彼矣，他求何益？」曰：「固妻安在？其家何爲？」曰：「此店北，賣菜陳婆女耳。」固曰：「可見乎？」曰：「陳嘗抱來，鬻菜於市。能隨我行，當即示君。」及明，所期不至。老人卷書揭囊而行。固逐之，入菜市。有眇嫗[12]，抱三歲女來，弊陋亦甚。老人指曰：「此君之妻也。」固怒曰：「殺之可乎？」老人曰：「此人命當食天祿，因子而食邑，庸可煞乎？」老人遂隱。固罵曰：「老鬼妖妄如此。吾士大夫之家，娶婦必敵[13]，苟不能娶，即聲伎之美者，或援立之，奈何婚眇嫗之陋女？」磨一小刀子，付其奴曰：「汝素幹事[14]，能爲我煞彼女，賜汝萬錢。」奴曰：「諾。」明日，袖刀入菜行中，於衆中刺之，而走。一市紛擾。固與奴奔走，獲免。問奴曰：「所刺中否？」曰：「初刺其心，不幸才中眉間。」爾後固屢求婚，終無所遂[15]。

又十四年，以父蔭參相州軍。刺史王泰俾攝司戶掾[16]，專鞫[17]詞獄，以爲能，因妻以其女。可年十六七，容色華麗。固稱愜之極。然其眉間，常帖一花子[18]，雖沐浴閒處，未嘗暫去。歲餘，固訝之，忽憶昔日奴刀中眉間之說，因逼問之。妻潸然曰：「妾郡守之猶子[19]也，非其女也。疇昔父曾宰宋城，終其官。時妾在襁褓[20]，母兄次歿。唯一庄在宋城南，與乳母陳氏居。去店近，鬻蔬以給朝夕。陳氏憐小，不忍暫棄。三歲時，抱行市中，爲狂賊所刺。刀痕尚在，故以花子覆之。七八年前，叔從事盧龍，遂得在左右。仁念以爲女嫁君耳。」固曰：「陳氏眇乎？」曰：「然。何以知之？」固曰：「所刺者固也。」乃曰：「奇也，命也。」因盡言之，相欽逾極。後生男鯤，爲雁門太守，封太原郡太夫人。乃知陰騭[21]之定，不可變也。宋城宰聞之，題其店曰：「定婚店」。（出《續玄怪錄》）

❶杜陵：古代地名，於今陝西西安的東南方。

❷多歧：原指多岔道，此指使用多種方法途徑的意思。

❸旅次：指旅人暫居的地方。

❹覘：觀看觀察的意思。覘，音ㄓㄢ或音ㄔㄢ。

❺蟲篆八分蝌蚪：皆為書法書體的名稱，蟲篆是指蟲書與篆書。八分，漢代隸書別名。蝌蚪，指蝌蚪書體，筆畫多頭大尾小。

❻梵書：指印度梵文字體。

❼覿：相見。覿，音ㄉㄧˊ。

❽婚牘：原為古代寫字用的木板，此指婚書。牘，音ㄉㄨˊ。

❾胤嗣：後嗣，後代。胤嗣，音ㄧㄣˋㄙˋ。

❿降衣纓而求屠博：指貶低自己高貴的身份去與平民通婚。衣纓，衣冠簪纓，指古代仕宦的服裝。屠博，屠者和博徒，指平民。

⓫逭：逃避。逭，音ㄏㄨㄢˋ。

⓬眇嫗：一目失明的老婦人。眇，一目失明。嫗，老年婦女。眇嫗，音ㄇㄧㄠˇㄩˋ。

⓭敵：對等，相當。

⓮幹事：很會辦事。

⓯遂：完成，成功。

⓰俾攝司戶掾：指代理官員。俾，使也。攝，代為管理。司戶掾，唐代官名，是郡府的輔佐官吏。俾，音ㄅㄧˇ。掾，音ㄩㄢˋ。

⓱鞫：審訊。鞫，音ㄐㄩˊ。

⓲花子：古時的婦女或貼或畫在面頰上的一種裝飾。參看本書第九課之第六十二頁，註釋❹。

⓳猶子：指侄女。

⓴襁褓：原指背負嬰兒使用的寬帶與包裹嬰兒的被子，亦泛稱嬰兒包，借指小孩的時候。

㉑陰騭：指陰德。騭，音ㄓˋ，陰德。

五、〈圓觀〉

圓觀者，大曆末，洛陽慧林寺僧。能事田園，富有粟帛。梵學之外，音律大通，時人以富僧爲名，而莫知所自也。李諫議源，公卿之子，當天寶之際，以遊宴飲酒爲務。父憕居守，陷於賊中。乃脫粟布衣，止於慧林寺，悉將家業爲寺公財。寺人日給一器食，一杯飲而已。不置僕使，斷其聞知，唯與圓觀爲忘言交。促膝靜話，自旦及昏。時人以清濁不倫，頗生譏誚，如此三十年。

二公一旦約遊蜀川，抵青城峨眉，同訪道求藥。圓觀欲游長安，出斜谷，李公欲上荊州三峽。爭此兩途，半年未決。李公曰：「吾已絕世事，豈取途兩京？」圓觀曰：「行固不由人，請出三峽而去。」遂自荊江上峽，行次南浦，維舟山下，見婦人數人，錦襠負甖而汲。圓觀望見泣下，曰：「某不欲至此，恐見其婦人也。」李公驚問曰：「自上峽來，此徒不少，何獨恐此數人？」圓觀曰：「其中孕婦姓王者，是某託身之所，逾三載尚未娩懷，以某未來之故也。今既見矣，即命有所歸，釋氏所謂循環也。」謂公曰：「請假以符咒，遣其速生。少駐行舟，葬某山下。浴兒三日，公當訪臨。若相顧一笑，即某認公也。更後十二年，中秋月夜，杭州天竺寺外，與公相見之期。」李公遂悔此行，爲之一慟。遂召婦人，告以方書。其婦人喜躍還家，頃之親族畢至，以枯魚獻於水濱。李公往，爲授朱字元。圓觀具湯沐，新其衣裝。是夕，圓觀亡，而孕婦產矣。李公三日往觀新兒，襁褓就明，果致一笑。李公泣下，具告於王。王乃多出家財，厚葬圓觀。明日，李公回棹，言歸惠林。詢問觀家，方知有治命。

後十二年秋八月，直指餘杭，赴其所約。時天竺寺山雨初晴，月色滿川，無處尋訪。忽聞葛洪川畔，有牧豎歌竹枝詞者，乘牛叩角，雙髻短衣，俄至寺前，乃觀也。李公就謁，曰：「觀公健否？」卻問李公曰：「真信士！與公殊途，慎勿相近。俗緣未盡，但願勤修不墮，即遂相見。」李公以無由敘話，望之潸然。圓觀又唱竹枝，步步前去，山長水遠，尙聞歌聲。詞切韻高，莫知所詣。初到寺前，歌曰：「三生石上舊精魂，賞月吟風不要論。慚愧情人遠相訪，此身雖異性常存。」又歌曰：「身前身後事茫茫，欲話因緣恐斷腸。吳越山川遊已遍，卻回煙棹上瞿塘。」後三年，李公拜諫議大夫，一年亡。

【問題與討論】

一、《太平廣記》中的「談生」這一則短篇小說的故事情節與人物描寫的特徵爲何？

二、《西京雜記》節選的王昭君故事，小說的主旨在說明什麼？

三、沈既濟〈枕中記〉的黃粱一夢，作者的小說創作主題爲何？

四、沈既濟〈枕中記〉的主角在夢中享盡榮華富貴，夢中如此真實，最後一覺醒來，回到原點，如果是你遇到這種情況，在醒覺的那一剎那，你會說什麼？你的想法爲何？

五、李復言〈定婚店〉的月下老人之說，你認爲人生婚姻的姻緣是上天注定的嗎？

六、〈圓觀〉的「三生石上」喻意爲何？若不以宗教的立場而言，你認爲人生是否有輪迴轉世的可能性？

第十二課　南北朝隋唐文選

【題解與作者】

劉勰（四六六至五三九），南朝齊梁時期文學理論的批評家，字彥和。劉勰一生的代表作即是《文心雕龍》，這是一部文學批評理論「體大而慮周」的鉅著，全書共十卷五十篇，本書所選爲第五十篇〈序志〉，敘述作者寫作此書的動機、態度與原則，本課因篇幅所限故節錄之。《文心雕龍》的文學史觀是「文變染乎世情，興廢繫乎時序」（《時序》），同時對於文學體裁與源流，都有詳細的論述。

鍾嶸（約四六八至五一八），南朝梁人，字仲偉。《詩品》爲鍾嶸詩歌評論的專著，內容是以五言詩爲主，將漢代至梁朝具有相當成就的詩歌作家的創作成績，區分上中下三品的等第，因此稱爲《詩品》。在《隋書．經籍志》著錄有此書，書名則爲《詩評》，兼有品第與評論之意。本課所錄雖然極短篇幅，但可看出《詩品》對詩歌起源的看法。

王勃（六五〇至六七六），字子安，絳州龍門（今山西河津）人。唐初著名詩人，與楊炯、盧照鄰、駱賓王合稱「初唐四傑」。王勃出身於名門望族書香之家，從小聰慧過人，被視爲神童，並且在不到二十歲時就考中了進士，但其恃才傲物，不幸於二十七歲時早逝。唐高宗上元二年（六七五年），王勃前往交趾準備探望父親，路經江西南昌時，偶遇都督閻伯嶼新修滕王閣落成，在重陽日於滕王閣大宴賓客，本來閻都督想藉此誇耀女婿孟學士的才華，孟學士也已預先寫好一篇序文，席間閻都督故做姿態請賓客寫序，大家心知肚明表示謙讓，唯有王勃揮筆立就，閻都督則心有不悅，但聽到「落霞與孤鶩齊飛，秋水共長天一色」一句，嘆服爲：「此真天才，當垂不朽！」觀其全文，酣暢痛快而淋漓盡致，一座皆驚，並皆嘆服。綜觀此文，誠爲千古佳作之名篇也。

一、劉勰《文心雕龍．序志第五十》節選

夫「文心」[1]者，言為文之用心也。昔涓子《琴心》，王孫《巧心》[2]，心哉美矣，故用之焉。古來文章，以雕縟[3]成體，豈取騶奭之群言雕龍[4]也。夫宇宙綿邈，黎獻[5]紛雜，拔萃出類，智術而已。歲月飄忽，性靈不居，騰聲飛實，製作而已。夫人肖貌天地，稟性五才[6]，擬耳目於日月，方聲氣乎風雷，其超出萬物，亦已靈矣。形同草木之脆，名逾[7]金石之堅，是以君子處世，樹德建言，豈好辯哉？不得已也！

予生七齡，乃夢彩雲若錦，則攀而採之。齒[8]在逾立[9]，則嘗夜夢執丹漆之禮器[10]，隨仲尼而南行。旦而寤，迺[11]怡然而喜，大哉！聖人之難見哉，乃小子之垂夢[12]歟！

---

❶文心：指作文的用心。
❷涓子《琴心》，王孫《巧心》：戰國楚國人道家環淵，著有《琴心》一書。王孫為儒家，著有《巧心》一書。
❸雕縟：指彩飾雕鏤，後來引申為文辭修飾。縟，音ㄖㄡˋ。
❹騶奭之群言雕龍：指戰國齊國人騶奭善於修飾文彩，能像雕刻龍紋般的美麗。騶奭，音ㄗㄡ ㄕˋ。
❺黎獻：指黎民與賢者。黎，黎民。獻，聖賢。
❻五才：指五種構成宇宙的基本物質。指木、火、土、金、水。
❼逾：指超過。逾，音ㄩˊ。
❽齒：指年齡。
❾逾立：指年齡超過三十歲。
❿執丹漆之禮器：拿著朱紅色漆的祭器。丹，紅色。
⓫迺：同乃。
⓬垂夢：在夢裡出現。

二、鍾嶸〈詩品序〉節選

氣之動物，物之感人，故搖蕩性情，形諸舞詠❶。照燭三才❷，煇麗萬有❸，靈祇待之以致饗❹，幽微藉之以昭告。動天地，感鬼神，莫近於詩❺。

昔南風之詞❻，卿雲之頌❼，厥義敻❽矣。夏歌❾曰：「鬱陶❿乎予心。」楚謠⓫曰：「名余曰正則⓬。」雖詩體未全，然是五言之濫觴⓭也。

---

❶搖蕩性情，形諸舞詠：思想情志被感動，流露於舞蹈歌詠之中。
❷照燭三才：指照耀天、地、人。
❸煇麗萬有：指使萬物增加亮麗光輝。煇麗，指照亮或光被。萬有，指萬物。煇，音ㄏㄨㄟ。
❹靈祇待之以致饗：指神祇在奏詩樂後才會來受饗。靈祇，指天地之神，也泛指神明。致饗，鬼神來受酒食等祭品。祇，音ㄓˇ。
❺動天地，感鬼神，莫近於詩：沒有比詩更能感動天地鬼神了。
❻南風之詞：古代的樂曲名稱，相傳是虞舜所創作。
❼卿雲之頌：卿雲，歌名，傳說是爲虞舜將禪位給大禹之時，一起與百官合唱的歌。
❽敻：意指遙遠。敻，音ㄒㄩㄥˋ。
❾夏歌：夏代的歌。
❿鬱陶：指憂思積聚而心情不開朗的樣子。
⓫楚謠：指《楚辭》。
⓬名余曰正則：指屈原自述其姓名字號，即是「我的名字叫正則」的意思。
⓭濫觴：比喻一件事物的發端或起源。

三、王勃〈滕王閣序〉

豫章故郡，洪都新府[1]。星分翼軫[2]，地接衡廬[3]。襟三江而帶五湖[4]，控蠻荊而引甌越[5]。物華天寶[6]，龍光射牛斗之墟[7]；人傑地靈[8]，徐孺下陳蕃之榻[9]。雄州霧列[10]，俊彩星馳[11]。臺隍枕夷夏之交[12]，賓主盡東南之美[13]。都督閻公之雅望[14]，棨戟遙臨[15]；宇文新州之懿範[16]，襜帷暫駐[17]。十旬休暇，勝友如雲[18]。千里逢迎，高朋滿座[19]。騰蛟起鳳，孟學士之詞宗[20]；紫電青霜，王將軍之武庫[21]。家君作宰[22]，路出名區[23]。童子何知[24]？躬逢勝餞。

時維九月，序屬三秋[25]。潦水盡而寒潭清[26]，煙光凝而暮山紫[27]。儼驂騑於上路，訪風景於崇阿[28]。臨帝子之長洲[29]，得仙人之舊館[30]。層巒聳翠[31]，上出重霄[32]；飛閣流丹[33]，下臨無地[34]。鶴汀鳧渚[35]，窮島嶼之縈迴[36]；桂殿蘭宮[37]，即岡巒之體勢[38]。

披繡闥[39]，俯雕甍[40]。山原曠其盈視[41]，川澤紆其駭矚[42]。閭閻撲地[43]，鐘鳴鼎食[44]之家；舸艦迷津[45]，青雀黃龍之舳[46]。虹銷雨霽[47]，彩徹區明[48]。落霞與孤鶩齊飛[49]，秋水共長天一色[50]。漁舟唱晚，響窮彭蠡[51]之濱；雁陣驚寒，聲斷衡陽之浦[52]。

遙襟甫暢，逸興遄飛[53]。爽籟發而清風生[54]，纖歌凝而白雲遏[55]。睢園綠竹[56]，氣凌彭澤之樽[57]；鄴水朱華[58]，光照臨川之筆[59]。四美具[60]，二難并[61]。窮睇眄於中天[62]，極娛遊於暇日。天高地迥[63]，覺宇宙之無窮；興盡悲來，識盈虛之有數。望長安於日下，指吳會[64]於雲間。地勢極而南溟深[65]，天柱高而北辰遠[66]。關山難越，誰悲失路之人。萍水相逢[67]，盡是他鄉之客。懷帝閽而不見[68]，奉宣室[69]以何年？

嗟乎！時運不齊，命途多舛[70]。馮唐易老，李廣難封[71]。屈賈誼[72]於長沙，非無聖主；竄梁鴻[73]於海曲，豈乏明時？所賴君子安貧，達人知命。老當益壯，寧移白首之心[74]；窮且益堅，不墜青雲之志。酌貪泉而覺爽[75]，處涸轍[76]而猶懽。北海雖賒[77]，扶搖[78]可接；東隅已逝，桑榆[79]非晚。孟嘗[80]高潔，空懷報國之情；阮籍猖狂[81]，豈效窮途之哭。

勃三尺微命[82]，一介書生。無路請纓，等終軍之弱冠[83]；有懷投筆，慕宗愨之長風[84]。舍簪笏於百齡，奉晨昏於萬里[85]。非謝家之寶樹[86]，接孟氏之芳鄰[87]。他日趨庭[88]，叨陪鯉對[89]；今晨捧袂，喜托龍門[90]。楊意[91]不逢，撫凌雲而自惜[92]；鍾期[93]既遇，奏流水[94]以何慚？

嗚呼！勝地不常，盛筵難再。蘭亭[95]已矣，梓澤邱墟[96]。臨別贈言，幸承恩於偉餞[97]；登高作賦，是所望於群公。敢竭鄙誠，恭疏短引[98]。一言均賦[99]，四韻俱成[100]。請灑潘江，各傾陸海云爾。

滕王高閣臨江渚，佩玉鳴鸞罷歌舞。畫棟朝飛南浦雲，珠簾暮捲西山雨。

閒雲潭影日悠悠，物換星移幾度秋。閣中帝子今何在？檻外長江空自流！

---

❶豫章故郡，洪都新府：指現今江西南昌。豫章，古郡名，治今江西南昌。洪都，江西省南昌市的別稱。
❷星分翼軫：「翼」與「軫」是二十八星宿中二星宿的名稱，古代爲楚國之分野。《史記．天官書》：「翼軫，荊州。」
❸地接衡廬：這裡指地方與衡山與廬山兩座山緊相接連。
❹襟三江而帶五湖：指三條江像衣服的衣襟一般地交流在前端。後指五座湖像腰帶一般地貫串其中。
❺控蠻荊而引甌越：指此地位居交通樞紐，可以連接荊楚與甌越等地。
❻物華天寶：指此地產物的精華，就好像是上天的瑞寶。

❼龍光射牛斗之墟：指寶劍的光芒直射牽牛與南斗二星，表示此地有特殊的祥瑞之物，並暗示有傑出的人才。
❽人傑地靈：指傑出的人物生於靈秀之地。
❾徐孺下陳蕃之榻：歷史典故，指江西高士徐孺子的高風亮節，卻常拜訪太守陳蕃的府宅。
❿雄州霧列：雄州，指地大物博與人多，皆占重要地位之州。這裡指連接的大城很多，就好像大霧排列一般。
⓫俊彩星馳：俊彩，指優秀的人物。這裡指往來的君子很多，就好像天上的星星環繞著簇擁著一樣。
⓬臺隍枕夷夏之交：臺隍，本指城池。枕，按壓。夷，指東夷，指前文述及的甌越。夏，華夏，指中原。表示此地理位置良好。
⓭賓主盡東南之美：賓，指賓客，指從他州來的賓客。主，指本州的都督，建閣的主人。這裡指來訪賓客和主人都是社會名流。
⓮都督閻公之雅望：指對當時在座爲官的尊稱是具有高雅的聲望。
⓯棨戟遙臨：用有繒布或油漆的木戟很遠就可以看到。棨戟是古代官吏的儀仗，出行時作爲前導與列於門庭。棨戟，音ㄑㄧˇ ㄐㄧˇ。
⓰宇文新州之懿範：指當時新任豐州牧的宇文鈞，途經於此，留下美好的典範。懿範，音ㄧˋ ㄈㄢˋ。
⓱襜帷暫駐：襜帷，指車上四周的帷帳暫時在此停留，表示當時冠蓋群集與群賢畢至的意思。
⓲十旬休暇，勝友如雲：指閻公和宇文鈞等人都趁著這十天休一次假的機會來赴宴，高貴的朋友就像天上雲彩一樣聚集在一起。
⓳千里逢迎，高朋滿座：指從遠方來的客人彼此相逢都互相迎接，因此高雅優質的朋友坐滿了所有座位。
⓴騰蛟起鳳，孟學士之詞宗：騰蛟起鳳，比喻才華優異。詞宗，詞章的宗匠。孟學士應指晉代的孟嘉，頗有文名。
㉑紫電青霜，王將軍之武庫：紫電爲古寶劍名。青霜爲劍氣寒光若雪霜顏色。王將軍指南朝梁朝的王僧辯，借指文士如寶劍。
㉒家君作宰：家君，孩子對父親的稱呼。宰，縣令。此指王勃的父親做交趾的縣令。
㉓路出名區：路出，指路過。名區，指江西南昌，這裡猶言貴寶地。
㉔童子何知：童子，王勃自謙之詞，表示自己仍然矇昧無知。
㉕時維九月，序屬三秋：時維，指時序。序，指季節的順序。三秋，指秋暮。這裡指九月九日，時間應屬暮秋時節。
㉖潦水盡而寒潭清：潦，指積水。潦，音ㄌㄠˇ。潭，指深水。這裡指春夏的雨水到了秋天已經全乾了，小潭的水也是清澈的。
㉗煙光凝而暮山紫：煙光，指林間雲靄霧氣。這裡指煙霞的光彩凝聚在一起，夕陽照著晚山呈現一片紫色，指九月的風景。
㉘儼驂騑於上路，訪風景於崇阿：儼，整齊莊嚴。驂騑，駕在車駕兩側的馬。崇阿，高山。驂騑，音ㄘㄢ ㄈㄟ。阿，音ㄜ。

㉙臨帝子之長洲：臨，指來到這個地方。帝子，指滕王元嬰是高祖的兒子。長洲，指江中之沙洲。

㉚得仙人之舊館：得，登上也。仙人，指滕王。舊館，此指滕王閣。這裡指登上了滕王起建的滕王閣。

㉛層巒聳翠：層，指一重又一重。巒，指小而尖銳的山。這裡指只看見一層層碧綠的山巒。

㉜上出重霄：指高出於九霄之上。

㉝飛閣流丹：丹，指紅色。指滕王閣倒影映於水中，飛舞不定，它的紅色就好像在水中流動一樣。

㉞下臨無地：這裡指滕王閣座落於江邊的上面，好像騰空不著地一樣。

㉟鶴汀鳧渚：汀，原指水之平線，引申為水邊平地小洲。鳧，音ㄈㄨˊ，指野鴨。渚，音ㄓㄨˇ，亦指小洲。指鶴鴨聚於水中小洲。

㊱窮島嶼之縈迴：窮，極盡。指鳥類迴繞在水中小洲盤旋往復。

㊲桂殿蘭宮：這裡指用高雅植物的桂蘭來形容華貴的閣殿。桂殿，對殿宇的美稱。

㊳即岡巒之體勢：即，就，指配合。這裡指宮殿建築結構配合著山巒的形勢讓風景更為壯麗。

㊴披繡闥：披，指開。闥，指門屏。比喻門扉的華麗。闥，音ㄊㄚˋ。

㊵俯雕甍：俯，往下看。甍，音ㄇㄥˊ，指屋脊或屋棟。這裡指往下看雕刻很美的屋棟。

㊶山原曠其盈視：原，廣大平坦之地。曠，指遼闊。盈視，充盡視線。表示臨高而望，一覽無疑。

㊷川澤紆其駭矚：紆，音ㄩ，指曲折。矚，指遠眺。這裡指河川湖水的曲折讓人遠視都覺得震撼。

㊸閭閻撲地：閭，音ㄌㄩˊ，指里巷的大門。閻，音ㄧㄢˊ，指里巷裡面的門。撲地，指遍地都是。

㊹鐘鳴鼎食：這裡用來形容富貴豪華的生活。古代豪貴者，供鼎擊鐘而食。

㊺舸艦迷津：舸，音ㄍㄜˇ，指大船。艦，指戰船。津，指渡口。

㊻青雀黃龍之舳：舳，音ㄓㄡˊ，指船尾持舵的部位。這裡是指都是畫著青雀黃龍的大彩船。

㊼虹銷雨霽：霽，音ㄐㄧˋ，指雨停。這裡是指彩虹消失而雨也停止了。

㊽彩徹區明：彩，光彩，這裡指夕陽。徹，指通徹。區，指山河大地。這裡指夕陽的餘暉灑遍大地。

㊾落霞與孤鶩齊飛：鶩，指野鴨。齊飛，指落霞從天而下遍臨，野鴨由下而上飛迴，就好像是共同飛舞一般。

㊿秋水共長天一色：指秋天清澈的碧水和無邊的藍天連接混成一色，讓人分不清楚蒼天與大地的界限。

51 彭蠡：指鄱陽湖，在江西南昌東北。蠡，音ㄌㄧˊ。

52 聲斷衡陽之浦：斷，指截去而盡。衡陽，指衡山之南。浦，水河岸邊。

53 遙襟甫暢，逸興遄飛：遙，遠也。襟，指襟懷。甫，開始。遄，指快速。這裡指超逸的意興快速飛揚。遄，音ㄔㄨㄢˊ。

54 爽籟發而清風生：籟，古代一種竹製管樂器，此指風激物所發出的聲音。這裡指參差不齊的簫管聲。

55 纖歌凝而白雲遏：纖，指細。纖歌，指清細美妙的歌聲。遏，指停留。指宴會歌舞的美妙一停止連白雲都好像跟著停止飄動。

56 睢園綠竹：漢梁孝王劉武所造的園林，其園中多植綠竹。比喻遊宴之盛與貴客參與之隆。睢，音ㄙㄨㄟ。

57 氣凌彭澤之樽：凌，指超越。樽，指酒器。彭澤，陶淵明當彭澤令時長長置酒召客，這裡指有高貴品德而且酒量好的人。

58 鄴水朱華：鄴，音ㄧㄝˋ，在河南的臨漳縣，是指曹操興起的地方，有很多的文人。朱華，指荷花。

59 光照臨川之筆：臨川，王羲之曾經做過臨川內史，以臨川代稱王羲之，這裡借指有文學丰采並且學問淵博的人。

60 四美具：四美，指良辰、美景、賞心、樂事等四件事。具，指兼備之義。

61 二難并：二難，指賢主與嘉賓是很難相遇在一起。

62 窮睇眄於中天：睇，音ㄉㄧˋ，指斜視顧盼。眄，音ㄇㄧㄢˇ，也是斜視顧盼。中天，指半空中。這裡指往天空風華盡情的觀覽。

63 迥：音ㄐㄩㄥˇ，指遙遠，僻遠。

64 吳會：吳郡和會稽郡。這裡是泛指江南的地區。會，音ㄎㄨㄞˋ。

65 地勢極而南溟深：極，指遠。南溟，指南海。這裡指南海就在大地的邊緣之上。

66 天柱高而北辰遠：天柱，古代神話中的支天之柱。北辰，指北極星。

67 萍水相逢：由於浮萍隨水漂流，聚散不定。比喻人的偶然相逢。

68 懷帝閽而不見：帝閽，本指古人想像中掌管天門的人。這裡是指心中想著君上可是無由覲見。閽，音ㄏㄨㄣ。

69 宣室：指古代宮殿名。

70 舛：指不順。

71 馮唐易老，李廣難封：指漢武帝舉賢良，但馮唐已九十餘歲而無法上任，武帝時李廣命運不佳，亦不得封王。指時運不佳。

72 賈誼：漢初洛陽人，後貶謫爲長沙王太傅。

73 竄梁鴻：竄，逃匿或隱藏。梁鴻，魏人，因不恥從事於權貴，被佞臣陷害而逃到東吳濱海偏遠之處。

74 老當益壯，寧移白首之心：指年紀雖已老朽而心志卻更爲壯闊，即使頭髮都白了，心志也不願意輕易改變。

75 酌貪泉而覺爽：古代有水名貪泉，此指若心中無貪念，即使啜飲此泉，亦覺清爽。

76 涸轍：涸，指水枯竭。轍，指車輪碾過的痕跡。這裡比喻極爲窮困的境地。涸轍，音ㄏㄜˊ ㄔㄜˋ或ㄏㄜˊ ㄓㄜˊ。

77 北海雖賒：北海雖然很遠。賒，距離遠。賒，音ㄕㄜ。

78 扶搖：盤旋而上的風。

79 桑榆：黃昏時，夕陽餘光留在桑榆之上，借爲西方的稱呼。

80 孟嘗：漢順帝時合浦太守，其性高潔。

81 阮籍猖狂：魏晉時竹林七賢的代表人物之一，表面上嗜酒如命，其實是借酒避禍。

82 三尺微命：比喻自己卑微的官職。

83 無路請纓，等終軍之弱冠：弱冠，古代以男子二十歲爲成人，初加冠，但是因爲身體未壯，故稱弱冠。

84 有懷投筆，慕宗愨之長風：有心投筆從戎，心儀宗愨乘風破浪的志向。宗愨ㄑㄩㄝˋ，南北朝人，有「願乘長風破萬里浪」之願。

85 舍簪笏於百齡，奉晨昏於萬里：簪笏，指古代仕宦所用。比喻官員或官職。簪笏，音ㄗㄢ ㄏㄨˋ。後句爲願奉父母與萬里之遙。

86 謝家之寶樹：指謝玄被叔父謝安所重用，後來比喻爲良好的子弟。

87 孟氏之芳鄰：指孟母三遷的典故，爲孩子選擇好鄰居的故事。這裡指欣喜能和諸侯貴友相交往。

88 趨庭：指子承父教，表示孩子恭承父親的教訓。

89 叨陪鯉對：叨陪，謙稱陪侍或者追隨的意思。叨，音ㄉㄠ。鯉對，猶鯉庭，借孔子與其子孔鯉的對話以爲庭訓。

90 喜托龍門：王勃高興的表示能和鯉魚一樣跳上龍門的攀附閻公。

91 楊意：漢武帝時人爲楊得意，知道武帝喜歡司馬相如的詩賦而推薦之。此處表示缺少一個推薦人。

92 撫凌雲而自惜：凌雲，賦名，爲司馬相如所寫。指頌詠司馬相如的凌雲賦而自我憐惜懷才不遇的悲傷。

93 鍾期：即鍾子期，春秋時的楚人。

94 流水：即高山流水，古代琴曲的名稱。也泛指琴曲。此處借指知音的意思。

㊵蘭亭：王羲之宴會群賢的亭子。
㊶梓澤邱墟：梓澤，晉石崇在洛陽金谷園的別館。邱墟，指廢墟荒地。
㊷承恩於偉餞：指承蒙閻公的恩惠於盛大的宴會。
㊸恭疏短引：疏，分條記錄或分條陳述。短引，指短序。疏，音ㄕㄨ。
㊹一言均賦：一言，指一個字。均，指同。這裡指用同一個字的字音當做韻腳來作詩。
⑩四韻俱成：詩以每兩句用一個韻腳，這裡指八句詩都完成了。

【問題與討論】

一、何謂文心？何謂雕龍？在《文心雕龍・序志第五十》一文節選中，作者說明了什麼？
二、在〈詩品序〉節選一文中，作者提到其創作的動機與文學詩歌基本的特質爲何？
三、王勃〈滕王閣序〉一文的主旨爲何？
四、王勃〈滕王閣序〉一文創作的時代背景與文章風格爲何？
四、王勃〈滕王閣序〉一文雖然文筆極爲優美，但是用典繁多，你對這一點的看法爲何？

第十三課　唐五代宋詞選上

【題解與作者】

「詞」是中國音樂文學的體裁之一，也是合樂的歌詞，在隋唐時期逐漸演化而成，到了五代兩宋而形成時代文學的主流。詞的起源有三種說法：如「詩餘」說，是從《詩經．國風》與唐代近體詩演進而成；如「胡樂傳入」說，是受到胡樂傳入中國的影響而成；如「泛聲塡實」說，泛聲是歌曲演奏時爲使樂音和諧而合於節奏，配襯輕彈緩奏的一種虛聲，亦名散聲或和聲，泛聲與和聲皆塡上實字，乃就其曲拍而成爲長短句。因此，詞有多種別名，如前述之「詩餘」、「曲子詞」、「長短句」、「樂府」、「歌曲」、「琴趣」、「塡詞」、「倚聲」、「樂章」與「曲詞」等，各有因由，限於篇幅，另行補充。

因爲每闋詞皆有調名，稱爲曲牌，亦稱曲調。每一曲調的片（闋）數、句數與字數用韻平仄，皆有一定的格式，有時亦有字數的出入，即同一曲調而字數不同的情況。詞的曲調按《詞律》與《御製詞譜》所收者共有八百多種，若依字數區分，可以概分爲「小令」，字數在五十八字以內；「中調」，字數在五十九字至九十字之間；長調或稱慢詞，字數在九十一字以上，另依片數，則有單調、雙調、三疊與四疊等四類。

本課所選爲不同作者的同一曲牌作品，選有〈菩薩蠻〉、〈破陣子〉、〈玉樓春〉、〈雨霖鈴〉、〈洞仙歌〉、〈臨江仙〉、〈定風波〉與〈一剪梅〉等，皆爲一時之選，象徵一代之風華，吟誦之際，益發人文之情懷。

一、〈菩薩蠻〉

平林漠漠煙如織，寒山一帶傷心碧。暝色入高樓。有人樓上愁。　玉階空佇立。宿鳥歸飛急。何處是歸程。長亭接短亭。（李白）

小山重疊金明滅，鬢雲欲度香腮雪。懶起畫蛾眉，弄粧梳洗遲。　照花前後鏡，花面交相映。新帖繡羅襦，雙雙金鷓鴣。（溫庭筠）

人人盡說江南好，游人只合江南老。春水碧於天，畫船聽雨眠。　壚邊人似月，皓腕凝霜雪。未老莫還鄉，還鄉須斷腸。（韋莊）

如今卻憶江南樂，當時年少春衫薄。騎馬倚斜橋，滿樓紅袖招。　翠屏金屈曲，醉入花叢宿。此度見花枝，白頭誓不歸。（韋莊）

花明月暗飛輕霧，今宵好向郎邊去。衩襪步香階，手提金縷鞋。　畫堂南畔見，一向偎人顫。奴爲出來難，教君恣意憐。（李煜）

人生愁恨何能免？銷魂獨我情何限！故國夢重歸，覺來雙淚垂！　高樓誰與上？長記秋晴望。往事已成空，還如一夢中。（李煜）

二、〈破陣子〉

四十年來家國，三千里地山河。鳳樓龍閣連霄漢，玉樹瓊枝作煙蘿，幾曾識干戈？

一旦歸爲臣虜，沈腰潘鬢消磨。最是倉皇辭廟日，教坊猶奏別離歌，揮淚對宮娥。（李煜）

三、〈玉樓春〉

尊前擬把歸期說，未語春容先慘咽。人生自是有情癡，此恨不關風與月。　離歌且莫翻新闋，一曲能教腸寸結。直須看盡洛城花，始共春風容易別。（歐陽修）

四、〈雨霖鈴〉

寒蟬淒切，對長亭晚，驟雨初歇。都門帳飲無緒，方留戀處，蘭舟催發。執手相看淚眼，竟無語凝噎。念去去、千里煙波，暮靄沈沈楚天闊。　多情自古傷離別。更那堪、冷落清秋節！今宵酒醒何處？楊柳岸、曉風殘月。此去經年，應是良辰，好景虛設。便縱有、千種風情，更與何人說。（柳永）

五、〈洞仙歌〉

冰肌玉骨，自清涼無汗，水殿風來暗香滿。繡簾開，一點明月窺人，人未寢，欹枕釵橫鬢亂。　起來攜素手，庭戶無聲，時見疏星渡河漢。試問夜如何？夜已三更，金波淡，玉繩低轉。但屈指西風幾時來，又不道流年，暗中偷換。（蘇軾）

六、〈臨江仙〉

夢後樓臺高鎖，酒醒簾幕低垂，去年春恨卻來時。落花人獨立，微雨燕雙飛。　記得小蘋初見，兩重心字羅衣，琵琶弦上說相思。當時明月在，曾照彩雲歸。（晏幾道）

夜飲東坡醒復醉，歸來彷彿三更，家童鼻息已雷鳴。敲門都不應，倚杖聽江聲。　長恨此身非我有，何時忘卻營營？夜闌風靜縠紋平。小舟從此逝，江海寄餘生。（蘇軾）

七、〈定風波〉

莫聽穿林打葉聲，何妨吟嘯且徐行。竹杖芒鞋輕勝馬，誰怕？一蓑煙雨任平生。　料峭春風吹酒醒，微冷，山頭斜照卻相迎。回首向來蕭瑟處，歸去，也無風雨也無晴。（蘇軾）

八、〈一剪梅〉

紅藕香殘玉簟秋。輕解羅裳，獨上蘭舟。雲中誰寄錦書來？雁字回時，月滿西樓。　花自飄零水自流。一種相思，兩處閒愁。此情無計可消除，才下眉頭，又上心頭。（李清照）

【問題與討論】

一、何謂「詞牌名」？何謂小令？

二、何謂「過片」、「上片」、「下片」？

三、請翻譯並賞析溫庭筠的〈菩薩蠻〉。

四、請說明李煜〈破陣子〉這闋詞的創作背景與藝術境界。

五、何謂「人生自是有情癡，此恨不關風與月」？

六、蘇軾〈洞仙歌〉的「但屈指西風幾時來」，有何人生的感慨。

第十四課　唐五代宋詞選下

一、〈江城子〉

十年生死兩茫茫，不思量，自難忘。千里孤墳，無處話淒涼。縱使相逢應不識，塵滿面，鬢如霜。

夜來幽夢忽還鄉，小軒窗，正梳妝，相顧無言，唯有淚千行。料得年年腸斷處，明月夜，短松崗。（蘇軾）

二、〈青玉案〉

凌波不過橫塘路，但目送，芳塵去。錦瑟華年誰與度？月橋花院，瑣窗朱戶，只有春知處。

飛雲冉冉蘅皋暮，彩筆新題斷腸句。試問閒愁都幾許？一川煙草，滿城風絮，梅子黃時雨。（賀鑄）

東風夜放花千樹，更吹落，星如雨。寶馬雕車香滿路，鳳簫聲動，玉壺光轉，一夜魚龍舞。

蛾兒雪柳黃金縷，笑語盈盈暗香去。眾裡尋他千百度，驀然迴首，那人卻在，燈火闌珊處。（辛棄疾）

三、〈鵲橋仙〉

纖雲弄巧，飛星傳恨，銀漢迢迢暗度。金風玉露一相逢，便勝卻、人間無數。

柔情似水，佳期如夢，忍顧鵲橋歸路？兩情若是久長時，又豈在、朝朝暮暮？（秦觀）

四、〈醉花陰〉

薄霧濃雲愁永晝，瑞腦消金獸。佳節又重陽，玉枕紗廚，半夜涼初透。

東籬把酒黃昏後，有暗香盈袖。莫道不消魂，簾捲西風，人比黃花瘦。（李清照）

五、〈鷓鴣天〉

我是清都江水郎，天教懶慢與疏狂。曾批給露支風敕，累奏留雲借月章。詩萬首，酒千觴，幾曾著眼看侯王。玉樓金闕慵歸去，且插梅花醉洛陽。（朱敦儒）

六、〈聲聲慢〉

尋尋覓覓，冷冷清清，悽悽慘慘戚戚。乍暖還寒時候，最難將息。三盃兩盞淡酒，怎敵他、晚來風急？雁過也，正傷心、卻是舊時相識。

滿地黃花堆積，憔悴損、如今有誰堪摘。守著窗兒，獨自怎生得黑？梧桐更兼細雨，到黃昏、點點滴滴。這次第，怎一個、愁字了得！（李清照）

七、〈釵頭鳳〉

紅酥手，黃縢酒，滿城春色宮牆柳。東風惡，歡情薄。一懷愁緒，幾年離索。錯！錯！錯！

春如舊，人空瘦，淚痕紅浥鮫綃透。桃花落，閒池閣。山盟雖在，錦書難托。莫！莫！莫！（陸遊）

八、〈虞美人〉

少年聽雨歌樓上，紅燭昏羅帳。壯年聽雨客舟中，江闊雲低，斷雁叫西風。

而今聽雨僧廬下，鬢已星星也。悲歡離合總無情，一任階前，點滴到天明。（蔣捷）

九、吳文英〈過秦樓〉

●●○○句●○○●句●●●○○●韻○○●●句●●○○句●●●○○●韻

藻國淒迷，麴瀾澄映，怨入粉煙藍霧。香籠麝水，膩漲紅波，一鏡萬妝爭妒。

○●○○句●○●●○○句○○○●句●○○●●句○○○●句●○○●韻

湘女歸魂，佩環玉冷無聲，凝情誰愬？又江空月墮，凌波塵起，彩鴛愁舞。

○●●讀●●○○句○○○●句●●●○○●韻○○●●句○○○○句●●●

還暗憶、鈿合蘭橈，絲牽瓊腕，見的更憐心苦。玲瓏翠屋，輕薄冰綃，穩稱錦

○○●韻○●○○句●○○●○○句○○○●韻●○○●●句○●○○●●韻

雲留住。生怕哀蟬，暗驚秋被紅衰，啼珠零露。能西風老盡，羞趁東風嫁與。

【詞牌與詞律】

「過秦樓」，據聞汝賢《詞牌彙釋》曰：一名「選冠子」、「惜餘春慢」「蘇武慢」。《詞律》二體，雙調，正李甲一體，一百九字，又周邦彥一體，一百十一字。《詞譜》僅收李甲一體。「過秦樓」，據《欽定詞譜》卷三十五載：「調見樂府雅詞，李甲作，因詞有曾過秦樓句，取以為名。」此闋詞所押之韻據清戈載《詞林正韻》為第四部。此詞雙調一百十一字，前段十二句，四仄韻；後段十一句，四仄韻。

【語譯】

荷花像是一位美麗幽怨的女子，投生在充滿青綠色萍藻的水中國度，四週環境景色淒冷迷茫。她的手姿與青黃色的水波澄空相映，積怨的投身在花粉如煙與葉藍如霧的世界中。因此，池水為荷氣所籠如麝香般芳馨，水波為荷色所染一如紅波漾盪，她臨水照影的一鏡芳姿，竟惹起其他眾多女子的爭奇角艷而遭妒。她又像滿懷幽情的湘女為追求愛情而離魂蕭索，陰冷虛飄有

如寒玉佩環般卻無聲的淒清冷峭，那滿懷愁怨及一腔深情又能與誰傾訴呢？此時江面空靈而月輪沉墮，景色更加的暗淡了，既然怨情無人可訴，湘女於是趁著月落時分便將憂愁化為彩鴛的飛舞，輕盈的步履走過水波有如微塵揚起的靈巧。

此時，不禁回想起在採荷木蘭小舟上定情的鑲嵌金花盒子，當時也用紅絲牽繫於手腕上，因此結為同心，可是看到蓮子更覺得蓮心的苦味一如看到她的面飾而益加相憐。記得當時她穿著清明潔淨的薄紗，留住在玲瓏翠綠的小屋，適合繁花似錦盛葉如雲的環境。平生害怕秋天哀鳴的蟬聲，心中暗自的驚悸花落葉殘的衰老，荷花的露水如啼哭暗泣般的零零落落。正當此時，寧可在西風中老殘凋去，也要孤芳自賞，如守道的君子堅貞不移而羞慚於像桃花趁逐春光而嫁與東風。

【問題與討論】

一、何謂「十年生死兩茫茫」？蘇軾創作本課所選「江城子」的背景為何？
二、〈江城子〉寫出蘇軾對妻子深刻的感情，你的看法為何？
三、請問「一川煙草，滿城風絮，梅子黃時雨」在形容什麼？
四、何謂「驀然迴首，那人卻在，燈火闌珊處」？
五、請賞析本課所選秦觀之〈鵲橋仙〉。
六、請賞析本課所選李清照之〈醉花陰〉與〈聲聲慢〉。
七、本課所選朱敦儒〈鷓鴣天〉詞中寫出作者的人生觀為何？
八、本課所選陸遊的〈釵頭鳳〉詞中的「錯」與「莫」所指為何？
九、本課所選蔣捷〈虞美人〉的「聽雨」意象，涵蘊何種人生哲學的價值與意義。
十、請評價本課所選吳文英〈過秦樓〉的文學境界與藝術成就。

第十五課　宋代詩選

【題解與作者】

宋代文學的成就與光輝在於「詞」，相對的宋詩在當時及後世，都未受到太大的重視，同時也有許多批評，諸如「好發議論」、「以文為詩」與「淺薄俚俗」等，從某種程度而言，宋詩不如唐詩意氣風發與風流韻緻，但融景於理，散文與口語入詩，亦是一大特色。

宋詩的演變頗為複雜，然以清代文學家全祖望（一七〇五至一七五五）在〈宋詩紀事序〉一文中，點出三百年宋詩發展的梗概最為精妙：「宋詩之始也，楊（楊億）、劉（劉筠）諸公最著，所謂西崑體者也。……（北宋仁宗）慶曆以後，歐（歐陽修）、蘇（蘇舜欽）、梅（梅堯臣）、王（王安石）數公出，而宋詩一變。坡公（蘇軾）之雄放，荊公（王安石）之工練，並起有聲。而涪翁（黃庭堅）以崛奇之調，力追草堂（杜堂）所謂江西詩者，而宋詩又一變。（南宋高宗）建炎以後，東夫（蕭德藻）之瘦硬，誠齋（楊萬里）之生澀，放翁（陸游）之輕圓，石湖（范成大）之精緻，四壁並開。乃永嘉徐、趙諸公（徐照、徐璣、趙師秀），以清虛便利之調行之，見賞於水心，則四靈派也。而宋詩又一變。（南宋寧宗）嘉定以後，江湖小集盛行，多四靈之徒也。及宋亡，而方、謝之徒（方鳳、謝翱），相率為迫苦之音，而宋詩又一變。」

程顥〈偶成〉一詩，寫道萬物靜觀而有自得之樂。王安石〈葛溪驛〉詩中抒寫作者的旅思鄉愁，以缺月、孤燈、風露、鳴蟬與疏桐等意象，構成一幅孤寂淒涼的秋旅圖，以懷病在身的心情，寫出風露早與山水長的感慨。清代紀昀（一七二四至一八〇五）曾經評點：「老健深穩，意境自殊不凡。三、四句細膩，後四句神力圓足。」精要之言，足堪參酌。

一、程顥〈偶成〉

閒來無事不從容，睡覺❶東窗日已紅。萬物靜觀皆自得，四時佳興與人同。

道通天地有形外，思入風雲變態❷中。富貴不淫❸貧賤樂，男兒到此是豪雄。

❶睡覺：從睡夢中醒來。覺，音ㄐㄩㄝˊ。

❷變態：指萬事萬物不斷變化的各種情狀。

❸富貴不淫：指不為金錢或地位所迷惑動心。淫，指過度而無節制。

二、王安石〈葛溪驛〉

缺月昏昏❶漏未央❷，一燈明滅照秋床。病身最覺風露早，歸夢不知山水長❸。

坐感歲時歌慷慨❹，起看天地色悽涼。鳴蟬更亂行人耳，正抱疏桐葉半黃。

❶缺月昏昏：指不圓之月昏暗的樣子。

❷漏未央：古代計時器的漏壺在不盡的夜裡不停的滴漏著。此句形容旅途的孤獨。

❸病身最覺風露早，歸夢不知山水長：在旅途中生病的身軀輾轉難眠而感受清晨來得特別早，夢中歸返的故鄉在醒後才發現實際的距離是千山萬水的遙遠。

❹慷慨：情緒激昂。

三、蘇軾〈和子由澠池懷舊〉

人生到處❶知何似？應似飛鴻踏雪泥。泥上偶然留指爪，鴻飛那復計東西❷？

老僧已死成新塔❸，壞壁無由見舊題❹。往日崎嶇還記否，路長人困蹇驢嘶❺。

❶到處：處處，各處，所經之地，表示人生的經歷。

❷那復計東西：那裡還計較考慮往東方或西方飛去呢？

❸老僧已死成新塔：指老和尚已經往生，新建一座骨灰塔。老和尚是指當年蘇軾與蘇轍兄弟所見的奉閑和尚。

❹壞壁無由見舊題：當年寄宿在澠池僧舍的殘破牆壁上，已經看不到當年題壁的詩句。

❺蹇驢嘶：行動遲緩瘦弱的驢在聲音凄楚幽咽的鳴叫著。蹇嘶，音ㄐㄧㄢˇ ㄙ。蹇，行動遲緩瘦弱或跛行。

四、蘇軾〈贈劉景文〉

荷盡已無擎雨蓋❶，菊殘猶有傲霜枝❷。

一年好景❸君須記，最是橙黃橘綠時❹。

❶擎雨蓋：指荷葉的形狀有如向上托舉的遮雨的傘蓋。

❷傲霜枝：指高雅的菊花在初冬來臨時仍有挺傲於霜雪的孤枝。

❸好景：比喻人生美好的黃金時光。

❹橙黃橘綠時：指人生最佳的時節。

五、黃庭堅〈寄黃幾復〉

我居北海君南海，寄雁傳書謝不能。桃李春風一杯酒，江湖夜雨十年燈。
持家但有四立壁，治國不蘄❶三折肱❷。想得讀書頭已白，隔溪猿哭瘴煙藤❸。

❶蘄：祈求，通「祈」字。蘄，音ㄑㄧˊ。
❷三折肱：比喻久經多次磨練而富有經驗。肱，音ㄍㄨㄥ，手臂。
❸隔溪猿哭瘴煙藤：此句表示想要讀書，卻只有聽到猿猴隔著溪水，在瘴癘的情況中傳來的悲鳴聲，說明時光已逝的悲哀。

六、陳與義〈舟次高舍書事〉

漲水東流滿眼黃，泊舟高舍更情傷。一川木葉明秋序❶，兩岸人家共夕陽。
亂後江山元歷歷❷，世間歧路極茫茫❸。遙指長沙非謫❹去，古今出處兩淒涼。

❶秋序：秋季的時序。
❷歷歷：清晰的樣子。
❸茫茫：廣大而遼闊的樣子。
❹謫：指古代官吏因為獲罪而被降職或者是流放。

七、林升〈西湖〉

山外青山樓外樓❶，西湖歌舞幾時休❷？
暖風薰得遊人醉❸，直把杭州作汴州❹。

---

❶山外青山樓外樓：形容西湖四周的山峰層層疊翠，亭臺樓閣遠近相疊，所以山外有山，樓外有樓。
❷幾時休：何時才會停止呢？
❸暖風薰得遊人醉：春風溫暖與和樂的旅遊薰蒸旅人陶醉其中。
❹汴州：古地名，現今的河南開封，昔日北宋的首都。此句暗喻沈醉在西湖歌舞之中而忘了國仇家恨。

八、戴復古〈世事〉

世事真如夢，人生不肯閑。利名雙轉轂❶，今古一憑欄❷。
春水渡旁渡❸，夕陽山外山。吟邊思小范❹，共把此詩看。

---

❶轂：指古代車輪的中心部位，其周圍與車輻的一端相接，中間有圓孔，可用以插軸。轂，音ㄍㄨˇ。
❷今古一憑欄：若是看透人生追逐名利的虛幻，就會像身倚欄杆而冷靜的旁觀古今歷史興衰皆是如此。
❸春水渡旁渡：指追求名利的人不斷的在人生之河上擺渡來擺渡去。
❹小范：此處小范指的是戴復古的朋友范嗚道。

【問題與討論】

一、請問唐詩與宋詩的風格有何不同？

二、何謂「萬物靜觀皆自得，四時佳興與人同」？

三、王安石〈葛溪驛〉一詩的主旨爲何？

四、蘇軾〈和子由澠池懷舊〉一詩的主旨爲何？

五、何謂「一年好景君須記，最是橙黃橘綠時」？

六、「桃李春風一杯酒，江湖夜雨十年燈」寫出何種意象？

七、「暖風薰得遊人醉」喻有何義？

八、戴復古〈世事〉一詩的主旨爲何？

第十六課　宋代文選

【題解與作者】

蘇軾字子瞻，眉州眉山人。生十年，父洵遊學四方，母程氏親授以書，聞古今成敗，輒能語其要。程氏讀東漢范滂傳，慨然太息，軾請曰：「軾若爲滂，母許之否乎？」程氏曰：「汝能爲滂，吾顧不能爲滂母邪？」比冠，博通經史，屬文日數千言，好賈誼、陸贄書。既而讀莊子，歎曰：「吾昔有見，口未能言，今見是書，得吾心矣。」嘉祐二年，試禮部。方時文磔裂詭異之弊勝，主司歐陽脩思有以救之，得軾刑賞忠厚論，驚喜，欲擢冠多士，猶疑其客曾鞏所爲，但置第二；復以春秋對義居第一，殿試中乙科。後以書見脩，脩語梅聖俞曰：「吾當避此人出一頭地。」聞者始譁不厭，久乃信服。……徙知湖州，上表以謝。又以事不便民者不敢言，以詩託諷，庶有補於國。御史李定、舒亶、何正臣摭其表語，並媒蘖所爲詩以爲訕謗，逮赴臺獄，欲置之死，鍛煉久之不決。神宗獨憐之，以黃州團練副使安置。軾與田父野老，相從溪山間，築室於東坡，自號「東坡居士」。……軾嘗鎖宿禁中，召入對便殿，宣仁后問曰：「卿前年爲何官？」曰：「臣爲常州團練副使。」曰：「今爲何官？」曰：「臣今待罪翰林學士。」曰：「何以遽至此？」曰：「遭遇太皇太后、皇帝陛下。」曰：「非也。」曰：「豈大臣論薦乎？」曰：「亦非也。」軾驚曰：「臣雖無狀，不敢自他途以進。」曰：「此先帝意也。先帝每誦卿文章，必歎曰：『奇才，奇才！』但未及進用卿耳。」軾不覺哭失聲，宣仁后與哲宗亦泣，左右皆感涕。已而命坐賜茶，撤御前金蓮燭送歸院。……南北徑三十里，爲長隄以通行者。吳人種菱，春輒芟除，不遺寸草。且募人種菱湖中，葑不復生。收其利以備脩湖，取救荒餘錢萬緡、糧萬石，及請得百僧度牒以募役者。隄成，植芙蓉、楊柳其上，望之如畫圖，杭人名爲蘇公隄。（《宋史．蘇軾傳》節錄）

一、蘇軾〈超然臺記〉

凡物皆有可觀。苟有可觀，皆有可樂，非必怪奇偉麗者也。餔糟啜醨❶，皆可以醉；果蔬草木，皆可以飽。推此類也，吾安往而不樂？

夫所爲求福而辭禍者，以福可喜而禍可悲也。人之所欲無窮，而物之可以足吾欲者有盡。美惡之辨戰乎中，而去取之擇交乎前，則可樂者常少，而可悲者常多，是謂求禍而辭福。夫求禍而辭福，豈人之情也哉？物有以蓋之矣。彼遊於物之內，而不遊於物之外。物非有大小也，自其內而觀之，未有不高且大者也。彼挾其高大以臨我，則我常眩亂❷反覆，如隙中之觀鬥❸，又烏知勝負之所在？是以美惡橫生，而憂樂出焉。可不大哀乎！

余自錢塘❹移守膠西❺，釋舟楫之安，而服車馬之勞；去雕牆❻之美，而蔽采椽❼之居；背湖山之觀，而適桑麻之野。始至之日，歲比不登，盜賊滿野，獄訟充斥，而齋廚索然❽，日食杞菊❾，人固疑余之不樂也。處之期年，而貌加豐，髮之白者，日以反黑。余既樂其風俗之淳，而其吏民亦安予之拙也。於是治其園圃，潔其庭宇，伐安丘、高密❿之木，以修補破敗，爲苟完之計。而園之北，因城以爲臺者舊矣，稍葺⓫而新之。時相與登覽，放意肆志焉。

南望馬耳、常山⓬，出沒隱見，若近若遠，庶幾有隱君子乎？而其東則盧山⓭，秦人盧敖⓮之所從遁也。西望穆陵⓯，隱然如城郭，師尚父⓰、齊威公之遺烈⓱，猶有存者。北俯濰水⓲，慨然太息，思淮陰⓳之功，而弔其不終。臺高而安，深而明，夏涼而冬溫。雨雪之朝，風月之夕，余未嘗不在，客未嘗不從。擷園蔬，取池魚，釀秫酒⓴，瀹㉑脫粟㉒而食之。曰：「樂哉遊乎！」方是時，余弟子由適在濟南，聞而賦之，且名其臺曰「超然」，以見余之無所往而不樂者，蓋遊於物之外也。

❶餔糟啜醨：指飲酒食用酒糟薄酒。餔，吃。糟，指沒有濾清而帶滓的酒。啜，飲食。醨，薄酒。餔糟啜醨，音ㄅㄨ ㄗㄠ ㄔㄨㄛˋ ㄌㄧˊ。

❷眩亂：指迷惑或昏亂。眩，音ㄒㄩㄢˋ。

❸隙中之觀門：隙，指壁縫或空隙。意指眼界很小。

❹錢塘：古縣名。地點在今天的浙江省杭州市。

❺移守膠西：指蘇軾自請調職到今日山東膠縣一帶的膠西。

❻雕墻：修飾以浮雕，使用彩繪的墻壁，或指華美的墻壁。

❼采椽：以櫟木或柞木爲椽子，意指儉樸。椽，音ㄔㄨㄢˊ。

❽索然：意指盡。

❾杞菊：指枸杞與菊花。可食其嫩芽或葉。菊，也可指菊花菜，又名茼蒿。

❿安丘、高密：古二縣名。

⓫葺：指修理或修建房屋。葺，音ㄑㄧˋ。

⓬馬耳、常山：二山名，在膠州的東邊，今天的諸城市南方。有許多秦漢高士隱居在此。

⓭盧山：山名，在諸城縣的東南方，因秦人盧敖在此避難而得名。

⓮盧敖：秦時博士，秦始皇曾經命令盧敖尋求不死的仙藥，後避居此山。

⓯穆陵：古關名，在山東膠州的西邊。

⓰師尚父：對齊太公的尊稱。

⓱遺烈：前人遺留的業績。

⓲濰水：水名，在膠州的北方。

⓳淮陰：指漢人淮陰侯韓信的功業。

⓴秫酒：指用秫釀成的酒。秫，音ㄕㄨˊ，粟米之黏者或指高粱。

㉑瀹：意指煮。瀹，音ㄩㄝˋ。

㉒脫粟：指糙米，只去皮殼或沒有精製的米。粟，音ㄙㄨˋ。

二、蘇軾〈記承天寺夜遊〉

元豐六年❶十月十二日夜。解衣欲睡，月色入戶，欣然起行。念❷無與樂者❸，遂❹至承天寺尋張懷民❺，懷民亦未寢，相與❻步❼於中庭❽。

庭中如積水空明❾，水中藻❿荇⓫交橫，蓋竹柏影也。何夜無月，何處無竹柏，但少閑人如吾兩人耳。

---

❶元豐六年：西元一〇八三年，宋神宗的年號，此年為蘇軾貶至黃州的第四年。

❷念：心中想著。

❸無與樂者：沒有人可以與自己同遊取樂的人。

❹遂：於是。

❺張懷民：指張夢得，蘇軾的朋友。

❻相與：指一起並行。

❼步：指散步或漫步。

❽中庭：指庭院中間。

❾空明：指空曠澄澈。

❿藻：指藻類植物。

⓫荇：指多年生的水生草本植物，葉子呈對生的圓形，嫩時可以採食，亦可以入藥。

三、岳飛〈五嶽祠盟題記〉

自中原板蕩❶，夷狄交侵❷，余發憤河朔❸，起自相台❹。總髮❺從軍，歷二百餘戰。雖未能遠入夷荒❻，洗蕩巢穴，亦且快❼國仇之萬一。今又提一旅❽孤軍，振起宜興。建康之戰，一鼓敗虜，恨未能使匹馬不回❾耳！故且養兵休卒，畜銳待敵。嗣❿當激勵士卒，功期再戰⓫。北踰沙漠，蹀血虜廷⓬，盡屠夷種，迎二聖⓭歸京闕，取故地上版圖。朝廷無虞，主上奠枕⓮，余之願也。

河朔岳飛題。

---

❶板蕩：〈板〉、〈蕩〉皆爲《詩經．大雅》中譏刺周厲王無道而致國家敗壞與社會動亂的詩篇。後指政局混亂或者是社會動盪。

❷交侵：相繼輪番的侵犯。

❸河朔：古代泛指黃河以北大範圍的地區。

❹相台：指宋代相州地區。

❺總髮：指束髮的童年或少年。

❻夷荒：指蠻夷荒遠的地方，亦指邊塞外敵人的國境。

❼快：洗雪國仇的痛快。快，是指痛快與高興的暢快。

❽旅：古代軍隊編制的單位。古代以士卒五百人爲一旅，在此處泛指一隊軍人。

❾匹馬不回：原指一匹馬都不回來，後常指單身一人入敵，但此處指全殲ㄐㄧㄢ敵人。

❿嗣：繼承或隨後。

⓫功期再戰：建立功業之後再要求力戰。

⓬蹀血虜廷：因戰爭流血很多，踏血而行於古代少數民族所建立的政權。蹀，音ㄉㄧㄝˊ。

⓭二聖：指被金人俘虜而去的宋徽宗與宋欽宗。

⓮朝廷無虞，主上奠枕：虞，音ㄩˊ，憂慮或憂患。奠枕即安枕，比喻無憂無慮。此句指朝廷可以無憂患，皇帝可以高枕無憂。

【問題與討論】

一、何謂「凡物皆有可觀」？

二、「人之所欲無窮，而物之可以足吾欲者有盡」此句作何解釋？

三、蘇軾〈超然臺記〉一文中的「擷園蔬，取池魚，釀秫酒，瀹脫粟而食之」的生活型態為何？又與現代有機養生的概念有何異同？

四、蘇軾〈記承天寺夜遊〉一文寫「夜遊」之樂，其樂為何？

五、蘇軾〈記承天寺夜遊〉一文寫到「何夜無月，何處無竹柏，但少閑人如吾兩人耳」，寫出何種心情？

六、岳飛〈五嶽祠盟題記〉一文中，寫出一代名將何等心情與氣魄？

七、何謂「一旅孤軍」？岳飛一生遭逢又是如何？

第十七課　宋代話本選

【題解與作者】

〈碾玉觀音〉這一篇是選自於《京本通俗小說》，另見於明代馮夢龍編撰的《警世通言》之中，本題是作〈崔待詔生死冤家〉。清末民初人士繆荃孫彙編的《京本通俗小說》，共收了〈碾玉觀音〉、〈菩薩蠻〉、〈西山一窟鬼〉、〈志誠張主管〉、〈拗相公〉、〈錯斬崔寧〉與〈馮玉梅團圓〉等七篇宋代話本的作品。本書即是節選〈碾玉觀音〉的部分章節。

〈碾玉觀音〉中，主要是描寫賣身於咸安郡王府做爲繡作養娘的璩ㄑㄩˊ秀秀，因爲愛上府中的玉雕師傅崔寧，藉著郡王府失火的機會，璩秀秀就主動的與崔寧結成夫妻，兩人也因此私奔離開潭州（今湖南）而立業安家。沒想到在一年以後，被軍人郭立所撞見，回郡王府告密，郡王就差人捉回璩秀秀將之處死，並且將崔寧仗責，發配到建康（今南京）。璩秀秀的鬼魂就追隨崔寧而到建康，並且在一起繼續生活，沒想到又被郭立所發現，就在拘拿璩秀秀與崔寧兩人的過程中，璩秀秀懲罰了加害他們夫妻離散的郭立，並且帶著崔寧一起到陰間做冥間夫妻。

在〈碾玉觀音〉中，作者巧妙的塑造了生活於社會底層女性璩秀秀的個人形象，描述她成爲美麗與聰明的化身，呈現堅毅與果敢的氣質，勇敢的改變了自已身爲奴婢的宿命，堅決與執著的追求婚姻的自由與人生的幸福，即使在恐亡之後，都保有不屈不撓的抗爭精神。

這是一部十分成功的作品，在中國小說上具有崇高的價值與意義，也對後世產生深遠的影響。

一、〈碾玉觀音〉節選

紹興[1]年間，行在[2]有個關西延州延安府人，本身是三鎮節度使咸安郡王[3]，當時怕春歸去，將帶著許多鈞眷[4]遊春。至晚回家，來到錢塘門裏車橋，前面鈞眷轎子過了，後面是郡王轎子到來。則聽得橋下裱褙鋪[5]裏一個人叫道：「我兒出來看郡王！」當時郡王在轎裏看見，叫幫窗虞候[6]道：「我從前要尋這個人，今日卻在這裏。只在你身上，明日要這個人入府中來。」當時虞候聲諾[7]，來尋這個看郡王的人，是甚色目人[8]。正是：

塵隨車馬何年盡？情繫人心早晚休。

只見車橋下一個人家，門前出著一面招牌，寫著「璩家裝裱古今書畫」。鋪裏一個老兒，引著一個女兒，生得如何？

雲鬟輕籠蟬翼[9]，蛾眉淡拂春山[10]，朱唇綴一顆櫻桃，皓齒排兩行碎玉。蓮步半折小弓弓[11]，鶯囀一聲嬌滴滴。

便是出來看郡王轎子的人。虞候即時來他家對門一個茶坊裏坐定，婆婆把茶點來。虞候道：「啓請[12]婆婆，過對門裱褙鋪裏請璩大夫[13]來說話。」婆婆便去請到來，兩個相揖了就坐。璩待詔[14]問：「府幹[15]有何見諭[16]？」虞候道：「無甚事，閒問則個[17]。適來叫出來看郡王轎子的人是令愛[18]麼？」待詔道：「正是拙女，止有三口。」虞候又問：「小娘子貴庚[19]？」待詔應道：「一十八歲。」再問：「小娘子如今要嫁人，卻是趨奉[20]官員？」待詔道：「老拙[21]家寒，那討錢[22]來嫁人？將來也只是獻與官員府第。」虞候道：「小娘子有甚本事？」待詔說出女孩兒一件本事來，有詞寄《眼兒媚》爲證：

深閨小院日初長，嬌女綺羅㉓裳。不做東君㉔造化，金針刺繡群芳。斜枝嫩葉包開蕊，唯只欠馨香。曾向園林深處，引教蝶亂蜂狂。

原來這女兒會繡作。虞候道：「適來郡王在轎裏，看見令愛身上繫著一條繡裹肚㉕。府中正要尋一個繡作的人，老丈何不獻與郡王？」璩公歸去，與婆婆說了。到明日寫一紙獻狀㉖，獻來府中。郡王給與身價，因此取名秀秀養娘㉗。

---

❶紹興：南宋高宗年號（一一三一至一一六二年）。

❷行在：即行在所，一般是指皇帝離京外出時所住的地方。南宋時行在即是首都臨安（今浙江杭州）。

❸咸安郡王：原是南宋抗金的名將韓世忠之封號。據《宋史》本傳，南宋高宗紹興十三年（一一三七），高宗封韓世忠爲咸安郡王。紹興十七年，改職鎮南、武安、甯國三鎮的節度使。

❹鈞眷：對古代豪門貴族與官員的家眷或他人親屬的尊稱。

❺裱褙鋪：是指裝裱字畫的店鋪。裱褙是用宣紙或是絲織品做爲襯托，進而修補裝潢字畫書籍，使之耐久而美觀。

❻幫窗虞侯：靠近轎子的窗戶。「窗」，原文誤作爲「總」，依據上海古籍出版社影印明天啓兼善堂本《警世通言》改之。虞侯，原是指唐宋時期朝廷禁軍和各地方鎮節度使部屬的武官名稱，主要負責禁衛保防工作。此指咸安郡王侍衛。

❼聲諾：亦作「聲喏」，表示出聲應喝或答應。

❽色目人：指特殊的身份或人品。元代時稱蒙古與漢族等以外的外族諸姓爲色目人，其地位是次於蒙古人而優於漢人。

❾蟬翼：原指蟬的翅膀，經常用在比喻極爲輕薄的事物。在此則爲形容婦女兩鬢的頭髮，猶如蟬的翅膀一樣具有光澤與輕柔的特質。亦有指稱古代婦女的一種髮式，又稱「蟬鬢」。

❿春山：原是指春天時山色黛青的顏色，因為常用來形容婦女秀眉，故比喻古時婦女姣好的眉毛。
⓫半折小弓弓：在此指手握大小的一半，所以一折約為五寸，半折約為十公分，表示短小的意思。小弓弓，則是指古代纏腳婦女所穿的繡鞋，鞋子的前頭彎曲如同弓狀，也大約為手掌的一半。
⓬啓請：說話時的敬辭，如同現在生活中說「勞駕您」的意思。
⓭大夫：原是指古代官名，在宋元時期則習慣指稱一般的手藝工匠，如同現代所稱「師傅」一般。
⓮待詔：原是指古代待命內廷供奉的官員，此處是借稱手藝的工匠。
⓯府幹：原是指宋代高官顯貴府中的辦事人員，也是對人的一種尊稱。
⓰見諭：是一種生活中的客氣說法，表示上位者對屬下的吩咐，如同現代生活中的「請指教」的意思。
⓱閒問則個：是指隨便問問就算了。則個，古代口語在句末加強語氣的一種助詞，並無意思。
⓲令愛：亦作「令嬡」，尊稱對方女兒的一種敬辭。
⓳貴庚：禮貌的詢問對方年齡的客套說法，多半是詢問中年人或青年人年齡的敬語。
⓴趨奉：指侍候與服侍的意思。
㉑老拙：古代老年人自稱的一種謙詞。
㉒討錢：即是要錢，討有尋找的意思。民間另有討帳意思。
㉓綺羅：是指古代華貴的絲織品或是絲綢所製的衣服。
㉔東君：原是指司春之神，即是春神。
㉕繡裹肚：即是指繡花圍肚的看帶，就是一種繫在衣服外面的圍裙。
㉖獻狀：是指投獻的狀紙，也就是將女兒賣給府第或官員的文書字據。
㉗養娘：是指丫環、乳母之類的婢女。

不則一日❶，朝廷賜下一領團花繡戰袍，當時秀秀依樣繡出一件來。郡王看了歡喜道：「主上賜與我團花戰袍，卻尋甚麼奇巧的物事❷獻與官家？」去府庫裏尋出一塊透明的羊脂美玉❸來，即時叫將門下碾❹玉待詔，問：「這塊玉堪❺做甚麼？」內中一個道：「好做一副勸杯❻。」郡王道：「可惜恁般❼一塊玉，如何將來只做得一副勸杯？」又一個道：「這塊玉上尖下圓，好做一個摩侯羅兒❽。」郡王道：「摩侯羅兒，只是七月七日乞巧❾使得，尋常間又無用處。」數中一個後生❿，年紀二十五歲，姓崔，名寧，趨事郡王數年，是升州建康府⓫人。當時叉手向前，對著郡王道：「告恩王，這塊玉上尖下圓，甚是不好，只好碾一個南海觀音。」郡王道：「好，正合我意！」就叫崔寧下手。不過兩個月，碾成了這個玉觀音。郡王即時寫表進上御前，龍顏大喜。崔寧就本府增添請給⓬，遭遇⓭郡王。不則一日，時遇春天，崔待詔遊春回來，入得錢塘門，在一個酒肆，與三四個相知方才吃得數杯，則聽得街上鬧吵吵，連忙推開樓窗看時，見亂烘烘道：「井亭橋有遺漏⓮！」吃不得這酒成，慌忙下酒樓看時。

---

❶不則一日：是指不只或不止一日。宋楊萬里〈己未春日山居雜興〉詩：「即今遍地纈枝錦，不則梢頭幾點紅。」

❷物事：指某件東西或是物品。

❸羊脂美玉：指一種潔白半透明如同羊脂的美玉。

❹碾：原是指將東西軋ㄧㄚˋ碎研磨或壓平的器具，此指打磨與雕琢的意思。碾，音ㄋㄧㄢˇ。

❺堪：是能夠與可以的意思。

❻勸杯：亦作「勸盃」，酒杯的名稱，原是專用於敬酒或是勸酒使用的酒杯，體積較大而製作精美。

❼恁般：指這樣或那樣。恁，音ㄋㄣˋ。

❽摩侯羅兒：原是梵語，亦譯作「摩睺羅」與「摩合羅」等。原是用泥土、木材、玉石或象牙等材料製作成的小偶人，加上以衣服裝飾，在農曆七夕時作爲供奉神明以祈禱生子的用途，後來轉變成爲玩具的一種。

❾乞巧：古代的民間習俗，在農曆七月七日的夜晚，婦女們在家前庭院陳設各種瓜果，然後向天上織女星祈求祝禱，請求幫助她們提高縫紉與刺繡的技巧，因此稱爲乞巧。

❿後生：指年輕人。

⓫建康府：即今江蘇南京。

⓬請給：指薪給或俸祿。請給，音ㄑㄧㄥˇ ㄐㄧˇ。

⓭遭遇：指特殊的際遇或得到賞識。

⓮遺漏：原指疏失或棄置，但此處特指失火，是指不小心而造成的災禍。

【問題與討論】

一、〈碾玉觀音〉一文的主旨爲何？

二、〈碾玉觀音〉作品中有那些主角人物？

三、〈碾玉觀音〉描寫人物的技巧如何？

四、〈碾玉觀音〉對你有那些人生哲學上的啓發？

第十八課　元代散曲選上

【題解與作者】

關漢卿，一直都被視爲中國古代最偉大與最具代表性的戲曲作家，生卒年不詳，依據元代後期的戲曲家鍾嗣成《錄鬼簿》的記載中說：「關漢卿，大都人，太醫院尹，號已齋叟。」大都即今中國大陸北京，約生於金朝末年，卒於元代成宗大德年間（一二九七至一三〇七）。另依元末朱經《青樓集‧序》中載有「我皇元初併海宇，而金之遺民若……關已齋輩，皆不屑仕進，乃嘲弄風月，流連光景。」可見其因時代變革而無意出仕，畢生專心致力於雜劇的創作，作品多至六十餘種，現存名作如〈竇娥冤〉、〈救風塵〉、〈單刀會〉與〈拜月亭〉等。關漢卿與馬致遠、鄭光祖、白樸，並稱爲「元曲四大家」。

本課所選〈不伏老〉，本來是選自《金元散曲》，其中是用「南呂」宮調「一枝花」的曲牌爲首曲的套曲，並且加上一支正曲「梁州第七」與一支「隔尾」，以及另一支「尾聲」而成。綜觀全曲，由於內含襯字、增字、帶白、增句等四種，所以曲文的長度就自然加長，而且形式也較爲複雜。在曲文之中，凡是不另加括弧而正常顯示的字體都是屬於正字的內容，字體較小而偏右側書寫的字體則是爲襯字。所謂襯字，是指元代曲詞中在曲律規定的字數以外所增加的字。經常用以補足行文的語氣，增加作品聲情色彩，而且在歌唱時並不佔重要的拍子，但不能使用於句末，也不能做韻腳的一部分。另外，加列括弧而獨佔一行的字則是爲增字，加括弧而顯示字體較小偏右書寫的字則爲帶白，另外引號中的句子就是增句。

〈不伏老〉是關漢卿生活的獨白，展現才情橫溢與任性風流的特質，多用俗語，曲用白描，自然本色，妙趣橫生。

一、關漢卿〈不伏老〉

〔南呂·一枝花[1]〕（攀）出牆朵朵花。（折）臨路枝枝柳◎。花攀紅蕊嫩。柳折翠條柔◎。浪子風流◎。憑著我折柳攀花手◎。直煞得花殘柳敗休◎。半生來、折柳攀花。一世裏、眠花臥柳◎。

〔梁州第七〕我是個普天下、郎君[2]領袖。蓋世界、浪子班頭[3]◎。願朱顏不改常依舊。花中消遣。酒內忘憂◎。分茶顛竹。打馬藏鬮[4]◎。通五音、六律[5]滑熟◎。甚閒愁、到我心頭。伴的是「銀箏女、銀台前、」理銀箏、笑倚銀屏。伴的是「玉天仙、攜玉手、」並玉肩、同登玉樓◎。伴的是「金釵客、歌金縷、」捧金樽、滿泛金甌[6]◎。你道我老也。暫休◎。占排場風月功名首[7]。（更）玲瓏又剔透◎。我是個錦陣花營都帥頭[8]◎。曾玩府遊州。

〔隔尾〕〔子弟每〕「是個茅草崗、沙土窩。」初生的兔羔兒，乍向向圍場上走[9]◎。「我是個經籠罩、受索網、蒼翎毛」老野（雞）蹅踏的陣馬兒熟[10]◎。經了些窩弓冷箭鑞槍頭[11]◎。（不曾落）人後◎。恰不道（人到中年萬）事休◎。我怎肯虛度了春秋[12]◎。

〔尾〕「我是個蒸不爛、煮不熟、搥不匾、炒不爆、」響璫璫一粒銅豌豆[13]。〔恁子弟每〕「誰教你、鑽入他、鋤不斷、斫不下、解不開、頓不脫」慢騰騰千層錦套頭[14]◎。我玩的是梁園[15]月。飲的是東京酒[16]。賞的是洛陽花。攀的是章台柳[17]◎。我也會圍棋[18]。會蹴鞠[19]。會打圍[20]。會插科[21]。會歌舞。會吹彈。會嚥作[22]。會吟詩。會雙陸[23]◎。你便是落了我牙。歪了我嘴。瘸[24]了我腿。折了我手◎。天賜與我這幾般兒歹症候[25]◎。尚兀自不肯休◎。則除是閻王[26]親自喚。神鬼自來勾[27]◎。三魂[28]歸地府。七魄[29]喪冥幽[30]◎。〔天哪！〕那其間才不向煙花路[31]兒上走◎。

❶南呂一枝花：南呂，原爲古代樂律調名，也是十二律之一，屬於陰律。如《周禮‧春官‧大司樂》中說：「乃奏姑洗，歌南呂，舞大磬，以祀四望。」至元曲時代，自然成爲元代北曲十二宮調之一。至於「一枝花」，原爲唐話本名稱，到了元曲時，成爲曲牌名。

❷郎君：原爲漢代制度中，二千石以上的官員得任其子爲「郎」，後來門生故吏因爲稱其長官或其師門子弟爲「郎君」。後代通稱貴家的子弟爲郎君，在此則是指公子哥兒，元曲中常用郎君稱嫖客或浮浪子弟。

❸班頭：本是班行之首，亦泛指領袖或頭領。

❹分茶顛竹二句：分茶是指烹茶待客或烹調食物的禮貌。顛竹，指行酒令。打馬，古代博戲名稱。鬮，音ㄐㄧㄡ。藏鬮，或謂藏鉤之戲，古代遊戲的一種。

❺五音六律：五音，指中國古代五聲中的五個基本音級，分別是宮、商、角、徵、羽。六律，古代樂音的標準名稱，其樂律有十二，陰陽各六，陽爲律，陰爲呂。六律即是黃鐘、大蔟ㄘㄨˋ（《廣韻》倉奏切，去候，清。）、姑洗、蕤ㄖㄨㄟˊ賓、夷則、無射ㄕㄜˋ。

❻金甌：金的盆盂之屬，指尊貴的盆器。

❼占排場風月功名首：比喻在風月場所最受到歡迎與注意，猶如今日夜店中最爲閃亮的來賓。

❽錦陣花營都帥頭：錦陣花營是指風月場所，猶如台灣所謂的酒店。都帥頭，是指領袖或頭領的第一號人物。

❾子弟每句：指第一次到風月場所的青年，就如同從茅草崗或沙土窩剛出生的小兔子或小羊，卻跑到圍獵的獵場，必死無疑。羔，音ㄍㄠ，初生的小羊。

❿我是個等句：關漢卿說自己是久經磨練於風月場所，經過牢籠的閉鎖，經過網繩的綁縛，已經長滿硬毛的一隻老野雞，在圍獵的獵場馬陣中穿梭自如，比喻自己可以在風月場所中自在留連。

⓫窩弓冷箭句：窩弓，指放冷箭。蠟槍頭，比喻中看不中用，在此指被人排擠或被人背後放冷箭，都經過了這些考驗。

⓬人到中年句：指一般人到了中年，就失去了奮鬥的意志，但關漢卿自己並不認爲應該如此，反而要及時行樂。

⓭銅豌豆：比喻老江湖或風月中人。這是宋元時期勾欄（宋元時雜劇與各種伎藝演出的場所）中對於老嫖客或常客的行話。
⓮錦套頭：指美麗的圈套，通常比喻妓女迷惑嫖客的一種手段，在此比喻很難掙脫的美麗陷阱。
⓯梁園：本爲漢朝梁孝王經營的東苑爲兔園，是作爲宴會之用，此處是借指皇室貴族的宅第園林。
⓰東京酒二句：指有名的都市所產的美酒。東京，古都名，即今洛陽，此處是引申爲歷史名都。
⓱章臺柳：本爲唐韓翃有姬柳氏，以艷麗著稱，後世形容窈窕美麗的女子。
⓲圍棋：古代棋類的一種，名爲「弈」，相傳爲堯所創作。在春秋戰國時期就有關於圍棋的記載。
⓳蹴踘：亦作「蹴鞠」。古代的一種足球運動，可用來練武或健身。蹴踘，音ㄘㄨˋ ㄐㄩˊ，同「鞠」。
⓴打圍：即打獵，因爲需要多人圍起來，故稱打圍。
㉑插科：做些有趣詼諧的動作或說好笑的話。
㉒吹彈、嚥作：吹彈，演奏管絃樂器。嚥作，指唱歌。
㉓雙陸：古代的一種遊戲。
㉔瘸：音ㄑㄩㄝˊ，指跛腳行動不便的人。
㉕歹症候：指一些不好的習慣。
㉖閻王：同「閻羅」，梵語 Yama 的略譯，佛教稱主管地獄的主神。
㉗勾：這裡指勾攝人的靈魂。
㉘三魂：道家的說法，一是爽靈，二是胎靈，三是幽精。
㉙七魄：第一魄是尸狗，第二魄是伏矢，第三魄是雀陰，第四魄是吞賊，第五魄是非毒，第六魄是除穢，第七魄是臭肺。
㉚冥幽：指陰間或地獄。
㉛煙花路：指風塵妓女聚集的地方。煙花，本指美麗，這裡引申爲妓女。

【問題與討論】

一、爲何關漢卿被視爲中國古代最偉大與最具代表性的戲曲作家？
二、請以本課所選的作品，說明你對關漢卿的看法爲何？
三、關漢卿的個人生活情趣、人品、道德觀及操守如何？
四、本課所選作品是關漢卿的生活實錄或是虛構設想的作品？關漢卿的其他作品特色爲何？

第十九課　元代散曲選下

【題解與作者】

元朝蒙古人入主中國，對於中國傳統文化打擊甚深，同時對於儒士的歧視，如謝枋得在《疊山集》中〈送方伯載歸三山序〉中敘述有：「滑稽之雄，以儒爲戲者曰：我大元製典，人有十等，一官二吏，先之者，貴之也。貴之者，謂其有益於國也。七匠八娼，九儒十丐，賤之也。賤之者，謂無益於國也。嗟乎卑哉！介乎娼之下、丐之上者，今之儒者。」另外在是鄭思肖《心史》中說：「韃法（元朝蒙古法令）：一官二吏，三僧四道，五醫六工，七獵八民，九儒十丐。」兩者說法略有出入，卻可看出元代時儒者的地位低下，只比乞丐高一級，這是刻意貶抑知識份子的一種政治手段，也造成元代社會優秀的文士沒有機會藉由科舉考試而晉身於廟堂之上，只好往民間發展，創造了一個有益於民間戲曲發展的社會環境。

所謂「元曲」，其實包含了「雜劇」（本書前課所選）與「散曲」兩大部分。散曲如同唐詩、宋詞一般，成爲元代文學的代表體裁，其中散曲是可以單篇獨立，也是組成元雜劇（歌劇）的主要部分。兩者在文學語言方面雖然相同，但是在文學的作用方面卻是有很大的差別。元代散曲主要還是從「詞」演化而來，也可以說是元代的新體詩，而且更便於歌唱。散曲最先出現的是小令，再由小令轉變爲合調，進而變化爲套曲。散曲的小令是民間流行的小調，經由文人的修飾與陶冶，就成爲元散曲中的小令。本課所選諸篇，音韻和美，文字活潑，語言清新，通俗語意中寫出男女相思、老練人情、洞觀世態、江南風光與超然物外的胸懷，值得細細品讀。

一、關漢卿〈四塊玉〉別情

自送別◎，心難捨◎。一點相思幾時絕◎？
憑欄袖拂楊花雪❶◎，溪又斜◎，山又遮◎，人去也◎。

❶楊花雪：指柳絮滿天飛舞，就如同下雪時雪花漫天一般。楊花是柳絮，指柳樹的種子，有白色的絨毛，隨風飛散如空中飄絮，因此稱爲柳絮。

二、關漢卿〈四塊玉〉閒適

南畝❶耕，東山❷臥◎。
世態人情經歷多◎，閒將往事思量過◎。
賢的是他◎，愚的是我◎，爭什麼◎？

❶南畝：指農田，因向陽的南坡是利於農作物的生長，古人的農田多往向南的田地開闢，故稱南畝。作者表示自己是過農夫般的生活。

❷東山：指隱居的生活。依據《晉書．謝安傳》記載，謝安早年曾辭官隱居會稽的東山，雖然經過朝廷屢次禮遇的徵聘，才從東山復出爲官，成爲東晉的名臣。後來即以「東山」爲典故，指隱居或是游憩之地。

三、白樸〈天淨沙〉秋

孤村落日殘霞◎，輕煙老樹寒鴉❶◎，一點飛鴻❷影下◎。
青山綠水，白草紅葉黃花◎。

❶寒鴉：秋冬寒天的烏鴉，或指受凍的烏鴉。
❷飛鴻：飛行的鴻雁。

四、馬致遠〈落梅風〉煙寺晚鐘

寒煙細，古寺清◎，近黃昏、禮佛❶人靜◎。
順西風晚鐘三四聲◎，怎生教、老僧禪定❷◎？

❶禮佛：頂禮於佛，指拜佛。
❷禪定：禪爲梵語 dhyāna 的音譯。定，爲梵語 samādhi 的意譯。兩者合稱爲禪定，禪與定皆是專注一心而深淺不同之穩定的心靈狀態。佛教將宇宙輪迴分爲三界六道，其中三界爲欲界、色界與無色界。欲界以各種欲望爲主，心思散亂，貪著諸欲，人類亦在其中；色界的色是純淨物質之意，色界乃爲天界，環境莊嚴清淨，心靈專一無雜，已離開欲界各種欲望；無色界是純粹精神境界，又離開物質的障礙。然而，禪定仍須觀照萬法皆爲空幻，才能跳出執著而解脫生死的輪迴。

五、張養浩〈水仙子〉詠江南

一江煙水❶照晴嵐❷◎，兩岸人家接畫簷❸◎。芰荷❹叢一段秋光淡◎。

看沙鷗舞再三◎。捲香風十里珠簾❺◎。

畫船兒天邊至，酒旗兒風外颭❻◎。

愛殺❼江南◎。

---

❶煙水：指迷濛霧靄的水面，在春秋時節的江河之上水汽蒸發如同煙霧一般。

❷晴嵐：指晴日山中升起的霧氣。嵐，山中雲氣。因爲晚上較涼，寒露凝重，清晨太陽上升，陽光帶來溫熱，將山林中附著在草木崖壁上的濕氣露水蒸發，就自然形成早上山中的雲氣，到了下午時分，雲氣多半自行散去。

❸畫簷：亦作「畫檐」，指有畫飾花紋或圖案的屋檐。簷與檐，音皆爲ㄧㄢˊ。

❹芰荷：指菱葉與荷葉。芰，兩角曰菱而三角四角曰芰，皆爲菱，是一種水中植物。芰，音ㄐㄧˋ。

❺捲香風十里珠簾：即是十里香風捲珠簾的倒裝句。

❻颭：指風吹物品而使顫動與搖曳。颭音ㄓㄢˇ。

❼愛殺：表示喜愛到了極點。殺，表示程度很深，用在謂語之前，有很與甚的意思。殺，音ㄕㄚ。

六、喬吉〈綠么遍〉自述

不占龍頭❶選◎，不入名賢傳❷◎。

時時酒聖❸，處處詩禪❹◎。

煙霞狀元◎，江湖醉仙❺◎。笑談便是編修院❻◎。

留連◎，批風抹月❼四十年◎。

---

❶龍頭：本指傑出人物的首領，在此指科舉時代的狀元。

❷名賢傳：登錄名人賢士的史傳。

❸時時酒聖：時時沈浸在酒酣茫醉之中的比喻。

❹詩禪：時時以詩論禪，並以禪境喻詩，或是以禪語禪趣入詩之中。

❺煙霞狀元，江湖醉仙：比喻放浪形骸於江湖的狀元，寄情於山水遊樂的神仙。

❻笑談便是編修院：指笑談之間評論歷史人物而毫無顧忌的自在逍遙。編修院爲古代編修國史的機構。

❼批風抹月：猶言吟風弄月。指古代詩人以吟誦風花雪月爲題材，表示生活的閒適與無憂無慮。

七、張可久〈殿前歡〉客中

望長安◎，前程渺渺❶鬢斑斑❷◎。
南來北往隨征雁◎，行路艱難◎。
青泥小劍關❸◎，紅葉湓江❹岸◎，白草連雲棧❺◎。
功名半紙❻，風雪千山◎。

❶渺渺：幽遠悠遠的樣子。
❷斑斑：本指斑點眾多，此指黑白毛髮相雜的樣子。
❸小劍關：於今四川省劍閣縣北。
❹湓江：江水名，一名湓浦或是湓江。現今名爲龍開河。源出於江西省瑞昌縣西的清湓山。湓，音ㄆㄣˊ。
❺連雲棧：古代棧道名。在陝西漢中地區，古爲川陝之通路。
❻功名半紙：形容功名片紙虛名而不實。

【問題與討論】

一、何謂「一點相思幾時絕」？
二、爲何關漢卿會說「賢的是他，愚的是我，爭什麼」？
三、何謂「愛殺江南」？
四、何謂「煙霞狀元，江湖醉仙」？

第二十課　明代散文選上

【題解與作者】

本課所選爲明代文學流派的「公安派」，代表人物爲「公安三袁」的袁氏兄弟，分別是袁宗道（一五六〇至一六〇〇）、袁宏道（一五六八至一六一〇）與袁中道（一五七〇至一六二三）等三兄弟，因爲三人籍貫爲湖廣公安（今屬湖北省公安縣），故世稱「公安派」。公安派三袁兄弟，主要是生活在明朝萬曆年間，反對明代前後七子的句擬字摹與食古不化的文學傾向，主張文學創作應該隨著時代的發展而自然因應與變化，袁宏道〈敘小修詩〉中說：「代有升降，而法不相沿，各極其變，各窮其趣。」又在〈與江進之〉說：「世道改變，文亦因之。今之不必摹古者，亦勢也。」因此，三袁兄弟主張獨抒性靈與不拘格套的文學理念，也正因爲如此，後代評論公安文學主張的文學理論的價値意義，超過他們的創作實踐的成就，應是公允的評論。

袁宗道，字伯修，號石浦。二十七歲時會試第一，官至翰林院庶吉士、編修等職，曾向焦竑問學。萬曆十七年（一五八九）返歸故里，研究學術，並以禪宗思想研究儒學理論，著有《海蠡篇》（今佚）。九年後復入京任官，官右庶子，並任東宮講席。袁宗道心慕白居易與蘇軾，故其書齋取名爲「白蘇齋」，並著有《白蘇齋類集》二十二卷。

袁宏道，字中郎，又字無學，號石公。萬曆十六年（一五八八）中舉人，次年入京赴考，卻未考中。返鄉後曾問學於李贄並引以爲師。萬曆二十年（一五九二）中進士，但不仕，與兄宗道、弟中道遍遊楚中。袁宏道實爲公安派的領袖，其文學理論也成爲公安派的文學綱領。著作有《敝篋集》、《錦帆集》、《解脫集》、《廣陵集》、《瓶花齋集》、《瀟碧堂集》、《破硯齋集》、《華嵩遊草》等。袁宏道文集最早爲明代萬曆刊本，今人錢伯城整理有《袁宏道集箋校》。

袁中道，字小修，一作少修。萬曆四十四年（一六一六）中進士，授徽州府教授，後來歷任國子博士、南京禮部主事與吏部郎中等職。袁中道作品以散文較優，著作有《珂雪齋集》二十卷、《袁小修日記》二十卷。

一、袁宗道〈極樂寺紀遊〉

高梁橋❶水，從西山❷深澗中來，道此入玉河❸。白練❹千疋，微風行水上，若羅紋紙❺。堤在水中，兩波相夾，綠柳四行，樹古葉繁，一樹之蔭，可覆數席，垂線長丈餘。岸北佛廬道院甚眾，朱門紺殿❻，亙❼數十里。對面遠樹，高下攢簇❽，間以水田。西山如螺髻❾，出於林水之間。極樂寺去橋可三里，路徑亦佳，馬行綠蔭中，若張蓋❿。殿前剔牙松⓫數株，松身鮮翠嫩黃，斑剝⓬若大魚鱗，大可⓭七八圍許。暇日曾與黃思立諸公⓮遊此。予弟中郎⓯云：「此地小似錢塘蘇堤⓰。」思立亦以爲然。予因歎西湖⓱勝境，入夢已久，何日掛進賢冠⓲，作六橋⓳下客子，了此山水一段情障⓴乎！是日，分韻㉑各賦一詩而別。

---

❶高梁橋：位於在北京西直門外高梁河上的橋名。
❷西山：山名，在今北京市西郊群山的總稱。
❸玉河：河名，源出於北京西北方玉泉山下，匯流成昆明湖。
❹白練：指白色的熟絹。
❺羅紋紙：指有細密紋理的宣紙。
❻紺殿：指天青色或深青透紅之色的殿宇，此指佛寺。紺，音ㄍㄢˋ。
❼亙：窮盡終極，指綿長或綿延不絕。亙，音ㄍㄣˋ。
❽攢簇：指簇聚或簇擁。攢簇，音ㄗㄢˇ ㄘㄨˋ。
❾螺髻：指螺殼狀的髮髻。髻，音ㄐㄧˋ。
❿張蓋：指張開傘蓋。

⓫剔牙松：樹名，括子松的的一種俗名。
⓬斑剝：亦作「斑駁」，色彩錯雜的樣子。
⓭可：副詞，指大約的意思。
⓮黃思立諸公：指當時同遊的黃思立等人。
⓯中郎：指袁宏道的字。
⓰錢塘蘇堤：錢塘，亦作「錢唐」，古縣名。蘇堤，築於廣東省惠州市西湖中，北宋蘇軾所建。
⓱西湖：湖名，在浙江杭州城西，是著名遊覽的勝地。
⓲掛進賢冠：進賢冠，古代覲見皇帝的一種禮帽，儒者所戴的冠，後代沿用至元時廢。這裡是指學官所戴的冠。
⓳六橋：北宋蘇軾建於杭州西湖外湖蘇堤上的六橋：有映波、鎖瀾、望山、壓堤、東浦與跨虹等。
⓴情障：指因情欲而產生的魔障。
㉑分韻：古代作詩的遊戲，指數人相約賦詩，作詩時要先選擇若干字爲韻，各人分拈韻字，再依拈得韻作詩。

二、袁宏道〈遊高梁橋記〉

高梁橋在西直門外，京師❶最勝地也。兩水夾堤，垂楊十餘里。流急而清，魚之沉水底者，鱗鬣❷皆見。精藍棋置❸，丹樓珠塔❹，窈窕綠樹中。而西山之在几席❺者，朝夕設色以娛遊人。當春盛時，城中士女❻雲集，縉紳❼士大夫非甚不暇，未有不一至其地者也。

三月一日，偕王生章甫、僧寂子出遊。時柳梢新翠，山色微嵐❽，水與堤平，絲管❾夾岸。趺坐❿古根上，茗飲以不酒，浪紋樹影以爲侑⓫，魚鳥之飛沉，人物之往來，以爲戲具⓬。堤上遊人見三人枯坐樹下，若癡禪⓭

者，皆相視以爲笑，而余等亦竊謂彼筵中人，喧囂怒詬⓮，山情水意，了不相屬⓯，於樂何有也？少頃，遇同年⓰黃昭質拜客出，呼而下，與之語。步至極樂寺，觀梅花而返。

---

❶京師：指北京。

❷鱗鬣：本指龍的鱗片和鬣毛，在此指河水清澈，可以清晰的看見水中魚兒的鱗片。鬣，音ㄌㄧㄝˋ。

❸精藍棋置：指佛寺精舍猶如棋子分布。

❹丹樓珠塔：丹樓本指紅樓，丹樓珠塔在此指道教的宮觀林立。

❺几席：几與席，是古人憑依與坐臥的器具。

❻士女：指青年男女，多半指未婚的青年男女。

❼縉紳：本指插笏於紳帶之間的古代官宦的裝束，在此借指士大夫或有身分地位的官員或豪門貴族。

❽微嵐：微弱的山中雲氣。

❾絲管：弦樂器與管樂器的合稱。泛指一般樂器。

❿趺坐：指盤腿而端坐。趺，音ㄈㄨ。

⓫侑：酬答佐助，表示浪紋樹影益添情趣。

⓬戲具：指賭具與遊戲用具的統稱。

⓭癡禪：指迷癡於禪坐。

⓮喧囂怒詬：吵鬧喧嘩大聲講話而口出穢言。詬，音ㄍㄡˋ。

⓯了不相屬：指完全不相關。屬，音ㄓㄨˇ。

⓰同年：古代科舉考試同一類考中的考生的互稱，或稱同榜題名的朋友，類似今日所謂的同學。

三、袁中道〈西山十記·記一〉

出西直門❶，過高梁橋❷。楊柳夾道，帶以清溪，流水澄澈，洞見❸沙石，蘊藻縈蔓❹，鬣走帶牽❺。小魚尾游，翕忽跳達❻。亙流❼背林，禪刹相接。綠葉濃郁，下覆朱戶。寂靜無人，鳥鳴花落。

過響水閘，聽水聲汩汩❽。至龍潭堤，樹益茂，水益闊，是為西湖❾也。每至盛夏之月，芙蓉十里如錦，香風芬馥❿，士女駢闐⓫，臨流泛觴⓬，最為勝處矣。

憩青龍橋⓭，橋側數武⓮有寺，依山傍巖，古柏陰森，石路千級。山腰有閣，翼以千峰，縈抱屏立。積嵐沉霧，前開一鏡，堤柳溪流，雜以畦畛⓯。叢翠之中，隱見村落。降臨水行，至功德寺，寬博有野致。前繞清流，有危橋⓰可坐。寺僧多業農事，日已西，見道人⓱執畚者、鍤⓲者，帶笠者，野歌⓳而歸。有老僧持杖散步塍⓴間，水田浩白，群蛙偕鳴。

噫！此田家之樂也，予不見此者三年矣。

---

❶西直門：在今北京省，城樓已拆除，但留有地名。
❷高梁橋：位於西直門的西北方，橋樑橫跨高梁河。
❸洞見：指清楚地看到。
❹蘊藻縈蔓：指蘊藻纏繞蔓延與滋長。蘊藻是水草的一種。縈蔓，音ㄧㄥˊ ㄇㄢˋ。
❺鬣走帶牽：主要是形容水草在水中飄動，就好像快馬的鬃毛隨風飄時帶子被風拉扯一般。鬣，音ㄌㄧㄝˋ，馬或動物脖子上的長毛。
❻翕忽跳達：急速輕健敏捷的樣子。翕，音ㄒㄧˋ，快速。
❼亙流：橫貫的流水。
❽汩汩：狀聲詞，指水流動的聲音。汩，音ㄍㄨˇ。

❾西湖：這裡指北京頤和園內的昆明湖。
❿芬馥：指香氣濃郁芳香的氣味。馥，音ㄈㄨˋ，香氣。
⓫駢闐：猶駢田，表示絡繹不絕的意思，這裡是指人來人往而連續不斷。闐，音ㄊㄧㄢˊ。
⓬臨流泛觴：在流水旁浮杯喝酒。觴，音ㄕㄤ，指酒器或酒杯。
⓭青龍橋：在今頤和園的西北方。
⓮武：指三尺。古以六尺爲一步，半步爲武。
⓯畦畛：田間的界道與小路。畦，音ㄒㄧ，長條型的田塊。畛，音ㄓㄣˇ，農田之間分界的小路。
⓰危橋：高高聳立的橋樑。
⓱道人：本指行走在道路上的人，此處是指出家的法師。
⓲鍤：音ㄔㄚˊ或ㄔㄚ，指鐵鍬。
⓳野歌：指鄉村歌曲。
⓴塍：音ㄔㄥˊ，指田埂，即田間的小路。

【問題與討論】

一、袁宗道〈極樂寺紀遊〉一文的文章風格爲何？
二、袁宗道〈極樂寺紀遊〉、袁宏道〈遊高梁橋記〉與袁中道〈西山十記．記一〉等文章中都提到「高梁橋」，三篇文章何者爲勝？
三、「水田浩白，群蛙偕鳴」是寫出何等意境？
四、本課所選三篇文章，你喜歡那一篇的意境，理由爲何？

第二十一課　明代散文選下

【題解與作者】

張岱（一五九七至一六七六），字宗子，後改字石公，號陶庵，又自號蝶庵居士，山陰（今浙江紹興）人，僑寓杭州等地。明亡之後披髮入山，築室安貧著書爲樂。張岱原本出身於一個富貴仕宦的家庭，在文學上是遵襲公安、竟陵兩派的理論主張，反對前後七子桎梏性靈的復古主義，提倡抒發性靈又適性任情的文風，其作品除了描寫山水景物之外，又涉及社會生活的各個層面，成就甚高。明亡之後，隱居山林，目睹國破家亡之際，回首前半生繁華靡麗的生活，於是寫成《陶庵夢憶》與《西湖夢尋》兩本書，藉以抒發他對鄉土故國的追懷。張岱的文筆清新活潑，偶雜詼諧之語，無論是抒情寫景，敘事議論，皆是趣味盎然。張岱是以散文的成就最著，在中國文學史上被視爲是晚明小品文的代表作家。

張岱在史學方面，成就亦高，能夠堅守民族氣節，可以說是明末清初愛國史學家之一。明亡之後，在困苦生活中堅持寫作有「布衣蔬食常至斷炊」之狀，終於寫成了這部《石匱藏書》的史書，後又補寫崇禎一朝的紀傳，題爲《石匱後集》。張岱藉撰輯明代遺事，進而表達對故國的沉痛懷念，以及堅貞自守的民族氣節。著作有《琅環文集》、《陶庵夢憶》與《西湖夢尋》等書。

本課所選之文，寫意情境與文筆俱佳。例如〈西湖七月半〉一文，描述農曆七月半杭州人遊西湖賞明月的盛況。文章內容對平民百姓的生活情趣與西湖的風光，作了生動的敘述，讓人有身臨其境之感，筆調清新脫俗，文字藏諧於趣，全篇流暢自然，堪爲晚明小品文之典範。

一、張岱〈西湖七月半〉

西湖七月半[1]，一無可看，止可看看七月半之人。看七月半之人，以五類看之：其一，樓船簫鼓，峨冠[2]盛筵，燈火優傒[3]，聲光相亂，名為看月而實不見月者，看之。其一，亦船亦樓，名娃閨秀，攜及童孌[4]，笑啼雜之；環坐露臺，左右盼望，身在月下而實不看月者，看之。其一，亦船亦聲歌，名妓閒僧，淺斟[5]低唱，弱管輕絲，竹肉[6]相發，亦在月下，亦看月而欲人看其看月者，看之。其一，不舟不車，不衫不幘[7]，酒醉飯飽，呼群三五，躋入人叢，昭慶[8]斷橋[9]，嘄呼[10]嘈雜，裝假醉，唱無腔曲，月亦看，看月者亦看，不看月者亦看，而實無一看者，看之。其一，小船輕幌，淨几煖爐，茶鐺旋煮[11]，素瓷靜遞，好友佳人，邀月同坐，或匿影樹下，或逃囂裡湖[12]，看月而人不見其看月之態，亦不作意看月者，看之。

杭人遊湖，巳出酉歸[13]，避月如仇；是夕好名，逐隊爭出，多犒門軍酒錢，轎夫擎燎[14]，列俟岸上。一入舟，速[15]舟子急放斷橋，趕入勝會。以故二鼓[16]以前，人聲鼓吹，如沸如撼，如魘如囈[17]，如聾如啞，大船小船一齊湊岸，一無所見，止見篙[18]擊篙，舟觸舟，肩摩肩，面看面而已。

少刻興盡，官府席散，皂隸[19]喝道去，轎夫叫船上人怖以關門[20]，燈籠火把如列星，一一簇擁而去；岸上人亦逐隊趕門，漸稀漸薄，頃刻散盡矣。吾輩始艤舟近岸[21]，斷橋石磴始涼，席其上，呼客縱飲。此時月如鏡新磨，山復整粧，湖復頮面[22]；向之淺斟低唱者出，匿影樹下者亦出，吾輩往通聲氣，拉與同坐。韻友來，名妓至，杯箸安，竹肉發。月色蒼涼，東方將白，客方散去。吾輩縱舟，酣睡於十裡荷花之中，香氣拍人，清夢甚愜[23]。（選自粵雅堂本《陶庵夢憶》卷七）

❶七月半：即農曆七月十五日，俗稱中元節。

❷峨冠：高高的帽子，即高冠。峨，音ㄜˊ，高聳的樣子。

❸優傒：優，優伶，通稱戲曲演員爲優伶。傒，音ㄒㄧ，指婢女、僕人。

❹童孌：指長相清秀美好的小男童。孌，音ㄌㄩㄢˇ或ㄌㄨㄢˇ。

❺淺斟：自在而慢慢的飲酒。斟，喝酒。

❻竹肉：竹，指笛子之類竹管樂器。肉，歌喉，指人聲。泛指器樂與歌唱。

❼不衫不幘：指穿著隨便自在的意思。幘，音ㄗㄜˊ，古代包扎髮髻的布巾。

❽昭慶：寺名，在西湖的東北方岸上。

❾斷橋：橋名，在西湖孤山邊。因孤山之路至此斷，故自唐以來皆稱之爲斷橋。

❿嘄呼：指大叫。嘄，音ㄐㄧㄠˋ，呼喊，同「叫」字。

⓫茶鐺旋煮：指茶水很快就煮好了。鐺，煮茶的器具。鐺，音ㄉㄤ。

⓬裡湖：西湖分裡，外，後湖。裡湖是蘇堤靠裡的湖面，爲裡西湖的簡稱。

⓭巳出酉歸：指杭人遊湖，多半是在白天時間。巳，音ㄙˋ，指上午九時到十一時。酉時指下午五時到七時。

⓮擎燎：高舉火把。擎，音ㄑㄧㄥˊ，高舉。燎，音ㄌㄧㄠˋ，火炬。

⓯速：催促，當動詞用。

⓰二鼓：指二更，一夜爲五更。古代用敲鑼鼓來報更，第二更即二鼓，時間爲晚上七時至九時。

⓱如魘如囈：魘，音ㄧㄢˇ，作惡夢或在夢中驚叫。囈，指說夢話。囈，音ㄧˋ。

⓲篙：指撐船的竹竿或木杆。篙，音ㄍㄠ。

⓳皂隸：指古代的賤役，後來專稱古代衙門裡的差役。皂隸，音ㄗㄠˋ ㄌㄧˋ。

⓴門：這裡指城門。

㉑艤舟近岸：攏起船靠上岸。

㉒頮面：原指洗臉，在此指水流沖洗。頮，音ㄏㄨㄟˋ。

㉓愜：音ㄑㄧㄝˋ，滿足、滿意。

二、張岱〈自為墓志銘〉節錄

蜀人❶張岱，陶庵其號也。少爲紈袴子弟❷，極愛繁華，好精舍❸，好美婢，好孌童❹，好鮮衣，好美食，好駿馬，好華燈，好煙火，好梨園❺，好鼓吹，好古董，好花鳥，兼以茶淫橘虐❻，書蠹詩魔❼。勞碌半生，皆成夢幻。

年至五十，國破家亡，避跡山居。所存者，破床碎几，折鼎病琴❽，與殘書數帙❾，缺硯一方而已。布衣疏食，常至斷炊。回首二十年前，真如隔世。（選自《琅嬛文集》）

---

❶蜀人：張岱的祖先是從四川遷到浙江的，所以他自稱蜀人。

❷紈袴子弟：指不知長進與不務正業的豪貴富家子弟。紈袴，音ㄨㄢˊ ㄎㄨˋ，本指用細絹做的長褲，這是古代豪貴人家才能穿著的服裝。

❸精舍：指美麗精緻的房子。此外，原指書齋或佛寺。

❹孌童：長相清秀俊俏的小男孩。孌，音ㄌㄩㄢˇ或ㄌㄨㄢˊ。同本書第一三七頁註釋❹。

❺梨園：本指唐玄宗時教練宮廷歌舞與表演藝人的地方。後來轉化爲表演或演戲的場所。此處指戲劇。

❻茶淫橘虐：指非常喜歡喝茶吃橘子。淫與虐，皆有過度而不知節制的意思。虐，音ㄋㄩㄝˋ。

❼書蠹詩魔：指喜歡詩書到成爲癖好沈醉的境界。蠹，音ㄉㄨˋ，蛀蟲。

❽折鼎病琴：比喻家中貴重物品全部已經破壞。

❾帙：本指古代竹帛書籍的套子，多以布帛所製成，這裡指書一套。

三、張岱〈陶庵夢憶自序〉

陶庵國破家亡，無所歸止，披髮[1]入山，駴駴[2]為野人。故舊見之，如毒藥猛獸，愕窒[3]不敢與接。作自輓詩[4]，每欲引決[5]，因《石匱書》[6]未成，尚視息[7]人世。然瓶粟屢罄[8]，不能舉火[9]，始知首陽二老直頭餓死[10]，不食周粟，還是後人粧點語[11]也。

饑餓之餘[12]，好弄筆墨。因思昔日生長王謝[13]，頗事豪華，今日罹[14]此果報[15]：以笠報顱[16]，以簣報踵[17]，仇簪履也[18]；以衲報裘[19]，以苧報絺[20]，仇輕煖也；以藿[21]報肉，以糲報粻[22]，仇甘旨[23]也；以薦[24]報床，以石報枕，仇溫柔也；以繩報樞，以甕報牖[25]，仇爽塏[26]也；以煙報目，以糞報鼻，仇香豔也；以途報足，以囊報肩，仇輿從[27]也。種種罪案，從種種果報中見之。

雞鳴枕上，夜氣[28]方回，因想余生平，繁華靡麗[29]，過眼皆空，五十年來，總成一夢。今當黍熟黃粱[30]，車旋蟻穴[31]，當作如何消受[32]？遙思往事，憶即書之，持向佛前，一一懺悔[33]。不次歲月，異年譜[34]也；不分門類，別志林[35]也。偶拈[36]一則，如遊舊境，如見故人；城郭人民，翻用自喜[37]，真所謂癡人前不得說夢[38]矣。

昔有西陵腳夫[39]為人擔酒，失足破其甕，念無以償，癡坐佇[40]想曰：「得是夢便好！」一寒士鄉試中式[41]，方赴鹿鳴宴[42]，恍然[43]猶意非真，自齧[44]其臂曰：「莫是夢否？」一夢耳[45]，惟恐其非夢，又惟恐其是夢，其為癡人則一也。

余今大夢將寤[46]，猶事雕蟲[47]，又是一番夢囈[48]。因歎慧業[49]文人，名心難化，政[50]如邯鄲夢斷，漏盡鐘鳴[51]，盧生遺表，猶思摹搨二王[52]，以流傳後世。則其名根一點，堅固如佛家舍利[53]，劫火[54]猛烈，猶燒之不失也。

❶披髮：披，解開。披髮，披頭散髮，古人皆束髮，這裡指除去冠簪變成平民。
❷駴駴：駴，音ㄏㄞˋ，同駭，驚駭、震驚的意思。
❸愕窒：愕，驚訝。窒，堵塞不通。愕窒，指太過驚訝而無法出氣。
❹自輓詩：輓，音ㄨㄢˇ，哀悼死者的詞。張岱因思念故國，和外界背離，所以自己做輓詩給自己。
❺引決：指自殺。決，同「訣」。
❻石匱書：爲張岱爲保存明代歷史所撰。
❼視息：視，看。息，呼吸。視息指生存。
❽瓶粟屢罄：瓶粟，指瓶中的糧食。粟，音ㄙㄨˋ，穀物名。罄，音ㄑㄧㄥˋ，引申爲盡與竭。
❾舉火：生火煮飯。
❿首陽二老直頭餓死：首陽二老指伯夷、叔齊，因爲武王滅殷，所以伯夷、叔齊義不食周粟，後來餓死於首陽山。
⓫不食周粟，還是後人粧點語：指當年伯夷叔齊是沒有糧食可吃，而不是不吃周朝的食物，那只是後人修飾門面的話。
⓬餘：指餘暇、空閒的時間。
⓭生長王謝：借王導與謝安是東晉名相的豪貴人家，表示出身豪門貴族。
⓮罹：遭受、遇到。罹，音ㄌㄧˊ。
⓯果報：佛家語的一種，指因果報應。
⓰以笠報顱：笠是草帽。顱是頭的意思。
⓱簣報踵：簣是草鞋，踵是指腳。簣，音ㄎㄨㄟˋ。
⓲仇簪履也：仇，指仇視、怨恨。簪，簪子，這裡指禮帽。履，鞋子。
⓳以衲報裘：衲，音ㄋㄚˋ，本指僧衣，這裡指縫補多次的破衣。裘，毛皮製成的禦寒衣服。
⓴以苧報絺：苧，音ㄓㄨˋ，苧麻，這裡借指粗麻衣。絺，音ㄔ，細葛布，指質地輕軟的衣服。
㉑藿：音ㄏㄨㄛˋ，野綠豆的葉子，指野菜。
㉒以糲報粻：指拿粗糧當做是精米。糲，音ㄌㄧˋ，糙米。粻，音ㄓㄤ，指精米。

㉓甘旨：指美味的食物。

㉔薦：草墊。

㉕以繩報樞，以甕報牖：用繩子繫住門樞，用破甕作窗洞，表示居住十分簡陋。甕，音ㄨㄥˋ，指小口大腹的陶製汲水罐。牖，音ㄧㄡˇ，指窗戶。

㉖爽塏：高爽乾燥。塏，音ㄎㄞˇ，乾燥。

㉗輿從：輿，轎子。從，隨從。輿，音ㄩˊ。

㉘夜氣：指夜間的清涼之氣，讓人從白天熱惱的情況冷靜下來，容易進入反省的心情。

㉙靡麗：奢侈華麗。

㉚黍熟黃粱：指唐傳奇中沈既濟〈枕中記〉故事的典故，請參見本書第十一課。

㉛車旋螘穴：指車輛迴旋於蟲蟻的巢穴。螘，音ㄧˇ，同「蟻」。

㉜消受：忍耐、忍受。

㉝懺悔：指悔謝自己的過錯並請求眾人的諒解。懺，爲梵語kṣama（懺摩）的略譯，是指「忍」的意思，也是請求他人忍耐自己所犯的過罪；悔，是指追悔與悔過的意思，也就是追悔過去的罪過。禪宗六祖惠能說：「善知識！何名懺悔？懺者終身不作，悔者知於前非。惡業恆不離心，諸佛前口說無益，我此法門中，永斷不作，名爲懺悔。」

㉞年譜：指按年月次序記載個人生平事蹟的著作。

㉟志林：指有分類的雜記書。

㊱拈：音ㄋㄧㄢˊ，泛指取、夾。

㊲城郭人民，翻用自喜：指見到記憶中的城郭人民，反而覺得很高興。

㊳癡人前不得說夢：指古人說在迷癡的人前面不能說夢話。

㊴西陵腳夫：西陵，即今浙江省蕭山縣西興鎮。腳夫，搬運貨物行李的人。

㊵佇：指久。

㊶鄉試中式：鄉試，古代科舉考試的一種，每三年一次在省城舉行。中式，鄉試及格的人，也叫做舉人。

㊷鹿鳴宴：科舉考試放榜後，設宴會宴請主考官以下的各個官員以及新舉人。

㊸怳然：指恍惚的樣子。

㊹囓：音ㄋㄧㄝˋ，指咬。

㊺耳：語氣詞，而已、罷了的意思。

㊻大夢將寤：比喻人年老將死，在人世的夢快要做完的意思。寤，音ㄨˋ，睡醒、甦醒。

㊼雕蟲：比喻做文章是微不足道的小技藝。

㊽夢囈：囈，音ㄧˋ，指夢話。夢囈，睡夢中說話。

㊾慧業：佛家語的一種，指智慧的業緣。

㊿政：通「正」。

(51)漏盡鐘鳴：漏，指古代用銅壺滴水當作計時器。全句指晨鐘已動，夜漏也將盡，比喻生命已到盡頭。

(52)盧生遺表，猶思摹搨二王：借指〈枕中記〉中的盧生於夢中臨摹王羲之、王獻之父子的書法碑帖，以傳後世之意。然而〈枕中記〉一文中並無此事，應是假託的敘述手法。搨，音ㄊㄚˋ，同「拓」字，指影摹，是以摹紙覆於書畫上然後依樣描摹的方法。

(53)舍利：梵語，釋迦牟尼佛遺體火化後結成的珠狀物，堅硬光亮，又名舍利子。

(54)劫火：佛教語的一種，指壞劫中的大火，是說明天地宇宙的變化。

【問題與討論】

一、張岱〈西湖七月半〉一文中說「西湖七月半，一無可看」，請問真是「一無可看」嗎？此篇文章又有何特色？

二、張岱〈自爲墓志銘〉節錄中的敘述重點爲何？他爲何說自己是「勞碌半生，皆成夢幻」？究竟其爲人如何？

三、張岱〈陶庵夢憶自序〉一文的主旨爲何？文中提到「持向佛前，一一懺悔」，張岱欲懺悔何事？

第二十二課　明代小說選上

【題解與作者】

《水滸傳》是明代長篇小說，作者在明代時記載不一，但現代海峽兩岸學術界大都認為是施耐庵所作，施耐庵其人生平不詳，一般都認為是元末明初時人。《水滸傳》的成書，應是取材於北宋末年時宋江起義故事的原型，宋江等人起義的年代，大約在北宋徽宗宣和元年（一一一九）至宣和三年（一一二一）前後三年。依據《東都事略・侯蒙傳》中記載說：「宋江以三十六人橫行河朔，京東官軍數萬無敢抗者。」又依據《宋史・徽宗本紀》中記載說：「淮南盜宋江等犯淮陽軍，遣將討捕，又犯京東、河北，入楚、海州界，命知州張叔夜招降之。」另外，在《宋史・張叔夜傳》：「宋江起河朔，轉略十郡，官軍莫敢嬰其鋒。聲言將至，叔夜使間者覘所向，賊逕趨海瀕，劫鉅舟十餘，載擄獲。於是募死士得千人，設伏近城，而出輕兵距海誘之戰，先匿壯卒海旁，伺兵合，舉火焚其舟，賊聞之皆無鬥志，伏兵乘之，擒其副賊，江乃降。」以上皆為史實，作者加以巧妙運用，並改寫成長篇小說，流傳於世。

宋代的民間說書伎藝十分興盛，在民間流傳的宋江等三十六人落草為寇的故事，就被當時說書人採用而成為創作宋代話本的基本素材，其中〈石頭孫立〉一篇可能是水滸故事的前身，這也是有關於《水滸傳》話本最早的記載。現在能夠看到最早撰寫水滸故事的作品，主要是《大宋宣和遺事》，這也是《水滸傳》的藍本，此時水滸故事已由許多分篇獨立的單篇，逐漸發展為連貫系統的故事整體。後來施耐庵正是將歷史上不同地區流傳的水滸故事，一一彙編起來，再經過抉擇、修飾與再創作的過程，才寫成這部優秀的古典名著《水滸傳》。至於《水滸傳》的思想內容，主要是深刻揭露了古代政治社會的黑暗與腐敗，造成「官逼民反，亂由上作」的現象，許多英雄豪傑被逼上樑山，公然的反對封建朝廷。全篇作品，人物刻劃生動，個性鮮明，反應人民痛恨權貴的心理，值得深讀思量。

一、施耐庵《水滸傳》第五回〈小霸王醉入銷金帳　花和尚大鬧桃花村〉

話說當日智真長老道：「智深，你此間決不可住了。我有一個師弟，見在東京大相國寺住持，喚做智清禪師。我與你這封書，去投他那裡，討個職事僧做。我夜來看了，贈汝四句偈言，你可終身受用，記取今日之言。」智深跪下道：「洒家願聽偈言。」長老道：「遇林而起，遇山而富，遇水而興，遇江而止。」魯智深聽了四句偈言，拜了長老九拜。背了包裹、腰包、肚包，藏了書信，辭了長老並眾僧人，離了五台山，逕到鐵匠間壁客店裡歇了，等候打了禪杖戒刀，完備就行。寺內眾僧得魯智深去了，無一個不歡喜。長老教火工道人自來收拾打壞了的金剛亭子。過不得數日，趙員外自將若干錢物來五台山，再塑起金剛，重修起半山亭子，不在話下。有詩為證：

禪林辭去入禪林，知己相逢義斷金。且把威風驚賊膽，漫將妙理悅禪心。
綽名久喚花和尚，道號親名魯智深。俗願了時終證果，眼前爭奈沒知音。

再說這魯智深就客店裡住了幾日，等得兩件家生都已完備，做了刀鞘，把戒刀插放鞘內，禪杖卻把漆來裹了。將些碎銀子賞了鐵匠，背了包裹，跨了戒刀，提了禪杖，作別了客店主人並鐵匠，行程上路。過往人看了，果然是個莽和尚。但見：

皂直裰背穿雙袖，青圓絛斜綰雙頭。鞘內戒刀，藏春冰三尺；肩頭禪杖，橫鐵蟒一條。鷺鷥腿緊繫腳絣，蜘蛛肚牢拴衣缽。嘴縫邊攢千條斷頭鐵線，胸脯上露一帶蓋膽寒毛。生成食肉餐魚臉，不是看經唸佛人。

且說魯智深自離了五台山文殊院，取路投東京來。行了半月之上，於路不投寺院去歇，只是客店內打火安身，白日間酒肆裡買吃。一日正行之間，貪看山明水秀，不覺天色已晚。但見：

山影深沉，槐陰漸沒。綠楊郊外，時聞鳥雀歸林；紅杏村中，每見牛羊入圈。落日帶煙生碧霧，斷霞映水散紅光。溪邊釣叟移舟去，野外村童跨犢歸。

魯智深因見山水秀麗，貪行了半日，趕不上宿頭，路中又沒人作伴，哪裡投宿是好？又趕了三二十里田地，過了一條板橋，遠遠地望見一簇紅霞，樹木叢中，閃著一所莊院，莊後重重疊疊，都是亂山。魯智深道：「只得投莊上去借宿。」逕奔到莊前看時，見數十個莊家，忙忙急急，搬東搬西。魯智深到莊前，倚了禪杖，與莊客打個問訊。莊客道：「和尚，日晚來我莊上做甚的？」智深道：「洒家趕不上宿頭，欲借貴莊投宿一宵，明早便行。」莊客道：「我莊上今夜有事，歇不得。」智深道：「胡亂借洒家歇一夜，明日便行。」莊客道：「和尚快走，休在這裡討死！」智深道：「也是怪哉！歇一夜，打甚麼不緊？怎地便是討死？」莊家道：「去便去，不去時，便捉來縛在這裡。」魯智深大怒道：「你這廝村人，好沒道理！俺又不曾說甚的，便要綁縛洒家。」莊家們也有罵的，也有勸的。

魯智深提起禪杖，卻待要發作，只見莊裡走出一個老人來。魯智深看那老人時，似年近六旬之上。拄一條過頭拄杖，走將出來，喝問莊客：「你們鬧甚麼？」莊客道：「可奈這個和尚要打我們。」智深便道：「小僧是五台山來的和尚，要上東京去幹事，今晚趕不上宿頭，借貴莊投宿一宵，莊家那廝無禮，要綁縛洒家。」那老人道：「既是五台山來的僧人，隨我進來。」智深跟那老人直到正堂上，分賓主坐下。那老人道：「師父，休要怪。莊家們不省得師父是活佛去處來的，他作尋常一例相看。老漢從來敬信佛天三寶，雖是我莊上今夜有事，權且留師父歇一宵了去。」智深將禪杖倚了，起身打個問訊，謝道：「感承施主，小僧不敢動問貴莊高姓？」老人道：「老漢姓劉，此間喚做桃花村，鄉人都叫老漢做桃花莊劉太公。敢問師父俗姓，喚做甚麼諱字？」智深道：「俺的師父是智真長老，與俺取了個諱字。因洒家姓魯，喚做魯智深。」太公道：「師父請吃些晚飯，不知肯吃葷腥也不？」魯智深道：「洒家不忌葷酒，遮莫甚麼渾清白酒，都不揀選，牛肉狗肉，但有便吃。」太公道：「既然師父不忌葷酒，先叫莊客取酒肉來。」沒多時，莊客掇張桌子，放下一盤牛肉，三四樣菜蔬，一雙箸，放在魯智深面前。智深解下腰包、肚包，坐定。那莊客旋了一壺酒，拿一隻盞子，篩下酒與智深吃。這魯智深也不謙讓，也不推辭，無一時，一壺酒、一盤肉，都吃了。太公對席看見，呆了半晌。莊客搬飯來，又吃了。抬過桌子。

太公分付道：「胡亂教師父在外面耳房中歇一宵，夜間如若外面熱鬧，不可出來窺望。」智深道：「敢問貴莊今夜有甚事？」太公道：「非是你出家人閒管的事。」智深道：「太公緣何模樣不甚喜歡？莫不怪小僧來攪擾你麼？明日洒家算還你房錢便了。」太公道：「師父聽說，我家時常齋僧佈施，哪爭師父一個。只是我家今夜小女招夫，以此煩惱。」魯智深呵呵大笑道：「『男大須婚，女大必嫁』。這是人倫大事，五常之禮，何故煩惱？」太公道：「師父不知，這頭親事，不是情願與的。」智深大笑道：「太公，你也是個癡漢，既然不兩相情願，如何招贅做個女婿？」太公道：「老漢止有這個小女，如今方得一十九歲。被此間有座山，喚做桃花山，近來山上有兩個大王，紮了寨柵，聚集著五七百人，打家劫舍。此間青州官軍捕盜，禁他不得。因來老漢莊上討進奉，見了老漢女兒，撇下二十兩金子、一疋紅錦為定禮，選著今夜好日，晚間來入贅老漢莊上。又和他爭執不得，只得與他，因此煩惱，非是爭師父一個人。」

智深聽了道：「原來如此。小僧有個道理，教他回心轉意，不要娶你女兒如何？」太公道：「他是個殺人不眨眼魔君，你如何能夠得他回心轉意？」智深道：「洒家在五台山智真長老處，學得說因緣，便是鐵石人，也勸得他轉。今晚可教你女兒別處藏了，俺就你女兒房內說因緣勸他便回心轉意。」太公道：「好卻甚好，只是不要捋虎鬚。」智深道：「洒家的不是性命！你只依著俺行。」太公道：「卻是好也！我家有福，得遇這個活佛下降。」莊客聽得，都吃一驚。太公問智深再要飯吃麼？智深道：「飯便不要吃，有酒再將些來吃。」太公道：「有，有！」隨即叫莊客取一隻熟鵝，大碗斟將酒來，叫智深盡意吃了三二十碗，那只熟鵝也吃了。叫莊客將了包裹，先安放房裡，提了禪杖，帶了戒刀，問道：「太公，你的女兒躲過了不曾？」太公道：「老漢已把女兒寄送在鄰舍莊裡去了。」智深道：「引洒家新婦房內去。」太公引至房邊，指道：「這裡面便是。」智深道：「你們自去躲了。」太公與眾莊客自出外面安排筵席。智深把房中桌椅等物都掇過了，將戒刀放在床頭，禪杖把來倚在床邊，把銷金帳子下了，脫得赤條條地，跳上床去坐了。

太公見天色看看黑了，叫莊客前後點起燈燭熒煌，就打麥場上放下一條桌子，上面擺著香花燈燭。一面叫莊客大盤盛著肉，大壺溫著酒。約莫初更時分，只聽得山邊鑼鳴鼓響。這劉太公懷著鬼胎，莊家們都捏著兩把汗，盡出莊門外看時，只見遠遠地四五十火把，照曜如同白日，一簇人馬，飛奔莊上來。但見：

霧鎖青山影裡，滾出一夥沒頭神；煙迷綠樹林邊，擺著幾行爭食鬼。人人兇惡，個個猙獰。頭巾都戴茜根紅，衲襖盡披楓葉赤。纓槍對對，圍遮定吃人心肝的小魔王；梢棒雙雙，簇捧著不養爹娘的真太歲。夜間羅剎去迎親，山上大蟲來下馬。

劉太公看見，便叫莊客大開莊門，前來迎接。只見前遮後擁，明晃晃的都是器械旗槍，盡把紅綠絹帛縛著。小嘍囉頭巾邊亂插著野花。前面擺著四五對紅紗燈籠，照著馬上那個大王。怎生打扮？但見：

頭戴撮尖干紅凹面巾，鬢傍邊插一枝羅帛像生花，上穿一領圍虎體挽絨金繡綠羅袍，腰繫一條稱狼身銷金包肚紅搭膊，著一雙對掩雲跟牛皮靴，騎一匹高頭捲毛大白馬。

那大王來到莊前下了馬，只見眾小嘍囉齊聲賀道：「帽兒光光，今夜做個新郎。衣衫窄窄，今夜做個嬌客。」劉太公慌忙親捧台盞，斟下一杯好酒，跪在地下。眾莊客都跪著。那大王把手來扶道：「你是我的丈人，如何倒跪我？」太公道：「休說這話，老漢只是大王治下管的人戶。」那大王已有七八分醉了，呵呵大笑道：「我與你家做個女婿，也不虧負了你。你的女兒匹配我也好。」劉太公把了下馬杯，來到打麥場上，見了香花燈燭，便道：「泰山，何須如此迎接？」那裡又飲了三杯，來到廳上，喚小嘍囉教把馬去繫在綠楊樹上。小嘍囉把鼓樂就廳前擂將起來。大王上廳坐下，叫道：「丈人，我的夫人在哪裡？」太公道：「便是怕羞，不敢出來。」大王笑道：「且將酒來，我與丈人回敬。」那大王把了一杯，便道：「我且和夫人廝見了，卻來吃酒未遲。」那劉太公一心只要那和尚勸他，便道：「老漢自引大王去。」拿了燭台，引著大王，轉入屏風背後，直到新人房前。太公指與道：「此間便是，請大王自入去。」太公拿了燭台，一直去了。未知凶吉如何，先辦一條走路。

那大王推開房門，見裡面黑洞洞地。大王道：「你看我那丈人，是個做家的人，房裡也不點碗燈，由我那夫人黑地裡坐地。

明日叫小嘍囉山寨裡扛一桶好油來與他點。」魯智深坐在帳子裡都聽得，忍住笑，不做一聲。那大王摸進房中，叫道：「娘子，你如何不出來接我？你休要怕羞，我明日要你做壓寨夫人。」一頭叫娘子，一頭摸來摸去。一摸摸著銷金帳子，便揭起來，探一隻手入去摸時，摸著魯智深的肚皮，被魯智深就勢劈頭巾帶角兒揪住，一按按將下床來。那大王卻待掙扎，魯智深把右手捏起拳頭，罵一聲：「直娘賊！」連耳根帶脖子只一拳，那大王叫一聲：「做甚麼便打老公？」魯智深喝道：「教你認得老婆！」拖倒在床邊，拳頭腳尖一齊上，打得大王叫救人。劉太公驚得呆了，只道這早晚正說因緣勸那大王，卻聽的裡面叫救人。太公慌忙把著燈燭，引了小嘍囉，一齊搶將入來。眾人燈下打一看時，只見一個胖大和尚，赤條條不著一絲，騎翻大王在床面前打。爲頭的小嘍囉叫道：「你眾人都來救大王。」眾小嘍囉一齊拖槍拽棒，打將入來救時，魯智深見了，撇下大王，床邊綽了禪杖，著地打將出來。小嘍囉見來得兇猛，發聲喊都走了。劉太公只管叫苦。打鬧裡，那大王爬出房門，奔到門前，摸著空馬，樹上折枝柳條，托地跳在馬背上，把柳條便打那馬，卻跑不去。大王道：「苦也！這馬也來欺負我。」再看時，原來心慌，不曾解得韁繩，連忙扯斷了，騎著驏馬飛走。出得莊門，大罵：「劉太公老驢休慌，不怕你飛了。」把馬打上兩柳條，撥喇喇地馱了大王上山去。

劉太公扯住魯智深道：「和尚，你苦了老漢一家兒了。」魯智深說道：「休怪無禮！且取衣服和直裰來，洒家穿了說話。」莊家去房裡取來，智深穿了。太公道：「我當初只指望你說因緣，勸他回心轉意，誰想你便下拳打他這一頓，定是去報山寨裡大隊強人來殺我家。」智深道：「太公休慌。俺說與你，洒家不是別人，俺是延安府老種經略相公帳前提轄官，爲因打死了人，出家做和尚。休道這兩個鳥人，便是一二千軍馬來，洒家也不怕他。你們眾人不信時，提俺禪杖看。」莊客們哪裡提得動。智深接過來手裡，一似捻燈草一般使起來。太公道：「師父休要走了去，卻要救護我們一家兒使得。」智深道：「甚麼閒話，俺死也不走。」太公道：「且將些酒來師父吃，休得要抵死醉了。」魯智深道：「洒家一分酒，只有一分本事，十分酒，便有十分的氣力。」太公道：「恁地時最好。我這裡有的是酒肉，只顧教師父吃。」

且說這桃花山大頭領坐在寨裡，正欲差人下山來探聽做女婿的二頭領如何，只見數個小嘍囉氣急敗壞，走到山寨裡叫道：「苦也！苦也！」大頭領連忙問道：「有甚麼事，慌做一團？」小嘍囉道：「二哥哥吃打壞了。」大頭領大驚，正問備細，只見報道：「二哥哥來了。」大頭領看時，只見二頭領紅巾也沒了，身上綠袍扯得粉碎，下得馬倒在廳前，口裡說道：「哥哥救我一救。」大頭領問道：「怎麼來？」二頭領道：「兄弟下得山，到他莊上，入進房裡去。叵耐那老驢把女兒藏過了，卻教一個胖和尚躲在女兒床上。我卻不提防，揭起帳子摸一摸，吃那廝揪住，一頓拳頭腳尖，打得一身傷損。那廝見眾人入來救應，放了手，提起禪杖打將出去。因此我得脫了身，拾得性命。哥哥與我做主報讎。」大頭領道：「原來恁地。你去房中將息，我與你去拿那賊禿來。」喝叫左右：「快備我的馬來！」眾小嘍囉都去。大頭領上了馬，綽槍在手，盡數引了小嘍囉，一齊納喊下山去了。

再說魯智深正吃酒哩，莊客報道：「山上大頭領盡數都來了。」智深道：「你等休慌。洒家但打翻的，你們只顧縛了，解去官司請賞。取俺的戒刀來。」魯智深把直裰脫了，拽紮起下面衣服，跨了戒刀，大踏步提了禪杖，出到打麥場上。只見大頭領在火把叢中，一騎馬搶到莊前，馬上挺著長槍，高聲喝道：「那禿驢在哪裡？早早出來決個勝負。」智深大怒，罵道：「俺腌臢打脊潑才，叫你認得洒家！」掄起禪杖，著地捲將來。那大頭領逼住槍，大叫道：「和尚且休要動手，你的聲音好廝熟，你且通個姓名。」魯智深道：「洒家不是別人，老種經略相公帳前提轄魯達的便是。如今出了家，做和尚，喚做魯智深。」那大頭領呵呵大笑，滾鞍下馬，撇了槍，撲翻身便拜道：「哥哥別來無恙，可知二哥著了你手。」魯智深只道賺他，托地跳退數步，把禪杖收住，定睛看時，火把下認得，不是別人，卻是江湖上使槍棒賣藥的教頭打虎將李忠。原來強人下拜，不說此二字，為軍中不利，只喚做剪拂，此乃吉利的字樣。李忠當下剪拂了起來，扶住魯智深道：「哥哥緣何做了和尚？」智深道：「且和你到裡面說話。」劉太公見了，又只叫苦：「這和尚原來也是一路！」

魯智深到裡面，再把直裰穿了，和李忠都到廳上敘舊。魯智深坐在正面，喚劉太公出來，那老兒不敢向前。智深道：「太公休怕，他也是俺的兄弟。」那老兒見說是兄弟，心裡越慌，又不敢不出來。李忠坐了第二位，太公坐了第三位。魯智深道：「你二位在此，俺自從渭州三拳打死了『鎮關西』，逃走到代州雁門縣，因見了洒家齎發他的金老。那老兒不曾回東京去，卻隨個相識，也在雁門縣住。他那個女兒，就與了本處一個財主趙員外。和俺廝見了，好生相敬。不想官司追捉得洒家要緊，那員外陪錢去送俺五台山智真長老處落髮爲僧。洒家因兩番酒後，鬧了僧堂，本師長老與俺一封書，教洒家去東京大相國寺，投了智清禪師，討個職事僧做。因爲天晚，到這莊上投宿，不想與兄弟相見。卻才俺打的那漢是誰？你如何又在這裡？」李忠道：「小弟自從那日與哥哥在渭州酒樓上同史進三人分散，次日聽得說哥哥打死了鄭屠。我去尋史進商議，他又不知投哪裡去了。小弟聽得差人緝捕，慌忙也走了，卻從這山下經過。卻才被哥哥打的那漢，先在這裡桃花山紮寨，喚做『小霸王』周通。那時引人下山來和小弟廝殺，被我贏了，他留小弟在山上爲寨主，讓第一把交椅，教小弟坐了，以此在這裡落草。」

且說這魯智深尋思道：「這兩個人好生慳吝，見放著有許多金銀，卻不送與俺，直等要去打劫得別人的送與洒家。這個不是把官路當人情，只苦別人！洒家且教這廝吃俺一驚。」便喚這幾個小嘍囉近前來篩酒吃。方才吃得兩盞，跳起身來，兩拳打翻兩個小嘍囉，便解搭膊做一塊兒捆了，口裡都塞了些麻核桃。便取出包裹打開，沒要緊的都撇了。只拿了桌上金銀酒器，都踏匾了，拴在包裹胸前度牒袋內。藏了真長老的書信；跨了戒刀，提了禪杖，頂了衣包，便出寨來。到山後打一望時，都是險峻之處，卻尋思：「洒家從前山去時，以定吃那廝們撞見，不如就此間亂草處滾將下去。」先把戒刀和包裹拴了，望下丟落去，又把禪杖也攛落去。卻把身望下只一滾，骨碌碌直滾到山腳邊，並無傷損。詩曰：

絕險曾無鳥道開，欲行且止自疑猜。光頭包裹從高下，瓜熟紛紛落蒂來。

當時魯智深從險峻處滾下，跳將起來，尋了包裹，跨了戒刀，拿了禪杖，拽開腳手，取路便走。

再說李忠周通下到山邊，正迎著那數十個人，各有器械。李忠、周通挺著槍，小嘍囉吶著喊，搶向前來喝道：「兀那客人，會事的留下買路錢。」那客人內有一個便捻著朴刀來鬥李忠，一來一往，一去一回，鬥了十餘合，不分勝負。周通大怒，趕向前來喝一聲，眾小嘍囉一齊都上，那伙客人抵當不住，轉身便走。有那走得遲的，盡被搠死七八個。劫了車子財物，和著凱歌，慢慢地上山來。到得寨裡，打一看時，只見兩個小嘍囉捆做一塊在亭柱邊。桌子上金銀酒器都不見了。周通解了小嘍囉，問其備細，魯智深哪裡去了。小嘍囉說道：「把我兩個打翻捆縛了，捲了若干器皿，都拿了去。」周通道：「這賊禿不是好人，倒著了那廝手腳，卻從哪裡去了？」團團尋蹤跡，到後山，見一帶荒草平平地都滾倒了。周通看了道：「這禿驢倒是個老賊！這般險峻山岡，從這裡滾了下去。」李忠道：「我們趕上去問他討，也羞那廝一場。」周通道：「罷，罷！賊去了關門，哪裡去趕？便趕得著時，也問他取不成。倘有些不然起來，我和你又敵他不過，後來倒難廝見了；不如罷手，後來倒好相見。我們且自把車子上包裹打開，將金銀緞疋分作三分，我和你各捉一分，一分賞了眾小嘍囉。」李忠道：「是我不合引他上山，折了你許多東西，我的這一分都與了你。」周通道：「哥哥，我同你同死同生，休恁地計較。」看官牢記話頭，這李忠、周通自在桃花山打劫。

再說魯智深離了桃花山，放開腳步，從早晨直走到午後，約莫走下五六十里多路，肚裡又饑，路上又沒個打火處，尋思：「早起只顧貪走，不曾吃得些東西，卻投哪裡去好？」東觀西望，猛然聽得遠遠地鈴鐸之聲，魯智深聽得道：「好了！不是寺院，便是宮觀，風吹得簷前鈴鐸之聲，洒家且尋去那裡投奔。」

不是魯智深投那個去處，有分教，到那裡斷送了十餘條性命生靈，一把火燒了有名的靈山古跡。直教黃金殿上生紅焰，碧玉堂前起黑煙。畢竟魯智深投甚麼寺觀來，且聽下回分解。

【問題與討論】

一、《水滸傳》小說的故事起源爲何？

二、《水滸傳》小說是否在歷史上真有其事，真有其人？

三、魯智深是爲何因緣而出家？

四、魯智深已是出家人，爲何「牛肉狗肉，但有便吃」？

五、本課選文中的「剪拂」是什麼意思？爲何如此？

六、何謂「第一把交椅」？

七、何謂「落草」？

八、試分析本課所選《水滸傳》章節內容的特色與創作手法。

第二十三課　明代小說選下

【題解與作者】

吳承恩（約一五〇〇至一五八二），字汝忠，號射陽山人，出身於書香世居而後衰敗之家。因爲閱讀大量的稗官野史，受到民間文學與歷史小說的影響，終於在科舉考試屢屢不中而受挫之後，益發其創作的熱情與才華，晚年創作《西遊記》，確切時間已不可考，但已知其歸居鄉里，放浪形骸於詩酒之間，後來貧老以終。

《西遊記》共一百回，是吳承恩對傳統神話題材加以大量的改造，注入他對政治不滿的批評與現實生活的理想投射，創作而成一部絢麗多彩而又深富傳奇的神話小說，不僅總結前人創作的精華，也對後世的影響極爲深遠。

一、吳承恩《西遊記》第七回〈八卦爐中逃大聖　五行山下定心猿〉

富貴功名，前緣分定，為人切莫欺心。
正大光明，忠良善果彌深。些些狂妄天加譴，眼前不遇待時臨。
問東君因甚，如今禍害相侵。只為心高圖罔極，不分上下亂規箴。

話表齊天大聖被眾天兵押去斬妖台下，綁在降妖柱上，刀砍斧剁，槍刺劍刳，莫想傷及其身。南斗星忿令火部眾神，放火煨燒，亦不能燒著。又著雷部眾神，以雷屑釘打，越發不能傷損一毫。那大力鬼王與眾啓奏道：「萬歲，這大聖不知是何處學得這護身之法，臣等用刀砍斧剁，雷打火燒，一毫不能傷損，卻如之何？」玉帝聞言道：「這廝這等，這等如何處治？」太上老君即奏道：「那猴吃了蟠桃，飲了御酒，又盜了仙丹，我那五壺丹有生有熟，被他都吃在肚裡。運用三昧火鍛成一塊，所以渾做金鋼之軀，急不能傷。不若與老道領去，放在八卦爐中，以文武火鍛煉。煉出我的丹來，他身自爲灰燼矣。」玉帝聞言，即叫六丁、六甲，將他解下，付與老君。老君領旨去訖。一壁廂宣二郎顯聖，賞賜金花百朵，御酒百瓶，還丹百粒，異寶明珠，錦繡等件，叫與義兄弟分享。真君謝恩，回灌江口不題。

那老君到兜率宮，將大聖解去繩索，放了穿琵琶骨之器，推入八卦爐中，命看爐的道人，架火的童子，將火煽起鍛煉。原來那爐是乾、坎、艮、震、巽、離、坤、兌八卦。他即將身鑽在巽宮位下。巽乃風也，有風則無火。只是風攪得煙來，把一雙眼熏紅了，弄做個老害眼病，故喚作「火眼金睛」。

真個光陰迅速，不覺七七四十九日，老君的火候俱全。忽一日，開爐取丹，那大聖雙手撫著眼，正自搓揉流涕，只聽得爐頭聲響。猛睜眼看見光明，他就忍不住，將身一縱，跳出丹爐，呼喇的一聲，蹬倒八卦爐，往外就走。慌得那架火、看爐，與丁甲一班人來扯，被他一個個都放倒，好似癲癇的白額虎，瘋狂的獨角龍。老君趕上抓一把，被他一捽，捽了個倒栽葱，脫身走了。即去耳中掣出如意棒，迎風幌一幌，碗來粗細，依然拿在手中，不分好歹，卻又大亂天宮，打得那九曜星閉門閉戶，四天王無影無形。好猴精！有詩為證。詩曰：

混元體正合先天，萬劫千番只自然。渺渺無為渾太乙，如如不動號初玄。
爐中久煉非鉛汞，物外長生是本仙。變化無窮還變化，三皈五戒總休言。

又詩：

一點靈光徹太虛，那條拄杖亦如之：或長或短隨人用，橫豎橫排任捲舒。

又詩：

猿猴道體假人心，心即猿猴意思深。大聖齊天非假論，官封弼馬豈知音？
馬猿合作心和意，緊縛拴牢莫外尋。萬相歸真從一理，如來同契住雙林。

這一番，猴王不分上下，使鐵棒東打西敵，更無一神可擋。只打到通明殿裡，靈霄殿外。幸有佑聖真君的佐使王靈官執殿。他見大聖縱橫，掣金鞭近前擋住道：「潑猴何往！有吾在此切莫猖狂！」這大聖不由分說，舉棒就打。那靈官鞭起相迎。兩個在靈霄殿前廝渾一處。好殺：赤膽忠良名譽大，欺天誑上聲名壞。一低一好幸相持，豪傑英雄同賭賽。鐵棒凶，金鞭快，正直無私怎忍耐？這個是太乙雷聲應化尊，那個是齊天大聖猿猴怪。金鞭鐵棒兩家能，都是神宮仙器械。今日在靈霄寶殿弄威風，各展雄才真可愛。一個欺心要奪斗牛宮，一個竭力匡扶玄聖界。苦爭不讓顯神通，鞭棒往來無勝敗。

他兩個鬥在一處，勝敗未分。早有佑聖真君，又差將佐發文到雷府，調三十六員雷將齊來，把大聖圍在垓心，各騁兇惡鏖戰。那大聖全無一毫懼色，使一條如意棒，左遮右擋，後架前迎。一時，見那眾雷將的刀槍劍戟、鞭簡撾錘、鉞斧金瓜、旄鐮月鏟，來的甚緊，他即搖身一變，變做三頭六臂。把如意棒幌一幌，變作三條；六隻手使開三條棒，好便似紡車兒一般，滴溜溜，在那垓心裡飛舞。眾雷神莫能相近。真個是：

圓陀陀，光灼灼，亙古常存人怎學？入火不能焚，入水何曾溺？光明一顆摩尼珠，劍戟刀槍傷不著。也能善，也能惡，眼前善惡憑他作。善時成佛與成仙，惡處披毛並帶角。無窮變化鬧天宮，雷將神兵不可捉。

當時衆神把大聖攢在一處，卻不能近身，亂嚷亂鬥，早驚動玉帝。遂傳旨著游弈靈官同翊聖真君上西方請佛老降伏。那二聖得了旨，徑到靈山勝境，雷音寶剎之前，對四金剛、八菩薩禮畢，即煩轉達。衆神隨至寶蓮台下啓知，如來召請。二聖禮佛三匝，侍立台下。如來問：「玉帝何事，煩二聖下凡？」二聖即啓道：「向時花果山產一猴，在那裡弄神通，聚衆猴攪亂世界。玉帝降招安旨，封爲『弼馬溫』，他嫌官小反去。當遣李天王、哪吒太子擒拿未獲，復招安他，封做『齊天大聖』，先有官無祿。著他代管蟠桃園，他即偷桃；又走至瑤池，偷餚，偷酒，攪亂大會；仗酒又暗入兜率宮，偷老君仙丹，反出天宮。玉帝復遣十萬天兵，亦不能收伏。後觀世音舉二郎真君同他義兄弟追殺，他變化多端，虧老君拋金鋼琢打中，二郎方得拿住。解赴御前，即命斬之。刀砍斧剁，火燒雷打，俱不能傷，老君准奏領去，以火鍛煉。四十九日開鼎，他卻又跳出八卦爐，打退天丁，徑入通明殿裡，靈霄殿外；被佑聖真君的佐使王靈官擋住苦戰，又調三十六員雷將，把他困在垓心，終不能相近。事在緊急，因此，玉帝特請如來救駕。」

如來聞說，即對衆菩薩道：「汝等在此穩坐法庭，休得亂了禪位，待我煉魔救駕去來。」如來即喚阿難、迦葉二尊者相隨，離了雷音，徑至靈霄門外。忽聽得喊聲振耳，乃三十六員雷將圍困著大聖哩。佛祖傳法旨：「叫雷將停息干戈，放開營所，叫那大聖出來，等我問他有何法力。」衆將果退。大聖也收了法相，現出原身近前，怒氣昂昂，厲聲高叫道：「你是哪方善士？敢來止住刀兵問我？」如來笑道：「我是西方極樂世界釋迦牟尼尊者，阿彌陀佛。今聞你猖狂村野，屢反天宮，不知是何方生長，何年得道，爲何這等暴橫？」大聖道：我本：

天地生成靈混仙，花果山中一老猿。水簾洞裡為家業，拜友尋師悟太玄。
煉就長生多少法，學來變化廣無邊。在因凡間嫌地窄，立心端要住瑤天。
靈霄寶殿非他久，歷代人王有分傳。強者為尊該讓我，英雄只此敢爭先。

佛祖聽言，呵呵冷笑道：「你那廝乃是個猴子成精，焉敢欺心，要奪玉皇上帝尊位？他自幼修持，苦歷過一千七百五十劫。每劫該十二萬九千六百年。你算，他該多少年數方能享受此無極大道？你那個初世爲人的畜生，如何出此大言！不當人子！不當人子！折了你的壽算！趁早皈依，切莫胡說！但恐遭了毒手，性命頃刻而休，可惜了你的本來面目！」大聖道：「他雖年久修長，也不應久佔在此。常言道：『皇帝輪流做，明年到我家。』只叫他搬出去，將天宮讓與我，便罷了。若還不讓，定要攪亂，永不清平！」佛祖道：「你除了生長變化之法，再有何能，敢佔天宮勝境？」大聖道：「我的手段多哩！我有七十二般變化，萬劫不老長生。會駕觔斗雲，一縱十萬八千里。如何坐不得天位？」佛祖道：「我與你打個賭賽；你若有本事，一觔斗打出我這右手掌中，算你贏，再不用動刀兵苦爭戰，就請玉帝到西方居住，把天宮讓你；若不能打出手掌，你還下界為妖，再修幾劫，卻來爭吵。」那大聖聞言，暗笑道：「這如來十分好呆！我老孫一觔斗去十萬八千里。他那手掌，方圓不滿一尺，如何跳不出去？」急發聲道：「既如此說，你可做得主張？」佛祖道：「做得！做得！」伸開右手，卻似個荷葉大小。那大聖收了如意棒，抖擻神威，將身一縱，站在佛祖手心裡，卻道聲：「我出去也！」

你看他一路雲光，無影無形去了。佛祖慧眼觀看，見那猴王風車子一般相似不住，只管前進。大聖行時，忽見有五根肉紅柱子，撐著一股青氣。他道：「此間乃盡頭路了。這番回去，如來作證，靈霄殿定是我坐也。」又思量說：「且住！等我留下些記號，方好與如來說話。」拔下一根毫毛，吹口仙氣，叫「變！」變作一管濃墨雙毫筆，在那中間柱子上寫一行大字云：「齊天大聖，到此一遊。」寫畢，收了毫毛。又不莊尊，卻在第一根柱子根下撒了一泡猴尿。翻轉觔斗雲，徑回本處，站在如來掌：「我已去，今來了。你叫玉帝讓天宮與我。」如來罵道：「我把你這個尿精猴子！你正好不曾離了我掌哩！」大聖道：「你是不知。我去到天盡頭，見五根肉紅柱，撐著一股青氣，我留個記在那裡，你敢和我同去看麼？」如來道：「不消去，你只自低頭看看。」那大聖睜圓火眼金睛，低頭看時，原來佛祖右手中指寫著「齊天大聖，到此一遊。」大指丫裡，還有些猴尿臊氣。大聖大吃了一驚道：「有這等事！有這等事！我將此字寫在撐天柱子上，如何卻在他手指上？莫非有個未卜先知的法術？我決不信！不信！等我再去來！」

好大聖，急縱身又要跳出，被佛祖翻掌一撲，把這猴王推出西天門外，將五指化作金、木、水、火、土五座聯山，喚名「五行山」，輕輕的把他壓住。眾雷神與阿難、迦葉，一個個合掌稱揚道：「善哉！善哉！」

當年卵化學為人，立志修行果道真。萬劫無移居勝境，一朝有變散精神。
欺天罔上思高位，凌聖偷丹亂大倫。惡貫滿盈今有報，不知何日得翻身？

如來佛祖殄滅了妖猴，即喚阿難、迦葉同轉西方極樂世界。時有天蓬、天祐急出靈霄寶殿道：「請如來少待，我主大駕來也。」佛祖聞言，回首瞻仰。須臾，果見八景鸞輿，九光寶蓋；聲奏玄歌妙樂，詠哦無量神章；散寶花，噴真香，直至佛前謝曰：「多蒙大法收殄妖邪。望如來少停一日，請諸仙做一會筵奉謝。」如來不敢違悖，即合掌謝道：「老僧承大天尊宣命來此，有何法力？還是天尊與眾神洪福，敢勞致謝？」玉帝傳旨，即著雲部眾神，分頭請三清、四御、五老、六司、七元、八極、九曜、十都、千真萬聖，來此赴會，同謝佛恩。又命四大天師、九天仙女，大開玉京金闕、太玄寶宮、洞陽玉館，請如來高坐七寶靈台。調設各班座位，安排龍肝鳳髓，玉液蟠桃。

不一時，那玉清元始天尊、上清靈寶天尊、太清道德天尊、五氣真君、五斗星君、三官四聖、九曜真君、左輔、右弼、天王、哪吒、元虛一應靈通，對對旌旗，雙雙幡蓋，都捧著明珠異寶，壽果奇花，向佛前拜獻曰：「感如來無量法力，收伏妖猴。蒙大天尊設宴，呼喚我等皆來陳謝。請如來將此會立一名，如何？」如來領眾神之託曰：「今欲立名，可作個『安天大會』。」各仙老異口同聲，俱道：「好個安天大會！好個安天大會！」言訖，各坐座位，走斝傳觴，簪花鼓瑟，果好會也。有詩爲證。詩曰：

宴設蟠桃猴攪亂，安天大會勝蟠桃。龍旗鸞輅祥光藹，寶節幢幡瑞氣飄。
仙樂玄歌音韻美，鳳簫玉管響聲高。瓊香繚繞群仙集，宇宙清平賀聖朝。

眾皆暢然喜會，只見王母娘娘引一班仙子、仙娥、美姬、美女飄飄蕩蕩舞向佛前，施禮曰：「前被妖猴攪亂蟠桃一會，今蒙如來大法鏈鎖頑猴，喜慶安天大會，無物可謝，今是我淨手親摘大株蟠桃數枚奉獻。」真個是：

半紅半綠噴甘香，艷麗仙根萬載長。堪笑武陵源上種，爭如天府更奇強！
紫紋嬌嫩寰中少，緗核清甜世莫雙。延壽延年能易體，有緣食者自非常。

佛祖合掌向王母謝訖。王母又著仙姬、仙子唱的唱，舞的舞。滿會群仙，又皆賞贊。正是：

縹緲天香滿座，繽紛仙蕊仙花。玉京金闕大榮華，異品奇珍無價。
對對與天齊壽，雙雙萬劫增加。桑田滄海任更差，他自無驚無訝。

王母正著仙姬仙子歌舞，觥籌交錯，不多時，忽又聞得：

一陣異香來鼻嗅，驚動滿堂星與宿。天仙佛祖把杯停，各各抬頭迎目候。
霄漢中間現老人，手捧靈芝飛藹繡。葫蘆藏蓄萬年丹，寶籙名書千紀壽。
洞裡乾坤任自由，壺中日月隨成就。遨遊四海樂清閑，散淡十洲容輻輳。
曾赴蟠桃醉幾遭，醒時明月還依舊。長頭大耳短身軀，南極之方稱老壽。

壽星又到。見玉帝禮畢，又見如來，申謝道：「始聞那妖猴被老君引至兜率宮鍛煉，以爲必致平安，不期他又反出。幸如來善伏此怪，設宴奉謝，故此聞風而來。更無他物可獻，特具紫芝瑤草，碧藕金丹奉上。」詩曰：

碧藕金丹奉釋迦，如來萬壽若恆沙。清平永樂三乘錦，康泰長生九品花。
無相門中真法王，色空天上是仙家。乾坤大地皆稱祖，丈六金身福壽賒。

如來欣然領謝。壽星得座，依然走斝傳觴。只見赤腳大仙又至。向玉帝前俯首禮畢，又對佛祖謝道：「深感法力，降伏妖猴。無物可以表敬，特具交梨二顆，火棗數枚奉獻。」詩曰：

大仙赤腳棗梨香，敬獻彌陀壽算長。七寶蓮台山樣穩，千金花座錦般妝。
壽同天地言非謬，福比洪波話豈狂。福壽如期真個是，清閑極樂那西方。

如來又稱謝了。叫阿難、迦葉，將各所獻之物一一收起，方向玉帝前謝宴。眾各酩酊。只見個巡視靈官來報道：「那大聖伸出頭來了。」佛祖道：「不妨，不妨。」袖中只抽出一張帖子，上有六個金字：「唵、嘛、呢、叭、咪、吽」。遞與阿難，叫貼在那山頂上。這尊者即領帖子，拿出天門，到那五行山頂上，緊緊的貼在一塊四方石上。那座山即生根合縫，可運用呼吸之氣，手兒爬出可以搖掙搖掙。阿難回報道：「已將帖子貼了。」如來即辭了玉帝眾神，與二尊者出天門之外，又發一個慈悲心，唸動真言咒語，將五行山召一尊土地神祇，會同五方揭諦，居住此山監押。但他飢時，與他鐵丸子吃；渴時，與他溶化的銅汁飲。待他災愆滿日，自有人救他。正是：

妖猴大膽反天宮，卻被如來伏手降。渴飲溶銅捱歲月，飢餐鐵彈度時光。
天災苦困遭磨折，人事淒涼喜命長。若得英雄重展掙，他年奉佛上西方。

又詩曰：

伏逞豪強大事興，降龍伏虎弄乖能。偷桃偷酒遊天府，受籙承恩在玉京。
惡貫滿盈身受困，善根不絕氣還升。果然脫得如來手，且待唐朝出聖僧。

畢竟不知何年何月，方滿災殃，且聽下回分解。

【問題與討論】

一、《西遊記》故事成立的背景爲何？小說中有那些重要的人物與故事的結構？
二、請分析「齊天大聖」的角色形象與人格化特徵爲何？
三、孫悟空與如來佛之間的互動情形，主要在說明什麼？

第二十四課　清代詩文選讀

【題解與作者】

吳偉業（一六〇九至一六七一），字駿公，號梅村，原世居江蘇崑山，祖父時始遷至江蘇太倉，明末清初的著名詩人，長於七言歌行體，初學「長慶體」，後自成新調，後人乃稱之爲「梅村體」。

吳偉業受學於張溥，參加復社，與龔鼎孳、錢謙益合稱爲江左三大家。吳偉業於明思宗崇禎四年（一六三一）參加會試，崇禎皇帝親自調閱會元試卷，在吳偉業的試卷上硃批「正大博雅，足式詭靡」，結果高中一甲的榜眼（科舉制度殿試的第一等），並且「賜馳節還里門」，後來官左庶子、南京國子監。明亡之後暫時隱居不仕，順治十年（一六五三）出仕於清廷，初授秘書院侍講，累官至國子監祭酒，時人以爲氣節不保，晚年亦以仕清爲「誤盡平生」的遺憾。康熙十年（一六七一），吳偉業臨歿遺言說：「吾一生遭際，萬事憂危，死後殮以僧裝，葬我鄧尉靈岩之側，墳前立一圓石，題曰：『詩人吳梅村之墓』，勿起祠堂，勿乞銘，聞其言者皆悲之。」著作有《梅村家藏稿》與《梅村詩餘》等。《四庫全書總目》評論吳偉業的文學作品云：「其少作大抵才華艷發，吐納風流，有藻思綺合、清麗芊眠之致。及乎遭逢喪亂，閱歷興亡，激楚蒼涼，風骨彌爲遒上。」

本課所選爲吳偉業的《圓圓曲》，主要是諷刺吳三桂爲其愛妾陳圓圓而降於清朝，此詩在當時傳誦一時。崇禎十七年（一六四四）三月，以李自成爲首的流寇攻陷北京，崇禎皇帝在景山上自縊身亡，李自成進入北京以後，就派人招降吳三桂，據傳吳三桂本來決定要投降李自成，但是當他聽到李自成拘禁了他的父親和愛妾陳圓圓等人之後，在盛怒之下，向清軍俯首稱臣，並且獻出了山海關。事實上，吳三桂之所以引清兵入關，並非純粹是爲了「紅顏」的愛情，據推斷應是一種政治的投機與轉向。此外，據稱後來有人私下自稱奉平西王吳三桂之命，企圖以重金賄賂吳偉業，希望他毀棄《圓圓曲》的詩稿，而被吳偉業一口回絕，此事亦無法考證其真實性爲何，憑添後人想像而已。

一、吳偉業〈圓圓曲〉

鼎湖當日棄人間[1]，破敵收京下玉關[2]。慟哭六軍[3]俱縞素[4]，衝冠一怒爲紅顏[5]。
紅顏流落非吾戀[6]，逆賊天亡自荒讌[7]。電掃黃巾[8]定黑山[9]，哭罷君親再相見[10]。
相見初經田竇家[11]，侯門歌舞出如花。許將戚里箜篌伎[12]，等取[13]將軍[14]油壁車[15]。
家本姑蘇浣花里[16]，圓圓小字嬌羅綺[17]。夢向夫差苑[18]裏遊，宮娥[19]擁入君王起。
前身合是採蓮人[20]，門前一片橫塘[21]水。橫塘雙槳去如飛，何處豪家[22]強載歸？
此際豈知非薄命？此時只有淚沾衣。薰天意氣連宮掖[23]，明眸皓齒無人惜[24]。
奪歸永巷閉良家[25]，教就新聲[26]傾座客。坐客飛觴紅日莫，一曲哀絃向誰訴？
白皙通侯[27]最少年，揀取花枝[28]屢迴顧。早攜嬌鳥出樊籠[29]，待得銀河幾時渡[30]。
恨殺軍書抵死催，苦留後約將人誤。相約恩深相見難，一朝蟻賊滿長安[31]。
可憐思婦樓頭柳[32]，誤作天邊粉絮[33]看。徧索綠珠[34]圍內第，強呼絳樹[35]出雕欄。
若非壯士全師勝，爭得蛾眉[36]匹馬還？蛾眉馬上傳呼進[37]，雲鬟[38]不整驚魂定。
蠟炬迎來在戰場，啼妝滿面殘紅印。專征簫鼓向秦川[39]，金牛道[40]上車千乘。
斜谷[41]雲深起畫樓，散關[42]月落開妝鏡。傳來消息滿江鄉[43]，烏桕紅經十度霜[44]。
教曲妓師憐尚在，浣紗[45]女伴憶同行。舊巢共是銜泥燕，飛上枝頭變鳳凰。
長向尊前悲老大，有人夫壻擅[46]侯王。當時只受聲名累，貴戚名豪盡延致[47]。

一斛明珠萬斛愁[48]，關山漂泊腰支細。錯怨狂風颺落花[49]，無邊春色來天地[50]。
嘗聞傾國與傾城[51]，翻使周郎受重名[52]。妻子豈應關大計，英雄無奈是多情。
全家白骨成灰土[53]，一代紅妝照汗青[54]。
君不見：館娃初起鴛鴦宿[55]，越女如花看不足[56]。香徑塵生[57]鳥自啼，屧廊[58]人去苔空綠。
換羽移宮[59]萬里愁，珠歌翠舞古梁州[60]。爲君別唱吳宮曲[61]，漢水東南日夜流[62]。

---

❶鼎湖當日棄人間：指帝王駕崩，乘龍仙去的意思。這裡指的是明朝崇禎帝自刎棄國的事。
❷破敵收京下玉關：指吳三桂迎清兵進入山海關，打敗李自成的部隊，收復北京城。
❸六軍：指全部的軍隊。
❹縞素：縞、素都是白色絹布，借指爲喪服。這裡指吳三桂爲崇禎帝著喪服發喪。縞，音ㄍㄠˇ。
❺衝冠一怒爲紅顏：全詩之詩眼，指吳三桂爲紅顏陳圓圓怒髮衝冠而降清，進而打敗李自成。
❻紅顏流落非吾戀：這裡指吳三桂反抗流賊是因爲他們做盡壞事，荒淫無道，而不是爲了陳圓圓被敵人所奪而報仇。
❼逆賊天亡自荒讌：指李自成的逆天而行而不容於天。
❽電掃黃巾：像閃電一樣快速的掃蕩以張角爲首的黃巾賊。
❾黑山：東漢末年時，流賊聚眾於黑山作亂，稱黑山賊，也指李自成的兵。
❿再相見：指吳三桂奪回陳圓圓，兩人再次相見喜極而泣。
⓫田竇家：田是漢景帝后的姓氏，竇是漢文帝后的姓氏，皆爲外戚。這裡指周奎家。
⓬許將戚里箜篌伎：指精於歌舞的陳圓圓嫁給吳三桂。箜篌，音ㄎㄨㄥ ㄏㄡˊ，指古代撥弦樂器名，有臥式與豎式兩種。
⓭等取：等候。

⓮將軍：指吳三桂。

⓯油壁車：女子所乘，車壁以油當裝飾的小車。

⓰姑蘇浣花里：姑蘇，指蘇州。浣花里，是唐朝名妓薛濤的住所，在成都。這裡借指爲妓女的居住處所。

⓱圓圓小字嬌羅綺：圓圓是陳沅的乳名。嬌羅綺，指名字豔麗。

⓲夫差苑：指吳王夫差的宮殿。這裡泛指帝王宮苑。

⓳宮娥：指宮女。

⓴採蓮人：指西施。

㉑橫塘：地名，在今江蘇省吳縣西南十里。

㉒豪家：有錢有勢的人家，這裡指周奎。

㉓薰天意氣連宮掖：宮，后妃住的地方。掖庭是宮旁邊的旁舍。這裡指陳圓圓是中宮所進所以洋洋得意。掖，音ㄧˋ。

㉔明眸皓齒無人惜：眸，眼睛。皓，潔白。這裡指陳圓圓雖面容姣好卻不被皇帝所愛惜。

㉕奪歸永巷閉良家：奪歸，指強行使人回去。永巷，本指宮裡長巷，這裡泛指宮掖。良家，指周奎家。全句指陳圓圓是由宮中返回周奎家的。

㉖新聲：新的樂曲。

㉗白皙通侯：白皙，指臉色白淨。通侯，指官位很高上通皇帝。皙，音ㄒㄧ。

㉘揀取花枝：花枝，比喻美女，這裡指陳圓圓。

㉙早攜嬌鳥出樊籠：樊籠，指鳥籠，比喻不自由。全句指陳圓圓被貴人賞識而可以離開周奎家。

㉚待得銀河幾時渡：指吳三桂和陳圓圓因戰亂而分開，不知何時才能見面。

㉛長安：國家首都的統稱。這裡指長安。

㉜思婦樓頭柳：指空守香閨思念未婚夫的心情，如同飛絮般的煙消雲散。

㉝天邊粉絮：指陳圓圓像粉白的柳絮一樣飄落在天邊。

㉞綠珠：人名。傳爲晉代石崇的愛妾，美而艷麗，善於吹笛，後爲孫秀所逼墜樓而死，後世詩文中泛指美女。

㉟絳樹：漢魏時的名歌妓，這裡借指陳圓圓。

㊱蛾眉：比喻女子容貌美麗。

㊲蛾眉馬上傳呼進：指吳三桂的部屬於都城找到陳圓圓，飛馬傳送給吳三桂。

㊳雲鬟：環形的髮髻。

㊴專征蕭鼓向秦川：指當時吳三桂受封平西王，進而追擊李自成，從晉地進入今天陝西、甘肅的關中。

㊵金牛道：從陝西沔縣而西，南至四川劍閣縣，從漢中要到四川地區的必經通道，這裡指吳三桂從關中進入蜀。

㊶斜谷：山谷名，在陝西省終南山。

㊷散關：是秦蜀往來的重要通道，在陝西省寶雞縣。

㊸江鄉：陳圓圓的故鄉，在蘇州。

㊹烏桕紅經十度霜：烏桕，樹名，秋天經霜葉子會變紅色。這裡指陳圓圓離開故鄉已經十幾年了。桕，音ㄐㄧㄡˋ。

㊺浣紗：指洗紗。

㊻擅：佔有。

㊼延致：招來或邀請。延，招攬、邀請。致，招引、招致。

㊽一斛明珠萬斛愁：十斗爲一斛，指身價很高。萬斛愁，指陳圓圓離鄉的悲苦憂愁。

㊾狂風颺落花：比喻豪貴之家禮遇邀請。颺，音ㄧㄤˊ。

㊿春色來天地：比喻適逢富貴。

(51)傾國與傾城：比喻絕世美女。

(52)翻使周郎受重名：比喻吳三桂因陳圓圓被俘而大受刺激，反而得到很大的名聲。

㊼全家白骨成灰土：指吳三桂全家被誅殺。
㊽一代紅妝照汗青：指陳圓圓留名於史冊。
㊾館娃初起鴛鴦宿：館娃，吳王夫差為西施所建的宮殿。鴛鴦宿，指兩個人寸步不離。
㊿越女如花看不足：指吳王寵愛西施的事。越女，指西施。
57香徑塵生：比喻採花的香徑上已經生滿塵埃了。
58屧廊：指館娃宮的走廊，因以楩ㄆㄢˊ梓板鋪地，西施走過會有聲音，所以叫做屧廊。屧，音ㄒㄧㄝˋ。
59換羽移宮：指從古代五聲中的羽聲轉換為悲傷的宮調。
60梁州：唐朝古曲名。
61為君別唱吳宮曲：指替君王另外作一首像吳宮曲一樣的歌。
62漢水東南日夜流：指富貴的無常，就像漢水一樣不斷的向東南流去。

【問題與討論】

一、吳偉業〈圓圓曲〉創作的時代背景為何？
二、何謂「衝冠一怒為紅顏」？
三、請說明吳三桂與陳圓圓之間故事的來龍去脈。
四、請比較吳偉業〈圓圓曲〉與白居易〈長恨歌〉兩篇詩歌的異同。

第二十五課　清代小說選上

【題解與作者】

蒲松齡（一六四〇至一七一五）字留仙，一字劍臣，別號柳泉居士，山東淄川（今屬山東省淄博市）。早年刻苦爲學，在其〈醒軒日課序〉一文中說：「請訂一籍，日誦一文焉書之，閱一經焉書之，作一藝、仿一帖焉書之。每晨興而爲之標日焉。庶使一日無功，則愧、則警、則汗涔涔下也。」蒲松齡長期研究經籍史書，頗好人生哲理與文學創作，並且對於天文、卜算、農桑、醫藥等亦有莫大的興趣。可惜一生屢試不第，直到七十一歲高齡，才援例成爲貢生。正因爲科場失意，因此在農村過著清貧的生活，曾經自況遭逢爲「數卷殘書，半窗寒燭，冷落荒齋裡」，於是他將滿腔對世俗的憤慨寄託在《聊齋誌異》的創作中。

蒲松齡於年輕時即已開始寫作《聊齋誌異》的部分內容，在康熙十八年（一六七九）作〈聊齋自誌〉，此時文言短篇形式的小說，即已初見規模，一直到晚年方才成書，在〈聊齋自誌〉中說：「集腋爲裘，妄續幽冥之錄；浮白載筆，僅成孤憤之書。寄託如此，亦足悲矣！」《聊齋誌異》這部文言短篇小說集，是蒲松齡一生心血的結晶，通行本爲十六卷，共有四百餘篇。後來陸續皆有發現，合計約近五百篇。卷首載有康熙十八年作者所作的〈聊齋自誌〉，可知本書在作者四十歲左右已基本完成大概的內容，後來又經過多次修改與增補。本書的故事來源和思想內容極爲廣泛，或爲作者親身經歷及見聞，或有借鏡歷史小說的題材，或搜集民間鬼怪傳說，或出自於作者自己的虛構與想像，然後融鑄於一爐，變化萬千，引人入勝。本書內容多半諷喻現實社會的黑暗與政治的腐敗、吏虐官貪、豪強橫行，以致於生靈塗炭的罪行。《聊齋誌異》在暴露官貪吏暴的同時，也寫出人民抗爭的心聲，作者流露出對他們表示深切的同情。

一、蒲松齡《聊齋志異．香玉》

勞山下清宮，耐冬高二丈，大數十圍，牡丹高丈餘，花時璀璨如錦。膠州黃生築舍其中而讀焉。一日，遙自窗中見女郎，素衣掩映花間，心疑觀中烏得有此？趨出，已遁去。由此屢見，遂隱身叢樹中，以俟其至。無何，女郎又偕一紅裳者來，遙望之，豔麗雙絕。行漸近，紅裳者卻退，曰：「此處有人。」生乃暴起，二人驚奔，袖裙飄拂，香風流溢。追過短牆，寂然已杳。愛慕殷切，因題樹上云：「無限相思苦，含情對短窗；恐歸沙吒利，何處覓無雙。」歸齋冥想，女郎忽入，驚喜承迎。女笑曰：「君洶洶似強寇，使人恐怖；不知君竟騷士，無妨相親。」生略叩生平，曰：「妾小字香玉，隸籍平康巷，被道士閉置山中，實非所願。」生問：「道士何名？當爲卿一滌此垢。」女曰：「不必，彼亦未敢相逼，借此與風流士，長作幽會，亦佳。」問：「紅衣者誰？」曰：「此名絳雪，亦妾義姊。」遂相狎寢。既醒，曙色已紅，女急起，曰：「貪歡忘曉矣。」著衣易履，且曰：「妾酬君作口占，勿笑也：『良夜更易盡，朝暾已上窗；願如梁上燕，棲處自成雙。』」生握腕曰：「卿秀外慧中，使人愛而忘死，顧一日之去，如千里之別，卿乘間當來，勿待夜也。」女諾之。由此夙夜必偕。每使邀絳雪來，輒不至，生以爲恨。女曰：「絳姊性殊落落，不似妾情癡也，當從容勸駕，不必過急。」

一夕，女慘然入，曰：「君隴不能守，尚望蜀耶？今長別矣。」問：「何之？」以袖拭淚曰：「此有定數，難爲君言，昔日佳什，今成讖語矣！『佳人已屬沙吒利，義士今無古押衙』，可爲妾詠！」詰之不言，但有嗚咽，竟夜不眠，早旦而去。生怪之。

次日，有即墨藍氏，入宮遊矚，見白牡丹，悅之，掘移逕去。生始悟香玉乃花妖也，悵惋不已。過數日聞藍氏移花至家，日就萎悴。恨極，作哭花詩五十首，日日臨穴，涕洟其處。一日憑弔而返，遙見紅衣人，揮涕穴側。從容而近就之，女亦不避，生因把袂，相向汍瀾。已而挽請入室，女亦從之。歎曰：「童稚之姊妹，一朝斷絕，聞君哀傷，彌增妾慟，淚墮九泉，或當感誠再作。然死者神氣已散，倉猝何能與吾兩人共談笑也。」生曰：「小生薄命，妨害情人，當亦無福可消雙美。曩頻煩香玉，道達微忱，胡再不臨？」女曰：「妾以年少書生，什九薄倖；不知君固至情人也。然妾與君交以情不以淫，若晝夜狎暱，則妾所不能矣。」言已，告別。生曰：「香玉長離，使人寢食俱廢，賴卿少留，慰此懷思，何決絕如是？」女乃止，過宿而去。數日不復至。冷雨幽窗，苦懷香玉，輾轉牀頭，淚凝枕簟，攬衣更起，挑燈命筆，踵前韻曰：「山院黃昏雨，垂簾坐小窗；相思人不見，中夜淚雙雙。」詩成自吟，忽窗外有人曰：「作者不可無和。」聽之，絳雪也。啓門內之，女視詩，即續其後曰：「連袂人何處，孤燈照晚窗；空山人一個，對影自成雙。」生讀之淚下，因怨相見之疏。女曰：「妾不能如香玉之熱，但可少慰君寂寞耳。」生欲與狎，曰：「相見之歡，何必在此？」於是至不聊時，女輒一至。至則宴飲酬唱，有時不寢遂去，生亦聽之。謂之曰：「香玉吾愛妻，絳雪吾良友也。每欲相問，卿是院中第幾株，早已見示，僕將把植家中，免似香玉被惡人奪去，貽恨百年。」女曰：「故土難移，告君亦無益也。妻尚不能終從，況友乎？」生不聽，捉臂而出，每至牡丹下，輒問：「此爲卿否？」女不言，掩口笑之。

適生以殘臘歸過歲，二月間，忽夢絳雪至，愀然曰：「妾有大難，君急往，尚得相見，遲無及矣。」醒而異之。急命僕馬，星馳至山。則道士將建屋，有一耐冬，礙其營造，工師方縱斤矣。生知所夢即此，急止之。入夜，絳雪來謝，生笑曰：「向不實告，宜遭此厄，今而後知卿矣，卿如不至，當以艾炷相炙。」女曰：「妾固知君如此，曩故不敢相告。」坐移時，生曰：「今對良友，益思豔妻。久不哭香玉，卿能從我哭乎？」二人乃往，臨穴灑涕，至一更向盡，絳雪拔淚勸止，乃還。

又數夕，生方獨居悽惻，絳雪笑入曰：「喜信報君知，花神感君至情，俾香玉復降宮中。」生喜，問：「何時？」答曰：「不知，要不遠耳。」天明下榻，生曰：「僕爲卿來，勿長使人孤寂。」女笑諾。兩夜不至。生往抱樹，搖動撫摩，頻喚降雪，久之無聲，乃返。對燈團艾，將以灼樹，女遽入，奪艾棄之，曰：「君惡作劇，使人創痏，當與君絕矣！」生笑擁之。坐方定，香玉盈盈而入，生望見，泣下流離，急起把握。香玉以一手捉絳雪，相對悲哽，已而坐道離苦。生覺把知而虛，如手自握，驚其不類曩昔。香玉泫然曰：「昔妾花之神，故凝；今妾花之鬼，故散也。今雖相聚，君勿以爲真，但作夢寐觀可耳。」絳雪曰：「妹來大好！妾被汝家男子，糾纏死矣。」遂辭而去。香玉款愛如生平，但偎傍之間，髣髴以身就影，生邑邑不歡，香玉亦俯仰自恨，曰：「君以白蘞屑，少雜硫黃，日酹妾一杯水，明年此日報君恩。」亦別而去。

明日往觀故觀，則牡丹萌矣。生從其言，日加培溉，又作雕欄以護之。香玉來，感激甚至。生謀移植其家，女不可，曰：「妾弱質，不堪復戕。且物生各有定處，妾來原不擬生君家，違之返促年壽。但相憐愛，好合自有日耳。」生恨絳雪不至，香玉曰：「必欲強之使來，妾能致之。」乃與生挑燈出，至樹下，取草一莖，布裳作度，以度樹本，自下而上，至四尺六寸，按其處，使生以兩爪齊搔之。俄見絳雪自背後出，笑罵曰：「婢子來，益助桀爲虐耶？」牽挽並入。香玉曰：「姊勿怪，暫煩陪侍郎君，一年後，不相擾矣。」自此遂以爲常。

生視花茅，日益肥盛，春盡盈二尺許。歸後，亦以金遺道士，使朝夕培養之。次年，四月至宮，則花一朵，含苞未放，方流連間，花搖搖欲拆。少時已開，花大如盤，儼然有小美人坐蕊中，裁三四指，轉瞬間，飄然已下，則香玉也。笑曰：「妾忍風雨以待君，君來何遲也。」遂入室，絳雪已至，笑曰：「日日代人作婦，今幸退而爲友。」遂相談讌賡和。至中夜，絳雪乃去。兩人同寢，款洽一如當年。

後生妻卒，遂入山，不復歸。是時牡丹已大如臂。生每指之曰：「我他日寄魂於此，當生卿之左。」兩女笑曰：「君勿忘之。」後十餘年，忽病，其子至，對之而哀。笑曰：「此我生期，非死期也，何哀爲？」謂道士曰：「他日牡丹下，有赤芽怒生，一放五葉者，即我也。」遂不復言。子輿擡而歸，治家，尋卒。

次年，果有肥芽突出，其葉如數，道士以爲異，益灌溉之。三年，高數尺，大拱把，但不花。老道士死，其弟子不知愛惜，因其不花，斫去之。白牡丹亦憔悴死，無何，耐冬亦死。

異史氏曰：情之結者，鬼神可通，花以鬼從，而人以魂寄，非其結於情者深耶？一去而兩殉之，即非堅貞，亦爲情死矣。人不能貞，猶是情之不篤耳。仲尼讀「唐棣」而曰未思，信矣哉。

二、李汝珍《鏡花緣．君子國》

到了君子國，將船泊岸。林之洋上去賣貨。唐敖因素聞君子國好讓不爭，想來必是禮樂之邦，所以約了多九公上岸，要去瞻仰；走了數里，離城不遠，只見城門上寫著「惟善爲寶」四個大字。唐、多二人把匾看了，隨即進城。只見人煙輳集，作買作賣，接連不斷，衣冠言談，都與中原一樣。唐敖見言語可通，因向一位老翁問其何以好讓不爭之故；誰知老翁聽了，一毫不懂。又問國以「君子」爲名，是何緣故？老翁也回不知。一連問了幾個，都是如此。

多九公道：「據老夫看來，他這國名以及『好讓不爭』四字，大約都是鄰邦替他取的，所以他們都回不知。剛才我們一路看來，那些耕者讓畔，行者讓路光景，已是不爭之意。而且士庶人等，無論富貴貧賤，舉止言談，莫不恭而有禮，也不愧『君子』二字。」唐敖道：「話雖如此，仍須慢慢觀玩，方能得其詳細。」

說話間，來到鬧市。只見有一隸卒在那裡買物，手中拿著貨物道：「老兄，如此高貨，卻討恁般賤價，教小弟買去，如何能安？務求將價加增，方好遵教；若再過謙，那是有意不肯賞光交易了。」

唐敖聽了，因暗暗說道：「九公，凡買物只有賣者討價，買者還價；今賣者雖討過價，那買者並不還價，卻要添價，此等言談，倒也罕聞！據此看來，那『好讓不爭』四字，竟有幾分意思了。」

只聽賣貨人答道：「既承照顧，敢不仰體？但適才妄討大價，已覺厚顏；不意老兄反說貨高價賤，豈不更教小弟慚愧？況敝貨並非言無二價，其中頗有虛頭。俗云：『漫天要價，就地還錢。』今老兄不但不減，反要加價，如此克己，只好請到別家交易，小弟實難遵命。」

唐敖道：「『漫天要價，就地還錢』，原是買物之人向來俗談，至『並非言無二價，其中頗有虛頭』，亦是買者之，不意今皆出於賣者之口，倒也有趣！」

只聽隸卒又說道：「老兄以高貨討賤價，反說小弟克己，豈不失了忠恕之道？凡事總要彼此無欺，方爲公允。試問那個腹中無算盤？小弟又安能受人之愚哩？」

談之許久，賣貨人執意不增。隸卒賭氣照數付價，拿了一半貨物，剛要舉步，賣貨人那裡肯依，只說價多貨少」，攔住不放。路旁走過兩個老翁，作好作歹，從公評定，令隸卒照價拿了八折貨物，這才交易而去。

唐、多二人不覺暗暗點頭。走未數步，市中有個小軍，也在那裡買物。小軍道：「剛才請教貴價若干，老兄執意吝教，命我酌量付給；及至尊命付價，老兄又怪過多。其實小弟所付，業已刻減；若說過多，不獨太偏，竟是違心之論了！」賣貨人道：「小弟不敢言價，聽兄自付者，因敝貨既欠新鮮，而且平常，不如別家之美。若論價值，只照老兄所付減半，已屬過分，何敢謬領大價？」

唐敖道：「貨色平常，原是買者之話；付價刻減，本係賣者之話；那知此處卻句句相反，另是一種風氣！」只聽小軍又道：「老兄說那裏話來？小弟于買賣雖係外行，至貨之好醜，安有不知？以醜為好，亦愚不至此！第以高貨只取半價，不但欺人過甚，亦失公平交易之道了！」賣貨人道：「老兄如真心照顧，只照前價減半，最為公平。若說價少，小弟也不敢辯，惟有請向別處再把價錢談談，才知我家並非相欺哩。」

小軍說之至再，見他執意不賣，只得照前減半付價，將貨略略選擇，拿了就走。賣貨人忙攔住道：「老兄為何只將下等貨物選去？難道留下好的給小弟自用嗎？我看老兄如此討巧，就是走遍天下，也難交易成功的！」小軍發急道：「小弟因老兄定要減價，只得委曲認命，略將次等貨物拿去，於心庶可稍安。不意老兄又要責備！且小弟所買之物，必須次等，方能合用；至於上等，雖承美意，其實倒不適用了。」賣貨人道：「老兄既要低貨方能合用，這也不妨；但低貨自有低價，何能付大價而買醜貨呢？」小軍聽了，也不答言，拿了貨物，只管要走。那過路人看見，都說小軍欺人不公。小軍難違眾論，只得將上等貨物、下等貨物，各攙一半而去。

二人看罷，又朝前進，只見那邊又有一個農人買物。原來物已買妥，將銀付過，攜了貨物要去。

那賣貨的接過銀子仔細一看，用戥子稱了一稱，連忙上前道：「老兄慢走。銀子平水都錯了。此地向來買賣都是大市中等銀色；今老兄既將上等銀子付我，自應將色扣去。剛才小弟稱了一稱，不但銀水未扣，而且戥頭過高。此等平色小事，老兄有餘之家，原不在此；但小弟受之無因，請照例扣去！」農人道：「些須銀小事，何必錙銖較量？既有多餘，容小弟他日奉買寶貨，再來扣除，也是一樣。」說罷，又要走。賣貨人攔住道：「這如何使得！去歲有位老兄照顧小弟，也將多餘銀子存在我處，曾言後來買物再算；誰知至今不見，各處尋他，無從歸還；豈非欠了來生債嗎？今老兄又要如此，倘一去不來，到了來生，小弟變驢變馬歸還先前那位老兄，業已儘夠一忙，哪裡還有工夫再還老兄！豈非下一世又要變驢變馬歸還給老兄？據小弟愚見：與其日後買物再算，何不就在今日？況多餘若干，日子久了，倒恐難記。」

彼此推讓許久，農人只得將貨拿了兩樣，作抵此銀而去。賣貨人仍口口聲聲只說銀多貨少，過於偏枯；奈農人業已去遠，無可奈何。忽見有個乞丐走過，賣貨人自言自語道：「這個花子只怕就是討人便宜的後身，所以今生有這報應。」一面說著，卻將多餘平色用戥稱出，盡付乞丐而去。

唐敖道：「如此看來，這幾個交易光景，豈非『好讓不爭』一幅行樂圖嗎？我還打聽甚麼？且到前面再去暢遊。如此美地，領略領略風景，廣廣識見，也是好的。」

【問題與討論】

一、蒲松齡《聊齋志異．香玉》的創作主旨爲何？故事的結構與人物形象的塑造又有何特色？

二、李汝珍《鏡花緣．君子國》的喻意爲何？如果對照現代社會的各種現象，又有何啓發？

第二十六課　清代小說選中

【題解與作者】

《紅樓夢》，一名《石頭記》，作者爲曹雪芹（一七一五至一七六三），名霑，字夢阮，號雪芹，又號芹圃、芹溪。祖籍爲遼陽，先世原本是漢族，後來入滿洲籍而成爲正白旗人。曹雪芹的曾祖父曹璽曾任江寧織造，曾祖母孫氏做過康熙皇帝的保姆，其祖父曹寅也擔任玄燁的伴讀與御前侍衛，後來繼任江寧織造，兼任兩淮巡鹽監察御使，甚受康熙的寵愛。因爲祖孫三代皆擔任此重要職務達六十年之久，因此曹雪芹自幼就是在繁華富貴的生活環境中成長爲人，日後也成爲他創作一代文學名著《紅樓夢》的背景。雍正六年（一七二八），查抄曹家家產，於是家道中落，晚年曹雪芹移居北京西郊，生活窮苦至極，卻苦心創作《紅樓夢》，在「披閱十載，增刪五次」之後，生前全書仍未完稿，現行《紅樓夢》一百二十回本，其中前八十回的應是大部分出自於他的手筆，然而後面四十回則是由高鶚續補而成。

《紅樓夢》早期流傳的抄本，帶有「脂硯齋」等人的批語，因此題名爲《脂硯齋重評石頭記》，這種「脂評本」僅有八十回。乾隆五十六年（一七九一）由程偉元、高鶚活字排印的《紅樓夢》，則題爲《新鐫全部繡像紅樓夢》，共爲一百二十回，這個本子，稱爲「程甲本」，第二年再由程偉元與高鶚對「程甲本」修訂後的排印本，則稱爲「程乙本」，合稱兩本爲「程高本」。

《紅樓夢》描寫賈寶玉愛情婚姻的悲劇，特別是與林黛玉的愛情，以及賈寶玉與薛寶釵的婚姻爲主軸，再圍繞著這些悲劇，寫出一個豪門世家在繁華富貴家庭的裡面，多少細膩的情愛與人性的刻劃，其中對於園林建築、傢俱器皿、服飾精品與飲食起居等，都有極爲深入的描寫，可見《紅樓夢》的精深博大在世界文學史上是罕見而成功的作品。

一、曹雪芹《紅樓夢》第五回〈賈寶玉神遊太虛境　警幻仙曲演紅樓夢〉

如今且說林黛玉自在榮府，一來賈母萬般憐愛，寢食起居一如寶玉，把那迎春、探春、惜春三個孫女兒倒且靠後了。就是寶玉、黛玉二人的親密友愛，也較別人不同，日則同行同坐，夜則同止同息，真是言和意順，似漆如膠。不想如今忽然來了一個薛寶釵，年紀雖大不多，然品格端方，容貌美麗，人人都說黛玉不及。那寶釵卻又行爲豁達，隨分從時，不比黛玉孤高自許，目無下塵，故深得下人之心，就是小丫頭們亦多和寶釵親近。因此黛玉心中便有些不忿，寶釵卻是渾然不覺。

那寶玉也在孩提之間，況他天性所稟，一片愚拙偏僻，視姐妹兄弟皆如一體，並無親疏遠近之別。如今與黛玉同處賈母房中，故略比別的姊妹熟慣些。既熟慣便更覺親密，既親密便不免有些不虞之隙求全之毀。這日不知爲何，二人言語有些不和起來，黛玉又在房中獨自垂淚。寶玉也自悔言語冒撞，前去俯就，那黛玉方漸漸的回轉過來。

因東邊寧府花園內梅花盛開，賈珍之妻尤氏乃治酒具，請賈母、邢夫人、王夫人等賞花，是日先帶了賈蓉夫妻二人來面請。賈母等於早飯後過來，就在會芳園遊玩，先茶後酒。不過是寧榮二府眷屬家宴，並無別樣新文趣事可記。

一時寶玉倦怠，欲睡中覺。賈母命人：「好生哄著，歇息一回再來。」賈蓉媳婦秦氏便忙笑道：「我們這裡有給寶二叔收拾下的屋子，老祖宗放心，只管交給我就是了。」因向寶玉的奶娘、丫鬟等道：「嬤嬤、姐姐們，請寶二叔跟我這裡來。」賈母素知秦氏是極妥當的人，因她生得裊娜纖巧，行事又溫柔和平，乃眾孫媳中第一個得意之人。見她去安置寶玉，自然是放心的了。

當下秦氏引一簇人來至上房內間，寶玉抬頭看見是一幅畫掛在上面，人物固好，其故事乃是《燃藜圖》也，心中便有些不快。又有一副對聯，寫的是：「世事洞明皆學問，人情練達即文章。」及看了這兩句，縱然室宇精美，鋪陳華麗，亦斷斷不肯在這裡了，忙說：「快出去，快出去！」秦氏聽了笑道：「這裡還不好，往哪裡去呢？要不就往我屋裡去罷。」寶玉點頭微笑。一個嬤嬤說道：「哪裡有個叔叔往侄兒媳婦房裡睡覺的理呢？」秦氏笑道：「不怕他惱，他能多大了，就忌諱這些個？上月妳沒有看見我那個兄弟來了，雖然和寶二叔同年，兩個人要站在一處，只怕那一個還高些呢。」寶玉道：「我怎麼沒有見過他？妳帶他來，我瞧瞧。」眾人笑道：「隔著二三十里，哪裡帶去？見的日子有呢！」

說著大家來至秦氏臥房。剛至房中，便有一股細細的甜香。寶玉此時便覺眼餳骨軟，連說：「好香！」入房向壁上看時，有唐伯虎畫的《海棠春睡圖》，兩邊有宋學士秦太虛寫的一副對聯云：「嫩寒鎖夢因春冷，芳氣襲人是酒香。」案上設著武則天當日鏡室中設的寶鏡，一邊擺著趙飛燕立著舞的金盤，盤內盛著安祿山擲過傷了太真乳的木瓜。上面設著壽昌公主於含章殿下臥的寶榻，懸的是同昌公主製的連珠帳。寶玉含笑道：「這裡好，這裡好！」秦氏笑道：「我這屋子，大約神仙也可以住得了。」說著，親自展開了西施浣過的紗衾，移了紅娘抱過的鴛枕。於是眾奶媽伏侍寶玉臥好了，款款散去，只留下襲人、晴雯、麝月、秋紋四個丫鬟為伴。秦氏便叫小丫鬟們好生在簷下看著貓兒打架。

那寶玉才合上眼，便恍恍惚惚的睡去，猶似秦氏在前，悠悠蕩蕩，跟著秦氏到了一處。但見朱欄玉砌，綠樹清溪，真是人跡不逢，飛塵罕到。寶玉在夢中歡喜，想道：「這個地方兒有趣，我若能在這裡過一生，強如天天被父母師傅管束呢！」正在胡思亂想，聽見山後有人作歌曰：「春夢隨去散，飛花逐水流。寄言眾兒女，何必覓閑愁。」寶玉聽了，是個女孩兒的聲氣。歌音未息，早見那邊走出一個美人來，蹁躚裊娜，與凡人大不相同。有賦為證：

方離柳塢，乍出花房。但行處鳥驚庭樹，將到時影度回廊。仙袂乍飄兮，聞麝蘭之馥郁；荷衣欲動兮，聽環珮之鏗鏘。靨笑春桃兮，雲髻堆翠，脣綻櫻顆兮，榴齒含香。纖腰之楚楚兮，風回雪舞；耀珠翠之的的兮，鳴綠鵝黃。出沒花間兮，宜嗔宜喜；徘徊池上兮，若飛若揚。娥眉欲顰兮，將言而未語；蓮步乍移兮，欲止而仍行。羨美人之良質兮，冰清玉潤；慕美人之華服兮，閃爍文章。愛美人之容貌兮，香培玉篆；比美人之態度兮，鳳翥龍翔。其素若何，春梅綻雪；其潔若何，秋蕙披霜。其靜若何，松生空谷；其豔若何，霞映澄塘。其文若何，龍游曲沼；其神若何，月射寒江。遠慚西子，近愧王嬙。生于孰地？降自何方？若非宴罷歸來，瑤池不二；定應吹簫引去，紫府無雙者也。

寶玉見是一個仙姑，喜得忙來作揖，笑問道：「神仙姐姐，不知從哪裡來，如今要往哪裡去？我也不知這裡是何處，望乞攜帶攜帶。」那仙姑道：「吾居離恨天之上灌愁海之中，乃放春山遣香洞太虛幻境警幻仙姑是也。司人間之風情月債，掌塵世之女怨男痴。因近來風流冤孽纏綿於此，是以前來訪察機會，佈散相思。今日與爾相逢，亦非偶然。此離吾境不遠，別無他物，僅有自采仙茗一盞，親釀美酒幾甕，素練魔舞歌姬數人，新填《紅樓夢》仙曲十二支。可試隨我一遊否？」寶玉聽了，喜躍非常，便忘了秦氏在何處了，竟隨著這仙姑到了一個所在。

忽見前面有一座石碑宇橫建，上書「太虛幻境」四大字，兩邊一副對聯，乃是：「假作真時真亦假，無為有處有還無。」轉過牌坊便是一座宮門，上面橫書著四個大字，道是「孽海情天」。也有一副對聯，大書云：「厚地高天，堪嘆古今情不盡；痴男怨女，可憐風月債難酬。」寶玉看了，心下自思道：「原來如此。但不知何為古今之情？又何為風月之債？從今倒要領略領略。」寶玉只顧如此一想，不料早把些邪魔招入膏肓了。

當下隨了仙姑進入二層門內，只見兩邊配殿皆有匾額對聯，一時看不盡許多，惟見幾處寫著的是「痴情司」、「結怨司」、「朝啼司」、「暮哭司」、「春感司」、「秋悲司」。看了，因向仙姑道：「敢煩仙姑引我到那各司中遊玩遊玩，不知可使得麼？」仙姑道：「此中各司存的是普天下所有的女子過去未來的簿冊，你乃凡眼塵軀，未便先知的。」寶玉聽了，哪裡肯捨，又再四的懇求。那警幻便說：「也罷，就在此司內略隨喜隨喜罷。」寶玉喜不自勝，抬頭看這司的匾上，乃是「薄命司」三字，兩邊寫著對聯道：「春恨秋悲皆自惹，花容月貌爲誰妍。」寶玉看了，便自感嘆。

進入門中，只見有十數個大櫥，皆用封條封著，看那封條上皆有各省字樣。寶玉一心只揀自己家鄉的封條看，只見那邊櫥上封條大書《金陵十二釵正冊》，寶玉因問：「何爲金陵十二釵正冊？」警幻道：「即爾省中十二冠首女子之冊，故爲正冊。」寶玉道：「常聽人說金陵極大，怎麼只十二個女子？如今單我們家裡上上下下就有幾百個女孩兒。」警幻微笑道：「一省女子固多，不過擇其緊要者錄之，兩邊二櫥則又次之。餘者庸常之輩便無冊可錄了。」

寶玉再看下首一櫥，上寫著《金陵十二釵副冊》，又一櫥上寫著《金陵十二釵又副冊》。寶玉便伸手先將又副冊櫥門開了，拿出一本冊來。揭開看時，只見這首頁上畫的既非人物亦非山水，不過是水墨染，滿紙烏雲濁霧而已。後有幾行字跡，寫道：「霽月難逢，彩雲易散。心比天高，身爲下賤。風流靈巧招人怨，壽夭多因誹謗生，多情公子空牽念。」寶玉看了不甚明白。又見後面畫著一簇鮮花，一床破席，也有幾句言詞寫道是：「枉自溫柔和順，空云似桂如蘭。堪羨優伶有福，誰知公子無緣。」寶玉看了，益發解說不出是何意思。遂將這一本冊子擱起來，又去開了副冊櫥門。

拿起一本冊來打開看時，只見首頁也是畫，卻畫著一枝桂花，下面有一方池沼，其中水涸泥乾，蓮枯藕敗。後面書云：「根并荷花一莖香，平生遭際實堪傷。自從兩地生孤木，致使香魂返故鄉。」寶玉看了又不解。又去取那正冊看時，只見頭一頁上畫著是兩株枯木，木上懸著一圍玉帶；地下又有一堆雪，雪中一股金簪。也有四句詩道：

可嘆停機德，堪憐詠絮才。玉帶林中掛，金簪雪裡埋。

寶玉看了仍不解，待要問時，知她必不肯洩漏天機，待要丟下又不捨。遂往後看，只見畫著一張弓，弓上掛著一個香櫞。也有一首歌詞云：二十年來辨是非，榴花開處照宮闈。三春爭及初春景，虎兕相逢大夢歸。

後面又畫著兩個人放風箏，一片大海，一只大船，船中有一女子掩面泣涕之狀。畫後也有四句寫著道：才自清明志自高，生於末世運偏消。清明涕泣江邊望，千里東風一夢遙。後面又畫著幾縷飛雲，一灣逝水。其詞曰：富貴又何為？襁褓之間父母違。展眼吊斜輝，湘江水逝楚雲飛。

後面又畫著一塊美玉落在泥污之中。其斷語云：欲潔何曾潔？云空未必空。可憐金玉質，終陷淖泥中。

後面忽畫一惡狼，追撲一美女，有欲啖之意。其下書云：**子係中山狼，得志便猖狂。金閨花柳質，一載赴黃粱。**

後面便是一所古廟，裡面有一美人，在內看經獨坐。其判云：**勘破三春景不長，緇衣頓改昔年妝。可憐繡戶侯門女，獨臥青燈古佛旁。**

後面便是一片冰山，上有一只雌鳳。其判云：**凡鳥偏從末世來，都知愛慕此生才。一從二令三人木，哭向金陵事更哀。**

後面又是一座荒村野店，有一美人在那裡紡績。其判曰：**勢敗休云貴，家亡莫論親。偶因濟村婦，巧得遇恩人。**

詩後又畫一盆茂蘭，旁有一位鳳冠霞帔的美人。也有判云：**桃李春風結子完，到頭誰似一盆蘭。如冰水好空相妒，枉與他人作笑談。**

詩後又畫一座高樓，上有一美人懸樑自盡。其判云：**情天情海幻情深，情既相逢必主淫。漫言不肖皆榮出，造釁開端實在寧。**

寶玉還欲看時，那仙姑知他天分高明、性情穎慧，恐洩漏天機，便掩了卷冊，笑向寶玉道：「且隨我去遊玩奇景，何必在此打這悶葫蘆？」寶玉恍恍惚惚，不覺棄了卷冊，又隨警幻來至後面。但見畫棟雕檐，珠簾繡幕，仙花馥郁，異草芬芳，真好所在也。正是「光搖朱戶金鋪地，雪照瓊窗玉作宮。」又聽警幻笑道：「妳們快出來迎接貴客。」一言未了，只見房中走出幾個仙子來，荷袂翩躚，羽衣飄舞，嬌若春花，媚如秋月。見了寶玉，都怨謗警幻道：「我們不知係何貴客，忙的接出來。姐姐曾說今日今時必有絳珠妹子的生魂前來遊玩，故我等久待，何故反引這濁物來污染清淨女兒之境？」寶玉聽如此說，便嚇得欲退不能，果覺自形污穢不堪。警幻忙攜住寶玉的手向眾仙姬笑道：「妳等不知原委。今日原欲往榮府去接絳珠，適從寧府經過，偶遇寧榮二公之靈，囑吾云：『吾家自國朝定鼎以來，功名奕世，富貴流傳，已歷百年。奈運終數盡不可挽回，我等之子孫雖多，竟無可以繼業者。惟嫡孫寶玉一人，稟性乖張，用情怪儒，雖聰明靈慧，略可望成，無奈吾家運數合終，恐無人規引入正。幸仙姑偶來，望先以情慾聲色等事警其痴頑，或能使他跳出迷人圈子，入於正路，便是吾兄弟之幸了。』如此囑吾，故發慈心，引彼至此。先以他家上中下三等女子的終身冊籍令其熟玩，尚未覺悟；故引了再到此處，遍歷那飲饌聲色之幻，或冀將來一悟，未可知也。」說畢，攜了寶玉入室。

但聞一縷幽香，不知所聞何物。寶玉不禁相問，警幻冷笑道：「此香乃塵世所無，爾如何能知！此係諸名山勝境初生異卉之精，合各種寶林珠樹之油所製，名為〈群芳髓〉。」寶玉聽了，自是羨慕。於是大家入座，小鬟捧上茶來，寶玉覺得香清味美，迥非凡品，因又問何名。警幻道：「此茶出在放春山遣香洞，又以仙花靈葉上所帶的宿露烹了，名曰〈千紅一窟〉。」寶玉聽了，點頭稱賞。因看房內瑤琴、寶鼎、古畫、新詩，無所不有，更喜窗下亦有唾絨，奩間時漬粉污。壁上也掛著一副對聯，書云：「幽微靈秀地，無可奪何天。」寶玉看畢，因又請問眾仙姑姓名：一名痴夢仙姑，一名鍾情大士，一名引愁金女，一名度恨菩提，各各道號不一。少刻，有小鬟來調桌安椅，擺設酒饌。正是「瓊漿滿泛玻璃盞，玉液濃斟琥珀杯。」寶玉因此酒香冽異常，又不禁相問。警幻道：「此酒乃以百花之蕤，萬木之汁，加以麟髓鳳乳釀成，因名為〈萬艷同杯〉。」寶玉稱賞不迭。

飲酒間，又有十二個舞女上來，請問演何調曲。警幻道：「就將新製《紅樓夢》十二支演上來。」舞女們答應了，便輕敲檀板，款按銀箏，聽她歌道是：「開辟鴻蒙」，方歌了一句，警幻道：「此曲不比塵世中所填傳奇之曲，必有生旦淨末之則，又有南北九宮之調。此或詠嘆一人，或感懷一事，偶成一曲，即可譜入管弦；若非個中人，不知其中之妙。料爾亦未必深明此調，若不先閱其稿，後聽其曲，反成嚼蠟矣。」說畢，回頭命小鬟取了《紅樓夢》原稿來，遞與寶玉。寶玉接過來，一面目視其文，耳聆其歌曰：

〔紅樓夢引子〕開辟鴻蒙，誰為情種？都只為風月情濃。奈何天，傷懷日，寂寥時，試遣愚衷。因此上演出這悲金悼玉的紅樓夢。

〔終身誤〕都道是金玉良緣，俺只念木石前盟。空對著山中高士晶瑩雪，終不忘世外仙姝寂寞林。嘆人間美中不足今方信。縱然是齊眉舉案，到底意難平。

〔枉凝眉〕一個是閬苑仙葩，一個是美玉無瑕。若說沒奇緣，今生偏又遇著他；若說有奇緣，如何心事終虛話？一個枉自嗟呀，一個空勞牽掛。一個是水中月，一個是鏡中花。想眼中能有多少淚珠兒，怎禁得秋流到冬，春流到夏！

卻說寶玉聽了此曲，散漫無稽，未見得好處；但其聲韻淒婉，竟能銷魂醉魄。因此也不問其原委，也不究其來歷，就暫以此釋悶而已。因又看下面道：

〔恨無常〕喜榮華正好，恨無常又到，眼睜睜把萬事全拋，蕩悠悠芳魂銷耗。望家鄉路遠山高。故向娘夢裡邊尋告：兒命已入黃泉，天倫呵，須要退步抽身早！

〔分骨肉〕一帆風雨路三千，把骨肉家園，齊來拋閃。恐哭損殘年，告爹娘休把兒懸念。自古窮通皆有定，離合豈無緣？從今分兩地，各自保平安。奴去也，莫牽連。

〔樂中悲〕襁褓中，父母嘆雙亡。縱居那綺羅叢誰知嬌養？幸生來英豪闊大寬宏量，從未將兒女私情略縈心上。好一似霽月光風耀玉堂，廝配得才貌仙郎，博得個地久天長，准折得幼年時坎坷形狀。終久是雲散高唐，永涸湘江。這是塵宴中消長數應當，何必枉悲傷？

〔世難容〕氣質美如蘭，才華馥比仙。天生成孤癖人皆罕。你道是啖肉食腥膻，視綺羅俗厭。卻不知好高人愈妒，過潔世同嫌。可嘆這青燈古殿人將老，孤負了紅粉朱樓春色闌，到頭來依舊是風塵骯髒違心願。分一似無瑕白玉遭泥陷，又何須王孫公子嘆無緣？

〔喜冤家〕中山狼，無情獸，全不念當日根由。一味的嬌奢淫蕩貪歡媾。覷著那侯門艷質同蒲柳，作踐的公府千金似下流。嘆芳魂艷魄，一栽蕩悠悠。

〔虛花悟〕將那三春勘破，桃紅柳綠待如何？把這韶華打滅，覓那清淡天和。說什麼天上夭桃盛，雲中杏蕊多，到頭來誰見把秋捱過？則看那白揚村裡人嗚咽，青楓林下鬼吟哦，更兼著連天衰草遮墳墓。這的是昨貧今富人勞碌，春榮秋謝花折磨。似這般生關死劫誰能躲？聞說道西方寶樹喚婆娑，上結著長生果。

〔聰明累〕機關算盡太聰明，反算了卿卿性命。生前心已碎，死後性空靈。家富人寧，終有個家亡人散各奔騰。枉費了意懸懸半世心，好一似蕩悠悠三更夢。忽喇喇似大廈傾，昏慘慘似燈將盡。呀！一場歡喜忽悲辛，嘆人世終難定！

〔留餘慶〕留餘慶，留餘慶，忽遇恩人；幸娘親，親娘親，積得陰功。勸人生濟困扶窮，休似俺那愛銀錢忘骨肉的狠舅奸兄。正是乘除加減，上有蒼穹。

〔晚韶華〕鏡裡恩情，更哪堪夢裡功名！那美韶華去之何迅，再休提繡帳鴛衾。只這戴珠冠披鳳襖也抵不了無常性命。雖說是人生莫受老來貧，也須要陰騭積兒孫。氣昂昂頭戴簪纓，光燦燦胸懸金印，威赫赫爵祿高登，昏慘慘黃泉路近！問古來將相可還有？也只是虛名而後人欽敬。

〔好事終〕畫梁春盡落香生。擅風情，秉月貌，便是敗家的根本。箕裘頹墮皆從敬，家聲消亡首罪寧。宿孽總因情。

〔飛鳥各投林〕為官的家業凋零，富貴的金銀散盡。有恩的死裡逃生，無情的分明報應。欠命的命已還，欠淚的淚已盡。冤冤相報自非輕，分離聚合皆前定。欲知命短問前生，老來富貴也真僥倖。看破的遁入空門，痴迷的枉送了性命。好一似食盡鳥投林，落了片白茫茫大地真乾淨！

歌畢，還又歌副歌。警幻見寶玉甚無趣味，因嘆：「痴兒竟尚未悟！」那寶玉忙止歌姬不必再唱，自覺朦朧恍惚，告醉求臥。警幻便命撤去殘席，送寶玉至一香閨繡閣中。其間鋪陳之盛，乃素所未見之物。更可駭者，早有一位仙姬在內，其鮮艷嫵媚大似寶釵，裊娜風流又如黛玉。正不知是何意，忽見警幻說道：「塵世中多少富貴之家，那些綠窗風月，繡閣煙霞，皆被那些淫污紈褲與流蕩女子玷辱了。更可恨者，自古來多少輕薄浪子，皆以好色不淫爲解，又以情而不淫作案，此皆飾非掩醜之語耳。好色即淫，知情更淫。是以巫山之會，雲雨之歡，皆由既悅其色，復戀其情所致。吾所愛汝者，乃天下古今第一淫人也！」寶玉聽了，唬得慌忙答道：「仙姑差了！我因懶於讀書，家父母尚每垂訓飭，豈敢再冒淫字？況且年紀尚幼，不知淫何事。」警幻道：「非也。淫雖一理，意則有別。如世之好淫者，不過悅容貌，喜歌舞，調笑無厭，雲雨無時，恨不能天下之美女供我片時之趣興。此皆皮膚濫淫之蠢物耳。如爾則天分中生成一段痴情，吾輩推之爲意淫。惟意淫二字，可心會而不可口傳，可神通而不能語達。汝今獨得此二字，在閨閣中雖可爲良友，卻於世道中未免迂闊怪詭，百口嘲謗，萬目睚眦。今既遇爾祖寧榮二公剖腹深囑，吾不忍子獨爲我閨閣增光而見棄於世道。故引子前來，醉以美酒，沁以仙茗，警以妙曲。再將吾妹一人，乳名兼美表字可卿者許配與汝，今夕良時即可成姻。不過令汝領略此仙閨幻境之風光尚然如此，何況塵世之情景呢。從今後萬萬解釋，改悟前情，留意於孔孟之間，委身於經濟之道。」說畢，便秘授以雲雨之事，推寶玉入房中，將門掩上自去。

那寶玉恍恍惚惚，依著警幻所囑，未免作起兒女的事來，也難以盡述。至次日，便柔情繾綣，軟語溫存，與可卿難解難分。因二人攜手出去遊玩之時，忽然至一個所在，但見荊榛遍地，狼虎同行，迎面一道黑溪阻路，並無橋樑可通。正在猶豫之間，忽見警幻從後追來，說道：「快休前進，作速回頭要緊！」寶玉忙止步問道：「此係何處？」警幻道：「此乃迷津，深有萬丈，遙亙千里。中無舟揖可通，只有一個木筏，乃木居士掌柁，灰侍者撐篙，不受金銀之謝，但遇有緣者渡之。爾今偶遊至此，設如墮落其中，便深負我從前諄諄警戒之語了。」話猶未了，只聽迷津內響如雷聲，有許多夜叉海鬼將寶玉拖將下去，嚇得寶玉汗下如雨，一面失聲喊叫：「可卿救我！」嚇得襲人輩眾丫鬟忙上來摟住，叫：「寶玉不怕，我們在這裡呢！」

卻說秦氏正在房外囑咐小丫頭們好生看著貓兒狗兒打架，忽聞寶玉在夢中喚她的小名兒，因納悶道：「我的小名兒這裡從無人知道，他如何得知，在夢中叫出來？」

未知何因，下回分解。

【問題與討論】

一、《紅樓夢》創作的時代背景與本書的版本有那一些？

二、《紅樓夢》的故事結構與重要人物爲何？

三、本課所選篇章的內容主旨與文字敘述技巧爲何？

第二十七課　清代小說選下

【題解與作者】

《二十年目睹之怪現狀》，又名《晚清二十年目睹之怪現狀》，是晚清「四大譴責小說」之一的長篇章回小說，全書一百零八回，全以白話寫成。本書專門以揭露譴責社會上的醜惡現象爲主題。作者爲吳趼人（一八六六至一九一〇），原名沃堯，字小允，又字繭人，廣東南海佛山鎮人，筆名中尤以「我佛山人」最爲著名。在光緒二十九年（一九〇三）始，在《新小說》雜誌上先後發表《二十年目睹之怪現狀》，造成轟動，影響極爲深遠，其中「九死一生」是此部小說的第一人稱主角，由於自認能在亂世中僥倖存活實爲九死一生，因此爲號焉。書中刻意的描寫人性的醜陋，涉及的社會層面極爲寬廣，憤世之情尤切。書中採用倒裝的敘事手法，將故事的前因後果，巧妙安排，顯然受到外國小說的影響。

一、吳沃堯《二十年目睹之怪現狀》節選

新小說社記者接到了死裡逃生的手書及九死一生的筆記，展開看了一遍，不忍埋沒了他，就將他逐期刊佈出來。閱者須知，自此以後之文，便是九死一生的手筆，及死裡逃生的批評了。

我是好好的一個人，生平並未遭過大風波、大險阻，又沒有人出十萬兩銀子的賞格來捉我，何以將自己好好的姓名來隱了，另外叫個甚麼九死一生呢？只因我出來應世的二十年中，回頭想來，所遇見的只有三種東西：第一種是蛇蟲鼠蟻；第二種是豺狼虎豹；第三種是魑魅魍魎。二十年之久，在此中過來，未曾被第一種所蝕，未曾被第二種所啖，未曾被第三種所攫，居然被我都避了過去，還不算是九死一生麼？所以我這個名字，也是我自家的紀念。

記得我十五歲那年，我父親從杭州商號裡寄信回來，說是身上有病，叫我到杭州去。我母親見我年紀小，不肯放心叫我出門。我的心中是急的了不得。迨後又連接了三封信說病重了，我就在我母親跟前，再四央求，一定要到杭州去看看父親。我母

親也是記掛著，然而究竟放心不下。忽然想起一個人來，這個人姓尤，表字雲岫，本是我父親在家時最知己的朋友，我父親很幫過他忙的，想著托他伴我出門，一定是千穩萬當。於是叫我親身去拜訪雲岫，請他到家，當面商量。承他盛情，一口應允了。收拾好行李，別過了母親，上了輪船，先到上海。那時還沒有內河小火輪呢，就趁了航船，足足走了三天，方到杭州。兩人一路問到我父親的店裡，那知我父親已經先一個時辰咽了氣了。一場痛苦，自不必言。

那時店中有一位當手，姓張，表字鼎臣，他待我哭過一場，然後拉我到一間房內，問我道：「你父親已是沒了，你胸中有甚麼主意呢？」我說：「世伯，我是小孩子，沒有主意的，況且遭了這場大事，方寸已亂了，如何還有主意呢？」張道：「同你來的那位尤公，是世好麼？」我說：「是，我父親同他是相好。」張道：「如今你父親是沒了，這件後事，我一個人擔負不起，總要有個人商量方好。你年紀又輕，那姓尤的，我恐怕他靠不住。」我說：「世伯何以知道他靠不住呢？」張道：「我雖不懂得風鑒，卻是閱歷多了，有點看得出來。你想還有甚麼人可靠的呢？」我說：「有一位家伯，他在南京候補，可以打個電報請他來一趟。」張搖頭道：「不妙，不妙！你父親在時最怕他，他來了就羅唣的了不得。雖是你們骨肉至親，我卻不敢與他共事。」我心中此時暗暗打主意，這張鼎臣雖是父親的相好，究竟我從前未曾見過他，未知他平日爲人如何；想來伯父總是自己人，豈有辦大事不請自家人，反靠外人之理？想罷，便道：「請世伯一定打個電報給家伯罷。」張道：「既如此，我就照辦就是了。然而有一句話，不能不對你說明白：你父親臨終時，交代我說，如果你趕不來，抑或你母親不放心，不叫你來，便叫我將後事料理停當，搬他回去；並不曾提到你伯父呢。」我說：「此時只怕是我父親病中偶然忘了，故未說起，也未可知。」張歎了一口氣，便起身出來了。

到了晚間，我在靈床旁邊守著。夜深人靜的時候，那尤雲岫走來，悄悄問道：「今日張鼎臣同你說些甚麼？」我說：「並未說甚麼。他問我討主意，我說沒有主意。」尤頓足道：

「你叫他同我商量呀！他是個素不相識的人，你父親沒了，又沒有見著面，說著一句半句話兒，知道他靠得住不呢！好歹我來監督著他。以後他再問你，你必要叫他同我商量。」說著去了。

過了兩日，大殮過後，我在父親房內，找出一個小小的皮箱。打開看時，裡面有百十來塊洋錢，想來這是自家零用，不在店帳內的。母親在家寒苦，何不先將這筆錢，先寄回去母親使用呢！而且家中也要設靈掛孝，在處都是要用錢的。想罷，便出來與雲岫商量。雲岫道：「正該如此。這裡信局不便，你交給我，等我同你帶到上海，托人帶回去罷，上海來往人多呢！」我問道：「應該寄多少呢？」尤道：「自然是愈多愈好呀。」我入房點了一點，統共一百三十二元，便拿出來交給他。他即日就動身到上海，與我寄銀子去了。可是這一去，他便在上海耽擱住，再也不回杭州。

又過了十多天，我的伯父來了，哭了一場。我上前見過。他便叫帶來的底下人，取出煙具吸鴉片煙。張鼎臣又拉我到他房裡問道：「你父親是沒了，這一家店，想來也不能再開了。若把一切貨物盤頂與別人，連收回各種帳目，除去此次開銷，大約還有萬金之譜。可要告訴你伯父嗎？」我說：「自然要告訴的，難道好瞞伯父嗎？」張又歎口氣，走了出來，同我伯父說些閒話。那時我因爲刻訃帖的人來了，就同那刻字人說話。我伯父看見了，便立起來問道：「這訃帖底稿，是哪個起的呢？」我說道：「就是侄兒起的。」我的伯父拿起來一看，對著張鼎臣說道：「這才是吾家千里駒呢。這訃聞居然是大大方方的，期、功、緦麻，一點也沒有弄錯。」鼎臣看著我，笑了一笑，並不回言。伯父又指著訃帖當中一句問我道：「你父親今年四十五歲，自然應該作享壽四十五歲，爲甚你卻寫做春秋四十五歲呢？」我說道：「四十五歲，只怕不便寫作享壽。有人用的是享年兩個字。侄兒想去，年是說不著享的；若說那得年、存年，這又是長輩出面的口氣。侄兒從前看見古時的墓誌碑銘，多有用春秋兩個字的，所以借來用用，倒覺得籠統些，又大方。」伯父回過臉來，對鼎臣道：「這小小年紀，難得他這等留心呢。」說著，又躺下去吃煙。

鼎臣便說起盤店的話。我伯父把煙槍一丟，說道：「著，著！盤出些現銀來，交給我代他帶回去，好歹在家鄉也可以創個事業呀。」商量停當，次日張鼎臣便將這話傳將出來，就有人來問。一面張羅開吊。過了一個多月，事情都停妥了，便扶了靈柩，先到上海。只有張鼎臣因爲盤店的事，未曾結算清楚，還留在杭州，約定在上海等他。我們到了上海，住在長髮棧。尋著了雲岫。等了幾天，鼎臣來了，把帳目、銀錢都交代出來。總共有八千兩銀子，還有十條十兩重的赤金。我一總接過來，交與伯父。伯父收過了，謝了鼎臣一百兩銀子。過了兩天，鼎臣去了。臨去時，執著我的手，囑咐我回去好好的守制識禮，一切事情，不可輕易信人。我唯唯的應了。

此時我急著要回去。怎奈伯父說在上海有事，今天有人請吃酒，明天有人請看戲。連雲岫也同在一處，足足耽擱了四個月。到了年底，方才扶著靈柩，趁了輪船回家鄉去，即時擇日安葬。過了殘冬，新年初四五日，我伯父便動身回南京去了。

我母子二人，在家中過了半年。原來我母親將銀子一齊都交給伯父帶到上海，存放在妥當錢莊裡生息去了，我一向未知。到了此時，我母親方才告訴我，叫我寫信去支取利息，寫了好幾封信，卻只沒有回音。我又問起托雲岫寄回來的錢，原來一文也未曾接到。此事怪我不好，回來時未曾先問個明白，如今過了半年，方才說起，大是誤事。急急走去尋著雲岫，問他緣故。他漲紅了臉說道：「那時我一到上海，就交給信局寄來的，不信，還有信局收條爲憑呢。」說罷，就在帳箱裡、護書裡亂翻一陣，卻翻不出來。又對我說道：「怎麼你去年回來時不查一查呢？只怕是你母親收到了用完了，忘記了罷。」我道：「家母年紀又不很大，哪里會善忘到這麼著。」雲岫道：「那麼我不曉得了。這件事幸而碰到我，如果碰到別人，還要罵你撒賴呢！」我想想這件事本來沒有憑據，不便多說，只得回來告訴了母親，把這事擱起。

我母親道：「別的事情且不必說，只是此刻沒有錢用。你父親剩下的五千銀子，都叫你伯父帶到上海去了，屢次寫信去取利錢，卻連回信也沒有。我想你已經出過一回門，今年又長了一歲了，好歹你親自到南京走一遭，取了存摺，支了利錢寄回來。你在外面，也覷個機會，謀個事，終不能一輩子在家裡坐著吃呀。」

我聽了母親的話，便湊了些盤纏，附了輪船，先到了上海。入棧歇了一天，擬坐了長江輪船，往南京去。這個輪船，叫做元和。當下晚上一點鐘開行，次日到了江陰，夜來又過了鎮江。一路上在艙外看江景山景，看的倦了，在鎮江開行之後，我見天陰月黑，沒有什麼好看，便回到房裡去睡覺。

睡到半夜時，忽然隔壁房內，人聲鼎沸起來，把我鬧醒了。急忙出來看時，只見圍了一大堆人，在那裡吵。內中有一個廣東人，在那裡指手畫腳說話。我便走上一步，請問甚事。他說這房裡的搭客，偷了他的東西。我看那房裡時，卻有三副鋪蓋。我又問：「是哪一個偷東西呢？」廣東人指著一個道：「就是他！」我看那人時，身上穿的是湖色熟羅長衫，鐵線紗夾馬褂；生得圓圓的一團白麵，唇上還留著兩撇八字鬍子，鼻上戴著一副玳瑁邊墨晶眼鏡。我心中暗想，這等人如何會偷東西，莫非錯疑了人麼？心中正這麼想著，一時船上買辦來了，帳房的人也到了。

那買辦問那廣東人道：「捉賊捉贓呀，你捉著贓沒有呢？」那廣東人道：「贓是沒有，然而我知道一定是他；縱使不見他親手偷的，他也是個賊夥，我只問他要東西。」買辦道：

「這又奇了，有甚麼憑據呢？」此時那個人嘴裡打著湖南話，在那裡「王八崽子」的亂罵。我細看他的行李，除了衣箱之外，還有一個大帽盒，都粘著「江蘇即補縣正堂」的封條；板壁上掛著一個帖袋，插著一個紫花印的文書殼子。還有兩個人，都穿的是藍布長衫，像是個底下人光景。我想這明明是個官場中人，如何會做賊呢？這廣東人太胡鬧了。

只聽那廣東人又對眾人說道：「我不說明白，你們眾人一定說我錯疑了人了；且等我說出來，大眾聽聽呀。我父子兩人同來。我住的房艙，是在外南，房門口對著江面的。我們已經睡了，忽聽得我兒子叫了一聲有賊。我一咕嚕爬進來看時，兩件熟羅長衫沒了；衣箱面上擺的一個小鬧鐘，也不見了；衣箱的鎖，也幾乎撬開了。我便追出來，轉個彎要進裡面，便見這個人在當路站著——」買辦搶著說道：「當路站著，如何便可說他做賊呢？」廣東人道：「他不做賊，他在那裡代做賊的望風呢。」買辦道：「晚上睡不著，出去望望也是常事。怎麼便說他望風？」廣東人冷笑道：「出去望望，我也知道是常事；但是今夜天陰月黑，已經是看不見東西的了。他爲甚還戴著墨晶眼鏡？試問他看得見甚麼東西？這不是明明在那裡裝模做樣麼？」

我聽到這裡，暗想這廣東人好機警，他若做了偵探，一定是好的。只見那廣東人又對那人說道：「說著了你沒有？好了，還我東西便罷。不然，就讓我在你房裡搜一搜。」那人怒道：「我是奉了上海道的公事，到南京見制台的，房裡多是要緊文書物件，你敢亂動麼！」

廣東人回過頭來對買辦道：「得罪了客人，是我的事，與你無干。」又走上一步對那人道：「你讓我搜麼？」那人大怒，回頭叫兩個底下人道：「你們怎麼都同木頭一樣，還不給我攆這王八蛋出去！」那兩個人便來推那廣東人，那裡推得他動，卻被他又走上一步，把那人一推推了進去。廣東人彎下腰來去搜東西。此時看的人，都代那廣東人捏著一把汗，萬一搜不出贓證來，他是個官，不知要怎麼辦呢！

只見那廣東人，伸手在他床底下一搜，拉出一個網籃來，七橫八豎的放著十七八杆鴉片煙槍，八九枝銅水煙筒。眾人一見，一齊亂嚷起來。這個說：「那一枝煙筒是我的。」那個說：「那根煙槍是我的。今日害我吞了半天的煙泡呢。」又有一個說道：「那一雙新鞋是我的。」一霎時都認了去。細看時，我所用的一枝煙筒，也在裡面，也不曾留心，不知幾時偷去了。此時那人卻是目瞪口呆，一言不發。當下買辦便沉下臉來，叫茶房來把他看管著。要了他的鑰匙，開他的衣箱檢搜。只見裡面單的夾的，男女衣服不少；還有兩枝銀水煙筒，一個金豆蔻盒，這是上海倌人用的東西，一定是贓物無疑。搜了半天，卻不見那廣東人的東西。廣東人便喝著問道：「我的長衫放在那裡了？」那人到了此時，真是無可奈何，便說道：「你的東西不是我偷的。」廣東人伸出手來，很很的打了他一個巴掌道：「我只問你要！」那人沒法，便道：「你要東西跟我來。」此時，茶房已經將他雙手反綁了。眾人就跟著他去。只見他走到散艙裡面，在一個床鋪旁邊，嘴裡嘰嘰咕咕的說了兩句聽不懂的話。便有一個人在被窩裡鑽出來，兩個人又嘰嘰咕咕著問答了幾句，都是聽不懂的。那人便對廣東人說道：「你的東西在艙面呢，我帶你去取罷。」買辦便叫把散艙裡的那個人也綁了。大家都跟著到艙面去看新聞。只見那人走到一堆篷布旁邊，站定說道：「東西在這個裡面。」廣東人揭開一看，果然兩件長衫堆在一處，那小鐘還在那裡的得的得走著呢。到了此時，我方才佩服那廣東人的眼明手快，機警非常。自回房去睡覺。想著這個人扮了官去做賊，卻是異想天開，只是未免玷辱了官場了。我初次單人匹馬的出門，就遇了這等事，以後見了萍水相逢的人，倒要留心呢。一面想著，不覺睡去。到了明日，船到南京，我便上岸去，昨夜那幾個賊如何送官究治，我也不及去打聽了。

上得岸時，便去訪尋我伯父；尋到公館，說是出差去了。我要把行李拿進去，門上的底下人不肯，說是要回過太太方可。說著，裡面去了。半晌出來說道：「太太說：侄少爺來到，本該要好好的招呼；因爲老爺今日出門，係奉差下鄉查辦案件，約兩三天才得回來，太太又向來沒有見過少爺的面，請少爺先到客棧住下，等老爺回來時，再請少爺來罷。」我聽了一番話，不覺呆了半天。沒奈何，只得搬到客棧裡去住下，等我伯父回來再說。

只這一等，有分教：家庭違骨肉，車笠遇天涯。要知後事如何，且待下文再記。

【問題與討論】

一、本課所選吳沃堯《二十年目睹之怪現狀》節選內容主旨爲何？

二、何謂「九死一生」？你對「九死一生」有何看法？

三、吳沃堯《二十年目睹之怪現狀》與其他明清小說在敘事語言及故事情節塑造上，有何不同？

第二十八課　哲學名著選讀

【題解與作者】

在哲學的發展史上，「範疇」（category）的提出是建立哲學系統非常重要的一個階段，因為這代表人類對於宇宙事物從複雜的整體或對客觀世界的考察逐漸轉向客觀的系統分類及思維引導模式，以及探討思維過程本身的規律，並且透過各種不同的範疇，使得人類在哲學家的思想引導下，能夠更加認識生命及宇宙的本質。「範疇」漢譯係取自《尚書・洪範》中「天乃錫禹，洪範九疇」一語中的「範疇」兩字，因為其基本概念是「洪」者「大」義，「範」者「法」義，「疇」者「類」義，簡譯就是「大的分類系統」，這個意義的取向及設定，有利於將中國哲學中許多相對立的觀念與涉及本體論思想的概念，以哲學範疇為討論的中心。

中國哲學或中國哲學史的研究，大抵上可以分為三項大類的主題：第一項是以「哲學家」為中心的思想研究，第二項是以「文獻典籍」為中心的討論，第三項是以「概念、論題與範疇」為中心的研討。同時，諸多哲學家組成的學術流派及其後世影響，形成了以「哲學家」為中心的研究範圍；再者，從哲學家的著作典籍中，形成後世討論的文本與取材的來源；最重要的是，哲學家透過文獻典籍提出了哲學的概念、論題與討論的範疇。若以中國哲學的發展史實而論，無疑的是以「概念、論題與範疇」為中國哲學思想的骨幹，其中特別又以「範疇」為中心的討論，成為八十年代以來當代學者對中國哲學研究及其方法論探討的一門顯學。

中國哲學範疇可以歸納為「單一性範疇」（如「誠」）、「相對性範疇」（如「陰陽」）與「系統性範疇」（如木火土金水等五行或體相用），藉此成立一個系統的架構以涵攝中國哲學的研究方法，並試圖從架構系統的過程中成立研究中國哲學方法論的思維，因此本課所選數篇哲學名著的短文，提供讀者參考。

一、《尚書・洪範》節選

惟十有三祀❶，王訪於箕子❷。王乃言曰：「嗚呼！箕子。惟天陰騭下民❸，相協厥居❹，我不知其彝倫攸敘❺。」箕子乃言曰：「我聞在昔，鯀陻洪水❻，汨陳其五行❼。帝乃震怒，不畀洪範九疇❽，彝倫攸斁❾。鯀則殛❿死，禹乃嗣興⓫，天乃錫⓬禹洪範九疇，彝倫攸敘。

---

❶惟十有三祀：祀，本為古代對鬼神或先祖所舉行的祭禮，在此指年。全句是指周武王十三年。

❷王訪於箕子：指周武王訪問殷商遺老的箕子。

❸陰騭下民：指庇蔭照顧人民。陰，同「蔭」字，音ㄧㄣ，指庇蔭。騭，音ㄓˋ，指安定的意思。

❹相協厥居：指使人民和協的居住在一起。厥，音ㄐㄩㄝˊ。

❺彝倫攸敘：指遵循常理所規範的秩序。彝，本指古代宗廟常用禮器的總名，指常規，音ㄧˊ。敘，指次序，次第。

❻鯀陻洪水：指鯀用防堵堆塞的方法治理洪水。鯀，音ㄍㄨㄣˇ，大禹的父親。陻，音ㄧㄣ，指堵塞。

❼汨陳其五行：指鯀用防堵堆塞的方法是擾亂了上天安排的五行自然運轉的規律。汨，音ㄇㄧˋ，指擾亂。陳，指羅列。五行，指構成宇宙的五種基本元素，即木、火、土、金、水。

❽不畀洪範九疇：指沒有賜予鯀九種治國安民的根本大法。畀，音ㄅㄧˋ，給。洪，大。範，指法則。疇，指種類。

❾斁：音ㄉㄨˋ，指敗壞的意思。

❿殛：指流放或放逐。殛，音ㄐㄧˊ。

⓫嗣興：指繼承並振興。

⓬錫：同「賜」字，指賜予。錫，音ㄙˋ。

二、《易經．繫辭》節選

天尊地卑，乾坤定矣❶。卑高以陳❷，貴賤位❸矣。動靜有常❹，剛柔斷❺矣。方以類聚❻，物以群分，吉凶生矣。在天成象❼，在地成形，變化見❽矣。是故剛柔相摩，八卦相盪。鼓之以雷霆，潤之以風雨，日月運行，一寒一暑。乾道成男，坤道成女。〈第一章〉

聖人設❾卦觀象❿，繫辭⓫焉而明吉凶，剛柔相推而生變化。是故吉凶者，失得之象也。悔吝者，憂虞⓬之象也。變化者，進退之象也。剛柔者，晝夜之象也。六爻之動，三極⓭之道也。〈第二章〉

一陰一陽之謂道，繼之者⓮善也，成之者⓯性也。仁者見之⓰謂之仁，知⓱者見之謂之知。〈第五章〉

子曰：「書⓲不盡言⓳，言不盡意。」然則聖人之意，其不可見乎？子曰：「聖人立象⓴以盡意，設卦以盡情僞㉑，繫辭焉以盡其言，變而通之以盡利，鼓之舞之㉒以盡神。」〈第十二章〉

形而上者㉓謂之道㉔，形而下者謂之器㉕。〈第十二章〉

---

❶天尊地卑，乾坤定矣：在上位的天是尊貴的，在下位的地是卑下的，以乾為尊與以坤為卑的地位，由此就確定了。

❷陳：指陳列。

❸位：指居其位。

❹常：指恆常不變的規律。

❺斷：指區分清楚。

❻方以類聚：指同類事物相聚一處。

❼象：指現象。

❽見：通「現」，指顯現出來。見，音ㄒㄧㄢˋ。

❾設：創造設立。

❿象：指物象。

⓫繫辭：聯繫在卦爻之後揭示吉祥或凶險的文辭。

⓬憂虞：指憂慮愁苦和顧慮。

⓭三極：即三才，指天、地、人。

⓮繼之者：指繼承此道，創造萬物。

⓯成之者：指承順此道，化育萬物。

⓰之：指陰陽化生萬物的道理。

⓱知：通「智」。知，音ㄓˋ。

⓲書：指文字。

⓳盡言：指完整地表達心中想說的話語。

⓴立象：指創立各種圖象的象徵。

㉑情僞：指真誠與虛僞。

㉒鼓之舞之：指鼓動與激勵的表揚。

㉓形而上者：指超出具體形態的事物，是無形與抽象的，在哲學上是指構成宇宙的抽象原理。

㉔道：指宇宙構成與轉變的終極原理。

㉕器：指具體形態的物質或狀態，表示物質的現象。

三、《中庸》節選

天命之謂性，率性之謂道，修道之謂教。道也者，不可須臾離也，可離，非道也。是故君子戒慎乎其所不睹，恐懼乎其所不聞。莫見乎隱，莫顯乎微，故君子慎其獨也。〈第一章〉

喜怒哀樂之未發，謂之中；發而皆中節，謂之和。中也者，天下之大本也；和也者，天下之達道也。致中和，天地位焉，萬物育焉。〈第一章〉

自誠明，謂之性；自明誠，謂之教。誠則明矣，明則誠矣。〈第二十一章〉

唯天下至誠，為能盡其性。能盡其性，則能盡人之性。能盡人之性，則能盡物之性。能盡物之性，則可以贊天地之化育。可以贊天地之化育，則可以與天地參矣。〈第二十二章〉

誠者自成也，而道自道也。誠者，物之終始。不誠無物。〈第二十五章〉

四、《公孫龍子．白馬論第二》節選

（客：）「白馬非馬」，可乎？（主）曰：可。（客）曰：何哉？

（主）曰：馬者，所以命形也；白者，所以命色也。命色者非名形也。故曰：「白馬非馬」。

五、劉卲《人物志》節選

夫聖賢之所美，莫美乎聰明；聰明之所貴，莫貴乎知人。知人誠智，則眾材得其序，而庶績之業興矣。蓋人物之本，出乎情性。情性之理，甚微而玄；非聖人之察，其孰能究之哉？凡有血氣者，莫不含元一以爲質，稟陰陽以立性，體五行而著形。苟有形質，猶可即而求之。凡人之質量，中和最貴矣。中和之質，必平淡無味，故能調成五材，變化應節。是故觀人察質，必先察其平淡，而後求其聰明。

骨植而柔者，謂之弘毅；弘毅也者，仁之質也。氣清而朗者，謂之文理；文理也者，禮之本也。體端而實者，謂之貞固；貞固也者，信之基也。筋勁而精者，謂之勇敢；勇敢也者，義之決也。色平而暢者，謂之通微；通微也者，智之原也。〈九徵〉

一曰觀其奪救，以明間雜。二曰觀其感變，以審常度。三曰觀其志質，以知其名。四曰觀其所由，以辨依似。五曰觀其愛敬，以知通塞。六曰觀其情機，以辨恕惑。七曰觀其所短，以知所長。八曰觀其聰明，以知所達。〈八觀〉

【問題與討論】

一、何謂「範疇」？哲學範疇對吾人生活與思考有何幫助？

二、何謂「一陰一陽之謂道」？如何從哲學範疇的角度思考陰陽五行的價值與意義？

三、何謂「致中和，天地位焉，萬物育焉」？

四、試以哲學範疇思考與分析「白馬非馬」的立論基礎與意義。

第二十九課　禪學名著選讀

【題解與作者】

六祖惠能大師（六三八至七一三）是中國思想史中禪宗史上最重要的歷史核心人物，也是整部中國文化史上一位具有時代意義與關鍵地位的佛門高僧。同時，代表惠能思想的《六祖壇經》，更是一部影響中國禪學及中國文化極爲深遠的劃時代巨著，它可以說是結合了印度佛學與中國文化中最爲精妙思想的融合。因此，凡是探討中國禪學史的流變或是禪宗思想的相關問題，也必然是以此部經典爲研究的中心而輻射開展，可見其特殊的研究價值。再者，惠能大師的禪學思想、生平傳奇、境界風姿與對後世的影響，都是歷來受人稱頌、研究及津津樂道的對象。中國禪宗由此開花散葉，禪宗的思想風潮與傳承法脈從惠能圓寂至今一千三百年來席捲天下，並且傳播至中國及其鄰近的日本、韓國等地。

惠能在《壇經》中開示了禪宗頓悟自性的思想，以一句「世人性本自淨，萬法在自性」的智慧，點燃了智慧的火炬，成爲照耀千古的光華，這一句話也可以解釋成「一切萬法在於自己的本心自性」。然而，自性中並無相對的兩端，惠能爲詮釋頓悟禪法的殊勝，所以開展了眾生平等與解行相應的思想，這些都具有人生哲學與思想的深刻內涵，更具有超越時空的時代意義，可以對治當今世界上因種族、國別、政治、宗教、性別等矛盾所產生的衝突，並且從超越極端與消融對立中進入無分別的和諧世界，這也是從根本上解決紛爭與矛盾的方法，不僅可以促進個人身心的協調，也可以從個人與人群之間，尋求一個和諧社會的基礎，在眾生平等下彼此互相尊重，在精神文明中創造璀璨耀眼的光輝與莊嚴高妙的境界。

一、惠能（敦博本）《六祖壇經》節選

能大師言：「善知識❶！淨心❷念摩訶般若波羅蜜法。」大師不語，自淨心神，良久乃言：「善知識靜聽❸：惠能慈父，本官范陽，左降遷流嶺南，作新州百姓。惠能幼小，父亦早亡。老母孤遺，移來南海❹。艱辛貧乏，於市賣柴。忽有一客買柴，遂領惠能至於官店，客將柴去。惠能得錢，卻向門前，忽見一客讀《金剛經》。惠能一聞，心明便悟。」

---

❶善知識：梵語爲kalyāṇamitra，音譯作迦里也曩蜜怛羅，敬稱具有道德學問的人，佛教以能夠引領眾生學佛修行的導師或菩薩，尊稱爲善知識，此處有恭維稱許聽眾之意，也是對聽眾的禮貌代稱。因此，善知識可以視爲「善良的朋友」，或者是「能指引吾人走向正道的好朋友」，因此高貴如菩薩或一般的學佛朋友，皆可以稱爲善知識。

❷淨心：佛教的「淨」有「清淨自在」與「超越世間善惡」的雙重涵義。淨心，即是清淨自心而超越世俗的分別染濁。

❸靜聽：如佛經中的「諦聽」，以真誠與真實的心境聽講。

❹南海：南海在林有能〈中國禪宗六祖慧能研究表微〉一文中指出有六種以上說法，但筆者親訪國恩寺時，住持如禪法師確定爲惠能從當地夏盧村一條小河移來南面的龍山。

五祖忽於一日喚門人盡來，門人集訖。五祖曰：「吾向汝說，世人生死事大。汝等門人，終日供養，只求福田❶，不求出離生死苦海。汝等自性❷迷，福門何可救汝？汝等且歸房自看，有智慧者，自取本性般若❸之智，各作一偈呈吾。吾看汝偈，若悟大意者，付汝衣法，稟爲六代。火急作！」

❶福田：梵語 **puṇya-kṣetra**，是以田地爲譬喻，指世間法中能夠生起功德福報的心田，意謂世間福報。

❷自性：梵語 **svabhāva**，本指萬物自體的體性，佛教以爲萬法皆無自性，意即沒有永遠不變的本性。但弘忍或後世禪宗所說的自性，是指「法自性」，意即「法性」或「佛性」，是眾生不生不滅成佛的本性。

❸般若：梵語 **prajñā**，意譯爲「妙智慧」，此爲洞悉觀照宇宙實相而產生的特殊智慧，也是成佛的根本。

門人得處分❶，卻來各至自房，遞相謂言：「我等不須澄心用意作偈，將呈和尚。神秀❷上座❸是教授師❹，秀上座得法後，自可依止，偈不用作！」諸人息心，盡不敢呈偈。時大師堂前有三間房廊，於此廊下供養❺，欲畫楞伽變❻，並畫五祖大師傳授衣法流行後代爲記。畫人盧珍看壁了，明日下手❼。

❶處分：吩咐處理。

❷神秀：又稱爲北宗神秀（六〇五至七〇六），唐代禪宗五祖弘忍大師的首座弟子，也是六祖惠能的師兄，神秀博學多聞，精進修持，曾受武則天與中宗的禮遇，備極榮寵，神龍二年二月圓寂於洛陽天宮寺，世壽一〇二，敕號爲「大通禪師」。

❸上座：梵語 **sthavira**，又稱首座，長老，上臘等，指出家受戒的法臘年紀高，又居於極上位的僧尼。

❹教授師：又作阿闍梨，梵語 **ācārya**，主要是教授受戒的戒子或新進的僧侶戒律威儀、禪定、佛學與法事的老師。

❺供養：佛教經常以明燈、飲食、香花等物品資養佛、法、僧三寶，在此有奉祀及擺設供品處所的意義。
❻楞伽變：「變」是「變相」，是指依據佛經記載，描繪莊嚴淨土或恐怖地獄等圖畫，以宣傳教義。楞伽變亦即以《楞伽經》中的故事爲主題所繪製配合傳播佛法的各種圖畫。
❼下手：動手處理。

上座神秀思維，諸人不呈心偈❶，緣我爲教授師，我若不呈心偈，五祖如何得見我心中見解深淺？我將心偈上五祖呈意，求法即善，覓祖❷不善，卻同凡心奪其聖位❸。若不呈心偈，終不得法。良久思維，甚難甚難！

---

❶心偈：指心中體悟禪法深淺而發抒於文字的詩偈。
❷祖：指禪宗傳承的祖位，在此指弘忍欲傳六祖的祖位給門下徒眾，繼承者即爲一代祖師。
❸聖位：本指證得菩提的果位，就南傳佛教立場而言，是指初果到四果阿羅漢的果位；就大乘佛教立場而言，是指初地以上的十地果位，再加上等覺與妙覺，共十二階位。以上所述南傳佛教與大乘佛教的果位，皆是解脫的聖者，故稱聖位。在此指禪宗代代相傳祖師的祖位，弘忍敬稱其爲聖位。

夜至三更❶，不令人見，遂向南廊下中間壁上題作呈心偈，欲求衣法。若五祖見偈，言此偈語，若訪覓我，我見和尙，即云是秀作。五祖見偈言不堪，自是我迷，宿業❷障重，不合得法，聖意難測，我心自息。秀上座三更於南廊下中間壁上秉燭題作偈，人盡不知。偈曰：

身是菩提❸樹，心如明鏡臺，時時勤拂拭，莫使有塵埃。

❶三更：「更」爲夜間計時的單位名稱，一夜共分爲五更，每一更爲兩小時，三更爲夜間十一點至凌晨一點。

❷宿業：梵語 **pūrva-karma**，指過去生所造的善業或是惡業，又稱爲宿作業。宿業本來包含過去生的善業與惡業，但一般通俗的說法是專指惡業，若指過去生所造的善業，稱爲宿善業，亦通。

❸菩提：梵語 **bodhi** 的音譯，意譯爲「覺悟」，此爲眾生本具之靈明覺性，亦爲成佛的根本條件之一。

神秀上座題此偈畢，卻歸房臥，並無人見。

五祖平旦❶，遂喚盧供奉❷來南廊下，畫楞伽變。五祖忽見此偈，讀訖，乃謂供奉曰：「弘忍與供奉錢三十千，深勞遠來，不畫變相也。金剛經云：『凡所有相，皆是虛妄。』不如留此偈，令迷人誦。依此修行，不墮三惡❸；依法修行，有大利益❹。」

---

❶平旦：早晨天剛亮的時候。古人一般將半夜以後到天亮分爲三階段，分別是初啓光明的「雞鳴」，天將亮而未全亮的「昧旦」，以及天亮時的「平旦」，代表太陽已經升起地平線，天已大亮。

❷供奉：本義爲供養或侍奉，或以文學、特殊技藝到朝廷供職的人，在此是尊稱有特殊才藝的人。

❸三惡：是指地獄道、餓鬼道、畜生道等三惡道的略稱。

❹利益：佛教所謂的利益，並非世俗指稱的好處，而是指益世利生的功德，其中又包含了出世的無相功德與入世的有相功德，弘忍此處所指應是表面的讚揚其入世的修持。

大師遂喚門人盡來，焚香偈前，眾人見已，皆生敬心。弘忍曰：「汝等盡誦此偈者，方得見性，依此修行，即不墮落❶。」門人盡誦，皆生敬心，喚言善哉！

五祖遂喚秀上座於堂內，問：「是汝作偈否？若是汝作，應得我法。」秀上座言：「罪過❷！實是神秀作。不敢求祖，願和尚慈悲，看弟子有小智慧識大意否？」

---

❶墮落：指在修行上退步，一般乃指墮落至三惡道。

❷罪過：本義爲罪行或過失，在此是神秀自謙的意思，表示愧不敢當，受到老師弘忍的詢問，神秀自己覺得自己追求祖位而於半夜偷偷寫下偈語是有過失的，也顯示出神秀對自己的偈語沒有十足的信心，不能當下的承擔。

五祖曰：「汝作此偈，見解❶只到門前，尚未得入。凡夫依此偈修行，即不墮落；作此見解，若覓無上菩提❷，即不可得。要入得門，見自本性。汝且去，一兩日思維，更作一偈來呈吾，若入得門，見自本性，當付汝衣法。」秀上座去數日，作偈不得。

---

❶見解：一般指對某件事物認識的程度，但禪宗對此有更深的涵義，主要是指對禪法實證體悟的深淺，並且將一般世俗的認識提升到出世間法的見地，亦即親身體驗到的禪法深淺。

❷無上菩提：從緣覺、聲聞、菩薩及佛陀體證的覺悟，皆爲菩提，唯有佛陀所證稱爲「無上菩提」，亦即至高無上的佛果。

有一童子於碓坊邊過，唱誦此偈。惠能一聞，知未見性，即識大意。能問童子：「適來誦者，是何言偈？」

童子答能曰：「你不知大師言生死事大❶，欲傳衣法，令門人等各作一偈來呈吾看，悟大意❷，即付衣法，稟爲六代祖。有一上座名神秀，忽於南廊下書無相偈❸一首，五祖令諸門人盡誦，悟此偈者，即見自性；依此修行，即得出離❹。」

❶生死事大：禪宗或佛教認爲生死的問題是極爲重大，必須視爲最重要的人生大事來面對。
❷悟大意：在此的「悟」是體證的意思，亦即體證禪法的根本要旨。
❸無相偈：指神秀所作「身是菩提樹」的偈語，在此的「無相」與惠能的定義說法不同，惠能的無相是「離相」不執著的意思，神秀在此所述的無相偈語是透過有相的修持欲達到無相的境界。
❹出離：指超越世俗輪迴的限制，或是指解脫的意思。

惠能答曰：「我此踏碓八個餘月，未至堂前，望上人❶引惠能至南廊下，見此偈禮拜，亦願誦取，結來生緣，願生佛地。」

童子引能至南廊下，能即禮拜此偈。爲不識字，請一人讀。惠能聞已，即識大意。惠能亦作一偈，又請得一解書人，於西間壁上題著，呈自本心❷，不識本心，學法無益，識心見性，即悟大意。

❶上人：梵語 puruṣarṣabha。本義是指兼備智慧與道德而能爲眾僧及民眾的老師之高僧，後來也廣泛的尊稱出家僧眾中具有威德

或成就的法師，亦可尊稱一般法師爲上人，是爲禮貌的表現之一。

❷本心：即指眾生本來具足的真如本性，這是無造作、無是非、超越一切的生命本然狀態。禪宗所謂的「本心」是佛性，宋明理學家陸象山與王陽明等亦有「發明本心」之說，兩者的說法並不完全相同，不同在於禪宗的「本心」是「無我的」，是緣起性空的；宋明理學家的「本心」是以「仁」爲本體，是以「天道原理」爲具體內容的精神實體。

惠能偈曰：「菩提本無樹，明鏡亦無臺，佛性常清淨❶，何處有塵埃？」

又偈曰：「身是菩提樹，心為明鏡臺，明鏡本清淨，何處染塵埃？」

院內徒眾，見能作此偈，盡怪，惠能卻入碓坊。五祖忽來廊下，見惠能偈，即知識大意。恐眾人知，五祖乃謂眾人曰：「此亦未得了❷。」

---

❶佛性常清淨：清淨，梵語爲 śuddha, viśuddha, pariśuddha，主要是指眾生遠離因爲惡念惡行產生的過失煩惱，進而獲得安定祥和與清明純淨的境界。

❷未得了：指尚未得到開悟解脫的意思。了，指開悟解脫。

五祖夜至三更，喚惠能堂內，說《金剛經》。惠能一聞，言下便悟❶。其夜受法，人盡不知，便傳頓教法及衣，以爲六代祖。衣將爲信稟❷，代代相傳；法以心傳心，當令自悟。五祖言：「惠能！自古傳法，氣如懸絲！若住此間，有人害汝，汝即須速去。」

❶言下便悟：「言下」是指弘忍說法的當下或頓時，是指不經思索的直覺觸悟，惠能在弘忍言說的當下就開悟了，在此悟境應比第一次在旅店聆聽《金剛經》而開悟爲更加深入。

❷信稟：「信」指的是作爲憑證的物件，「稟」爲領受與承受的意思，所以信稟指的是領受外在表徵的信物。

惠能來於此地，與諸官僚道俗，亦有累劫❶之因。教是先聖所傳，不是惠能自知。願聞先聖教者，各須淨心，聞了願自除迷，如先代悟。惠能大師喚言：「善知識！菩提般若之智，世人本自有之，即緣心迷，不能自悟，須求大善知識❷示道見性。善知識！愚人智人，佛性本亦無差別，只緣迷悟，迷即爲愚，悟即成智。」

❶劫：梵語爲 kalpa。其音譯劫跛、劫簸、劫波、羯臘波。意譯爲時、長時、分別時分、分別時節、大時。本爲古印度婆羅門極大時期的時間單位。後來，佛教沿續如此的說法，在佛教經論中多半比喻爲極長的時間。佛教對於「劫」時間內容的說法，主要是闡述一個世界從生成到毀滅的過程。

❷大善知識：在禪宗的專業術語中，所謂的「大善知識」，主要是特指具備開悟經驗中已經澈悟的禪師，同時必須具備世間法教學善巧導引弟子至出世間開悟的智慧與能力。

善知識！我此法門，以定慧爲本❶。第一勿迷，言慧定別，定慧體一不二。即定是慧體，即慧是定用。❷即慧之時定在慧，即定之時慧在定。善知識！此義即是定慧等❸。

❶我此法門，以定慧爲本：惠能自述其修行法門是以「定慧」爲根本，然而惠能下文又特別強調他所謂的「定」（禪定）與「慧」（般若智慧），並不等同於南傳小乘佛教的「戒、定、慧」的修行次等，而是禪定與般若智慧互相發明與互爲體用的修行體系及其觀念，這對禪宗做爲大乘佛教的宗派性格有決定性的影響因素之一，也是惠能禪法的特色之一。

❷「即定是慧體，即慧是定用」句：可以看出惠能體用不二的哲學體系，在中國學術流變發展史中，惠能的思想是綜合的路線，而非荀子或程頤、朱子等分解的思路。

❸定慧等：惠能以「定」（禪定）與「慧」（般若智慧）是「等同」或「等同修持」的概念，說明其禪法體（定）用（慧）是一如的，並無高下、先後的區別，以說明其頓悟不落階級。

一行三昧❶者，於一切時中行、住、坐、臥，常行直心是。《淨名經》❷云：「直心是道場，直心是淨土。」❸莫心行諂曲，口說法直，口說一行三昧，不行直心，非佛弟子。但行直心，於一切法上，無有執著，名一行三昧。迷人著法相，執一行三昧，直言坐不動，除妄不起心，即是一行三昧。若如是，此法同無情，卻是障道因緣。

❶一行三昧：梵語爲 **ekavyūha-samādhi**。主要是指心專注於生活中任一行止而修習的禪定。可以概分爲兩大類，第一：理法上的一行三昧，凡是入此三昧，就會知道一切諸佛法身與眾生身是平等無二與無差別的，所以在行住坐臥等一切處所，能夠直心

純一，當下直成淨土；第二：事修上的一行三昧，就是由一心念佛而形成的念佛三昧。三昧：梵語爲 samādhi 的音譯，又譯作三摩地，意譯是定、正定、等持等。三昧就是將心穩定於某一種安定的狀態，如此將心安止於某一境界而不散亂，亦稱爲心一境性。

❷淨名經：梵名爲 Vimalakīrti，意譯淨名，音譯爲維摩詰，故《淨名經》正是《維摩詰經》。

❸「直心是道場，直心是淨土」句，出自《維摩詰所說經．佛國品第一》與〈菩薩品第四〉。

善知識！我此法門，從上以來，頓漸皆立無念❶爲宗，無相爲體，無住爲本。何名無相？無相者，於相而離相。無念者，於念而不念。無住者，爲人本性，念念不住，前念、今念、後念，念念相續，無有斷絕。若一念斷絕，法身❷即離色身❸。念念時中，於一切法上無住。一念若住，念念即住，名繫縛。於一切法上，念念不住，即無縛也，是以無住爲本。

---

❶無念：在此所謂的「無」，並非空無一物或完全沒有的意思，更不等同《老子》所謂的「無」。惠能在前後文所強調的「無」，當解釋爲「離」或「超越」的意思，所以「無念」即是「離開善惡分別的心念」或是「超越分別的概念」，由此進入一切如如而沒有任何執著的心念。

❷法身：梵語爲 dharma-kāya。指佛教所謂的不生不滅的真理之身，法身爲佛陀法、報、化三身之一，法身無形相，遍虛空法界。衆生亦具三身，但因煩惱執著而未能彰顯，諸佛證入實相，法身開顯而通達無礙。

❸色身：梵語爲 rūpa-kāya。色身指有形質的身體，就是凡夫的肉身，亦指諸佛菩薩應化人間的物質身。

既悟正見般若之智，除卻愚癡迷妄。眾生各各自度❶，邪來正度，迷來悟度，愚來智度，惡來善度，煩惱來菩提度，如是度者，是名真度。煩惱無邊誓願斷，自心除虛妄。法門無邊誓願學，學無上正法。無上佛道誓願成，常下心行，恭敬一切，遠離迷執，覺智生般若，除卻迷妄，即自悟佛道成，行誓願力。

❶自度：禪宗向來強調自己度化自己，這與佛教的根本精神相契合，因為眾生皆有佛性，悟道皆能成佛，如淨土宗雖然強調必須仰仗阿彌陀佛的功德願力，方能往生西方極樂世界，但仍須勤念阿彌陀佛方得往生，可見生命的主宰仍是當下的自己。

善知識！何名懺悔？懺者終身不作，悔者知於前非。惡業恆不離心，諸佛前口說無益，我此法門中，永斷不作，名為懺悔。

慈悲即是觀音❶，喜捨名為勢至❷，能淨是釋迦，平直即是彌勒❸，人我即是須彌❹，邪心即是海水，煩惱即是波浪，毒心即是惡龍，塵勞即是魚鱉，虛妄即是鬼神，三毒即是地獄，愚癡即是畜生，十善即是天堂。

❶觀音：即觀世音菩薩，梵文為 Avalokiteśvara，這尊菩薩是以慈悲救濟眾生為本願的菩薩，主要象徵的精神就是慈悲。
❷勢至：即大勢至菩薩，梵文為 Mahā-sthāma-prāpta，這尊菩薩是以智慧光明普照一切，讓輪迴眾生遠離三惡道，得到無上的勢力，主要象徵的精神就是精進與歡喜佈施。
❸彌勒：即彌勒菩薩，梵文為 Maitreya，傳說彌勒出生於釋迦牟尼佛時代的婆羅門家庭，後來成為佛的弟子，先佛入滅往生，後來又以菩薩的身分住於兜率天為天人說法。
❹須彌：梵文為 Sumeru，意譯為妙高山，原為古印度神話中的山名，佛教續用，以為是世界中央的一座高山。

第一祖達摩和尚頌曰：「吾本來東土❶，傳教救迷情❷，一花開五葉❸，結果自然成。」

第二祖惠可和尚頌曰：「本來緣有地，從地種花生，當本元無地，花從何處生？」

第三祖僧璨和尚頌曰：「花種須因地❹，地上種花生，花種無生性，於地亦無生。」

第四祖道信和尚頌曰：「花種有生性，因地種花生，先緣不和合，一切盡無生。」

第五祖弘忍和尚頌曰：「有情來下種，無情花即生，無情又無種，心地亦無生。」

第六祖惠能和尚頌曰：「心地含情種，法雨即花生，自悟花情種，菩提果自成。」

❶東土：指古代的中國，主要是相對於印度或西域諸國的地理位置而言。

❷迷情：主要是指迷戀世俗情感愛戀情仇意念的人。

❸一花開五葉：主要是指達摩傳承佛陀頓悟的心法爲心花，開出惠可、僧璨、道信、弘忍與惠能等五朵法葉。

❹因地：本來是指與果地的對稱，但此處亦指具有大乘佛法傳播的基礎條件，表示中國已經具備接受禪宗心法的因緣。

大師說偈已了，遂告門人曰：「汝等好住，今共汝別，吾去以後，莫作世情悲泣，而受人弔問錢帛，著孝衣，即非聖法，非我弟子。如吾在日一種，一時端坐，但無動無靜，無生無滅，無去無來，無是無非，無住，坦然寂靜，即是大道。吾去以後，但依法修行，共吾在日一種；吾若在世，汝違教法，吾住無益。」大師云此語已，夜至三更，奄然遷化。大師春秋七十有六。大師滅度❶之日，寺內異香氛氳❷，經數日不散。山崩地動，林木變白，日月無光，風雲失色。八月三日滅度，至十一月迎和尚神座於漕溪山，葬在龍龕❸之內，白光出現，直上衝天，三日始散。韶州刺史韋據立碑❹，至今供養。

---

❶滅度：梵語爲 **nirvāṇa**，指解脫生死的不生不滅的境界，與圓寂、遷化、涅槃是同義詞。

❷氛氳：指濃郁香氣。氳，音ㄩㄣ，指氤氳，形容天地交合之氣，也指煙氣。

❸龍龕：指嵌有佛像的石室或神櫝，放置法師遺骸的棺槨，因爲佛教法師威德如龍，故尊稱爲龍龕。龕，音ㄎㄢ，原指供奉神佛或神主的石室或小閣子，此指僧人之棺，多呈塔狀。

❹韋據立碑：在《曹溪大師傳》中亦提及殿中侍御史韋據爲大師立碑，與獨孤沛撰的《菩提達摩南宗定是非論》中皆提到開元七年遭北宗俗弟子武平一磨卻碑文之事。

【問題與討論】

一、得到「福田」與開啓「本性般若之智」，那一項對吾人有實質的幫助？理由爲何？

二、弘忍爲何在眾人面前肯定神秀偈頌卻貶抑惠能偈頌？

三、神秀偈頌與惠能偈頌兩者最大的不同與優缺點爲何？對吾人生活態度有何啓發？

四、惠能的「懺者終身不作，悔者知於前非」，果能運用到現代生活實用上而對治自己的缺點嗎？

五、惠能臨終前交待的「吾去以後，莫作世情悲泣」，他的生死觀爲何？

六、惠能過世時用「奄然遷化」及「滅度」等名詞形容其往生，這對中華文化有何特殊意義與影響？

第三十課　勵志格言名著選讀

【題解與作者】

《菜根譚》的作者爲洪應明，字自誠，號還初道人，生卒年與生平情形不詳，約生活於明代萬曆年間，現今江蘇金壇人。依據他的另一部作品《仙佛奇蹤》的記載，得知他早年熱中功名仕途，晚年則是歸隱山林。

《菜根譚》是成書於明代的一部語錄體著作，也是一部論述處世、修身、待人與接物的格言選集，書名是取自於宋儒汪革語：「人能咬得菜根，則百事可成。」表示人若能過著安於清貧與淡然隨緣的生活，就能自樂逍遙於生活的變動之中。

本書成立於明朝萬曆（一五七三至一六二〇）年間，距今已有近四百年的歷史。但是成書以後，並未受到太大的重視，未見於清朝乾隆年間編纂的《四庫全書》之中，然而近幾十年來，在海峽兩岸都興起一股研讀的熱潮，在台灣佛光山的星雲大師亦有《佛光菜根譚》的著作，收錄著三三二〇則現代智慧的經典語句，可見《菜根譚》對近世的影響。《佛光菜根譚》智慧雋永，內容言簡意賅，字字珠璣，融攝儒釋道三家修身養性處世待人的深刻哲理。其風格像是雪山天池的秋水，清明洞澈。書中不僅有儒家做人處事的道理、道家老莊思想謙沖淡泊的心境，更有佛家經典的般若智慧。經過千錘百煉、去蕪存菁，呈現無邊廣大而又曲盡精微，極致高明而返道中庸的平淡與清澈。名言佳句如：「心中有事世間小，心中無事一床寬；心中有事應放下，心中無事應提起。」另一則是：「對自己要做到不忘初心，對國家要做到不請之友；對朋友要做到不念舊惡，對社會要做到不變隨緣。」值得讀者細細思量其中深意。

一、《菜根譚》節選

(一)棲守[1]道德者，寂寞一時；依阿[2]權勢者，淒涼萬古。達人觀物外之物，思身後之身，寧受一時之寂寞，毋取萬古之淒涼。

(二)耳中常聞逆耳之言，心中常有拂心[3]之事，纔是進德修行的砥石[4]。若言言悅耳，事事快心，便把此生埋在鴆毒[5]中矣！

(三)交友須帶三分俠氣[6]，做人要存一點素心[7]。

(四)家庭有個真佛[8]，日用有種真道[9]。人能誠心和氣，愉色婉言，使父母兄弟間形骸兩釋[10]，意氣交流，勝於調息觀心[11]萬倍矣！

(五)處世不必邀功，無過便是功；與人不求感德[12]，無怨便是德。

(六)肝受病則目不能視[13]，腎受病則耳不能聽[14]。病受於人所不見，必發於人所共見。故君子欲無得罪於昭昭[15]，先無得罪於冥冥[16]。

(七)地之穢者多生物，水之清者常無魚。故君子當存含垢納污[17]之量，不可持好潔獨行之操。

(八)風來疏竹[18]，風過而竹不留聲；雁度寒潭，雁去而潭不留影。故君子事來而心始現，事去而心隨空。

(九)文章做到極處，無有他奇，只是恰好；人品做到極處，無有他異，只是本然。

(十)不責人小過，不發人陰私[19]，不念人舊惡。三者可以養德，亦可以遠害。

❶棲守：遵循、遵守。

❷依阿：指曲從附順。阿，音ㄜ。

❸拂心：指違背原本的心意。拂，違背。

❹砥石：指磨刀石，這裡指磨練。古代稱粗石爲礪，細石爲砥。

❺鴆毒：指毒藥。鴆，鳥類的一種，古代傳說其羽毛有劇毒，浸入酒中能使人致死。鴆，音ㄓㄣˋ。

❻俠氣：行俠仗義之氣。這裡指見義勇爲。

❼素心：純潔的心。素，本指未染色的白色絹布，這裡指純潔。

❽家庭有個真佛：真正的佛理。佛，即佛教。

❾日用有種真道：日常生活中有一種真正的道法。道，指道教。

❿形骸兩釋：指人和人之間的對立消除，和平共處。形骸，指人的軀殼。釋，消除或消失。

⓫調息觀心：調理氣息，內關心性。

⓬與人不求感德：幫助別人不求回報。

⓭肝受病則目不能視：中醫理論認爲肝要健康才能分辨五色。

⓮腎受病則耳不能聽：中醫理論認爲腎有病會影響聽力。

⓯昭昭：明亮。這裡指公開場合。

⓰冥冥：昏暗不明。這裡指暗中。

⓱含垢納污：指忍受恥辱，寬容污穢。

⓲疏竹：指稀疏的竹林。

⓳陰私：指隱秘不可告人之事。

(十一)青天白日的節義，自暗室漏屋中培來；旋乾轉坤的經綸⑳，自臨深履薄處操出。

(十二)當與人同過，不當與人同功，同功則相忌；可與人共患難，不可與人共安樂；安樂則相仇。

(十三)「爲鼠常留飯，憐蛾不點燈」，古人此等念頭，是吾人一點生生之機㉑。無此，便所謂土木形骸㉒而已。

(十四)休與小人仇讎㉓，小人自有對頭；休向君子諂媚，君子原無私惠。

(十五)聽靜夜之鐘聲，換醒夢中之夢；觀澄潭之月影，窺見身外之身。

(十六)世人只緣認得「我」字太真，故多種種嗜好、種種煩惱。前人云：「不復知有我，安知物爲貴？」又云：「知身不是我，煩惱更何侵？」真破的之言也。

---

⑳經綸：本指整理絲縷或理出絲緒與編絲成繩的過程，統稱爲經綸，後世引申爲籌劃與治理國家的大事。

㉑生生之機：指孳ㄗ生不絕與繁衍不已的意思。

㉒形骸：指人的軀體。此爲比喻人要有慈愛之心，否則只是一具土木結構的形骸。

㉓仇讎：指仇人或冤家對頭。此指對立而懷有仇恨之心。讎，音ㄔㄡˊ。

【問題與討論】

一、試從本課《菜根譚》節選格言中，選擇一則說明自己的看法與心得。

二、在本課《菜根譚》節選格言以外，任擇一則自己平日奉行或信服的勵志格言或座右銘，說明自己的體會與心得。

第三十一課　兵學思想名著選讀

【題解與作者】

《孫子兵法》，亦名《孫子》、《吳孫子》、《孫武兵法》和《吳孫子兵法》等，共十三篇，是現存人類史上最早的一部經典性的軍事理論著作。作者為春秋中末期人孫武，字長卿，相傳為齊國田完的後代，生卒年代不詳。在《史記·孫子吳起列傳》中記載吳王闔閭對孫武說：「孫子武者，齊人也，以兵法見吳王闔閭。子之十三篇，吾盡觀之矣。」可見孫武生活於吳王闔閭同時代。因此本書成立約於專諸刺吳王僚之後到闔閭三年孫武見吳王之間的時期（西元前五一五至五一二），全書合計為十三篇，也是孫武初次見面饋贈吳王的見面禮。宋代以後，或質疑十三篇為偽託孫武所作，或疑孫武並無其人，或疑為孫臏所作，直到一九七二年山東臨沂銀雀山漢墓出土的竹簡中，同時出土《孫子》與《孫臏兵法》的竹簡，兩者並存，足堪證明司馬遷之說是確鑿可信。

雖然《孫子兵法》是兵學著作，但是約與《論語》同時成書，而且依據專題分篇立論，不僅有創作的中心思想，也有深刻的議論層次，篇章結構更為完整，許多比喻手法與敘述技巧，皆為可觀，在劉勰《文心雕龍·程器篇》中評為：「孫武兵經，辭如珠玉。」可見受到文學評論家極高的肯定。

《孫子兵法》對中國乃至全球軍事理論學說發展影響極為深遠，其中涵蘊有深邃的人性思維與人生哲學，除了被翻譯成多種語言風行全球之外，在世界軍事發展史上也佔有極高與重要的地位，被視為古代東方軍事兵學思想智慧的結晶。

一、《孫子兵法》節選

孫子曰：兵[1]者，國之大事也，死生之地[2]，存亡之道[3]，不可不察[4]也。故經之以五[5]，校之以計[6]，而索其情[7]：一曰道，二曰天，三曰地，四曰將，五曰法。道[8]者，令民與上同意[9]也，故可與之死，可與之生，民弗詭[10]也。天者，陰陽[11]、寒暑[12]、時制[13]也。地[14]者，高下、遠近、險易、廣狹、死生[15]也。將者，智、信、仁、勇、嚴也。法者，曲制、官道、主用[16]也。凡此五者，將莫不聞[17]，知[18]之者勝，不知之者不勝。故校之以計，而索其情。曰：主孰有道[19]？將孰有能？天地孰得？法令孰行？兵眾孰強？士卒孰練？賞罰孰明？吾以此知勝負矣。〈計篇〉

---

[1] 兵：本指兵器，引申為軍隊、戰爭、用兵等。這裡指戰爭。
[2] 地：這裡指相關的地方。
[3] 道：指關鍵的地方。
[4] 察：審查、研究。
[5] 經之以五：以五個要素「道、天、地、法、將」作為經。
[6] 校之以計：用估計敵方情況來進行比較。校，通「較」，比較。
[7] 索其情：探索敵方和我方的勝負情況。
[8] 道：治理國家的方法。
[9] 同意：同心，指意願一樣。
[10] 弗詭：指不違背。詭，指不遵守。

⓫陰陽：指白天黑夜，四季等天象氣候的變化。
⓬寒暑：指寒冷和炎熱的氣候是不相同的。
⓭時制：指四季的更替。制，指節。
⓮地：指地形、地域、路程等。
⓯死生：指地形對於戰爭攻守上的利弊。分別叫作生地與死地。
⓰曲制、官道、主用：指軍隊的管理制度。曲制，軍隊編制的制度。官道，將値管轄的制度。主用，掌管軍費、物資的制度。
⓱聞：指瞭解。
⓲知：指深深的理解。
⓳主孰有道：哪一邊的君主治道開明。主，指君主。孰，指誰。道，指政治通達明智。

孫子曰：凡用兵之法，全國爲上，破國次之[20]；全軍[21]爲上，破軍次之；全旅爲上，破旅次之；全卒爲上，破卒次之；全伍爲上，破伍次之。是故百戰百勝，非善之善者[22]也；不戰而屈[23]人之兵，善之善者也。故上兵伐謀[24]，其次伐交[25]，其次伐兵[26]，其下攻城[27]。攻城之法爲不得已。〈謀攻篇〉

---

⑳全國爲上，破國次之：指戰爭的最高指導原則，是不費一兵一卒能不戰而能屈人之兵，並且保全整個國家人民生命財產的實力，不得已才以武力征服，可惜這樣會破壞國家社會的安寧與和諧。
㉑全軍：指保全整個軍隊的實力爲上策。
㉒善之善者：不是好的戰爭的謀略中最好的戰略。
㉓屈：使人屈服的意思。

㉔上兵伐謀：最高的戰略是以計謀取勝，運用於無形之間，不費一兵一卒。

㉕伐交：其次的戰略是運用外交手段，讓敵人屈服。

㉖伐兵：比較不好的戰略是以戰爭的方式進行，就會有相當的死傷與損失。

㉗其下攻城：最差的戰略是硬碰硬的攻城，死傷必定慘重。

故用兵之法，十則圍之㉘，五則攻之，倍㉙則分㉚之，敵則能戰之㉛，少則能逃之㉜，不若㉝則能避之。故小敵之堅，大敵之擒㉞也。……故知勝㉟有五：知可以戰與不可以戰者勝，識眾寡之用㊱者勝，上下同欲㊲者勝，以虞㊳待不虞者勝，將能而君不御㊴者勝。此五者，知勝之道也。故曰：知彼知己，百戰不殆㊵；不知彼而知己，一勝一負㊶；不知彼，不知己，每戰必殆。〈謀攻篇〉

㉘十則圍之：如果軍隊數量比對方多十倍，就用包圍的方法。

㉙倍：如果軍隊數量比對方多一倍的時候。

㉚分：指分離對方，讓對方的兵力分散。

㉛敵則能戰之：如果兵力與敵人相當，評估可以進行決戰，就要把握時機進攻。

㉜少則能逃之：如果兵力與敵人相比較少，並且沒有勝利的機會，則要暫時的避走。

㉝不若：指兵力與其他相關條件都不如敵人的時候。

㉞小敵之堅，大敵之擒：指兵力不如敵人時，卻固執的想要決戰，就會成為敵人的俘虜。

㉟知勝：指知道戰爭勝利的方法。

㊱識眾寡之用：指將領能夠認識敵人兵力多寡與實力的時候。

㊲同欲：指將領與部屬同一心思，同一目標，同心同德。
㊳虞：準備防範的意思。虞，音ㄩˊ。
㊴御：指控制與約束的意思。
㊵百戰不殆：指熟悉敵人與自己兵力的實力，即使經歷百戰也不會遇到危險。殆，危險。
㊶一勝一負：指或許會勝或許會敗，並無把握的意思。

凡戰者，以正合，以奇勝㊷。故善出奇者，無窮如天地，不竭如江河。終而復始，日月是也；死而復生㊸，四時是也。聲不過五，五聲㊹之變，不可勝聽㊺也；色不過五，五色㊻之變，不可勝觀也；味不過五，五味㊼之變，不可勝嘗也。戰勢不過奇正，奇正之變，不可勝窮也。奇正相生，如環之無端㊽，孰能窮之？〈勢篇〉

㊷以正合，以奇勝：以正面公開的軍隊進行戰爭，但是要以奇謀巧計取得勝利。
㊸死而復生：指戰略運用如四季更替，能讓計謀循環使用。
㊹五聲：指中國古代宮、商、角、徵、羽等五音。
㊺不可勝聽：指五聲都聽不完，表示戰略運用變化無窮。
㊻五色：指青、赤、白、黑、黃等五種顏色。
㊼五味：指酸、甜、苦、辣、鹹等五種味道。
㊽如環之無端：表示各種戰略變化無窮，如同鐵環找不到開端與盡頭一樣。

【問題與討論】

一、何謂「兵者，國之大事也」？

二、何謂「道、天、地、將、法」？

三、本課所選的《孫子兵法．計篇》內容主旨爲何？

四、何謂「凡用兵之法，全國爲上」，這是何等的戰略，爲何如此？

五、何謂「不戰而屈人之兵，善之善者也」？

六、何謂「上兵伐謀」？

七、何謂「知彼知己，百戰不殆」？

八、何謂「以正合，以奇勝」？

九、本課所選《孫子兵法》中的哲理，可否運用在現實生活或商場經營方面，試說明自己的看法。

第三十二課　釋家詩偈公案選讀

【題解與作者】

「但存方寸地，留與子孫耕」是廣泛流傳於宋代的民間俗語，說明古代中國人厚道質樸的人生觀，其作者很可能就是唐代的王梵志，據晚唐馮翊《桂苑叢談》與《太平廣記》說王梵志是衛州黎陽人（今河南浚縣），生於隋代。但其一生充滿傳奇，生平事蹟不詳，有人以為是胡僧，亦有人以為是講演佛法的法師，亦有人以為是虛擬人物。梵志二字，原是指印度種姓制度中最高的婆羅門，也就是佛教以外的僧侶，筆者以為王梵志可能是在家修行有成的佛教徒，也有可能是一種謙詞，表示自己如同外道一般，實際上卻是佛教實修實證的出家法師。王梵志詩據敦煌所出的寫本有三十五種，其他散見唐宋詩話筆記與禪宗語錄之中，據張錫厚《王梵志詩校輯》得三三六首。但觀其內容，應非一人一時所作。王梵志詩語多平易，在冷眼觀照與冷語描述中，益覺其含蘊著佛教因果與人生哲學的思想，值得細細品味。

釋家詩偈與禪宗公案是另一種人生的妙趣與境界，透露著洞明世事人間的慧眼，呈顯著頓悟解脫人生煩惱的微笑與無礙，對於執著人世煩惱的吾人，正好點醒昏濛，開啓智慧的眼目。此外，禪師遺偈是一生勤苦修持與生命美學的註腳。溈山靈祐曾說「只貴子眼正，不說子行履。」就是說明「見地」與「觀念」對吾人的影響。佛教所謂的「偈」，原是指佛經中的唱頌詞，亦是佛經文體的一種，其中又可以分為韻文與散文兩類，皆可誦念，故又稱「偈頌」。

「公案」原本是指古代朝廷府衙官方的案牘文書，或是官府判決的案例與文卷，即是政府法律命令或是判決公布的紀錄。唐以後，禪師們藉此公案的名稱及其精神意涵，用以說明及比喻歷代禪師對於弟子的開示教化紀錄或是前輩祖師的言行範例，都具備獨特的思想意涵或是禪機的隱喻，後來也成為禪宗學人思考的主題或是參究的對象，甚至成為參禪的路徑。所以禪師延續的使用這些啓發禪悟的實錄或案例，做為開導弟子的憑藉與指南。本課所選公案，正可以刺激吾人的思考，也是中華文化中優美絕妙的內涵之一，對後世的影響也至為深遠，值得參究。

一、《王梵志詩》節選

㈠吾有十畝田

吾有十畝田，種在南山坡。青松四五樹，綠豆兩三窠。
熱即池中浴，涼便岸上歌。遨遊自取足，誰能耐我何？

㈡我見那漢死

我見那漢死，肚裡熱如火。不是惜那漢，恐畏還到我。

㈢本是尿屎袋

本是尿屎袋，強將脂粉塗。凡人無所識，喚作一團花。相牽入地獄，此最是冤家。

㈣城外土饅頭

城外土饅頭，餡草在城裡。一人吃一個，莫嫌沒滋味。

㈤夢遊萬里自然

夢遊萬里自然，覺罷百事憂煎。欲見神身分別，思此即在眼前。
聖人無夢無想，達士無我無緣。且寄身爲菴屋，就裡養出神仙。

㈥我不畏惡名

我不畏惡名，惡名不須畏。四大亦無主，信你痛謗誹。
你身之於我，於我何所費？不辭應對你，至對無氣味。

二、釋家詩偈選讀

㈠真觀清淨觀，廣大智慧觀；悲觀與慈觀，常願常瞻仰。〈普門品〉

㈡無罣礙故，無有恐怖，遠離顛倒夢想。〈心經〉

㈢一切有為法，如夢幻泡影；如露亦如電，應作如是觀。〈金剛經〉

㈣盡日尋春不見春，芒鞋踏破嶺頭雲。歸來偶把梅花嗅，春在枝頭已十分。〈唐．無盡藏比丘尼．悟道詩〉

㈤摧殘枯木倚寒林，幾度逢春不變心。樵客遇之猶不顧，郢人那得苦追尋？〈唐．大梅法常禪師〉

㈥三十來年尋劍客，幾回落葉又抽枝。自從一見桃華後，直至如今更不疑。〈唐．福州靈雲志勤禪師〉

㈦練得身形似鶴形，千株松下兩函經。我來問道無餘說，雲在青天水在瓶。〈唐．李翱問藥山禪師〉

㈧手把青秧插滿田，低頭便見水中天。六根清淨方為道，退步原來是向前。〈五代．布袋和尚〉

㈨金鴨香銷錦繡幃，笙歌叢裡醉扶歸。少年一段風流事，只許佳人獨自知。〈宋．圜悟克勤禪師〉

㈩滾滾紅塵世路長，不知何事走他鄉。回頭日望家山遠，滿目空雲帶夕陽。〈明．憨山大師〉

⑪千錘百鍊出深山，烈火焚燒莫等閒。粉身碎骨都無怨，留得清白在人間。〈明．于謙〉

⑫是心非心不是心，逼塞虛空古到今。無限野雲風捲盡，一輪孤月照天心。〈清．行敏〉

⑬春有百花秋有月，夏有涼風冬有雪。若無閑事掛心頭，便是人間好時節。〈宋．無門慧開禪師〉

⑭空手把鋤頭，步行騎水牛，人從橋上過，橋流水不流。〈南朝．善慧大士〉

⑮一鉢千家飯，孤身萬里遊。青目睹人少，問路白雲頭。〈五代．布袋和尚〉

⑯我有一布袋，虛空無掛礙。打開遍十方，入時觀自在。〈五代．布袋和尚〉

⑰四大元無主，五陰本來空。將頭臨白刃，猶似斬春風。〈東晉．僧肇法師〉

⑱有人罵老拙，老拙只說好；有人打老拙，老拙自睡倒。涕唾在臉上，隨他自乾了；我也省力氣，他也少煩惱。這樣波羅蜜，便是妙中寶；若知這消息，何愁道不了。〈五代．布袋和尚〉

⑲昔日寒山問拾得曰：「世間謗我、欺我、辱我、笑我、輕我、賤我、惡我、騙我、如何處治乎？」拾得云：「只是忍他、讓他、由他、避他、耐他、敬他、不要理他、再待幾年你且看他。」〈寒山拾得忍耐歌〉

⑳君子之交，其淡如水；執象而求，咫尺千里；問余何適，廓爾忘言；華枝春滿，天心月圓。〈民國．弘一大師〉

㉑閑自訪高僧，煙山萬萬層。師親指歸路，月掛一輪燈。〈唐．寒山〉

㉒吾心似秋月，碧潭清皎潔。無物堪比倫，教我如何說。〈唐．寒山〉

㉓急急忙忙苦追求，寒寒冷冷度春秋。朝朝暮暮營活計，悶悶昏昏白了頭。是是非非何日了，煩煩惱惱幾時休。明明白白一條路，萬萬千千不肯休。〈唐．寒山〉

㉔我有明珠一顆，久被塵勞關鎖。今朝塵盡光生，照破山河萬朵。〈宋．茶陵郁禪師〉

㉕六十年來狼藉，東壁打倒西壁；如今收拾歸去，依舊水連天碧。〈宋．濟顛禪師〉

㉖夢幻空華，六十七年；白鳥湮歿，秋水連天。〈宋．宏智正覺禪師〉

㉗任性逍遙，隨緣放曠。但盡凡心，無別勝解。〈唐．天皇道悟禪師〉

㉘今年六十五，四大將離主。其道自玄玄，箇中無佛祖。不用剃頭，不須澡浴，一堆猛火，千足萬足。〈唐．玄泰〉

㉙今年六十六，世壽有延促。無生火熾然，有爲薪不續。出谷與歸源，一時俱備足。〈唐．玄應定慧禪師〉

㉚佛佛要機，祖祖機要。不觸事而知，不對緣而照。不觸事而知，其知自微；不對緣而照，其照自妙。其知自微，曾無分別之思；其照自妙，曾無毫忽之兆。曾無分別之思，其知無偶而奇；曾無毫忽之兆，其照無取而了。水清澈底兮，魚行遲遲；空闊莫涯兮，鳥飛杳杳。〈宋．宏智正覺禪師〉

三、禪宗公案選讀

㈠（衡嶽慧思禪師）將欲順世，……師乃屏眾，泯然而逝。小師雲辯號叫，師開目曰：「汝是惡魔！吾將行矣，何驚動妨亂吾邪？癡人出去！」言訖長往。時異香滿室，頂暖身軟，顏色如常。（《景德傳燈錄》卷二十七）

㈡師（船子和尚）笑曰：「一句合頭語，萬劫繫驢橛。垂絲千尺，意在深潭。離鉤三寸，速道！速道！」會擬開口，師便以篙撞在水中，因而大悟。師當下棄舟而逝，莫知其終。（《景德傳燈錄》卷十四）

㈢師問香嚴：「師弟近日見處如何？」嚴曰：「某甲卒說不得。」乃有偈曰：去年貧未是貧，今年貧始是貧。去年無卓錐之地，今年貧錐也無。（《景德傳燈錄》卷十一）

㈣有源律師來問（大珠慧海）：「和尚修道還用功否？」師曰：「用功。」曰：「如何用功？」師曰：「饑來喫飯，睏來即眠。」曰：「一切人總如是，同師用功否？」師曰：「不同。」曰：「何故不同？」師曰：「他喫飯時不肯喫飯，百種須索；睡時不肯睡，千般計校。所以不同也。」律師杜口。（《景德傳燈錄》卷六）

㈤因普請钁地次，忽有一僧聞飯鼓鳴，舉起钁頭，大笑便歸。師云：「俊哉！此是觀音入理之門。」師歸院，乃喚其僧問：「適來見什麼道理便恁麼？」對云：「適來只聞鼓聲動，歸喫飯去來。」師乃笑。（《景德傳燈錄》卷六）

㈥老僧（百丈懷海）昔再蒙馬大師（馬祖道一）一喝，直得三日耳聾眼黑。黃檗聞舉，不覺吐舌，曰：「某甲不識馬祖，要且不見馬祖。」師云：「汝已後當嗣馬祖。」黃檗云：「某甲不嗣馬祖。」……師云：「如是！如是！見與師齊，減師半德；見過於師，方堪傳授，子甚有超師之作。」（《景德傳燈錄》卷六）

㈦僧問：「如何出得三界？」師（紫玉道通）云：「汝在裏許得多少時也？」僧云：「如何出離？」師云：「青山不礙白雲飛。」于貶相公問：「如何是黑風吹其船舫，漂墮羅剎鬼國？」師云：「于貶客作漢！問恁麼事怎麼？」于公失色。師乃指云：「遮箇是漂墮羅剎鬼國。」（《景德傳燈錄》卷六）

(八)有沙彌道信，年始十四，來禮師（三祖僧璨）曰：「願和尚慈悲，乞與解脫法門。」師曰：「誰縛汝？」曰：「無人縛。」師曰：「何更求解脫乎？」信（四祖道信）於言下大悟，服勞九載。（《景德傳燈錄》卷三）

(九)師（南泉普願）因東西兩堂各爭貓兒，師遇之，白眾曰：「道得即救取貓兒，道不得即斬卻也。」眾無對，師便斬之。趙州自外歸，師舉前語示之，趙州乃脫履安頭上而出，師曰：「汝適來若在，即救得貓兒也。」（《景德傳燈錄》卷八）

(十)僧問：「如何是平常心？」師（長沙景岑）云：「要眠即眠，要坐即坐。」僧云：「學人不會。」師云：「熱即取涼，寒即向火。」（《景德傳燈錄》卷十）

(十一)問：「經云：『飯百千諸佛，不如飯一無修無證者。』未審百千諸佛有何過？無修無證者有何德？」師（樂普元安）曰：「一片白雲橫谷口，幾多歸鳥夜迷巢。」（《景德傳燈錄》卷十六）

(十二)開元中，有沙門道一（馬祖道一）住傳法院，常日坐禪，師（南嶽懷讓）知是法器，往問曰：「大德坐禪圖什麼？」一（馬祖道一）曰：「圖作佛。」師乃取一塼，於彼庵前石上磨。一曰：「師作什麼？」師曰：「磨作鏡。」一曰：「磨塼豈得成鏡耶？」師曰：「坐禪豈得成佛耶？」（《景德傳燈錄》卷五）

(十三)昔有婆子供養一庵主，經二十年，常令一二八女子送飯給侍。一日，令女子抱定曰：「正恁麼時如何？」主曰：「枯木倚寒巖，三冬無暖氣。」女子舉似婆。婆曰：「我二十年祇供養得箇俗漢。」遂遣出，燒卻庵。（《五燈會元》卷六）

【問題與討論】

一、王梵志詩的風格特質爲何？

二、請選擇一偈，說明自己的體會與看法。

三、請選擇一個公案，說明自己的體會與看法。

【應用文篇】

現代應用文與論文寫作綱要

目錄

【現代應用文篇】

【學術論文寫作綱要篇】

現代應用文與論文寫作綱要

第一課　現代應用文的意義與特質

一、學習現代應用文的意義

身處二十一世紀高度數位化發展的人類，在電子通訊、數位傳播與快速交通的工商社會中，頻繁密切的資訊交流與複雜錯綜的人際網絡，尤其須要一套適應現代社會的應用文知識與運用，不僅符合人與人之間的基本禮節，也可以促進人際網絡的拓展，推動各項工作的進行，在日常生活中建構與人溝通良好的橋樑。換句話說，現代應用文不僅不會因爲時代的進步而失去其重要性，相對的卻能提供更好的協助，幫助吾人解決生活中的疑難問題，透過適宜的表達與溝通模式，創造美好和諧的人生。

現代應用文是繼承中國古代的應用文，然後經過發展與變革而形成的。時至今日，對古代應用文進行研究整理與探討，繼承與發揚中華文化優良的學術傳統，現代應用文的創新建設和研究發展，是具有重要的時代意義。在中國古代的文化史中，應用文的發展源遠流長，從夏商周上古三代開始萌芽，成長於春秋戰國時期，後來到漢代與魏晉南北朝，再經各種應用文理論上的整理、研究與總結，進入唐宋的成熟繁盛時期，後來漸衰於元、中興於明而歸結於清。民國肇建以來，已歷百年的歷史流轉，許多古代的應用文類與其文體術語格式，逐漸爲現代人所廢棄不用，故本書在某些地方的編撰上，去蕪存菁，結合「現代應用」的標準，以爲學習「現代應用文」具備以下四項的意義：

第一，學習現代應用文的格式與使用方法，可以協助吾人解決生活中與人溝通的各種問題，透過合理與規範的模式，達成和諧雙贏的目標。

第二，學習現代應用文各類的文體，可以具備生活在現代的各項基本知識。例如公文的處理，可以解決行政上的困難；契約的訂定，可以保障自我的權益等。

第三，廣義的「現代應用文」意義，不僅包含著所有「個人與個人之間」、「個人與團體之間」、「團體與團體之間」三大範疇溝通的紙本書面文件，也包含著非紙本的電子郵件、手機簡訊與數位影音檔案等。狹義的「現代應用文」意義，則是以紙本文件爲主，現代的電子文件爲輔。換句話說，現代應用文則是處理公私文書或各類格式的一種應用文類形式。

第四，目前人類科技日新月異，進步神速，吾人不應拘泥古代傳統格式，應配合現代工商科技社會與各項生活需求，隨時因應發展創新的當代應用文模式。換句話說，現代應用文仍在積極發展中，保持著開放擴充的精神與模式，也須要不斷的修訂與調整，以期達成和諧溝通的目標。

二、現代應用文的特質

現代應用文是人們從事職業工作與社會活動中，處理行政事務，傳遞各種資訊裡經常運用並具有一定格式規範的文體（文類）總稱。應用文文體美感的本質，在於其合理性與規律性的統一，從現代流通的應用文而言，雖然對其分類屬性仍有許多的爭論，但是大致上可以分爲兩大類：第一類，屬於訊息傳達的類別，例如書信、電子郵件、廣告、啓事、履歷表與自傳等文書；第二類，屬於管理應用的類別，例如公文、報告、計畫、簡報、契約與法律文書等。其中，對於現代應用文的分類，往往是採取開放包容的態度，例如傳統格式的書信，演變至今日電子郵件與手機簡訊；昔日的紙本直書公文，轉變爲現今橫式的電子公文，時代變動的速度太快，相對應的就是反應現代應用文的四項特質：

第一，現代應用文是「因人因事」而成文，因爲要處理某件事，所以具備「行文目標明確」與「針對性」強的特性。

第二，現代應用文具有廣泛的規範性、實用性與限時性，例如政府明文規定的「公文程式條例」，即是處理公文的依據；契約與規章的訂定必須遵守政府法律的前提下，針對某一特定事物而加以規範或制定；履歷表的製作與傳達，必須把握時效，才能完成溝通傳達的目標。

第三，現代應用文具備精確性與直接表述的模式，不同於文學作品隱誨不明的暗喻手法，對於事件的描述，必須採取簡明扼要而精確的敘述，因此使用平實淺近的語言，更能彰顯現代應用文的特質。

第四，現代應用文透過快速而普及大眾的傳播媒介，可以將限時限地的局限打破，將效益與目標的理想達到極致。例如透過電子郵件的傳播，可以將電子公文或書信及時的傳遞；透過新聞及廣告的媒體播放，可以迅速又無遠弗屆地傳達訊息。

時值二十一世紀的數位網路時代，現代應用文仍在爆炸性的發展中，吾人學習應用文應掌握這項特質，體察時代的脈動，與時並進，創造更爲美好的將來！

第二課　電子郵件的傳送與網路溝通的禮節

一、電子郵件傳送的禮節與要領

由於數位時代網際網路的高度發展，生活中各種應用的資訊快速的傳遞，根本上改變了人與人之間的交流模式。其中，電子郵件的傳送是各類現代應用文中最爲廣泛使用的一種，它符合四種特徵：其一，最快速的時空傳達；其二，最便捷的使用方式；其三，最簡易的傳送訊息模式；其四，最低成本的傳送形式。同時，電子郵件可以夾帶電腦檔案，包含了書信、公文、圖片、影音動畫……等，並有結合M.S.N.等即時通訊的功能，以同時而雙向溝通的模式進行最直接的溝通。正因爲如此，傳送電子郵件的基本禮節與傳送要領就相對的顯示其重要性。

首先說明傳送電子郵件的基本禮節，本書介紹的基本禮節，並非是針對至親好友的使用對象，因爲所謂的「至親好友」，由於彼此的熟識與默契，是無需特別注意禮貌的尊重，只要彼此能夠達成共識，而且不會產生誤解的前提下，並不須要遵守特定的格式。但是，値得注意的是即使彼此爲「至親好友」，行文措辭也要體諒對方的感受與基本的尊重，特別是在人際關係複雜而脆弱的現代社會，人我關係的衡量評估認定，有時是很難精確掌握的，特別是在「一言不合」或「一句無心玩笑話」中破壞了多年的情誼，可謂不得不愼。因此，注重電子郵件的基本禮節，這是成爲一位「富而好禮」的現代人必備的常識與修養。究竟那些電子郵件的基本禮節必須注意呢？本書提出九項基本原則，以供讀者參考：

第一，**設身處地為收件者設想可能的理解情況**。例如筆者在大學任教多年，每一學期或每一學年都會教到數百名的同學，時常收到類似以下訊息的電子郵件：「老師：明天我家裡有事，不能去上課，很抱歉！」往往是一封沒有署名的來信，筆者只好回信請教其大名，往往幾天後才回信說明自己是那一班的同學，造成一些誤解或不明的狀況。因此，首先向第一次收信人，應表明自己的基本身分，接著才簡要的說明事由。

第二，**正確合宜的稱呼收件者**。當我們第一次與某人或公私立團體聯絡的時候，必須以適合而正確的名稱稱呼對方，若以現代通行簡易的稱呼而言，共有五種情況：

(一)如果是第一次寫電子郵件給某位姓黃的老師，應該開頭寫著：「黃老師您好：(冒號是必須的)」。

(二)如果是寫信給某位姓李的先生或女士時，應用：「李先生（李女士）您好：」。

(三)如果是寫信給某位公司或公私立機關團體的陳姓主任時，應稱呼其職銜：「陳主任您好：」。

(四)如果是因爲公務而寫信給某位名叫張明惠的先生或女士時，應用：「張明惠先生（或女士）您好：」

(五)如果是因爲一般事務必須以電子郵件聯繫，卻不知道對方姓名或承辦單位的管理者是誰，宜用「敬啓者：」做爲電子郵件內容的開頭，所謂「敬啓者」的「啓」字是「告訴與陳述的意思」，「敬啓者」是「我很恭敬地告訴您以下的事情」，這是一般的用法。

第三，**電子郵件的信件主旨必須簡明精確**。一封簡明精確的信件標題，可以提醒收件人在數百封夾雜著廣告信的信件堆中，迅速的掌握著正確的訊息。換句話說，使用簡單明確的主旨標題，可以精確迅捷地表達郵件中的重點。

第四，**正確合宜的署名是重要的**。電子郵件寫到最後，可以參考「書信」的格式中「自稱、署名、末啓詞」等模式，如果是寫給某位老師的結尾應是：「學生　○○○　敬上」。

第五，**留下方便聯絡的電話等資訊**。如果事出緊急，必須立刻取得回應，可以留下個人手機或其他聯絡方式。或者是使用電子郵件簽名格式或電子名片提供完整的聯絡資訊，包括個人電話號碼和公司名稱地址等。

第六，**注意回答問題的禮貌與正確而細心的回應**。如果在一般正常情況下，吾人收到他人來信，回應時宜注意基本禮貌，假設對方詢問兩種狀況以上時，更不宜用太過簡略的回答，例如某位老師詢問某位同學爲何沒有來上課，以及作業是否決定補交時，如果直接回信是：「生病了，會交！」就顯得十分失禮，應用以下字句回覆：（以下內容也可以略爲刪減增添）

敬愛的○○老師您好：

學生因為重感冒而今日上午無法到校上課，對於老師感到抱歉，學生會依學校規定請假。同時，今天未能準時繳交作業，也懇請老師能讓學生明日補交作業，感謝老師的關懷。恭請

誨安

學生　○○○　敬上

第七，**如果是使用英文，切忌全文使用英文大寫字母**。因爲這樣寫成的郵件給人的感覺是太過強勢，甚至暗示寄件人根本懶得使用正確的文法。

第八，**儘可能不要大量轉寄網路郵件**。在電子信箱中常見一些與個人無關的朋友轉寄信，如果內容與收件人有關，自然無妨，但如果是無關緊要的資訊，就儘量不要轉寄爲好，特別是不要轉信給學校師長等長輩。

第九，**儘可能不要使用電子郵件寄送機密或私密檔案**。由於網路上盜用他人信箱的情況時有所聞，因此屬於機密性質的文件或是個人私密檔案，就不宜用電子信箱寄送了。

二、網路溝通的禮節

數位時代的網際網路，已經澈底的改變當今社會人際關係的溝通模式。因此，良好的網路溝通與基本禮節的注重，也是現代應用文必須關注的一個層面，以下提出十項要領，以供參酌：

第一，不可使用網際網路電子郵件或即時通訊做出傷害他人的事情，如散播未經法律判定的流言等。

第二，不可使用網際網路電子郵件或即時通訊做出詐騙錢財等違背法律的事情。

第三，不可使用網際網路電子郵件或即時通訊做出欺騙感情或恐嚇他人等違背道德的事情。

第四，不可使用網際網路電子郵件或即時通訊傳送病毒檔案或干擾他人電腦運作的事情。

第五，不可侵入他人電腦而竊取或偷看他人檔案資料等。

第六，不可使用網際網路電子郵件或即時通訊發出匿名黑函以攻擊毀謗他人的名譽。

第七，尊重智慧財產權，不應用網路下載而轉賣販售未經合法授權的檔案軟體。

第八，在任何時候，使用網際網路電子郵件或即時通訊都必須尊重與體諒他人的立場。

第九，在發送任何郵件前，應思考可能傳播的範圍與對方閱讀的感受。

第十，儘量不要使用可能引起收件者誤會的字眼或字句，避免不必要的困擾。

【作業】

一、請寫一封非常簡要的電子郵件，寄給授課「應用文」的老師，以一百字以內的文字說明自己的姓名與相關基本資訊。（**必須包含系級、學號與問候語等內容**）

第三課　履歷表製作與自傳寫作

一、履歷表製作的要領與方法

「履歷表」是現代大學畢業生最常用到的一種應用文書，雖然多半是以表格的方式呈現，但其內容往往比傳統的書信顯得更爲重要。然而，履歷表的製作卻時常爲大學畢業生所忽略，若不是直接在網路銀行線上登錄履歷表，就是利用書局販售的簡易表格簡單填寫，這些都不能呈現個人的特質與風格，更無法突顯個人的實力與細心，因此本書提出另一套製作的程序，介紹製作的要領與方法，共有十項要點：

第一，**注重紙張的品質**。履歷表是大學畢業生求職時與企業團體的第一次接觸，往往也是給對方第一次印象而成爲決定勝負的重要關鍵。雖然號稱以「理性」做爲現代人類的特徵，但是生活中絕大多數仍是以「感性」才是真實的感受與體驗。因此，選擇較爲厚實、光滑的純白雪銅紙（或特銅紙），以影印店中數位輸出檔案的模式列印出來，再經過滾上膠膜的方式，增加其光亮的程度，這是較爲理想的模式。但如果是以相片壓上護貝的方式就不適合了，因爲會顯示太過厚重而邊緣銳利容易割傷人的缺點。

第二，**自己設計完整簡潔的ＷＯＲＤ表格**。一份精彩合格的履歷表應該呈現簡潔而完整的特質，才能讓企業主管或閱讀者在最短的時間內對求職者獲得初步而清晰的認識。因此，大學畢業生應運用目前最爲普遍使用的ＷＯＲＤ檔案格式，以一張Ａ４紙張尺寸爲限，設計出符合求職項目的履歷表。

第三，**個人資料欄必須詳盡才具備競爭優勢**。個人基本資料欄中的個人資料，往往有些人都會認爲「沒有必要」而刻意忽略，或是認爲「不重要」，或是在意自己的「身高體重」而故意省略，這些都是個人的選擇自由。但是，由於經濟不景氣工作不好找或是競爭者甚多時，過於簡略的個人基本資料欄，就會失去競爭的優勢，或是給人過於懶散或不信任對方的感受。因此，個人資料欄內的資料，本書分爲三級，以第三級最具優勢，至於選取那些資料放在履歷表中，那就是個人的評估與選擇了。

第一級：①姓名、②出生日期、③性別、④婚姻狀況、⑤聯絡（或手機）電話、⑥通訊地址、⑦電子郵件、⑧兵役（男）
第二級：（第一級）＋⑨英文名字、⑩出生地、⑪籍貫、⑫身分證字號、⑬身高、⑭體重、⑮血型、⑯年齡
第三級：（第二級）＋⑰身心狀況、⑱興趣嗜好、⑲個人專長、⑳個性、㉑星座、㉒戶籍地址（非永久地址）

第四，**選擇一張「容光煥發」的相片**。個人相片在履歷表上佔有十分重要的地位，往往一份沒有相片的履歷表在成堆的求職履歷資料中會在第一輪就被淘汰，那是因爲絕大多數的求職者都會貼上相片，若不貼相片則會顯示其不夠慎重或過於草率。相對的，貼上一張較爲正式而脫帽的大頭照比較適合，看起來要給人容光煥發、精神飽滿與樂觀進取的感覺，凡是生活照或是沙龍照都不適合。

第五，**教育學歷程度是由高排列至低（由近而遠）的方式**。教育學歷程度是讓企業主管瞭解個人學歷背景與專長科系的管道，藉以判斷求職者與應徵工作的關聯性，所以至爲重要。因此，應以表列的方式，載明學校的正式名稱（勿過度簡寫）、學制（例如大學、四技、二技）、科系名稱（宜用全稱）、就讀起迄年月時限等資料。

第六，**應該詳細填寫就學時班級幹部或社團服務的經歷**。班級或社團幹部的服務經歷，可以呈現求職者的合群性格、領導能力與人際關係等要特質，因此至爲重要，必須由近而遠的詳細填寫。

第七，**應該詳細填寫求學前後階段的工作或工讀經歷**。學生在學或畢業時的工作經歷，可以強調個人在某些方面的經驗或實力，特別是卑微的工讀經驗可以呈現吃苦耐勞的個人特質，所以應詳細載明服務單位、職務名稱、工作期間等資料，必要時可以註明待遇金額。

第八，**應該詳細填寫專業訓練與專長證照**。由於現代工商業社會進步神速，同樣是大學畢業生已難以鑑別能力與實力的高低，況且在學校中所學的學術專業，漸漸不足以應付工作職場上所必須具備的專業能力。因此，強調參加校內外的專業訓練課程，或是通過取得的專業證照，特別是與應徵工作相關的部份，將會受到特別的重視，以及進一步聘用的肯定。因此，若是曾經受過的專業訓練，應明列主辦單位、受訓的科目名稱、時間與地點等基本資料。若是專業證照的登錄，必須詳細的載明證照的名稱、編號（或字號）與生效的日期等資訊，在此登錄的資料完全正確無誤，不得有僞造或誇大的情事。

第九，**精確填寫語文能力、應徵工作項目與希望待遇等資訊**。現代社會求職，往往因爲工作性質的需求，在外語能力方面特別注重，若是本身已經具備某些語文方面的訓練，更要充份的表達出來，在今日國際化的商業模式中，外語能力與本國華語能力都是十分重要的基本素養。在台灣使用台語或客語的溝通也是十分普遍的現象，也可以加以說明。至於應徵工作的項目，應該清楚的載明，但最好避免「一般行政」的泛稱。此外，「希望待遇」一般是尊重企業的制度，除了「依公司規定」的標準答案外，也可以衡量自己的實力與條件，在明白「行情」的情況下，寫下自己心目中的理想待遇。

第十，**注意整體排版的和諧與美感**。自己親手製作並設計排版的履歷表，往往也最能突顯個人的風格與特質，展現自己的專業訓練與證照實力。因此，良好和諧的排版就顯得非常重要了。

二、自傳的寫作要領與分段原則

自傳的寫作是現代應用文中最爲常見的文體之一，在日常生活中不論是在學的學生，或是已經畢業就業工作的上班族，通常或多或少都會被要求寫篇自傳，甚至是申請獎學金與求職必備的要件之一。因此，寫好一篇自傳，這是應用文最低的要求。然而，自傳的寫作要領一直存在著見仁見智的看法，莫衷一是，因此，本書提出「五段論」的分段標準，以茲參考：

自傳寫作大綱參考

第一段	第二段	第三段	第四段	第五段
成長背景	學習與工作經歷	讀書心得與榮譽	個人風格特質	生命感受與理想
①姓名。	①目前就讀學校科系年級。	①閱讀圖書的感想。	①個人專長與證照。	①目前生活的感想。
②出生年月日。	②曾經就讀學校科系年級。	②最喜歡的一本書。	②各種檢定的資格。	②目前就學的感受。
③出生地。	③就學中特殊經歷。	③某句話的啓發。	③生活興趣與嗜好。	③最感恩的師長。
④戶籍或通訊地址。	④就學時工讀經歷。	④我的人生座右銘。	④休閒活動的類別。	④生命深刻的感受。
⑤家庭背景與成員。	⑤學習過程的簡介。	⑤曾經涉獵的圖書。	⑤個人身心的特徵。	⑤自己的期許抱負。
⑥說明家庭現況。	⑥工作的經驗感受。	⑥在校成績的表現。	⑥生理健康的描述。	⑥人生的理想。
⑦生長環境的介紹。		⑦曾獲獎名稱性質。	⑦心靈意識的描寫。	⑦遠程的規劃。
⑧生長環境的影響。		⑧其他的榮譽紀錄。	⑧風格特質的評估。	⑧眼前努力的方向。

除此之外，仍須注意自傳寫作的六項原則：

第一，**字數限制的問題**。一段自傳寫作都會要求字數的限制，少則數百字，多則數千字以上，因此配合字數的限制，在自傳內容上應做基本的調整。

第二，**文章段落要分明**。所謂的「段落」，是同時指「分段」與「分段主題」的兩項要素。在每一段開頭應該空出兩格全形空格（□□），同時每一段應該有一個明確的主旨，甚至在每段開頭就表明此段的主旨，例如成長背景等。

第三，**文章內容要能把握重點而平實謙虛**。現代人多半沒有耐性讀完長篇大論的文章，何況是他人的自傳。自傳的基本性質是幫助他人在最短的時間內瞭解自己的管道，因此簡明扼要、平實客觀與謙虛敦厚的陳述是重要的要領，儘量避免誇大不實、冗長繁複的描寫。

第四，**避免涉及宗教或政治的評述**。宗教的信仰或是政治的偏好都是個人自由的選擇，但卻是最容易造成人際關係的隔閡或是紛爭的來源。因此，尊重他人的宗教信仰或是政治態度是一件重要的事，儘量避免在自傳中自我陳述而加以評論，回歸自傳素樸的本質。

第五，**注意讀者理解的角度**。自傳是寫給別人閱讀的自我介紹，所以要能從讀者的閱讀角度介紹自己，例如閱讀者是大學的教授而寫作自傳的目標是推薦甄試，因此自傳應多著墨描述在求學過程的心得、成績與榮譽；若是求職的自傳，應多描述自己工作或工讀的經歷，以及取得各種證照的過程與名稱等。

第六，**儘量以打字輸出代替手寫自傳**。現代人因爲大量使用電腦，所以手寫的美感漸漸喪失，同時也爲傳送電子郵件及日後修改的方便，儘量以打字並排版美觀輸出爲宜，同時標點符號應用全形而非半形。

本書編著者在大學任教「應用文」多年，曾編有「**批閱履歷表、自傳改進建議一覽表**」，可以參閱：

黃老師批閱履歷表改進建議一覽表

□應加上「履歷表」三字	□應加上身分證字號	□履歷表部分資料詳盡	□履歷表部分資料太少
□宜加上個人彩色相片	□宜加列戶籍地址	□履歷自傳框線太小	□履歷自傳框線太大
□相片欄不宜空白	□可加上出生地	□整體版面安排很好	□整體版面安排要改善
□相片宜貼上兩吋相片	□應加列連絡地址	□排版打字的字體過小	□排版打字的字體過大
□相片不宜兩吋剪成一吋	□應加列連絡電話號碼	□列印出來的品質很好	□列印出來的品質不良
□性別欄可以直接寫上	□宜加列行動電話號碼	□列印紙張選擇非常好	□列印紙張選擇不良
□宜加上電子郵件 E-mail	□應加列出生日期	□製作履歷自傳十分用心	□製作履歷自傳非常草率
□應加上應徵職別或單位	□宜加列實際年齡	□履歷表應用橫式製作	□履歷應用表格方式呈現
□應加列學歷〈目前肄業〉	□可加列身高體重血型	□履歷表的表格設計很好	□履歷表的表格設計不好
□應加上經歷〈重要的〉	□可加列專長或興趣	□履歷表的字體顏色很好	□履歷表的字體顏色不好
□目前學歷應寫「肄業」	□應加列身心健康情形	□請自行評估得失情況	□請找老師爲你特別說明
□學歷應由近而遠	□應加列工作經驗	□證照取得的時間與字號	□應加列社團或班上幹部
□婚姻狀況直接寫「未婚」或「已婚」		□不要使用相片護貝的方式，可以採用上膜處理	
□履歷表表格內的所有數字應用半形而非全形		□標點符號全部應用全型例如「，」而非半型「,」	

●【應＝必須要】、【宜＝可以要也可以不要】、【可＝視情況自行決定】

黃老師批閱自傳改進建議一覽表

□您的自傳文情並茂	□書寫文字清秀工整	□「自傳」標題一定要有	□自傳標題大小不適合
□自傳內文可以抒情化	□自傳內容沒有錯別字	□自傳內文太過呆板	□自傳內容錯別字太多
□自傳內容非常活潑親切	□紙張選擇很好	□自傳內容非常高傲自負	□紙張選擇不良
□列印出來的品質很好	□自傳內文與邊框剛好	□列印出來的品質不良	□自傳內文與邊框太近
□製作自傳十分用心	□整體版面安排很好	□製作自傳十分不用心	□整體版面安排要改善
□得獎內容簡單介紹即可	□標點符號使用正確	□對得獎內容要介紹清楚	□標點符號要使用正確
□排版打字的字體剛好	□排版打字的字體不佳	□排版打字的字體過小	□排版打字的字體過大
□排版的每一行行距剛好	□每段開頭必須空兩格	□排版的每一行行距太寬	□排版的每一行行距太窄
□排版字體顏色選擇很好	□每段開頭只須空兩格	□排版字體顏色選擇不好	□排版字體不要用粗體字
□自傳內容能把握重點	□自傳應該調整爲一頁	□自傳內容要能把握重點	□自傳內容不知所云
□自傳內容字數非常適宜	□自傳內容字數太少	□自傳內容太過冗長	□自傳內容太過簡略
□應該加一些問候語才好	□問候語寫得很好	□要用新式標點符號	□自傳內容必須大幅修改
□邊框加的非常好	□加一個邊框會比較好	□敘述應講求口語及完整	□自傳內容不宜邀人去玩
□字體應統一爲一個顏色	□自傳不要像寫信一般	□自傳內有用詞不當之處	□句子太長應斷句斷開
□您的自傳不知所云	□書寫文字太過潦草	□某些專有名詞不宜簡稱	□文字不能使用注音符號
□自己講的話不宜加底線	□自傳寫得很有深度	□健康狀況不必說太清楚	□身體特徵不必說太清楚
□自傳內容數字應用國字	□設有個人網站很好	□自傳內容沒有問題	□未按繳交規定製作
□自傳內容數字應用半形而非全形		□自傳內文標點符號應用全型「，」而非半型「,」	

第四課　傳統書信格式與現代書信寫作

一、書信的意義與種類

吾人身處現代社會，固然言語的面對面溝通是最直接有效的溝通方式之一，除此之外，以電子郵件、即時通、電話與網路攝影機的影音即時交談等溝通模式，也是很方便的交流管道。然而，許多事情可能不方便或是不便利以直接溝通模式進行時，書信的紙本傳遞，就成爲較爲含蓄及間接溝通的管道了。

書信不同於一般的文章或是其他的應用文書，其意義與特質有以下五點：

第一，**具有一定的格式**。不論是傳統的書信，或是現代的書信，都將遵守約定俗成的規範。

第二，**寫給特定的對象**。書信依對象的不同，給予不同的尊重與禮節。

第三，**具備相當的內容**。不論是聯絡情感、抒發議論、溝通意見或是陳情申訴等，都有相對應的內容。

第四，**具備紙本的形式**。書信以紙張書寫，即是以紙本記錄文字，可以成爲紀念或是存查的資料。

第五，**間接溝通的模式**。透過信件的傳遞，須要時間的流程，同時也是給予發、收信者之間緩衝的時間。

此外，關於書信的種類，一般可以概分爲四大類：

第一類：**以書信的形式劃分**：可以分爲：一、傳統書信；二、現代書信；三、明信片；四、郵簡。其中所謂的「郵簡」，是指直接印有郵票或印上「郵資已付」的簡易信封含有信紙的書信。

第二類：**以傳遞的方式劃分**：可以分爲平信、限時信、掛號信、限時掛號信、快遞、航空、傳真、托轉電子郵件等多種模式傳遞形式。

第三類，**以發信者與收信者的關係劃分**：可以分爲上行、平行與下行等三種：

上行文	㈠直系血親的長輩：如父母、祖父母與外祖父母等。 ㈡旁系血親與姻親的長輩：如伯叔父、姑母、姨母、舅父與岳父母等。 ㈢朋友的長輩：如父母親的朋友、朋友的父母親、世伯等。 ㈣身分或職業上的長輩：如師長、各級長官等。 ㈤年紀上的長輩：比自己年長二十歲的人。
平行文	㈠旁系血親的平輩：如兄弟姐妹、堂兄弟姊妹等。 ㈡姻親的平輩：如表兄弟姊妹、連襟（姊妹丈夫的互稱或合稱。）、妯娌（兄弟之妻的合稱）。 ㈢一般朋友的平輩：如朋友等。 ㈣身分或職業上的平輩：如同學、同事等。 ㈤年紀上的平輩：與自己年紀相差不大的朋友。
下行文	㈠直系血親的晚輩：如子女等。 ㈡旁系血親與姻親的晚輩：如侄子女、外甥、女婿等。 ㈢朋友的晚輩：如世侄等。 ㈣身分或職業上的晚輩：如接受學業的學生、部屬等。 ㈤年紀上的晚輩：比自己年輕二十歲的人。

第四類，以書信的內容主題劃分：可以分為四種：第一種，應酬性的書信；第二種，聯絡性的書信；第三種，議論性的書信；第四種，實務性的書信。

二、傳統書信的格式與寫作方法

㈠直書中式信封

1.格式範例：

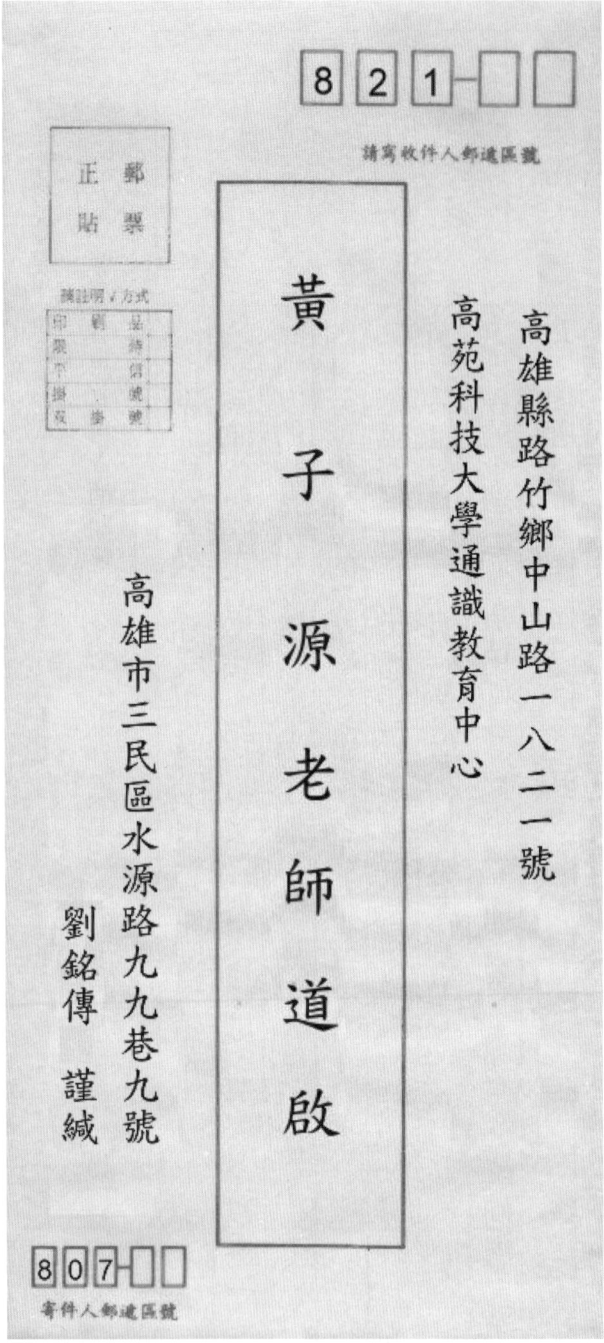

2.注意要點：

⑴一般信封中印有長方形紅色框，但寄給居喪人士則應用純白或將紅色框線塗黑或塗掉爲宜。

⑵長方形紅色框的框內爲「框內欄」，右方爲受信人地址爲「框右欄」，左方爲發信人爲「框左欄」。

⑶框內欄包含了【受信人姓名】（黃子源）、【稱呼】（老師）與【啓封詞】（道啟）等。

⑷框右欄包含了【受信人的郵遞區號】、【受信人地址】與【服務單位】等。

⑸框左欄包含了【發信人的郵遞區號】、【發信人地址】與【發信人姓名】（劉銘傳）與【緘封詞】（謹緘）。

⑹框內欄受信人姓名的姓氏爲全信最高位置，以示尊重。

⑺框右欄受信人的服務單位的第一個字爲全信第二高位置，約略比姓名低半格。

⑻框右欄受信人的收信地址的第一個字爲全信第三高位置，約略比服務單位低半格。

⑼框內欄中的文字是全信字體級數最大的部份，文字分配應合宜，字體宜工整。

⑽框右欄與框左欄的文字應略小於框內欄中的文字。

⑾框左欄中地址過長時，可以拆作兩行，但文字位置應分配合宜。

⑿框內欄受信人的稱呼，爲郵差或社會大眾對受信人的一般稱呼，可依其職業與身分稱呼受信人。

⒀框內欄儘量不要使用「側書」（偏右書寫而縮小字體）的方式，因爲容易造成錯誤或是不尊重受信人的情況。所謂「側書」，分爲「尊側」（敬側）與「謙側」兩種，「尊側」是有不敢直呼對方名字的意思，也是對受信人表示尊敬的作法之一，可用在依「姓、職稱、名字」之順序組合時，對其名字可以尊側，但職稱或一般稱呼則不可以尊側，以免誤會貶低其職位名稱。至於「謙側」，則字體略小而偏右，例如晚、舍、愚、後、拙、敝、生、學生、受業等，同時謙側不宜寫在每行的頂格，亦不可拆行書之。

3.正確與錯誤示範

○

○

○

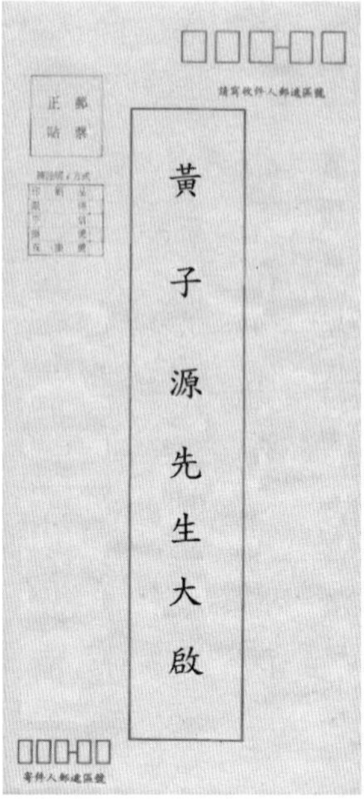

X

X

X

4.啓封詞的建議：

⑴道啓：對一般授課的老師、在校擔任教職的老師、佛教出家僧人用之。
⑵福啓：對親族的祖父母輩用之。
⑶安啓：對父母親或親族長輩用之。
⑷鈞啓：對自己的上級長官或政治首長用之。
⑸勛啓：對具有軍職或公職身分的長輩或平輩用之。（同「勳啟」）
⑹賜啓：對一般長輩用之。
⑺台啓：對一般平輩用之。
⑻大啓：對一般平輩用之。
⑼禮啓：對居喪人士用之。
⑽素啓：對居喪人士用之。
⑾親啓：希望受信人親自拆閱而不論其輩份。
⑿收啓：對一般晚輩用之。
⒀啓：對一般晚輩用之。

5.信紙的摺疊置入信封的方法。

⑴信紙應直向對折，將受信人稱謂與提稱語與信封上受信人姓名平行。
⑵再以直向對折的三分之一反折，上部佔三分之二，下部佔三分之一，然後置入信封之內。
⑶信紙不可反折而將文字置於內部，這是表示絕交或報喪之用。亦不可三折，有退回或絕交之意。

㈡信箋箋文的結構

箋文結構			
前文	(1)受信人名字稱謂	例如：子源吾師。	可以包含名字號、公職位、私關係與尊詞等四種關係。
	(2)提稱語	例如：壇席。	請求受信人察閱信箋箋文的意思。
	(3)開頭應酬語	例如：遙望□門牆，輒深馳慕。❶	敘述正事前的客套話。
	(4)啓事敬辭	例如：謹肅者。	敘述正事前的發語詞，表示恭敬地報告事情。
正文	(5)信箋正文	例如：略。	箋文的實際內容。
後文	(6)結尾應酬語	例如：寒暖不一，至祈□珍重。	配合正文或時序的客套問候語。
	(7)結尾敬語	例如：肅此敬達，恭請□誨安。	箋文結束時向受信人請安或表示禮貌。
	(8)自稱與署名	例如：受業銘傳。	自稱表示關係而定。
	(9)末啓詞	例如：謹上。	表示尊敬或禮貌的陳述以上的內容。
	(10)寫信日期	例如：十二月十日。	註明寫信的日期，可以加上年度或西元。
	(11)並候語	例如：師母前乞代叱名請安。	請受信人代爲向他人問候的意思。
	(12)附件語	例如：謹奉玉荷包六斤供師品嚐。	如有隨信的附件或禮物時的說明。
	(13)附候語	例如：致庸同學囑筆請安。	此爲發信人的朋友或家人向受信人問候的意思。

❶抬頭：表中「□」爲「抬頭」的意思，我國傳統的應用文書信格式中，爲了表現禮數尊卑，於是有「三抬」、「雙抬」、「單抬」、「平抬」、「挪抬」等五種抬頭格式。格式大致濫觴於秦漢，其後經歷各代至民國都普遍沿用。一般來說，「三抬」、「雙抬」，是在行文中提及受文者的父母或是祖父母，乃至當代的皇帝、政府朝廷時，都會比尋常各行高出三格（三抬）或兩格（雙抬）；「單抬」是指提及受文者及其尊長時高出尋常各行一格；「平抬」是指提及受文者及其相關人、事時另行頂格，與各行相平，謂之「平抬」；「挪抬」則只是留在原行，只挪空一格。現今多只用平抬與挪抬兩種，結尾敬語的末二字，應用平抬格式，其餘可用挪抬。

㈢稱謂表

1.家族稱謂表			
稱人	自稱	對他人稱	對他人自稱
祖父／母	孫／孫女	令祖父／母	家祖父／母
父／母親	兒／女	令尊／堂	家父／母
伯父／伯母	姪／姪女	令伯／伯母	家伯／伯母
兄／嫂	弟／妹	令兄／嫂	家兄／嫂
弟／弟婦	兄／姊	令弟／弟婦	舍弟／弟婦
姊／妹	弟妹兄姊	令姊／妹	家姊／妹
吾夫	妻	尊夫	外子
賢妻	夫	尊／嫂夫人	內子／人
吾兒／女	父／母	令郎／嫒	小兒／女
賢媳	愚	賢媳令媳	小媳
賢姪／姪女	愚伯／伯母	令姪／姪女	舍姪／姪女
君舅／姑	媳	令舅／姑	家舅／姑

2.親戚稱謂表			
稱人	自稱	對他人稱	對他人自稱
外祖父／母	外孫／女	令外祖父／母	家外祖父／母
姑丈／母	內姪／姪女	令姑丈／母	家姑丈／母
舅父／母	甥／甥女	令母舅／舅母	家母舅／舅母
姨丈／母	姨甥／甥女	令姨丈／母	家姨丈／母
岳父／母	子婿	令岳／岳母	家岳／岳母
姊丈	內弟／姨妹	令姊丈	家姊丈
妹丈	內兄／姨姊	令妹丈	舍妹丈
表兄／嫂	表弟／妹	令表兄／嫂	家表兄／嫂
表弟／弟婦	表兄／姊	令表弟／弟婦	舍表弟／弟婦
內兄／弟	妹／姊婿	令內兄／弟	敝內兄／弟
襟兄／弟	襟弟／兄	令襟兄／弟	敝襟兄／弟
賢甥／甥女	愚舅／舅母	令甥／甥女	舍甥／甥女
賢婿	愚岳／岳母	令婿	小婿

3.世交稱謂表			
稱 人	自 稱	稱對方	稱己方
老師／師母	受業	令業師	敝業師
世伯／伯母	世姪／姪女	令世伯／伯母	敝世伯／伯母
學兄／姊	學弟／妹	貴同學	敝同學
同學	小兄／愚姊	令高足	敝門人
世兄	愚	令世姪	敝世姪

說明：
⑴凡是長輩已經過世，原「家」字，應改為「先」字。
⑵尊稱他人的父子為「賢喬梓」，對人自稱為「愚父子」。

(四)提稱語（知照敬辭）

對象	可用語彙
祖父母及父母	膝下、膝前
一般長輩	尊前、尊鑒、賜鑒、鈞鑒、崇鑒、侍右、尊右
直屬長官	鈞鑒
政治首長	鈞鑒、崇鑒、賜鑒、尊鑒
學校師長	函丈、道鑒、講座、尊前、壇席、道席、撰席、著席
一般平輩	台鑒、雅鑒、惠鑒、足下、閣下、大鑒、左右
同學	硯右、硯席、文几、文席、台鑒
一般晚輩	青鑒、青覽、如晤、如面、如握、知之、知悉、收覽
財經平輩	台鑒、大鑒、惠鑑
軍事首長	鈞鑒、鈞座、勛鑒、麾下
教育界	道鑒、文席、撰席
宗教界	道鑒、法鑒、壇席
婦女界	慧鑒、妝鑒、芳鑒、淑覽、淑鑒、懿鑒（對年長者用之）、儷鑒（對他人夫妻的敬稱）
弔唁	禮鑒、苫次（苫ㄕㄢ次：舊指居親喪的地方。）（唁ㄧㄢˋ，對遭遇非常變故的人進行慰問。）
哀啟	矜鑒（居喪者請人憐憫體察。）

㈤開頭應酬語

分類	對象	可用語彙
問候	祖父母及父母	(1)仰望□慈雲，倍切孺慕。(2)引瞻□慈暉，良深孺慕。(3)翹首□慈雲，倍切依依。(4)瞻企□慈雲，彌殷孺慕。(5)自違□慈訓，倏忽經旬。(6)叩別□尊顏，已逾數月。
	尊長或長輩	(1)揖別□尊顏，轉瞬三月。(2)不瞻□光霽，匝月於茲。(3)睽違□道範，荏苒數年。(4)仰企□光輝，時深傾慕。(5)遙仰□斗山，繫念殊殷。(6)引領□吉輝，倍切神往。
	受業師長	(1)不坐□春風，倏已匝月。(2)不親□講席，瞬已半年。(3)奉違□提訓，屈指月餘。(4)遙望□門牆，時深馳慕。(5)疏奉□教言，寒暄幾易。(6)路隔山川，神馳□絳帳。
	一般平輩	(1)睽違□丰采，數換春秋。(2)不奉□清談，倏忽數年。(3)相思之切，與日彌增。(4)每念□佳人，輒深神往。(5)自違□雅教，於茲經年。(6)神馳□左右，夢想為勞。
	商界	(1)久疏音訊，思念良殷，企盼□大展鴻圖，駿業日隆，至以為頌。
寄信	尊長	(1)謹上蕪緘，諒蒙□垂察。(2)前覆寸箋，恭呈□鈞鑒。
	平輩	(1)景仰已久，拜謁無從。(2)昨上一箋，恕邀□惠察。
	晚輩	(1)昨寄一書，諒已收覽。(2)前覆手書，想早收閱。
覆信	尊長	(1)頃承□手諭，敬悉種切。(2)頃奉□鈞誨，拜悉一切。
	平輩	(1)辱承□惠示，敬悉一切。(2)昨展□雲翰，拜讀一一。
	晚輩	(1)昨接來信，已悉一切。(2)昨收來信，足慰懸念。

㈥啓事敬詞

對象	可用語彙
對祖父母或父母	敬稟者、敬肅者、叩稟者、叩肅者、謹稟者、謹肅者
對師長或一般長官	謹啟者、謹肅者、敬啟者、敬肅者、茲肅者（回信時用：謹覆者、肅覆者、謹肅者）
對一般平輩或晚輩	敬啟者、茲啟者、逕啟者、謹啟者、啟者（回信時用：逕覆者、茲覆者、敬覆者）
對一般請託之事	敬懇者、敬托者、茲懇者、茲託者、茲有託者、茲有懇者
對祝賀對方的事	茲肅者、謹肅者、敬肅者
對於居喪的朋友	哀啟者、泣啟者
對補述的事情	再、又、再啟者、再陳者、又陳者、又啟者

㈦結尾應酬語

種類	對象	可用語彙
保重語	一般長輩	(1)寒暖不一，至祈□珍重。(2)乍暖還寒，尚乞□珍攝。(3)秋風多厲，至祈□保重。
	一般平輩	(1)春風料峭，尚乞□珍重。(2)暑熱逼人，諸祈□自攝。(3)秋風多厲，□珍重為佳。
	居喪者	(1)伏祈□節哀順變。(2)至祈□勉節哀思。(3)還乞□稍節哀思。
干聽語	一般通用	(1)冒昧上陳，實非得已。(2)冒瀆□清聽，不勝惶恐。
候覆語	一般長輩	(1)乞賜□覆示，不勝感禱。(2)如遇鴻便，乞賜□鈞覆。
候覆語	一般平輩	(1)幸賜□佳音，不勝感禱。(2)敬請 撥冗賜覆，不勝企盼。(3)佇盼□好音，幸即□裁答。

感謝語	一般通用	(1)寸心感激，沒齒不忘。(2)銘感肺腑，永矢不忘。(3)感念□隆情，非言可喻。
盼禱語	一般通用	(1)不勝企禱。(2)無任感禱。(3)至為盼禱。
請收語	一般通用	(1)伏乞□笑納。(2)乞賜□檢收。(3)至祈□台收。(4)敬請□哂納。（哂，音ㄕㄣˇ，微笑的意思。）
愧贈語	賀婚	(1)附上微儀，用佐巹筵。（巹ㄐㄧㄣˇ，古代婚禮的禮器。）(2)薄具菲儀，用申賀悃。（悃ㄎㄨㄣˇ，誠懇意。）
	祝壽	(1)敬祝菲儀，用祝□鶴齡。(2)謹具微儀，略表祝悃。
	贈物	(1)名產數包，聊申敬意。(2)謹具微儀，聊申敬意。
	送嫁	(1)附上微儀，藉申奩敬。(2)附上微儀，用申奩敬。（奩ㄌㄧㄢˊ，古代盛梳妝用品的器具。）
	喪禮	(1)敬具奠儀，藉申哀悃。(2)謹具奠儀，藉作楮敬。（楮ㄔㄨˇ敬，指向往生者祭拜的紙錢。）
求恕語	一般通用	(1)不情之請，尚祈□見諒。(2)區區下情，統祈□垂察。(3)瀆費清神，不安之至。（瀆ㄉㄨˊ）
請託語	推薦	(1)倘蒙□玉成，永鐫不忘。（鐫ㄐㄩㄢ，銘刻誌記）(2)倘蒙□汲引，感荷無既。
	關照	(1)倘蒙□照拂，永感厚誼。(2)倘承□青睞，永銘隆情。（青睞ㄌㄞˋ，謂對人喜愛或重視。）
	借貸	(1)如承□俯諾，實濟燃眉。(2)倘蒙□挹注，受惠實多。（挹ㄧˋ注，謂將彼器的液體傾注於此器。）
臨書語	一般長輩	(1)謹肅寸稟，不勝依依。(2)耑肅奉稟，不盡縷縷。
臨書語	一般平輩	(1)臨穎神馳，不盡所懷。(2)臨書馳切，益用依依。
請教語	一般長輩	(1)如蒙□鴻訓，幸何如之。(2)敬祈□指示，俾有遵循。
請教語	一般平輩	(1)乞賜□教言，以匡不逮。(2)幸賜□清誨，無任銘感。(3)幸賜□南針，俾覺迷路。
求允語	一般通用	(1)至祈□俞允。(2)乞賜□金諾。(3)務祈□概允。
恃愛語	一般通用	(1)辱在夙好，用敢直陳。(2)恃愛妄瀆，尚乞□曲諒。

(八)結尾敬語

1.敬語

種類	對象	可用語彙
申悃語	一般長輩	(1)肅此敬達。(2)敬此。(3)謹此。
	一般平輩	(1)耑此奉達。(2)特此奉達。(3)耑此。（耑ㄓㄨㄢ此，書信末尾常用語，謂特為此事致書。）
	申謝用途	(1)肅此鳴謝。(2)肅此敬謝。(3)用展謝忱。
	申賀用途	(1)肅表賀忱。(2)用申賀悃。(3)敬申賀悃。
	弔唁用途	(1)恭陳唁意。(2)藉申哀悃。(3)藉表哀忱。
	申覆用途	(1)耑此敬覆。(2)耑此奉覆。(3)耑肅敬覆。
請鑒語	一般長輩	(1)伏乞□鑒察。(2)伏乞□崇鑒。(3)伏祈□垂鑒。(4)乞賜□垂察。
請鑒語	一般平輩	(1)敬祈□亮察。(2)諸維□惠察。(3)並祈垂照。

2.問候語

問候對象	可用語彙
祖父母及父母	(1)敬請□福安。(2)恭請□金安。(3)叩請□福安。(4)敬叩□金安。
一般親友長輩	(1)恭請□崇安。(2)恭請□福安。(3)敬請□康安。(4)順請□福履。(5)順叩□崇祺。
學校師長	(1)恭請□誨安。(2)敬請□道安。(3)敬請□講安。(4)祇叩□教安。（祇ㄓ，敬的意思。）
一般親友平輩	(1)敬請□大安。(2)敬請□台安。(3)即請□道安。(4)順頌□台祺。（祺ㄑㄧˊ，幸福，吉祥。）
一般親友晚輩	(1)順問□近祺。(2)即頌□近佳。(3)順詢□近祉。（祉ㄓˇ，福氣的意思。）

商業界	(1)順請□財安。(2)敬請□籌安。
政治界	(1)敬請□鈞安。(2)恭請□勛安。
軍事界	(1)恭請□麾安。(2)敬請□戎安。
文化教育界	(1)即頌□文祺。(2)順請□撰安。(3)敬請□文安。(4)祇頌□道安。
旅行者（旅行社）	(1)敬請□旅安。(2)順請□客安。
夫妻	(1)敬請□儷安。(2)順請□雙安。
一般婦女	(1)敬頌□壼安。（女性長輩）(2)敬請□妝安。（女性平輩或晚輩）
賀人結婚	(1)恭賀□燕喜。(2)恭賀□大喜。
賀新年	(1)敬賀□年禧。(2)敬頌□新禧。
弔唁	(1)敬請□禮安。(2)並頌□素履。
問候病況	(1)敬請□痊安。(2)順祝□早痊。
依時令問候	(1)敬請□春安。(2)敬頌□暑安。(3)順頌□秋祺。(4)敬頌□冬綏。（綏ㄙㄨㄟ，安祥之意。）

(九)末啟詞

問候對象	可用語彙
祖父母及父母	(1)謹稟。(2)叩稟。(3)叩上。(4)敬稟。
一般長輩、師長	(1)謹上。(2)敬上。(3)謹肅。(4)拜上。
一般親友平輩	(1)謹啟。(2)敬啟。(3)拜啟。(4)頓首。
一般親友晚輩	(1)手示。(2)手書。(3)手諭。(4)字。（父母親對自己的子女常用「字」字。）

(十)並候語與附候語

問候對象	可用語彙
問候一般長輩	(1)令尊（或令堂）大人前，乞代叱名請安。(2)某伯處煩請叱名道候。
問候學校師長	(1)師母前乞代叱名請安。(2)師母前乞代○○請安。(3)師丈前乞代叱名請安。
問候一般親友平輩	(1)某兄處祈代致候。(2)嫂夫人前祈代致候。
問候一般親友晚輩	(1)順問□令郎佳吉。(2)並候□令嬡等近好。
代一般長輩附問	(1)家嚴囑筆問候。(2)家母囑筆致候。
代一般平輩附問	(1)某兄囑筆問好。(2)某妹附筆致候。
代一般晚輩附問	(1)小兒侍叩。(2)小女侍叩。

(十一)書信範例

子源吾師壇席：遙望　門牆，輒深馳慕。謹肅者。離開學校轉瞬半年，回想在校期間，受到　恩師啟發最深，昔日光景，依稀猶如昨日。當時　恩師授課內容，至今受用無窮，生感念　師恩，銘記教誨。另，本班將舉辦同學會，日期預定在一月一日晚上六點於高雄漢來大飯店四十三樓，企盼　恩師能夠撥冗蒞臨指教，不勝感禱。近日天氣不甚穩定，寒暖不一，至祈　珍重。肅此敬達，恭請

誨安

受業 范銘傳謹上 十二月十日

師母前乞代叱名請安。

㈢書信結構範例

子源吾師❶壇席❷：遙望　門牆，輒深馳慕❸。謹肅者❹。離開學校轉瞬半年，回想在校期間，受到　恩師啟發最深，昔日光景，依稀猶如昨日。當時　恩師授課內容，至今受用無窮，生感念　師恩，銘記教誨。另，本班將舉辦同學會，日期預定在一月一日晚上六點於高雄漢來大飯店四十三樓，企盼　恩師能夠撥冗蒞臨指教，不勝感禱。近日天氣不甚穩定，❺寒暖不一，至祈　珍重❻。肅此敬達，恭請

誨安❼

受業 范銘傳❽謹上❾ 十二月十日❿

師母前乞代叱名請安。⓫

❶受信人名字稱謂　❷提稱語　❸開頭應酬語　❹啓事敬辭　❺信箋正文　❻結尾應酬語　❼結尾敬語　❽自稱與署名　❾末啓詞　❿寫信日期　⓫並候語

【作業】

一、請依照傳統書信格式的前十一項原則，寫一封信給授課的應用文老師，內容主旨為本學期上課以來的心得或感想。

三、現代書信的格式與寫作方法

(一)橫書西式信封

格式範例：

□□□
寄件人地址
寄件人姓名＋緘封詞（電話）

貼郵票處

□□□
收件人地址
（收件人單位職稱）
收件人姓名＋職稱＋啓封詞
（收件人電話）

800
高雄市新興區中正路 1 號
劉銘傳謹緘 0938-338-338

貼郵票處

821
高雄縣路竹鄉中山路 1821 號
高苑科技大學通識教育中心
黃子源　老師　道啓
07-6077121

注意事項：

⑴郵遞區號應獨立成行。

⑵地址應分行書寫，最好使用電腦打字列印。

⑶受信人地址與姓名部份應將字體放大。

⑷受信人地址與姓名部份最好置於整個信封的中間位置。

⑸注意郵票黏貼的位置在右上方。

⑹如果是寄到國外，可以使用中華民國台灣 R.O.C.。

⑺如果是寄到國外，可以加上 FROM 與 TO 的字樣。

⑻如果是寄給長期固定的客戶，可以使用電腦列印標籤。

⑼如果是大量的客戶地址名單，可以考慮使用資料庫軟體套印。

㈡現代書信寫作原則

現代書信已經脫離古代書信各種格式的限制，但是也要尊重受信人的文化素養與閱讀程度，配合自己身分立場的適宜表達，這是現代書信最重要的基本原則。除此之外，仍應注意以下六點要領：

第一，**現代書信應參考傳統書信的格式與精神，許多基本用語上也應維持一定的尊重與禮貌**。例如，在信封的書寫上，如果是寫給學校老師的一封信，仍應用「○○老師道啓」的字樣，因爲這是一種文化的傳統與基本的精神。同時，在書信的自稱、署名與末啓詞的部份，仍應參照傳統書信格式的語彙，如此才能顯示尊重與禮節。

第二，**注意傳統與現代的差異，儘量避免可能混淆的情況**。例如：女性同學在對男性老師的稱謂上，不宜用「夫字」稱之，因爲「夫子」是傳統上妻子對丈夫的稱呼，所以容易造成誤會。因此，選用「老師」的稱呼較爲適宜。

第三，**許多提稱語、開頭應酬語等傳統格式，可以轉換成現代的用語**。例如：將寫給老師的「壇席」改成「您好」，將開頭應酬語的「遙望　門牆，輒深馳慕」改成「離開學校一段時間了，我在台北想起老師當時上課的情景，就很想回到校園再當您的學生」。

第四，**現代書信中應該注意現代的制度與人際的關係，並給予合宜的尊稱**。例如，目前台灣的大學教師制度中，有「助教、講師、助理教授、副教授與教授」等級，但是學生對授課的教授或副教授等，並不適宜直稱其職級，而應稱呼其爲「老師」。因爲「教授」是客觀制度的職級，「老師」卻是師生的關係，如果一位學生寫給自己上課的老師，卻稱呼其爲「教授」，這是不適合的。

第五，**現代書信儘量不要使用火星文或注音文字**。雖然現代書信已不再使用文言文，但是爲了尊重閱讀者，所以儘量不要使用注音符號、火星文或其他怪異的文字符號表達，而且要正確使用全形而非半形的標點符號，特別是寫信給學校的老師或是長輩，尤其要避免以上的情況。

第六，**現代書信可以用電子郵件或手機簡訊代替，但應維持基本的禮節與尊重**。現代工商業社會，講求效率與速度，因爲書信可以使用各種傳遞媒介，但是基本的禮節與尊重對方的精神，仍應維持適宜的表現。

現代書信範例

黃老師您好：

離開學校一段時間了，我在台北想起老師當時上課的情景，就很想回到校園再當您的學生，尤其是離開學校一轉眼就是半年的時間，回想在校期間，受到您的啟發最深，當時上課的情景，就好像昨天發生的事情。當時您授課的內容，到今天仍然受用無窮，學生感念您的恩德，也謹記您的教誨。

另外，本班將舉辦同學聚會活動，日期預定在一月一日晚上六點於高雄漢來大飯店四十三樓，也就是當時辦謝師宴的場地，企盼您能夠蒞臨指教，我們同學都很期待老師的到來。近日來天氣不是很穩定，氣溫變化也很大，希望老師多多珍重。祝福老師

身體健康，萬事如意

受業 范銘傳敬上 十二月十日

請代學生向師母請安問候。

第五課　現代便條與名片

一、現代便條的意義與格式

在今日科技日新月異的時代，手機直通與網路視訊改變了人與人之間溝通的模式，3G手機影像電話的出現，讓人們可以達到即時影音溝通的新境界。即使如此，吾人在生活中仍然須要「便條」嗎？其實，「便條」是一種最爲簡易方便與最常見的書信模式，通常使用在較爲親近的同學或親友之間。因此，便條的實際內容多半是生活中較爲簡單或急切的事務，所以不必過於講究繁雜的禮儀，僅以三言兩語即可交待清楚，以直接留交或轉託他人代送，都可以彌補現代通訊不足的地方。因此，便條就是最爲簡便的字條，也可以說是一種簡化的書信模式，大多用於餽贈、請託、答謝、探病、訪友未晤、邀約、借款與借物等方面。

即使是一張「便條」，其格式與結構還是具備了以下四種要素：

第一，**正文**：交待事情的實際內容。

第二，**稱謂與交遞語**：稱謂寫在正文的前面或後面都可以，但是如果是寫在後面的時候，應該先加上「此致」、「此上」等交遞語。一般來說，通常在對方的名字下應該要加上尊詞。

第三，**自稱、署名與末啟詞**：在自己具名的右上方，應該加一個自謙的稱謂，並以謙側的方式呈現。然後，在自己具名的下方，可以加上末啓詞，例如「敬上」、「敬留」等詞語。

第四，寫作時間：一般將寫作便條的時間會寫在具名下的偏旁位置。

便條範例

(一)拜訪未遇

今日上午十點來訪，可惜沒有遇到你。我準備明天上午十點再來拜訪，敬請　稍待。此上
銘傳兄
弟子源拜留　九月九日

(二)回覆拜訪未遇

子源兄：昨日閣下來訪，弟因公外出未遇，實在抱歉。今天上午弟另有會議，不便缺席，明天上午九點當親自到府上拜訪，敬請　鑒諒。
弟銘傳拜留　九月十日

(三)邀宴

明晚七點在福華餐廳敬備菲酌，恭請　光臨。此上
立驤兄
弟子源拜留　九月十日

(四)餽贈

子源吾師：昨晚學生自高雄大樹鄉返校，家母囑咐攜玉荷包荔枝一簍奉贈吾師，其味甚為鮮甜甘美，供師品嚐，敬請　笑納。
學生宗哲謹上　六月十日

二、名片的意義與格式

名片是指印有姓名、職銜、住址、電話號碼、電子郵件或個人網路首頁的小卡片，通常是用來自我介紹、留下聯絡資訊的憑藉。有時因爲在拜訪朋友的時候，在名片的正面或是反面空白的地方，也有寫上扼要簡單的幾行文字，其作用是與便條相同的，但是比便條更爲方便。

由於數位網路時代的來臨，網路上常見個性化的「簽名檔」或是「網路名片」，都是值得參考與實用的方式。此外，透過紅外線傳輸訊息，或是在網路上玩即時通、Q.Q.等交友通訊軟體時，也會使用到相關概念的名片。因此，數位網路時代的名片已經呈現多元而先進的模式，吾人不必固守老舊的名片形式，可以略做變通而與時俱進，達到充份溝通的目標。

雖說如此，一般在重要的場合或是商界人士交流的時候，互相交換名片，不僅是一種禮貌，也是商業資訊交流的重要途徑。因此，使用名片的意義，大抵上有四項：其一，社交的禮儀；其二，資訊的交流；其三，聯絡的途徑；其四，介紹或宣傳的工具。至於名片的格式，應俱備以下四項：

第一，**姓名**：可列中文全名或英文姓名。

第二，**職銜**：個人服務單位的職位名稱或職務名稱。

第三，**聯絡方式**：包含地址、電話、電子郵件或個人網路首頁等資訊。

第四，**其他部份**：例如個人的學歷或經歷、專長、公司的營業項目……等，這是依照特殊需求而自由設計的項目。

第六課　柬帖的設計與寫作

一、柬帖的意義與種類

柬，本爲「簡」字，古代用以寫字的小竹片，亦指功用與「簡」相同的書寫用品；帖，本爲寫在絲織物上的小條絹帛。因此，柬帖是古代書寫材料不同而產生的不同名稱，通常也是指一般書札、書信等簡稱。現代應用文已經將「柬帖」合爲一個專有名詞，主要是指一般應酬與婚喪喜慶的書面通知，大多以較硬紙張印成摺疊式或卡片式兩種。

現代通行柬帖的種類可以分爲下列四類：

第一類，**結婚訂婚類柬帖**：這是邀請親朋好友觀禮或參加喜宴時使用的柬帖，可分爲結婚柬帖、訂婚柬帖與出嫁柬帖等三種。

第二類，**一般慶賀類柬帖**：這是邀請親朋好友觀禮或參加喜慶時使用的柬帖，如彌月、壽慶、開張等。

第三類，**一般喪葬類柬帖**：可分訃聞與告窆（ㄅㄢˇ）等兩類。訃聞原是古代報喪的文告。現代訃聞是喪家或治喪者向親朋好友與各界報告喪事的書面通知，一般會詳細記載死者的姓名、生卒的年月、享年若干與出喪日期等方面的資訊。告窆則是通知親友各界安葬死者日期的通知，現今多合併在訃聞之中。告窆即是下葬日期訃告親友的意思。窆，是指將棺木葬入墓穴。

第四類，**一般應酬類柬帖**：這是通常宴請親友的柬帖，如陞遷、洗塵、餞行、同學會、公司聚會等。

二、柬帖的格式與範例

(一)婚嫁柬帖類

1. 結婚柬帖的內容：

(1)結婚人與具帖人的姓名與稱謂。（長男〇〇、次女〇〇）
(2)結婚的日期與地點。（中華民國九十二年國曆三月廿三日）
(3)結婚方式。（舉行結婚典禮）
(4)請受帖人光臨。（恭請　闔第光臨）
(5)具帖人的姓名與表敬辭。（雙方父母〇〇〇鞠躬）（具帖人可為①當事人、②雙方家長、③男方家長、④女方家長、⑤親屬尊長）
(6)宴客的時間與地點。（桃園縣中壢市中信大飯店與中午十二時入席）

範例（雙方父母具名帖）

> 謹詹於中華民國九十二年國曆三月廿三日 農曆二月廿一日（星期日）
> 為長男〇〇 次女〇〇舉行結婚典禮敬備喜筵　恭請
> 闔第光臨
>
> 〇〇〇 〇〇〇 〇〇〇 〇〇〇 鞠躬
>
> 恕邀
>
> 席設：桃園縣中壢市中信大飯店廿二樓同心園餐廳
> 時間：中午十二時入席

2.訂婚柬帖的內容：
(1)訂婚人與具帖人的姓名與稱謂。
(2)訂婚的日期與地點。
(3)介紹人姓名。
(4)請受帖人光臨。
(5)具帖人的姓名與表敬辭。
(6)宴客的時間與地點。

3.出嫁柬帖的內容：
(1)出嫁人與具帖人的姓名與稱謂，所適（嫁）者姓名。
(2)出嫁的日期與地點。
(3)請受帖人光臨。
(4)具帖人的姓名與表敬辭。
(5)宴客的時間與地點。

㈡慶賀柬帖類

1.彌月柬帖的內容：
(1)彌月的日期。
(2)彌月者的稱謂與名字。
(3)宴客的時間、地點與方式。

(4)請受帖人光臨。
(5)具帖人（父母）的姓名與表敬辭。

2.壽慶柬帖的內容：
(1)祝壽的日期。
(2)壽星的稱謂、姓名與年齡。
(3)祝壽的時間、地點與方式。
(4)請受帖人光臨。
(5)具帖人的姓名與表敬辭。

㈢喪葬柬帖類

1.訃聞的內容：
(1)往生者的稱謂、姓名字號、籍貫等。
(2)往生者死亡的確切時間，如年、月、日、時等。
(3)死亡的原因與地點。
(4)往生者的出生年、月、日、時與年歲。（得年、得壽、享年、享世、享壽）
(5)親屬處理善後的各種禮事。
(6)開弔的時間日期與地點。
(7)安葬的地點或火化靈骨奉存的寺塔。
(8)訃告的對象。

(9)主喪者與親屬的具名，表敬辭。
(10)喪居的地址與聯絡方式等。

(四)一般應酬柬帖類

1.謝師宴柬帖的內容：
(1)宴會的內容爲謝師宴。
(2)謝師宴的時間、地點與方式。
(3)具帖人的姓名、稱謂與表敬辭。
(4)以簡短而感恩的幾句話，誠摯的邀請受帖人。
(5)請受帖人光臨。
(6)主辦人或聯絡人的聯絡電話與交通接送等事宜。

三、簡帖的常用語

(一)一般婚嫁喜慶類

1.詹於：詹，通「占」，占卜、選定的意思。古代利用龜甲蓍草與後世使用銅錢牙牌等推斷吉凶禍福，表示黃道吉日的意思。
2.福證：請人證婚的敬語。
3.文定：《詩經．大雅．大明》：「文定厥祥，親迎於渭。」言卜得吉日而以納幣之禮定其祥也，後因稱訂婚爲文定。
4.于歸：出嫁。《詩經．周南．桃夭》：「之子于歸，宜其室家。」女子以夫家爲自己真正的家，故稱出嫁爲于歸。
5.吉夕、嘉禮、合巹：結婚。（巹，音ㄐㄧㄣˇ，古代婚禮用的禮器，其製破瓠ㄏㄨˋ爲瓢ㄆㄧㄠˊ，名巹。合巹是夫婦合執其中一瓢飲。）
6.賀儀：即賀禮，可以禮金或禮物贈送結婚者。
7.桃觴：祝壽的酒席。

8.湯餅：出生三日之宴，今亦稱滿月之酒席。
9.彌月之慶：嬰兒出生滿月的酒席。
10.弄璋：祝別人生男孩的頌辭。《詩經・小雅・斯干》：「乃生男子，載寢之床，載衣之裳，載弄之璋。」璋，玉器的名稱，狀如半圭，古代朝聘、祭祀、喪葬、治軍時用作禮器或信玉，是古代官員所執。意謂祝所生的男孩成長後爲王侯，能執圭璧。後因稱生男爲「弄璋」。
11.弄瓦：祝別人生女孩的頌辭。
12.嵩祝：祝人福壽如嵩山之高的意思。
13.敬使：付送禮人的小費。
14.賁臨：賁ㄅㄧˋ，華美光彩貌。語出《詩經・小雅・白駒》：「賁然來思。」賁然，光采華麗的樣子，謂來者有所盛裝打扮。後用「賁臨」表示光臨。
15.洗塵：設宴歡迎遠方歸來的人，又俗稱接風。
16.餞行：以酒席送別即將遠行的朋友。
17.秩、晉：秩，十年。晉，同進。如五秩晉三即五十三歲。
18.領謝：領受禮物而道謝。
19.璧謝：奉還禮物並道謝，也是拒收的意思。
20.踵謝：親自登門道謝。

(二)一般喪葬類

1.先祖考：對他人稱自己已去世的祖父，又稱顯祖考。考，老也，對死去的父親的稱呼。
2.先祖妣：對他人稱自己已去世的祖母，又稱顯祖妣。妣ㄅㄧˇ，稱祖母和祖母輩以上的女性祖先。
3.顯考：古代對亡父的美稱。對他人稱自己已去世的父親，又稱先君、先考、先嚴、先父等。
4.顯妣：古代對亡母的美稱。對他人稱自己已去世的母親，又稱先妣、先慈、先母等。
5.先夫：對他人稱自己已去世的丈夫。
6.先室：對他人稱自己已去世的妻子，又稱先荊。

7.先兄：對他人稱自己已去世的哥哥。
8.先姐：對他人稱自己已去世的姐姐。
9.亡弟：對他人稱自己已去世的弟弟。
10.亡妹：對他人稱自己已去世的妹妹。
11.亡兒：對他人稱自己已去世的兒子，又稱故寵兒。
12.亡女：對他人稱自己已去世的女兒，又稱故愛女。
13.故媳：對他人稱自己已去世的媳婦。
14.孤子：母親仍健在，父死，子稱「孤子」。
15.哀子：父親仍健在，母死，子稱「哀子」。
16.孤哀子：父母俱已過世，子稱孤哀子；如果是母親先去世，父親後去世，則子稱「哀孤子」。
17.未亡人：丈夫去世，妻子自稱。
18.壽終正寢：男喪使用。如死於意外，則不宜使用，只能用「卒」或「終」。
19.壽終內寢：女喪使用。如死於意外，則不宜使用，只能用「卒」或「終」。
20.享壽：現代一般以卒年六十歲以上的稱爲「享壽」，未滿六十的稱爲「享年」，三十歲以下的稱爲「得年」。
21.小斂：是指給死者沐浴與穿衣等。斂ㄌㄧㄢˋ，又作「殮」。
22.大斂：是指給死者沐浴穿衣後將遺體放入棺木中。
23.成服：在大斂前或後穿著禮制內的喪服。
24.斬衰：五種喪服中最重的一種。主要是用粗麻布製成，左右和下邊都不縫，服制三年。子及未嫁女爲父母，媳爲公婆，承重孫爲祖父母，妻妾爲夫，均服斬衰。衰ㄘㄨㄟ，古代喪服，用粗麻布所製成，披在胸前。
25.齊衰：喪服名，爲五服（古代以親疏爲差等的五種喪服）之一。服用粗麻布製成，以其緝邊縫齊，故稱「齊衰」。服期有一年的，稱爲「齊ㄗ 衰期ㄐㄧ 年」，爲祖父母、伯叔父母、兄弟、在室姑姊妹、夫爲妻，已嫁女爲父母之喪；有五月的，如爲曾祖父母；有三月的，如爲高祖父母。
26.大功：服期九月，是由熟麻布所做成，較齊衰稍爲細緻，卻較小功爲粗，故稱大功。是爲堂兄弟、未婚的堂姊妹、已婚的姑、姊妹、侄女及眾孫、眾子婦、侄婦等之喪，都服大功。已婚嫁女兒爲伯父、叔父、兄弟、侄、未婚姑、姊妹、侄女等服喪，也服大功。

27.小功：服期五月。五服中的第四等。是由熟麻布所製成，較大功為細，較緦麻為粗。凡本宗為曾祖父母、伯叔祖父母、堂伯叔祖父母，未嫁祖姑、堂姑，已嫁堂姊妹，兄弟之妻，從堂兄弟及未嫁從堂姊妹；外親為外祖父母、母舅、母姨等，均服之。

28.緦麻：服期三月。五服中最輕者，孝服是用細麻布所製成，凡本宗為高祖父母，曾伯叔祖父母，族伯叔父母，族兄弟及未嫁族姊妹，外姓中為表兄弟，岳父母等，均服之。緦ㄙ，細麻布。多用作製作喪服。

29.反服：兒死，無孫，父在堂，父反為兒之喪持服。

30.泣血：居三年之喪者用。

31.抆淚：久哭擦眼淚，形容極為難過。抆ㄨㄣˇ，擦拭。

32.稽顙：音為ㄑㄧˇ ㄙㄤˇ。古代遭三年之喪的一種跪拜禮，屈膝跪拜，以額觸地，表示極度的虔誠。

33.護喪：主持辦理喪事。

34.諱：用於敬稱往生者的名字。

35.權厝：臨時置棺待葬。

36.含斂：古代喪禮之一，是指納珠玉米貝等於往生者的口中並換衣服，然後放入棺中，曰「含殮」。

37.匍匐奔喪：匍匐ㄆㄨˊ ㄈㄨˊ，是爬行的意思。奔喪，從遙遠的地方奔赴親喪。

38.發引：用以指出殯時靈車出發。

39.合窆：將已死的父母親同葬一墓穴之中。

40.開弔：有喪事的人家在出殯以前於喪家設靈堂供親友弔祭。

41.世鄉學寅戚友誼：是指世交、同鄉、同學、同事、親戚、朋友情誼的人。寅為同事的意思。

42.鼎賻懇辭：在訃聞中誠懇的辭謝他人致送財物的同語。鼎賻ㄈㄨˋ，敬稱送給喪家的布帛、錢財等。

【作業】

一、請以一般書店所售附有信封的邀請卡片，邀請本校系上或曾擔任本班課程的教授參加謝師宴。

第七課　對聯與題辭

一、對聯的意義與種類

由於我國語言文字擁有「獨體」與「單音」的特質，可以在形式美上講求對仗，在聲律美上講求抑揚頓挫的節奏。因此，在長度相等的兩句文字中，刻意講求詞性或詞類的相對應，即是對聯。

「對聯」是兩個字結合的意思，其中「對」是指成雙的物件，「聯」是含有結合與聯結的意思。因此，對聯是將各種不同的字句，分別組合起來，造成兩句互相配對並用來表達各種情意的話語。

對聯是成雙的字句，通常貼在柱子或門的兩邊，貼在左邊的稱爲「上聯」，貼在右邊的稱爲「下聯」，左右兩邊是由內而外的方向，若是由外向內觀視，則上聯應貼在右邊，下聯應貼在左邊。判斷的最簡單方法是上聯最後一字爲仄聲，下聯最後一字爲平聲，不能隨便張貼，否則會鬧成笑話。

除了傳統的春聯之外，各地的寺廟道觀、亭臺樓閣與名山勝地，必然會見到各式的對聯。由於對聯常懸於楹柱，故又雅稱爲「楹聯」，主要是指懸掛或附貼於楹柱的對聯，又稱楹帖。

相傳始於五代後蜀主孟昶，在除夕夜中其寢室的門上桃符板上的題詞爲「新年納餘慶，佳節賀長春。」這是最早的迎春門聯。

對聯又俗稱對子。因爲其言簡意賅，平仄協調，對仗工整，是一字一音的漢語語言獨特的藝術表現形式。因此，對聯藝術是中華民族的文化瑰寶，具有千年以上傳承的歷史意義。對聯的種類約分爲春聯、喜聯、壽聯、輓聯、裝飾聯、行業聯、交際聯、諧趣聯和雜聯等。對聯的文字長短不一，亦可分段，較短的僅一、兩個字，較長的可達幾百字。對聯形式多樣，有正對（用反映同類事物或概念的詞語兩兩相對）、反對（指辭性相反而意義相同的對偶句。）、流水對（指上下兩句意思相貫串的對偶句）、集句對（聚集古人詩詞等詞句）等。綜合其特性，應具備以下四項要點：

第一，**上下聯字數要相同，斷句要一致**。在極爲特別的情況下，也有例外的情形。

第二，**上下聯平仄相合，音調和諧**。傳統習慣是「仄起平落」，即上聯末句最後一字用仄聲，下聯末句最後一字用平聲。

第三，**上下聯詞性要相對，位置要相同**。一般是「虛對虛，實對實」，也就是動詞對動詞，名詞對名詞，形容詞對形容詞，數量詞對數量詞，副詞對副詞，而且相對的名詞必須在相同的位置上。

第四，**上下聯內容要相關，上下要銜接**。上下聯的含義必須相互銜接，可是又不能重複。

以上原則試以杭州西湖旁的岳飛廟中的一副對聯爲例，即可看出對聯的某些特質：

青山有幸埋忠骨

白鐵無辜鑄佞臣

至於對聯又有那些種類呢？一般說來，依使用的性質而言，可以分成四大類：

第一類，**春聯**。最爲普遍的對聯，也是農曆新年使用的門聯。

第二類，**楹聯**。一般寺廟、道觀、亭台樓閣、宅第、商店等使用。

第三類，**賀聯**。凡是婚嫁、壽慶、新居落成等喜事時使用。

第四類，**輓聯**。主要是哀悼往生者所使用。

二、題辭的意義與種類

題辭是以簡單的字句表達紀念、勉勵、祝福、褒獎或哀悼的心意。若從題辭的發生性質而論，主要是由銘、箴、頌、贊等四類文體逐漸演化而來。其中，銘是古代常見刻鏤於碑版或器物之上，或以稱揚功德，或是用以自我警惕的作用；箴，是以規勸告誡為主的意思；頌，是以頌揚為宗旨的詩文；贊，是用於贊頌人物等文詞，多為韻語的表現。然而，古代的銘、箴、頌、贊多半是長篇，現代的題辭多半是以四個字為標準，應用的種類與用語也呈現多元化而具有科技時代的特色。

至於題辭的種類，則是可以分為六大類：

第一，**題字類**。凡是題字贈與他人著作的書籍、婚喪喜慶的賀儀紅包或奠儀、相片、畢業紀念的卡片等，皆是題上勉勵的或勸慰的字句。

第二，**幛軸類**。例如喜幛、壽幛、輓幛等。幛，是作為祝賀或哀悼時的禮物用的整幅布帛，題字或綴字於上以懸掛的物品。

第三，**題像類**。通常是在政治人物、工商業領導者的肖像或往生者遺像上題辭，藉以贊頌其人的功德或成就。

第四，**匾額類**。通常在政治人物當選、寺廟、廳堂、商店、新居落成等可見橫或直向長方形木板銘刻四字懸掛在廳堂高處。

第五，**冊頁類**。通常用於書畫作品或畢業紀念冊上，由親友或師長同學題辭。

第六，**紀念類**。通常用於比賽獎牌、獎杯、獎狀、錦旗、紀念品等物品之上，用以鼓勵或紀念等性質。

三、題辭的用語與範例

(一)贈送著作

1.贈送給老師或一般長輩：教正、賜正、誨正、斧正。

2.贈送給一般平輩：雅正、指正、惠正、郢正。（郢 ㄧㄥˇ）

3.贈送給晚輩：惠覽、惠閱、參閱。

4.贈送給圖書館或單位：惠藏、公覽、惠存。

（範例）

子源吾師誨正

受業○○○敬呈

(二)婚嫁

1.賀人訂婚用語：文定之喜、訂婚之喜。

2.賀人訂婚題辭：緣訂三生、白首成約、良緣宿締。

3.賀人結婚用語：嘉禮、結婚誌慶、結婚之喜。

4.賀人結婚題辭：百年好合、珠聯璧合、愛河永浴。

（範例）

○○先生
○○小姐 結婚之喜

百年好合

○○○敬賀

(三)誕育

1.賀人生子用語：弄璋之喜。

2.賀人生子題辭：天賜石麟、慶叶弄璋、熊夢徵祥。

3.賀人生女用語：弄瓦之喜。

4.賀人生女題辭：明珠入掌、弄瓦徵祥、彩鳳新雛。

（範例）

○○兄
○○嫂 弄璋之喜

天賜石麟

○○○敬賀

(四)壽慶

1.賀壽用語：○秩大壽、○秩晉○大壽。

2.賀人夫婦雙壽用語：○秩雙慶。

3.賀男壽題辭：福壽康寧、齒德俱尊、松柏長青。

4.賀女壽題辭：慈竹長青、瑞靄萱堂、懿德延年。

5.賀人夫婦雙壽題辭：椿萱並茂、偕老同心。

(五)哀輓

1.一般悼喪通用語：靈鑒、靈座、靈右。

2.一般悼男喪通用語：千古、冥鑒。

3.一般悼女喪通用語：靈幃、仙逝、鸞馭。（鸞ㄌㄨㄢˊ）

4.悼佛教徒用語：生西。

5.悼基督教、天主教徒用語：安息、永生。

6.悼老年男喪題辭：福壽全歸、斗山安仰、南極星沉。

7.悼中年男喪題辭：德業長昭、音容宛在、哲人其萎。

8.悼老年女喪題辭：駕返瑤池、母儀足式、女宗安仰。

9.悼中年女喪題辭：淑德永昭、懿範長留、彤管流芳。

10.悼一般師長題辭：高山安仰、教澤永懷、梁木其頹。

11.悼女性師長題辭：女宗宛在、儀型空仰、淑教流徽。

（範例）

○公世伯　八秩大壽

福壽康寧

○○　○○　同拜賀

（範例）

○公世伯　冥鑒

福壽全歸

○○○叩輓

（範例）

○母太夫人　靈幃

駕返瑤池

○○○　敬輓

（範例）

○公吾師　生西

花開見佛

○○○　泣輓

第八課　現代橫式公文的格式與寫作

一、公文的意義

「公文」是處理公眾事務的文書，具有一定的製作流程、傳遞程序、專用術語與特定格式，而且在發文者與受文者之間，其中必定有一方爲公立或私立的機關團體。因此，公文的意義必須具備以下四項要點：

第一，**處理公眾事務的文書**。所謂的公文，自然不是個人與個人之間的私事，必定是與公務相關，才能稱爲公文。現行「公文程式條例」第一條開宗明義：「稱公文者，謂處理公務之文書。」至於私人著述、情感交流的書信或是與公務無關的契約等，都不能稱爲公文。

第二，**包含機關團體的對象**。所謂的機關或團體，應包括公立的官署機構與民間私立的非官署性質的機構。凡是公私立機關之間，或是一般人民與公私立機關之間，因公眾事務而往返的文書，就必須加以處理，同時又符合特定的程序與格式，即稱爲公文。

第三，**具備製作傳遞的程序**。凡是公文的製作與傳遞，都必須符合特定的格式與流程的要求，從收文、承辦、擬稿到發文之間，應具備一定的程序。

第四，**符合特定格式的要求**。凡是公文的製作，必須使用共同的術語及格式，因此符合特定格式的要求，就顯得特別重要。例如，在某些公文上必須依照規定蓋用機關印信或是首長簽章，並註明發文字號與年月日等，皆有一定的格式，若不合格式的基本要求，皆不能視爲正確無誤的公文。

二、現行公文程式條例

公文程式條例

中華民國十七年十一月十五日國民政府制定公布
中華民國四十一年十一月二十一日總統令修正公布全文十條
中華民國六十一年一月二十五日總統令修正公布全文十四條
中華民國六十二年十一月三日總統令修正公布第二條及第三條條文
中華民國八十二年二月三日總統令修正公布第二條及第三條條文，並增訂第十二條之一條文
中華民國九十三年五月十九日總統華總一義字第 09300094171 號令修正公布第七條、第十三條、第十四條條文；本條例修正條文第七條施行日期，由行政院以命令定之
中華民國九十三年六月十四日行政院院臺秘字第 0930086166 號令發布第七條定自九十四年一月一日施行

第一條（公文定義）

稱公文者，謂處理公務之文書；其程式，除法律別有規定外，依本條例之規定辦理。

第二條（公文程式類別）

公文程式之類別如左：

一、令：公布法律、任免、獎懲官員，總統、軍事機關、部隊發布命令時用之。

二、呈：對總統有所呈請或報告時用之。

三、咨：總統與國民大會、立法院、監察院公文往復時用之。

四、函：各機關公文往復，或人民與機關間之申請與答復時用之。

五、公告：各機關對公眾有所宣布時用之。

六、其他公文。

前項各款之公文，必要時得以電報、電報交換、電傳文件、傳真或其他電子文件行之。

第三條（機關公文蓋印、簽署、副署）

機關公文，視其性質，分別依照左列各款，蓋用印信或簽署：

一、蓋用機關印信，並由機關首長署名，蓋職章或蓋簽字章。

二、不蓋用機關印信，僅由機關首長署名，蓋職章或蓋簽字章。

三、僅蓋用機關印信。

機關公文法應副署者，由副署人副署之。

機關內部單位處理公務，基於授權對外行文時，由該單位主管署名、蓋職章；其效力與蓋用該機關印信之公文同。

機關公文蓋用印信或簽署及授權辦法，除總統府及五院自行訂定外，由各機關依其實際業務自行擬訂，函請上級機關核定之。

機關公文以電報、電報交換、電傳文件或其他電子文件行之者，得不蓋用印信或簽署。

第四條（署名之代理與代行）

機關首長出缺由代理人代理首長職務時，其機關公文應由首長署名者，由代理人署名。

機關首長因故不能視事，由代理人代行首長職務時，其機關公文，除署首長姓名註明不能視事事由外，應由代行人附署職銜、姓名於後，並加註代行二字。

機關內部單位基於授權行文得比照前二項之規定辦理。

第五條（人民申請函應載事項）

人民之申請函，應署名、蓋章，並註明性別、年齡、職業及住址。

第六條（年月日及發文號之記載）

公文應記明國曆年、月、日。

機關公文，應記明發文字號。

第七條（公文之書寫方式）

公文得分段敘述，冠以數字，採由左而右之橫行格式。

第八條（公文文字）

公文文字應簡淺明確，並加具標點符號。

第九條（公文副本）

公文，除應分行者外，並得以副本抄送有關機關或人民；收受副本者，應視副本之內容為適當之處理。

第十條（公文附件應冠數字）

公文之附屬文件為附件，附件在二種以上時，應冠以數字。

第十一條（騎縫章）

公文在二頁以上時，應於騎縫處加蓋章戳。

第十二條（密件）

應保守秘密之公文，其制作、傳遞、保管，均應以密件處理之。

第十二條之一（電子文件辦法之另訂）

機關公文以電報交換、電傳文件、傳真或其他電子文件行之者，其制作、傳遞、保管、防偽及保密辦法，由行政院統一訂定之。但各機關另有規定者，從其規定。

第十三條（送達之規定）

機關致送人民之公文，除法規另有規定外，依行政程序法有關送達之規定。

第十四條（施行日）

本條例自公布日施行。

本條例修正條文第七條施行日期，由行政院以命令定之。

機關公文傳真作業辦法

中華民國八十二年四月七日台八十二秘字第〇八六四一號令訂定發布

第一條　本辦法依公文程式條例第十二條之一訂定之。

第二條　機關公文傳真作業，除法律另有規定外，依本辦法之規定。但總統府及立法、司法、考試、監察四院另有規定者，從其規定。本辦法之規定，於公營事業機構及公立學校適用之。

第三條　本辦法所稱傳真，係指送方將文件資料，以電話等通訊設備，透過電信網路傳輸，受方於其通訊設備上，即可收受該文件資料影印本之傳達方式。

第四條　各機關應指定單位或指派適當人員，負責辦理公文傳真作業。

第五條　傳真之公文，以公文程式條例第二條第一項第四款及第六款所定之公文爲限。但左列公文，非經核准不得傳真：

一、機密性公文。

二、受文者爲人民、法人或非法人團體之公文。

三、附件爲大宗文卷、書籍、照（圖）片，或超過八開以上圖表之公文。

四、其他因傳真可能影響正確性之公文。

第六條　各機關對於內容涉及重要事項，須迅予處理之公文，得以先行傳真，事後應即補送原件之方式處理，並於文面註明。

第七條　承辦人員對於擬傳真之公文，應於公文原稿適當位置註明；並依規定程序陳核、繕校、蓋用印信或簽署及編號登記後始得傳真。

第八條　公文傳真應以原件爲之；如係影印本，應經核准，其附件亦同。

第九條　公文傳真作業發文程序如左：

一、登錄傳真公文登記表（簿），記載受文者、發文字號、案由、傳送日期、時間、頁數及承辦單位（人員）等。

二、加蓋傳真作業辦理人員名章，於公文末頁適當位置。

三、撥通受方傳真電話，確認接收者身分後，開始傳真。

四、傳畢再通話對照傳真頁數無誤，文面加蓋傳真文件戳，附原稿歸檔。

第十條　受文單位傳真作業辦理人員收到傳真公文時，應於文面加蓋機關全銜之傳真收文章，註明頁數及加蓋騎縫章，並按收文程序辦理。

前項傳真公文，如有頁數不全或其他有關問題，傳真作業辦理人員應通知發文單位補正。

第十一條　各機關收受傳真公文用紙之質料及規格，均應照規定標準使用。

第十二條　各機關因處理傳真公文需要之章戳，得自行刻用之。

第十三條　各機關爲配合實際業務需要，得依本辦法及有關規定，訂定公文傳真作業要點。

第十四條　傳真公文之保管、保密及其他未盡事宜，依事務管理規則及其手冊等有關規定辦理。

第十五條　本辦法自發布日施行。

機關公文電子交換作業辦法

中華民國八十三年六月三日行政院八十三台院秘字第一九九九三號令訂定發布
中華民國八十八年六月十四日台八十八秘字第二三二九七號函修正

第一條　本辦法依公文程式條例第十二條之一訂定之。

第二條　機關公文電子交換作業，依本辦法之規定。但總統府及立法、司法、考試、監察四院另有規定者，從其規定。

第三條　本辦法所稱電子交換，係指將文件資料透過電腦系統及電信網路，予以傳遞收受者。

第四條　各機關對於適合電子交換之機關公文，於設備、人員能配合時，應以電子交換行之。

第五條　機關公文以電子交換行之者，得不蓋用印信或簽署。並得採由左而右之橫行格式製作。

第六條　各機關應由文書單位負責辦理機關公文電子交換作業。但依公文性質，行文對象及時效有適當控管程序者，不在此限。

第七條　機關公文電子交換作業發文處理程序及應注意事項如下：

一、公文於電子交換前應列印全文，並校對無誤後做爲抄件。

二、發文作業人員應輸入識別碼、通行碼或其他識別方式，於電腦系統確認相符後，始可進行發文作業。

三、檢視電腦系統已發送之訊息。

四、行文單位兼有電子交換及非電子交換者，應列印其清單，以資識別。

五、電子交換後應於公文原稿加蓋「已電子交換」戳記，並將抄件併同原稿退件或歸檔。

六、透過電子交換之公文，至遲應於次日在電腦系統檢視發送結果，並爲必要之處理。發文機關得視需要將所傳遞公文及發送紀錄予以存證。

第一項第五款之章戳，由各機關自行刊刻。

第八條　機關公文電子交換作業收文處理應注意事項如下：

一、收文作業人員應輸入識別碼、通行碼或其他識別方式，於電腦系統確認相符後，即時或定時進行收文作業。

二、列印收受之公文，同時由收文方之電腦系統加印頁碼及騎縫標識，並得由收文方標明電子公文按收文處理作業程序辦理。

三、來文誤送或疏漏者，通知原發文機關另為處理。

第九條　機關公文電子交換之收、發程序，各機關應採電子認證方式處理，並得視需要加其他安全管制措施。

第十條　機關公文電子交換之管理事項，由行政院指定機關辦理。

第十一條　各機關辦理機關公文電子交換事宜，其電腦化作業應依行政院訂頒之相關規定行之。

第十二條　各機關為配合實際業務需要，得依本辦法及有關規定，自行訂定機關公文電子交換作業要點。

第十三條　受文者為人民之機關公文，以電子交換行之者，得不適第六條至第八條之規定，由各機關依其業務需要另定之。

第十四條　本辦法之規定，於公營事業機構及公立學校準用之。

第十五條　本辦法自發布日施行。

三、現行公文程式的特點

從過去封建專制的帝王統治時代進化到二十一世紀的民主自由社會，我國現行的「公文程式條例」已經脫離了數千年「官書」的模式，具有下列五項特點：

第一，一般公文簡化爲三段式，格式統一，分別爲「主旨」、「說明」與「辦法」（或爲「擬辦」），層次分明，簡明扼要，方便公文的製作、閱讀、批閱與執行，可以提高行政效率，掌握重點，解決公務推行的障礙。

第二，公文的製作，對國家元首仍用「呈」，公布法規、人事任免仍用「令」，國防部軍事系統仍依其規定外，公私立機關與一般人民之間往復公文一律用「函」，充份體現了民主自由與法治平等的精神。或許假以時日，對國家元首的公文往返，將以「函」的形式出現，屆時更能彰顯民主平等的精神。

第三，現代公文必須使用現代的生活語言，也就是現代的語體文，不僅加註標點符號，也以「明、確、簡、淺」爲主要特質，儘量不要使用陳腐的舊式格套語言，才能達到充分溝通的目標。

第四，從民國九十四年一月一日起，公文格式由直式書寫改成橫式，以利與國際接軌，同時在電腦文書作業中，製作與傳遞都更爲方便。

第五，因應數位時代網際網路的高度發展，辦公室的自動化行政系統已在各公私立機關間普遍施行，除了重大公文之外，使用無紙化的電子公文，透過安全的機制認證，線上批閱與傳遞程序，都將公文的漫長旅程，轉變成極速的傳遞，不僅縮減了公文往返的時間，也提高了行政的效率，兼有環保的意義，可謂是時代進步的一種表徵。

四、公文的種類與內容

依我國現行「公文程式條例」的內容，公文可以分爲六種，分別是「令」、「呈」、「咨」、「函」、「公告」與「其他公文」等，其相關的內容如下：（依民國九十三年十二月一日行政院修正「文書處理手冊」內容）

第一，**令**：公布法律、發布法規命令、解釋性規定與裁量基準之行政規則及人事命令時使用。

第二，**呈**：對總統有所呈請或報告時使用。

第三，**咨**：總統與國民大會、立法院公文往復時使用。

第四，**函**：各機關處理公務有下列情形之一時使用：

(1)上級機關對所屬下級機關有所指示、交辦、批復時。

(2)下級機關對上級機關有所請求或報告時。

(3)同級機關或不相隸屬機關間行文時。

(4)民衆與機關間之申請或答復時。

第五，**公告**：各機關就主管業務或依據法令規定，向公衆或特定之對象宣布周知時使用。其方式得張貼於機關之公布欄、電子公布欄，或利用報刊等大衆傳播工具廣爲宣布。如需他機關處理者，得另行檢送。

第六，**其他公文**：其他因辦理公務需要之文書，例如：

(1)書函：甲、於公務未決階段需要磋商、徵詢意見或通報時使用。乙、代替過去之便函、備忘錄、簡便行文表，其適用範圍較函爲廣泛，舉凡答復簡單案情，寄送普通文件、書刊，或爲一般聯繫、查詢等事項行文時均可使用，其性質不如函之正式性。

(2)開會通知單：召集會議時使用。

(3)公務電話紀錄：凡公務上聯繫、洽詢、通知等可以電話簡單正確說明之事項，經通話後，發話人如認有必要，可將通話紀錄作成兩份並經發話人簽章，以一份送達受話人簽收，雙方附卷，以供查考。

(4)手令或手諭：機關長官對所屬有所指示或交辦時使用。

(5)簽：承辦人員就職掌事項，或下級機關首長對上級機關首長有所陳述、請示、請求、建議時使用。

(6)報告：公務用報告如調查報告、研究報告、評估報告等；或機關所屬人員就個人事務有所陳請時使用。

(7)箋函或便箋：以個人或單位名義於洽商或回復公務時使用。

(8)聘書：聘用人員時使用。

(9)證明書：對人、事、物之證明時使用。

⑽證書或執照：對個人或團體依法令規定取得特定資格時使用。
⑾契約書：當事人雙方意思表示一致，成立契約關係時使用。
⑿提案：對會議提出報告或討論事項時使用。
⒀紀錄：記錄會議經過、決議或結論時使用。
⒁節略：對上級人員略述事情之大要，亦稱綱要。起首用「敬陳者」，末署「職稱、姓名」。
⒂說帖：詳述機關掌理業務辦理情形，請相關機關或部門予以支持時使用。
⒃定型化表單。

上述各類公文屬發文通報周知性質者，以登載機關電子公布欄爲原則；另公務上不須正式行文之會商、聯繫、洽詢、通知、傳閱、表報、資料蒐集等，得以發送電子郵遞方式處理。

五、公文的處理程序

一般公文的處理程序，可以分爲「收文處理」、「文書核擬」與「發文處理」等三大部分。本書依行政院核定的「文書處理手冊」的內容，簡要說明如下：

㈠收文處理

1.簽收：簽收應注意事項如下：⑴外收發人員收到公文或函電，除普通郵遞信件外，應先將送件人所持之送文簿或清單逐一查對點收，並就原簿、單，註明收到時間蓋戳退還；如無送文簿、單，應填給送件回單。機關如未設外收發單位者，應指定專人辦理。⑵外收發人員收到之文件應登錄於外收文簿，其係急要文件、機密件、電報或附有現金、票據等者，應隨收隨送總收文人員，其餘普通文件應依性質定時彙送。文件封套上指定收件人姓名者，應另用送文簿登錄，並比照上述文件性質，隨時或按時送達。⑶來人持同文件須面洽者，應先以電話與承辦單位接洽，如有必要再引至承辦單位，其所持文件應囑承辦單位補辦收文手續。⑷收件應注意封口是否完整，如有破損或拆閱痕跡，應當面會同送件人於送件簿、單上，註明退還或拒收。⑸人民持送之申請書件，應先檢視是否符合規定，如手續不全應指導其補齊後再行簽收。

2.**拆驗**：拆驗應注意事項如下：⑴總收文人員收到文件拆封後，除無須登錄者外，如爲機密件或書明親啓字樣之文件，應於登錄後，送由機關首長指定之機密件處理人員或收件人收拆；如爲普通文件，應即點驗來文及附件名稱、數量是否相符，如有錯誤或短缺，除將原封套保留註明外，應以電話或書面向原發文機關查詢。⑵應檢視文內之發文日期與送達日期或封套郵戳日期是否相稱，如相隔時日較長時，應在文面註明收到日期。⑶公文附件如屬現金、有價證券、貴重或大宗物品，應先送出納單位或承辦單位點收保管，並於文內附件右側簽章證明。⑷附件應不與公文分離爲原則，由總收文人員裝訂於文後隨文附送；附件較多或不便裝訂者，應裝袋附於文後，並書明○○號附件字樣。⑸附件未到而公文先到者，應俟附件到齊後再分辦；公文如爲急要文件，可先送承辦單位簽辦，其附件如逾正常時間未寄到時，應速洽詢。⑹來文如屬訴願案、訴訟案、人民陳情案或申請案等，且有封套者，其封套應釘附於文後，以備查考；郵寄公文之封套所貼郵票，不得剪除。⑺來文如有誤投，應退還原發文機關；其有時間性者得代爲轉送，並通知原發文機關。⑻機密文件經機關首長指定之處理人員拆封後，如須送總收文登錄掛號者，應在原文加註「本件陳奉親拆」或「本件由○○○單位拆封」，以資識別。

3.**分文**：分文應注意事項如下：⑴總收文人員收到來文經拆驗後，應彙送分文人員辦理分文。如係電子交換、傳真、電報或外文文電，應按程序收文分辦。⑵分文人員應視公文之時間性、重要性，依本機關之組織與職掌，認定承辦單位並分別在右上角加蓋單位戳後，依序迅確分辦；對來文未區分等級而認定內容確係急要者，應加蓋戳記，以提高承辦人員之注意。⑶來文內容涉及兩個單位以上者，應以來文所敘業務較多或首項業務之主辦單位爲主辦單位，於收辦後再行會辦或協調分辦。⑷來文屬急要文件或案情重大者，應先提陳核閱，然後再照批示分送承辦單位，如認有及時分送必要者，應同時影印分送。⑸機關首長或單位主管交下之公文，分文時應於公文上加註「〇〇〇交下」戳記。

4.**編號、登錄**：編號、登錄應注意事項如下：⑴來文完成分文手續後即在來文正面適當位置加蓋收文日期編號戳，依序編號並將來文機關、文號、附件及案由摘要登錄於總收文登記表，分送承辦單位；急要公文應提前編號登錄分送。⑵總收文登記表之格式，得視機關實際之需要自行製作。⑶總收文號按年順序編號，年度中間如遇機關首長更動時，其編號仍應持續，不另更換。⑷總收文人員於每日下班前兩小時收到之文件，應於當日編號登錄分送承辦單位。⑸機密件應由機關首長指定之處理人員向總收文人員洽取總收文號填入該文件，並在總收文登記表案由欄內註明密不錄由。⑹承辦單位因故遺失業經收文編號之公文，經原發文機關補發後要求補辦收文手續時，仍應沿用原收文日期及原收文號。

5.**傳遞**：傳遞應注意事項如下：⑴在機關內傳遞屬於絕對機密、極機密文件、急要文件或附有大量現金、高額有價證券及貴重物品之公文，應由承辦人員親自持送。⑵文件之遞送除急要文件應隨到隨送外，普通件以每日上下午分批遞送爲原則。

6.**單位收發**：單位收發應注意事項如下：⑴各機關內部單位應視業務需要，指定專人擔任單位收發，並應與文書主管單位及公文稽催單位保持密切聯繫，單位收發以設置一級爲限。⑵單位收發人員收到文書主管單位送來之文件，經點收並登錄後，立即送請主管（或副主管）批示或依其授權分送承辦人員。⑶承辦單位收受之文件，認爲非屬本單位承辦者，應敘明理由經單位主管核閱後，即時由單位收發退回分文人員改分，或逕行移送其他單位承辦並通知分文人員；受移單位如有意見，應即簽明理由陳請首長裁定，不得再行移還，以免輾轉延誤。⑷未經文書單位收文之文件，應登錄送由文書主管單位補辦收文登錄手續。⑸會辦之文件，受會單位應視同速件，並依收發文程序辦理。⑹經核定之存查文件，應銷號後歸檔。

㈡文書核擬

1. **擬辦**：擬辦文書應注意事項如下：⑴對於單位收發送交之文書，或根據工作分配須辦理者，承辦人員應即行擬辦，並將辦理情形登錄於公文電腦系統或記載於公文登記簿，以備查詢。⑵機關首長或單位主管對主管業務認有辦理文書之必要者，得以手諭或口頭指定承辦人員擬辦。⑶負責主辦某項業務之人員，對其職責範圍內之事件，認為必須以文書宣達意見或查詢事項時，得自行擬辦。⑷承辦人員對於文書之擬辦，應查明全案經過，依據法令作切實簡明之簽註。依法令規定必須先經會議決定者，應按規定提會處理。法令已有明文規定者，依規定擬稿送核，無法令規定而有慣例者依慣例。適用法令時，依法律優於命令、後法優於前法、特別法優於普通法、後令優於前令及下級機關之命令不得牴觸上級機關之命令等原則處理。⑸處理案件，須先經查詢、統計、核算、考驗、籌備、設計等手續者，應先完成此項手續，如非短時間所能完成時，宜先將原由向對方說明。⑹承辦人員對本案原有文卷或有關資料，應詳予查閱，以為擬辦處理之依據或參考。此項文卷或資料，必要時應摘要附送主管，作為核決之參考。⑺簽具意見，應力求簡明具體，不得模稜兩可，或晦澀不清，尤應避免未擬意見而僅用「陳核」或「請示」等字樣，以圖規避責任。⑻重要或特殊案件，承辦人員不能擬具處理意見時，應敘明案情簽請核示或當面請示後，再行簽辦。⑼毋須答復或辦理之普通文件，得視必要敘明案情簽請存查。⑽承辦人員擬辦案件，應依輕重緩急，急要者提前擬辦，其他亦應依序辦理，並均於規定時限完成，不得積壓。⑾承辦人員對於來文或簽擬意見，如情節較繁或文字較長者，宜摘提要點，以眉註方式，書於該段文字旁之空白處，或針對重要文句，以色筆註記，以利核閱。⑿承辦人員對於來文之附件，有抽存待辦之必要者，應於來文上書明「附件抽存」字樣，並簽名或蓋章，附件除書籍等另有指定單位保管者外，應於用畢後歸檔。

2. **會商**：應先協調會商之文書，應注意事項如下：⑴凡案件與其他機關或單位之業務有關者，應儘量會商。⑵會商方式，應依問題之繁簡難易及案件之輕重緩急，於下列各款斟酌選用之：以電話商詢或面洽、以簽稿送會有關單位、提例會討論、約集有關單位人員定期舉行會議商討、臨時約集有關人員小組會商、自行持稿送會與以書函洽商方式等。

3.陳核：應注意事項如下：⑴文件經承辦人員擬辦後，應即分別按其性質，用公文夾遞送主管人員核決，如與其他單位有關者並應先行會商或送會。⑵文書之核決，於稿面適當位置簽名或蓋章辦理，其權責區分如下：、初核者係承辦人員之直接主管。、覆核者係承辦人員直接主管之上級核稿者、會核者係與本案有關之主管人員（如無必要則免送會）。、決定者係依分層負責規定之最後決定人。⑶承辦人員對於承辦文件如未簽擬意見，應交還重擬，再行陳核。⑷承辦人員擬有二種以上意見備供採擇者，主管或首長應明確擇定一種或另批處理方式，不可作模稜兩可之批示。

4.擬稿：承辦人員於擬稿（辦稿）時，分別填列下列各點：⑴「文別」：按照公文程式條例之類別及有關規定填列。⑵「速別」：係指希望受文機關辦理之速別。應確實考量案件性質，填列「最速件」或「速件」等，普通件得不必填列。⑶「密等及解密條件或保密期限」：填「絕對機密」、「極機密」、「機密」、「密」，解密條件或保密期限於其後以括弧註記。如非機密件，則不必填列。⑷「附件」：請註明內容名稱、媒體型式、數量及其他有關字樣。⑸「正本」或「副本」：分別逐一書明全銜，或以明確之總稱概括表示；其地址非眾所周知者，請註明。機關內部得以加發「抄件」之方式處理。⑹「承辦單位」：於稿面適當位置註明承辦單位之名稱。⑺「承辦人員」：由承辦人員於稿面適當位置簽名或蓋章，並註明辦稿之年月日時。⑻「收文日期字號」：於稿面適當位置列明「收文日期字號」，如數件併辦者，應將各件之收文號一併填入（各件收文亦一併附於文稿之後），如為無收文之創稿，則填一「創」字。⑼「分類號」及「保存年限」：於稿面適當位置列明，「保存年限」則參照檔案保存年限之規定填列。

5.核稿：應注意事項如下：⑴核稿人員對案情不甚明瞭時，可隨時洽詢承辦人員，或以電話詢問，避免用簽條往返，以節省時間及手續。⑵核稿時如有修改，應注意勿將原來之字句塗抹，僅加勾勒，從旁添註，對於文稿之機密性、時間性、重要性或重要關鍵文字，認為不當而更改時必須簽章，以示負責。⑶上級主管對於下級簽擬或經辦之稿件，認爲不當者，應就原稿批示或更改，不宜輕易發回重擬。

6.**會稿**：應注意事項如下：(1)凡先簽後稿之案件已於擬辦時會核者，如稿內所敘與會核時並無出入，應不再送會，以節省時間及手續。(2)各單位於其他單位送會之簽稿，如有意見應即提出，如未提出意見，一經會簽，即認爲同意，應共同負責。(3)會稿單位對於文稿有不同意見時，應由主辦單位綜合修改後，再送決定，會銜者亦同。(4)非政策性之緊急文稿，爲爭取時效，得先發後會。

7.**閱稿**：應注意事項如下：(1)簽稿是否相符。(2)前後案情是否連貫。(3)有關單位已否會洽。(4)程式、數字、名稱、標點符號及引用法規條文等是否正確。(5)文字是否通順。(6)措詞是否恰當。(7)有無錯別字。(8)對於文稿內容如有不同意見，應洽商主管單位或承辦人員改定，或加簽陳請長官核示，不宜逕行批改。

8.**判行**：應注意事項如下：(1)文稿之判行按分層負責之規定辦理。(2)宜注意每一文稿之內容，各單位間文稿有無矛盾、重複及不符等情形。(3)對陳判之文稿，認爲無繕發必要尚須考慮者，宜作「不發」或「緩發」之批示。(4)重要文稿之陳判，應由主辦人員或單位主管親自遞送。(5)決行時，如有疑義，應即召集承辦人員及核稿人員研議，即時決定明確批示。

9.**回稿、清稿**：應注意事預如下：(1)稿件於送會或陳判過程中，如改動較多或較爲重大，或有其他原因者，會核或核決人員宜回稿，將稿件退回原承辦人員閱後，再行送繕。(2)文稿增刪修改過多者，應送還原承辦人員清稿。清稿後應將原稿附於清稿之後，再陳核判。其已會核會簽者，不必再會核簽。

㈢發文處理

1.**繕印**：應注意事項如下：(1)各機關文書單位之分繕人員收到判行待發之文稿，應注意稿件之緩急並詳閱文稿上之批註後，再核計字數登錄公文繕校分配表交繕，但由承辦單位製作傳送之電子文稿字數核計方式，由各機關自行訂定。(2)繕印人員對交繕之文稿，如認其不合程式或發現原稿有錯誤或可疑之處時，應先請示主管或向承辦人員查詢洽請改正後再行繕印。(3)繕印文件宜力求避免獨字成行，獨行成頁。遇有畸零字數或單行時，宜儘可能緊湊。(4)繕印公文遇有未編訂發文字號之文稿，儘量先提取發文字號。

2.**校對**：應注意事項如下：⑴公文繕印完畢後應由校對人員負責校對，校對人員應注意繕印公文之格式、內容、標點符號與原稿是否相符。⑵機密及重要文件，應指定專人負責校對。⑶校對人員發現繕印之文件有錯誤時，應退回改正；不影響全文意旨者，得於改正後在改正處加蓋校對章；其以電子文件行之者，該電子檔須一併改正。⑷校對人員如發現原稿有疑義，或有明顯誤漏之處，或機密文書未註記解密條件或保密期限者，應洽承辦人員予以改正；文內之有關數字、人名、地名及時間等應特加注意校對。⑸公文校對完畢，應先檢查受文單位是否相符及附件是否齊全後，於原稿加蓋校對人員章，並於登錄後送監印人員蓋印。⑹重要公文及重要法案經校對人員校對後，宜送請承辦人員複校後再送發。⑺公文以電子文件行之者，校對人員除須核對內容完全一致外，並應注意其橫行格式是否相符，附件是否齊全。⑻校對電子交換文稿，應於校對無誤後，列印全文作爲抄件。

3.**電子交換發文傳送作業**：應注意事項如下：⑴電子交換發文人員發文前應輸入識別碼、通行碼或其它識別方式實施身分辨識程序，並於電腦系統確認相符後，始可進行發文作業。⑵電子交換發文人員應於傳送後，確認電腦系統已發送之訊息。⑶電子交換文稿行文單位兼有電子交換及非電子交換者，應於發送後檢視清單，並得在清單上標明「已電子交換」。⑷公文電子交換後，得於公文原稿加蓋「已電子交換」章戳，並將抄件併同原稿退件或歸檔。⑸電子交換發文人員於傳送後，至遲應於次日在電腦系統檢視發送結果，並爲必要之處理。⑹公文以電子交換者，其發送或登載日期應配合公文上之發文日期立即處理，避免發文日期與發送或登載日期產生落差。

4.**蓋印、簽署**：應注意事項如下：⑴各機關任何文件，非經機關首長或依分層負責規定授權各層主管判發者，不得蓋用印信。⑵監印人員如發現原稿未經判行或有其他錯誤，應即退送補判或更正後再蓋印。⑶監印人員於待發文件檢點無誤後，依下列規定蓋用印信：①發布令、公告、派令、任免令、獎懲令、聘書、訴願決定書、授權狀、獎狀、褒揚令、證明書、執照、契約書、證券、匾額及其他依法規定應蓋用印信之文件，均蓋用機關印信及首長職銜簽字章。②呈：用機關首長全銜、姓名，蓋職章。③函：上行文署機關首長職銜、姓名，蓋職章。平行文蓋職銜簽字章或職章。下行文蓋職銜簽字章。④書函、開會通知單、移文單及一般事務性之通知、聯繫、洽辦等公文，蓋用機關或承辦單位條戳。⑤機關內部單位主管依分層負責之授權，逕行處理事項，對外行文時，由單位主管署名，蓋單位主管職章或蓋條戳。⑥機關首長出缺由代理人代理首長職務時，其機關公文應由首長署名者，由代理人署名。機關首長因故不能視事，由代理人代行首長職務時，其機關公文，除署首長姓名註明不能視事事由外，應由代行人附署職銜、姓名於後，並加註代行二字。機關內部單位基於授權行文，得比照辦理。⑦會銜公文如係發布命令應蓋機關印信，其餘蓋機關首長職銜簽字章。⑷一般公文蓋用機關印信之位置，以在首頁右側偏上方空白處用印爲原則，簽署使用之章戳位置則於全文最後。⑸公文及原稿用紙在二頁以上者，其騎縫處均應蓋（印）騎縫章。⑹附件以不蓋用印信爲原則，但有規定須蓋用印信者，依其規定。⑺副本之蓋印與正本同，抄本（件）及譯本不必蓋印，但應分別標示「抄本（件）」或「譯本」。⑻文件經蓋印後，由監印人員在原稿加蓋監印人員章，送由發文單位辦理發文手續。⑼不辦文稿之文件，如需蓋用印信時，應先由申請人塡具「蓋用印信申請表」，其格式由機關自訂，惟內容應包括申請人簽章、蓋用印信之文別、受文者、主旨、用途、份數及蓋用日期等項目，陳奉核定後，始予蓋用印信。⑽監印人員應備置印信蓋用登記表，對已核定需蓋印之文件，應予登錄並載明（發）文字號，申請表應妥爲保存，以備查考。登記表及蓋用印信申請表，於新舊任交接時，應隨同印信專案移交。

5.編號、登錄：應注意事項如下：⑴總發文人員對待發之公文，應詳加檢查核對，如有漏蓋印信、附件不全或受文單位不符者應分別退還補辦。⑵各機關之總發文登記表，除採用收發文同號作業方式者外，其格式及製作份數，得視實際需要，自行決定。公文經編號發文後應依序登錄於總發文登記表。

6.封發：應注意事項如下：⑴經編號待發之公文，應由專人負責複檢附件是否齊全，文與封是否相符後再封固，並標明速別，登錄後送外收發人員遞送。⑵機密件、最速件或開會通知應於封套上加蓋戳記；機密件應另加外封套，以重保密。

7.**送達或付郵**：應注意事項如下：⑴公文之送達或付郵由外收發人員統一辦理。⑵交換傳遞之公文，應填具送文簿或公文傳遞清單按規定時間、地點集中交換。⑶傳送之公文，應填具送文簿或公文傳遞清單書明送出時間，派專差送達。⑷郵遞公文應依其性質分別塡送郵遞清單付郵，郵資及收執應另備登記表登錄，以爲郵費報銷之依據。⑸機關內部各單位送發之文件，應以有關公務者爲限，由單位收發人員登錄送文簿送交外收發人員遞送。⑹外收發人員應隨時注意登錄有關機關及人員之通訊地址，以便文件之投送。⑺公文封發後，由承辦人員自送時，應由該承辦人員簽章，並自行送達受文單位。

8.**歸檔**：應注意事項如下：⑴收文經批存者，應區分永久保存或定期保存年限，由單位收發登錄後，得依各機關公文處理程序辦理歸檔。⑵發文後之原稿件，除承辦單位註明發後補判、發後補會者應退承辦單位自行辦理後送檔案管理單位點收歸檔外，其餘稿件應隨同總發文登記表送檔案管理單位簽收歸檔。⑶簽稿應原件合併歸檔，若一簽多次辦稿，得影印附卷，並註明原簽所在文號。

六、公文的書寫規範

依民國九十三年十二月一日行政院修正「文書處理手冊」的內容，有關公文的書寫應注意以下五點：

第一，文書製作應採由左至右之橫行格式。

第二，配合國際紙張通行標準，公文採用Ａ４尺寸，便條紙得用Ａ５尺寸。

第三，公文內文，中文字體及併同於中文中使用之標點符號應以**全形**爲之。阿拉伯數字、外文字母以及併同於外文中使用之標點符號應以**半形**爲之。

第四，分項標號：應另列縮格以全形書寫爲「一、二、三……㈠、㈡、㈢……1.、2.、3.……⑴、⑵、⑶……」。

第五，公文書橫式書寫數字使用原則，有四項原則：

一、爲使各機關公文書橫式書寫之數字使用有一致之規範可循，特訂定本原則。

二、數字用語具一般數字意義（如代碼、國民身分證統一編號、編號、發文字號、日期、時間、序數、電話、傳真、郵遞區號、門牌號碼等）、統計意義（如計量單位、統計數據等）者，或以阿拉伯數字表示較清楚者，使用阿拉伯數字。

三、數字用語屬描述性用語、專有名詞（如地名、書名、人名、店名、頭銜等）、慣用語者，或以中文數字表示較妥適者，使用中文數字。

四、數字用語屬法規條項款目、編章節款目之統計數據者，以及引敘或摘述法規條文內容時，使用阿拉伯數字；但屬法規制訂、修正及廢止案之法制作業者，應依「中央法規標準法」、「法律統一用語表」等相關規定辦理。

	用語類別	用法舉例
阿拉伯數字	代號（碼）、國民身分證統一編號、編號、發文字號	ISBN 988-133-005-1、M234567890、附表（件）1、院臺秘字第 0930086517 號、臺 79 內字第 095512 號
	序數	第 4 屆第 6 會期、第 1 階段、第 1 優先、第 2 次、第 3 名、第 4 季、第 5 會議室、第 6 次會議紀錄、第 7 組
	日期、時間	民國 93 年 7 月 8 日、93 年度、21 世紀、公元 2000 年、 7 時 50 分、挑戰 2008：國家發展重點計畫、520 就職典禮、72 水災、921 大地震、911 恐怖事件、228 事件、38 婦女節、延後 3 週辦理
	電話、傳真	（02）3356-6500
	郵遞區號、門牌號碼	100 台北市中正區忠孝東路 1 段 2 號 3 樓 304 室
	計量單位	150 公分、35 公斤、30 度、2 萬元、5 角、35 立方公尺、7.36 公頃、土地 1.5 筆
	統計數據（如百分比、金額、人數、比數等）	80% 、3.59% 、6 億 3,944 萬 2,789 元、639,442,789 人、1：3
	法規條項款目、編章節款目之統計數據	事務管理規則共分 15 編、415 條條文
	法規內容之引敘或摘述	依兒童福利法第 44 條規定：「違反第 2 條第 2 項規定者，處新臺幣 1 千元以上 3 萬元以下罰鍰。」兒童出生後 10 日內，接生人如未將出生之相關資料通報戶政及衛生主管機關備查，依兒童福利法第 44 條規定，可處 1 千元以上、3 萬元以下罰鍰。
中文數字	描述性用語	一律、一致性、再一次、一再強調、一流大學、前一年、一分子、三大面向、四大施政主軸、一次補助、一個多元族群的社會、每一位同仁、一支部隊、一套規範、不二法門、三生有幸、新十大建設、國土三法、組織四法、零歲教育、核四廠、第一線上、第二專長、第三部門、公正第三人、第一夫人、三級制政府、國小三年級

	用語類別	用法舉例
中文數字	專有名詞（如地名、書名、人名、店名、頭銜等）	九九峰、三國演義、李四、五南書局、恩史瓦第三世
	慣用語（如星期、比例、概數、約數）	星期一、週一、正月初五、十分之一、三讀、三軍部隊、約三、四天、二三百架次、幾十萬分之一、七千餘人、二百多人
	法規制訂、修正及廢止案之法制作業公文書（如令、函、法規草案總說明、條文對照表等）	行政院令：修正「事務管理規則」第一百十一條條文。 行政院函：修正「事務管理手冊」財產管理第五十點、第五十一點、第五十二點，並自中華民國九十三年二月十六日生效……。 「○○法」草案總說明：……爰擬具「○○法」草案，計五十一條。 關稅法施行細則部分條文修正草案條文對照表之「說明」欄－修正條文第十六條之說明：一、關稅法第十二條第一項計算關稅完稅價格附加比例已減低爲百分之五，本條第一項爰予配合修正。

七、公文的電腦化作業功能與作業流程

文書處理及檔案管理電腦化作業，包括從電腦輔助承辦人製作公文之文書製作、文書處理過程之流程管理、檔管介面、透過通信網路進行公文傳遞交換，另提供電腦化作業之檔案備份、檔案重整、作業權限設定等系統維護功能(如圖一)。

現行文書處理流程如圖二所示。

(圖一)↓

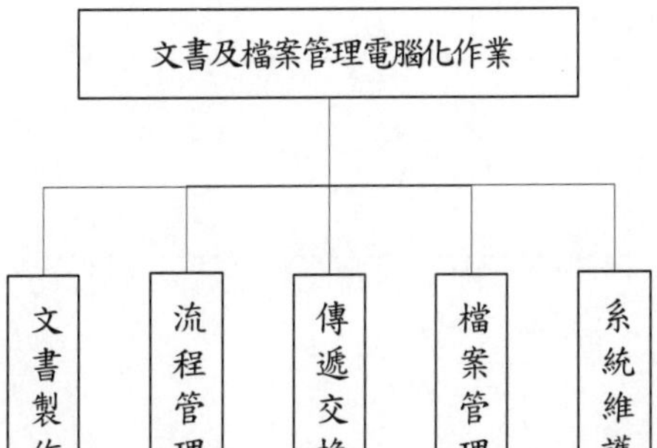

(圖二：現行文書處理流程)←

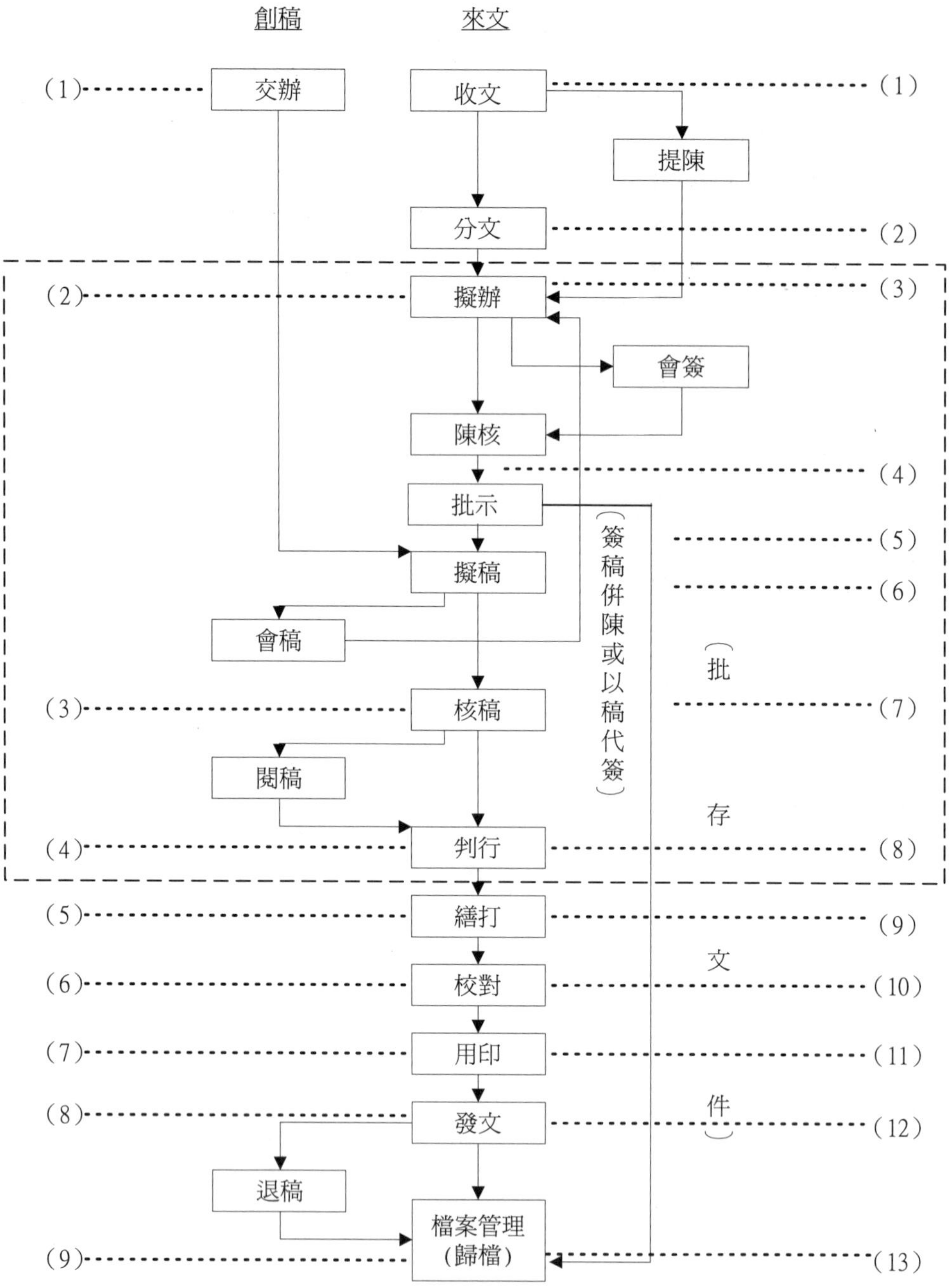

創稿
來文
(1)
交辦
收文
(1)
提陳
分文
(2)
(2)
擬辦
(3)
會簽
陳核
(4)
批示
(簽稿併陳或以稿代簽)
(5)
擬稿
(6)
會稿
(批存文件)
(3)
核稿
(7)
閱稿
(4)
判行
(8)
(5)
繕打
(9)
(6)
校對
(10)
(7)
用印
(11)
(8)
發文
(12)
退稿
檔案管理(歸檔)
(9)
(13)

八、公文的結構與作法

(一)公文的結構

依現行《公文程式條例》的規定與方便電子公文交換，一般的公文結構可以分爲下列八項：

1. **發文機關全銜及文別**：書寫發文機關的全銜，可使承辦人員瞭解公文的主體，文別可以明白公文的類別。
2. **發文機關地址與聯絡資料**：應留下地址、電話、電子郵件及傳真號碼，可以方便承辦人員的處理。
3. **受文者**：這是行文的對象，通常寫於發文者之後，一如發文者，也應書寫全銜。但受文者，如果是所屬機關或內部單位則可以用簡稱，例如教育部高教司。
4. **速別**：一般分爲最速件、速件、普通件。
5. **密等及解密條件**：這是文書保密的等級，分爲絕對機密、極機密、機密、密。至於解密條件列於其後。
6. **發文日期及字號**：任何公文的時效性有法律依據，發文日期必須以國曆年月日記載，而標記字號，可方便各機關的分文以及日後的查驗與歸檔。
7. **附件**：，公文一旦有附件，必須在本文或「附件」欄中註明。若附件數量在二件以上時，應標明數字。
8. **正文、副本**：正文是公文的主體。副本的內容、形式與正本一樣，其內容亦應予以配合。

(二)公文的分段要領

分段要領如下：

1. **主旨**：(1)爲全文精要，以說明行文目的與期望，應力求具體扼要。(2)「主旨」不分項，文字緊接段名冒號之下書寫。
2. **說明**：(1)當案情必須就事實、來源或理由，作較詳細之敘述，無法於「主旨」內容納時，用本段說明。本段段名，可因公文內容改用「經過」、「原因」等名稱。⑵如無項次，文字緊接段名冒號之下書寫；如分項條列，應另列縮格書寫。

3.**辦法**：⑴向受文者提出之具體要求無法在「主旨」內簡述時，用本段列舉。本段段名，可因公文內容改用「建議」、「請求」、「擬辦」、「核示事項」等名稱。⑵其分項條列內容過於繁雜、或含有表格型態時，應編列爲附件。

㈢公文的製作要領

1.公布法律、發布法規命令、解釋性規定與裁量基準之行政規則及人事命令：

⑴公布法律、發布法規命令、解釋性規定與裁量基準之行政規則：

①令文可不分段，敘述時動詞一律在前，例如：

甲、訂定「○○○施行細則」。

乙、修正「○○○辦法」第○條條文。

丙、廢止「○○○辦法」。

②多種法律之制定或廢止，同時公布時，可併入同一令文處理；法規命令之發布，亦同。

③公、發布應以刊登政府公報或新聞紙方式爲之，並得於機關電子公布欄公布。必要時，並以公文分行各機關。

⑵人事命令：

①人事命令：任免、遷調、獎懲。

②人事命令格式由人事主管機關訂定，並應遵守由左至右之橫行格式原則。

2.函：

⑴行政機關之一般公文以「函」爲主，函的結構，採用「主旨」、「說明」、「辦法」三段式。

(2)行政規則以函檢發，多種規則同時檢發，可併入同一函內處理，其方式以公文分行或登載政府公報或機關電子公布欄。

3.公告：

(1)公告之結構分爲「主旨」、「依據」、「公告事項」（或說明）三段，段名之上不冠數字，分段數應加以活用，可用「主旨」一段完成者，不必勉強湊成二段、三段。

(2)公告分段要領：

①「主旨」應扼要敘述，公告之目的和要求，其文字緊接段名冒號之下書寫。公告登載時，得用較大字體簡明標示公告之目的，不署機關首長職稱、姓名。

②「依據」應將公告事件之原由敘明，引據有關法規及條文名稱或機關來函，非必要不敘來文日期、字號。有兩項以上「依據」者，每項應冠數字，並分項條列，另列低格書寫。

③「公告事項」（或說明）應將公告內容分項條列，冠以數字，另列低格書寫。使層次分明，清晰醒目。公告內容僅就「主旨」補充說明事實經過或理由者，改用「說明」爲段名。公告如另有附件、附表、簡章、簡則等文件時，僅註明參閱「某某文件」，公告事項內不必重複敘述。

(3)一般工程招標或標購物品等公告，得用定型化格式處理，免用三段式。

(4)公告除登載於機關電子公布欄者外，張貼於機關公布欄時，必須蓋用機關印信，於公告兩字右側空白位置蓋印，以免字跡模糊不清。

4.其他公文：

(1)書函之結構及文字用語比照「函」之規定。

(2)定型化表單之格式由各機關自行訂定，並應遵守由左至右之橫行格式原則。

㈣公文的用語規定

公文用語規定如下：

1. 期望及目的用語，得視需要酌用「請」、「希」、「查照」、「鑒核」或「核示」、「備查」、「照辦」、「辦理見復」、「轉行照辦」等。
2. 准駁性、建議性、採擇性、判斷性之公文用語，必須明確肯定。
3. 直接稱謂用語：
(1) 有隸屬關係之機關：上級對下級稱「貴」，下級對上級稱「鈞」，自稱「本」。
(2) 對無隸屬關係之機關：上級稱「大」，平行稱「貴」，自稱「本」。
(3) 對機關首長間：上級對下級稱「貴」，自稱「本」，下級對上級稱「鈞長」，自稱「本」。
(4) 機關（或首長）對屬員稱「台端」。
(5) 機關對人民稱「先生」、「女士」或通稱「君」、「台端」；對團體稱「貴」，自稱「本」。
(6) 行文數機關或單位時，如於文內同時提及，可通稱爲「貴機關」或「貴單位」。
4. 間接稱謂用語：
(1) 對機關、團體稱「全銜」或「簡銜」，如一再提及，必要時得稱「該」；對職員稱「職稱」。
(2) 對個人一律稱「先生」、「女士」或「君」。

㈤公文簽、稿的撰擬

1. 簽稿之一般原則：
(1) 性質：
①簽爲幕僚處理公務表達意見，以供上級瞭解案情、並作抉擇之依據，分爲下列兩種：

甲、機關內部單位簽辦案件：依分層授權規定核決，簽末不必敘明陳某某長官字樣。

乙、下級機關首長對直屬上級機關首長之「簽」，文末得用敬陳○○長官字樣。

②「稿」爲公文之草本，依各機關規定程序核判後發出。

(2)擬辦方式：

①先簽後稿：

甲、制定、訂定、修正、廢止法令案件。

乙、有關政策性或重大興革案件。

丙、牽涉較廣，會商未獲結論案件。

丁、擬提決策會議討論案件。

戊、重要人事案件。

己、其他性質重要必須先行簽請核定案件。

②簽稿併陳：

甲、文稿內容須另爲說明或對以往處理情形須酌加析述之案件。

乙、依法准駁，但案情特殊須加說明之案件。

丙、須限時辦發不及先行請示之案件。

③以稿代簽爲一般案情簡單，或例行承轉之案件。

2.簽之撰擬：

(1)款式：

①先簽後稿：簽應按「主旨」、「說明」、「擬辦」三段式辦理。

②簽稿併陳：視情形使用「簽」，如案情簡單，可使用便條紙，不分段，以條列式簽擬。

③一般存參或案情簡單之文件，得於原件文中空白處簽擬。

(2)撰擬要領：

①「主旨」：扼要敘述，概括「簽」之整個目的與擬辦，不分項，一段完成。

②「說明」：對案情之來源、經過與有關法規或前案，以及處理方法之分析等，作簡要之敘述，並視需要分項條列。

③「擬辦」：為「簽」之重點所在，應針對案情，提出具體處理意見，或解決問題之方案。意見較多時分項條列。

④「簽」之各段應截然劃分，「說明」一段不提擬辦意見，「擬辦」一段不重複「說明」。

(3)本手冊所訂「簽」之作法舉例，下級機關首長對直屬上級機關首長行文時應一致採用，至各機關內部單位簽辦案件得參照自行規定。

3.稿之撰擬：

(1)草擬公文按文別應採之結構撰擬。

(2)撰擬要領：

①按行文事項之性質選用公文名稱，如「令」、「函」、「書函」、「公告」等。

②一案須辦數文時，請參考下列原則辦理：

甲、設有幕僚長之機關，分由機關首長及幕僚長署名之發文，分稿擬辦。

乙、一文之受文者有數機關時，內容大同小異者，同稿併敘，將不同文字列出，並註明某處文字針對某機關；內容小同大異者，用同一稿面分擬，如以電子方式處理者，可用數稿。

③「函」之正文，除按規定結構撰擬外，並請注意下列事項：

甲、訂有辦理或復文期限者，請在「主旨」內敘明。

乙、承轉公文，請摘敘來文要點，不宜在「稿」內書：「照錄原文，敘至某處」字樣，來文過長仍請儘量摘敘，無法摘敘時，可照規定列爲附件。

丙、概括之期望語「請核示」、「請查照」、「請照辦」等，列入「主旨」，不在「辦法」段內重複；至具體詳細要求有所作爲時，請列入「辦法」段內。

丁、「說明」、「辦法」分項條列時，每項表達一意。

㈥法律統一用字表（中華民國六十二年三月十三日立法院第五十一會期第五次會議及第七十八會期第十七次會議認可）

用字舉例	統一用字	曾見用字	說明
公布、分布	布	佈	
徵兵、徵稅、稽徵	徵	征	
部分、身分	分	份	
帳、帳目、帳戶	帳	賬	
韭菜	韭	韮	
礦、礦物、礦藏	礦	鑛	
釐訂、釐定	釐	厘	
使館、領館、圖書館	館	舘	
穀、穀物	穀	谷	
行蹤、失蹤	蹤	踪	
妨礙、障礙、阻礙	礙	碍	
賸餘	賸	剩	
占、占有、獨占	占	佔	

用字舉例	統一用字	曾見用字	說明
牴觸	牴	抵	
雇員、雇主、雇工	雇	僱	名詞用「雇」
僱、僱用、聘僱	僱	雇	動詞用「僱」
贓物	贓	臟	
黏貼	黏	粘	
計畫	畫	劃	名詞用「畫」
策劃、規劃、擘劃	劃	畫	動詞用「劃」
蒐集	蒐	搜	
菸葉、菸酒	菸	煙	
儘先、儘量	儘	盡	
麻類、亞麻	麻	蔴	
電表、水表	表	錶	
擦刮	刮	括	
拆除	拆	撤	
磷、硫化磷	磷	燐	
貫徹	徹	澈	
澈底	澈	徹	
祇	祇	只	副詞
並	並	并	連接詞
聲請	聲	申	對法院用「聲請」
申請	申	聲	對行政機關用「申請」
關於、對於	於	于	
給與	與	予	給與實物

給予、授予	予	與	給予名位、榮譽等抽象事物
紀錄	紀	記	名詞用「紀錄」
記錄	記	紀	動詞用「記錄」
事蹟、史蹟、遺蹟	蹟	跡	
蹤跡	跡	蹟	
糧食	糧	粮	
覆核	覆	複	
復查	復	複	
複驗	複	復	

(七)法律統一用語表（中華民國六十二年三月十三日立法院第五十一會期第五次會議認可）

統一用語	說明
「設」機關	如：「教育部組織法」第五條：「教育部設文化局，……」。
「置」人員	如：「司法院組織法」第九條：「司法院置秘書長一人，特任。……」。
「第九十八條」	不寫爲：「第九八條」。
「第一百條」	不寫爲：「第一00條」。
「第一百十八條」	不寫爲：「第一百『一』十八條」。
「自公布日施行」	不寫爲：「自公『佈』『之』日施行」。
「處」五年以下有期徒刑	自由刑之處分，用「處」，不用「科」。
「科」五千元以下罰金	罰金用「科」不用「處」，且不寫爲：「科五千元以下『之』罰金」。
「處」五千元以下罰鍰	罰鍰用「處」不用「科」，且不寫爲：「處五千元以下『之』罰鍰」。（鍰ㄏㄨㄢˊ，金錢）
準用「第○條」之規定	法律條文中，引用本法其他條文時，不寫「『本法』第○條」而逕書「第○條」。如：「違反第二十條規定者，科五千元以下罰金」。

「第二項」之未遂犯罰之	法律條文中，引用本條其他各項規定時，不寫「『本條』第○項」，而逕書「第○項」。如刑法第三十七條第四項「依第一項宣告褫奪公權者，自裁判確定時發生效力。」
「制定」與「訂定」	法律之「創制」，用「制定」；行政命令之制作，用「訂定」。
「製定」、「製作」	書、表、證照、冊據等，公文書之製成用「製定」或「製作」，即用「製」不用「制」。
「一、二、三、四、五、六、七、八、九、十、百、千」	法律條文中之序數不用大寫，即不寫為「壹、貳、參、肆、伍、陸、柒、捌、玖、佰、仟」。
「零、萬」	法律條文中之數字「零、萬」不寫為：「0、万」。

(八)標點符號用法表

符號	名稱	用法	舉例
。	句號	用在一個意義完整文句的後面。	公告○○商店負責人張三營業地址變更。
，	逗號	用在文句中要讀斷的地方。	本工程起點為仁愛路，終點為……
、	頓號	用在連用的單字、詞語、短句的中間。	(1)建、什、田、旱等地目…… (2)河川地、耕地、特種林地等…… (3)不求報償、沒有保留、不計任何代價……
；	分號	用在下列文句的中間： (1)並列的短句。 (2)聯立的復句。	(1)知照改為查照；遵辦改為照辦；遵照具報改為辦理見復。 (2)出國人員於返國後1個月內撰寫報告，向○○部報備，否則限制申請出國。
：	冒號	用在有下列情形的文句後面： (1)下文有列舉的人、事、物、時。 (2)下文是引語時。 (3)標題。 (4)稱呼。	(1)使用電話範圍如次：(1)……(2)…… (2)接行政院函： (3)主旨： (4)○○部長：

？	問號	用在發問或懷疑文句的後面。	(1)本要點何時開始正式實施為宜？ (2)此項計畫的可行性如何？
！	驚歎號	用在表示感嘆、命令、請求、勸勉等文句的後面。	(1)……又怎能達成這一為民造福的要求！ (2)來努力創造我們共同的事業、共同的榮譽！
「」『』	引號	用在下列文句的後面，（先用單引，後用雙引）： (1)引用他人的詞句。 (2)特別著重的詞句。	(1)總統說：「天下只有能負責的人，才能有擔當」。 (2)所謂「效率觀念」已經為我們所接納。
——	破折號	表示下文語意有轉折或下文對上文的註釋。	(1)各級人員一律停止休假——即使已奉准有案的，也一律撤銷。 (2)政府就好比是一部機器——一部為民服務的機器。
……	刪節號	用在文句有省略或表示文意未完的地方。	憲法第五十八條規定，應將提出立法院的法律案、預算案……提出於行政院會議。
（）	夾註號	在文句內要補充意思或註釋時用的。	(1)公文結構，採用「主旨」「說明」「辦法」（簽呈為「擬辦」）三段式。 (2)臺灣光復節（十月二十五日）應舉行慶祝儀式。

九、公文紙格式與公文範例

(一)公文紙格式

附件一：公文紙格式

附件一：公文紙格式

2.5cm

檔號：
保存年限：

（機關全銜）（文別）

（會銜公文機關排序：主辦機關、會辦機關）

機關地址：（會銜公文列主辦機關，令、公告不須此項）
聯絡方式：（會銜公文列主辦機關，令、公告不須此項）

（郵遞區號）
（地址）

受文者：（令、公告不須此項）
發文日期：
發文字號：（會銜公文機關排序：主辦機關、會辦機關）
速別：（令、公告不須此項）
密等及解密條件或保密期限：（令、公告不須此項）
附件：（令不須此項）

裝

1.5cm 1cm

2.5cm

（本文）（令：不分段
公告：主旨、依據、公告事項三段式
函、書函等：主旨、說明、辦法三段式）

正本：（令、公告不須此項）

訂

副本：（含附件者註明：含附件或含○○附件）

（蓋章戳）

[會銜公文：按機關排序蓋用機關首長簽字章
令：蓋用機關印信、機關首長簽字章
公告：蓋用機關印信、機關首長簽字章
函：上行文－署機關首長職銜蓋職章
平、下行文－機關首長簽字章
書函、一般事務性之通知等：蓋機關（單位）條戳]

線

2.5cm

第　頁（共　頁）

(二)公文範例

公文用印及蓋章戳參考範例

檔　號：
保存年限：

行政院　函

地址：　000臺北市○○路000號
聯絡方式：(承辦人、電話、傳真、e-mail)

100
臺北市○○區○○○路○段000號
受文者：臺北市政府

印　　信
(限：令、公告使用)

發文日期：中華民國○年○月○日
發文字號：○○字第○○○○○○○○○○○號
速別：最速件
密等及解密條件或保密期限：
附件：

裝

主旨：為杜流弊，節省公帑，各項營繕工程，應依法公開招標，並不得變更設計及追加預算，請　轉知所屬機關學校照辦。

說明：

一、依本院○年○月○日第○○次會議決議辦理。

二、據查目前各級機關學校對營繕工程仍有未按規定公開招標之情事，或施工期間變更原設計，以及一再請求追加預算，致弊端叢生，浪費公帑。

訂

辦法：

一、各機關學校對營繕工程應依法公開招標，並按「政府採購法」及相關法令辦理。

二、各單位之工程應將施工圖、設計圖、契約書、結構圖、會議紀錄等工程資料，報請上級單位審核，非經核准，不得變更原設計及追加預算。

正本：臺灣省政府、福建省政府、臺北市政府、高雄市政府
副本：行政院主計處、行政院秘書處

線

院長　○　○　○

會辦單位：

第　層決行

承辦單位	會辦單位	決行
科員○　○　○	科員○　○　○	副秘書長
07230800	07231100	07231425
		秘書長
07230810	07231105	07231455
		副市長
07230815	07231110	07231555
		市長○　○　○
07230915		07231610
07230945		
局長○　○　○		
07231000		

註記：簽署原則由左而右，由上而下簽

說明：有關檔號、保存年限、收文日期、收文字號、承辦單位、簽名、批示、會稿單位、繕打、校對、監印、電子公文交換機制及其他安全控管等項目．由各機關於空白處自行規定填寫位置。

函作法舉例

檔號：
保存年限：

經濟部　函

機關地址：台北市福州街 15 號
聯 絡 人：○○○
聯絡電話：(○○) ○○○○○○○○
電子郵件：○○○○○○@moea.gov.tw
傳　　真：(○○) ○○○○○○○○

100
台北市○○區○○○路○段○○○號

受文者：○○○股份有限公司
發文日期：中華民國 93 年○○月○○日
發文字號：經○字第 093○○○○○○○○○號
速別：最速件
密等及解密條件或保密期限：
附件：如文

主旨：本部已於 93 年○月○○日以經○字第 093○○○○○○○○○號函廢止「憑證實務作業基準應載明事項」，請　查照。

說明：

一、檢附「憑證實務作業基準應載明事項」廢止令影本 1 份。

二、按「憑證實務作業基準應載明事項準則」，業經本部於 93 年○月○日以經○字第 093○○○○○○○○○號令訂定發布在案，爰廢止旨揭「憑證實務作業基準應載明事項」。

正本：經濟部商業司、經濟部技術處、經濟部法規會、○○○股份有限公司『台北市○○區○○○路○段○○○號』
副本：司法院秘書處、行政院衛生署、行政院經濟建設委員會、行政院研究發展考核委員會、行政院農業委員會、行政院公平交易委員會、行政院消費者保護委員會、行政院秘書處、行政院法規委員會、法務部、外交部、內政部、國防部、財政部、教育部、資策會科技法律中心（均含附件）

部長　何○○

裝　訂　線

簽作法舉例（下級機關首長對上級機關首長用）

檔　號：
保存年限：

簽　於（機關或單位）

主旨：○○部為亞洲開發銀行請撥付亞洲蔬菜研究發展中心補助新臺幣○○○元，擬准動支本年度第二預備金，簽請　核示。

說明：○○部函為○○銀行以亞洲開發銀行請自該行B帳戶我國繳付本國幣股本內支付亞洲蔬菜研究發展中心新臺幣○○○元，業已先行墊撥，上項亞洲蔬菜研究發展中心補助費，本年度未列預算，既由○○銀行墊付，請准在○○年度第二預備金項下撥還歸墊。又本案事關涉外重要案件，特專案簽辦。

擬辦：擬准照○○部所請在本年度中央政府總預算第二預備金項下動支。

敬陳

副○長

○　長

○　○　○（蓋職章）（日期及時間）

會辦單位：

第　層決行		
承辦單位	會辦單位	決行

註記：簽署原則由左而右，由上而下簽

裝

訂

線

條碼位置
流水號位置

檔　　號：
保存年限：

行政院研究發展考核委員會　函（稿）

地址：台北市中正區濟南路一段 2-2 號 6 樓
聯絡方式：02-23942165

受文者：

發文日期：中華民國　　年　月　日
發文字號：　　字第　　　　號
速別：最速件
密等及解密條件或保密期限：普通
附件：議程資料

主旨：本會訂於本（93）年 7 月 14、15 日分梯次辦理「推動公文橫式書寫資訊作業研習營」，惠請派員參加，請　查照。

說明：

一、依據「公文橫式書寫資訊作業實施計畫」第五點實施方式暨推動時程之（三）辦理。

二、檢附本次研習營議程資料詳如附，請　貴機關依規定梯次指派文書、檔案主管人員及研考、資訊主辦人員各一名，至電子化公文入口網(http://www.good.nat.gov.tw)最新消息中，點選「推動公文橫式書寫資訊作業研習營」，填寫報名資料。

正本：總統府第二局、行政院秘書處、立法院秘書處、司法院秘書處、考試院秘書處、監察院秘書處、行政院各部會行處局署暨省市政府、各縣市政府

副本：檔案管理局、本會資訊管理處、公文 G2B2C 資訊服務中心、資訊工業策進會電子商務研究所、傑印資訊股份有限公司、精融網路科技股份有限公司、敦陽科技股份有限公司（均含附件）

裝　訂　線

第一頁　共一頁

第九課　現代會議文書

一、現代會議文書的意義與種類

國父孫中山先生在《民權初步》中說：「一人謂之獨思，二人謂之對話，三人以上循有一定之規則，研究事理，達成決議，解決問題，以收群策群力之效者，才能稱爲會議。」在我國內政部訂定的《會議規範》中曾對「會議」一詞有過明確的解釋：「三人以上，循一定之規則，研究事理，達成決議，解決問題，以收群策群力之效者，謂之會議。」現代民主法治的社會，就是民意主導的會議政治，任何人都可能會出席各種不同形式的會議，並且在會議中擔任不同的角色。因此，身爲現代國民，應對會議的召開與進行的程序，要有一定程度的瞭解。

所謂的會議文書，即是召開會議中所可能使用的文書，可以分爲下列八種：

第一，**開會通知**：會議的召開必須要有三人以上參與，因此事先應發出通知。

第二，**簽到簿**：提供出席人員簽到使用，主要是統計出席人數與證明會議的合法性之出席人數。

第三，**委託書**：若接到開會通知而未能出席者，可委託他人代表出席所使用的文書。

第四，**議程**：又稱爲「議事日程」，這是開會前預先擬妥的會議程序。

第五，**會議紀錄**：以書面紀錄會議進行的內容，經討論或投票的過程之後，就必須予以執行其結論。

第六，**開會程序**：這是開會的秩序與儀式，多用於各式慶典活動或紀念會。

第七，討論提案：也稱爲議案，凡出席者可事先提出書面的提案，經一定人數的附署，可提交大會討論。

第八，選擇票：以投票的方式決定人選或通過議案，可製作選舉票。

二、會議規範（中華民國五十四年七月二十號内民字第一七八六二八號公佈施行）

第一條（會議之定義）

三人以上，循一定之規則，研究事理，達成決議，解決問題，以收群策群力之效者，謂之會議。

第二條（適用範圍）

本規範於下列會議均適用之：

㈠議事在尋求多數意見並以整個會議名義而決議者，如各級議事機關之會議，各級行政機關之會議，各種人民團體之會議，各種企業組織之股東大會及理監事會議等。

㈡議事在集思廣益提供意見而爲建議者，如各種審查會、處理附委案件之委員會等。各機關對其首長交議或提供意見之幕僚會議，得準用前項之規定。

第三條（會議之召集）

除各該會議另有規定外，依下列規定行之：

㈠各種永久性集會之成立會，及各種臨時性集會，由發起人或籌備人召集之。

㈡永久性集會之各次常會，或其臨時會議，由其負責人（如主席、議長、會長、理事長等）召集之。

㈢永久性集會每屆改選後之第一次會議，如議事機關之常設委員會，或各種組織及人民團體之理監事會等，由當選人中得票最多者，或前屆負責人召集之。召集人應根據路程遠近及交通情形，於適當時間前將開會事由、時間及地點通知各出席人或公告之；可能時，並附送議程及有關資料。

第四條（開會額數）

各種會議之開會額數，依下列規定：

㈠永久性集會得自定其開會額數。如無規定，以出席人數超過應到人數之半數，始得開會。

前款應到人數，以全體總數減除因公、因病人數計算之。

㈡處理議案之委員會，應有全體委員通過半數之出席，始得開會。

㈢會員無定額者不受開會額數之限制。

第五條（不足額問題）

開會時間已至，不足開會額數者，得宣佈延長之，延長兩次仍不足額時，主席應宣告延會，或改開談話會。

因出席人缺席至未達開會額數者，如有候補人列席，應依次遞補。如遞補後仍不足額，影響成會連續兩次者，應於第二次延會前，由出席人過半數之決議，決定第三次開會日期，預先以書面加敘經過，通知全體出席人，第三次開會時，如仍未達開會額數，但實到人數達三分之一以上者，得以實到人數開會，並得對無故不出席者，爲處分之決議。必要時得決議改組或改選前向候補人遞補後，得臨時行使第廿條出席人之權利。

以上各項，各該會議另有規定者，從其規定。

第六條（談話會）

因天災人禍，須爲緊急處理，而出席人數因故未達開會額數者，得開談話會，依出席人三分之二以上之同意，作成決議行之，但該項決議應於會後儘速通知爲出席人，並須於下次正式會議，提出追認之。

第七條（開會後缺額問題）

會議進行中，經主席或出席人提出數額問題時，主席應立即按鈴，或以其他方法，催促暫時離席之人，回至議席，並清點在場人數，如不足額，主席應宣佈散會或改開談話會，但無人提出數額問題時，會議仍照常進行。在談話會中，如已足開會額數時，應繼續進行會議。

第八條（會議程序）

開會應於事先編制會議程序，其項目如下：

㈠由主席或臨時主席（發起人或籌備人）報告出席人數，並宣佈開會：

1.推選主席。（由臨時主席宣佈開會者，應正式推選主席，但臨時主席得當選為主席。）

2.主席報告議程，及各項程序預定之時間。（以另印發議事日程者，此項從略。）

3.主席報告議程後，應徵詢出席人有無異議，如無異議，即為認可；如有異議，應提付討論及表決。

㈡報告事項：

1.宣讀上次會議紀錄。（如係第一次會議此項從略）

2.報告上次會議決議案執行情形。（無此項報告者從略）

3.委員會或委員報告。（無此項報告者從略）

4.其他報告。（如有其他各種報告，應將報告之事或報告人，一一列舉，無則從略）

5.以上各款報告完畢後，得對上次決議之情形，或其他會務進行情形，檢討其利弊得失，及其改進之方法。

㈢討論事項：

1.前會遺留之事項。（如前會有未完之事項，或指定之事項，須於本次會議討論者，應將其一一列舉，如無此種事項者，從略）

2.本次會議預定討論之事項。（應將各預定討論事項一一列舉）

3.臨時動議。

4.選舉。（如有必要，此項得移於討論事項之前）

5.散會。

各該會議如已設置紀錄委員會者，本條第二項第一目從略。會議紀錄，如未失去機密性質者，應在祕密會中宣讀。

第九條（來賓演講及介紹）

開會時來賓演講，應以事先特約者爲限，並以一人爲宜，演講題目，得先約定，並通知各出席人，或公告之。到會來賓，毋須一一演講，但如有必要，得由主席向會眾簡要介紹。

第十條（致敬及慰問）

凡以會議名義，對個人或團體致敬或慰問，應經正式動議及表決，於會後以簡要文字表達之。

第十一條（議事紀錄）

開會應備置議事紀錄，其主要項目如下：

1.會議名稱及會次。
2.會議時間。
3.會議地點。
4.出席人姓名及人數。
5.列席人姓名。
6.請假人姓名。
7.主席姓名。
8.紀錄姓名。
9.報告事項。
10.選舉事項，選舉方法，票數及結果。（無此項目者，從略）
11.討論事項，表決方法及結果。
12.其他重要事項。

議事紀錄應由主席及紀錄分別簽署。

各該會議得設置紀錄委員會，專司核對紀錄事宜，如有異議，應向大會提出報告。

第十二條（紀錄人員）

會議之紀錄人員，除各該會議另有規定外，得由主席指定，或由會議推選之。

第十三條（紀錄人員之發言權與表決權）

會議之紀錄，如係由會員兼任者，有發言權與表決權。

第十四條（處分之決議）

會眾有下列情形之一者，得經出席人之提議，過半數之通過為處分之決議。如情節重大，得由大會成立紀律委員會，研議處分辦法，報請大會決定：

1.無故不出席會議，連續兩次以上者。

2.發言違反禮貌，損及其他會眾之人格及信譽者。

3.違反議事規則，不服主席糾正，防礙議場秩序者。

前項處分之決議，以下列各款爲限：

1.將姓名及其事由，列入會議紀錄。

2.停止出席權一次。

3.向會眾或受損害人當面致歉。

二、會議文書的範例

開會通知單用紙格式

2.5cm

檔號：
保存年限：

（機關全銜） 開會通知單

（郵遞區號）
（地址）

受文者：

發文日期：
發文字號：
速別：
密等及解密條件或保密期限：
附件：

裝

開會事由：

1.5cm 1cm 開會時間： 2.5cm

開會地點：

主持人：

聯絡人及電話：

訂

出席者：

列席者：

副本：

備註：

（蓋章戳）

線

第　頁（共　頁）

2.5cm

○○○○○○（單位名稱或會議名稱）第○○次會議紀錄

一、時間：○○年○○月○○日（星期○）○午○時

二、地點：○○○○

三、主席：○○○○○（主席姓氏+職稱+名字）　　記錄：○○○（姓名）

四、出、列席單位及人員：

出席者：○○○○○○（職稱）○○○（姓名）
○○○○○○（職稱）○○○（姓名）
○○○○○○（職稱）○○○（姓名）
○○○○○○（職稱）○○○（姓名）
○○○○○○（職稱）○○○（姓名）
○○○○○○（職稱）○○○（姓名）
○○○○○○（職稱）○○○（姓名）

列席者：○○○○○○（職稱）○○○（姓名）
○○○○○○（職稱）○○○（姓名）
○○○○○○（職稱）○○○（姓名）

五、主席致詞：(略)

六、會議決議：
（一）
（二）
（三）
（四）
（五）
（六）

七、散會：○午○時。

第十課　求職簡報與演講辭

一、求職簡報的內容與報告要領

吾人身處現代工商業社會，無論各行各業都會遇到「求職」的問題，特別是每年五月開始到暑假期間，台灣的各大學部、二技、四技與五專的畢業生，都會投入就業市場，爲自己謀求一份工作。然而，台灣的工商業社會由於諸多原因而造成經濟不景氣，詐騙事件時有所聞，特別是利用大學畢業生急於找到工作的心理，設下了許多求職的陷阱，畢業的同學們不得不知，也不得不提防。因此，面對求職的問題，如何在最短的時間內向他人介紹自己的各種條件與特質，如何簡明扼要的說明自己的專長與專業能力，這就是求職簡報具體的內容，如果以一分鐘自我簡介，對象是面試的主管，目的是求職，口頭報告的內容，可以具備以下六項要點：

第一，**親切的向在場面試主管禮貌性問候**：其實人生的「態度」是決定一切的，以恭謹和順的態度，平實自然的心情，謙遜雍容的精神，專注合宜的舉止，自然會給對方留下美好的第一印象，有時候會超過別人某些學歷、名校名系或專長的競爭，順利的爭取到一份很好的工作。

第二，**專注而微笑的介紹自己的基本背景**：在禮貌性問候之後，可以先簡單的介紹自己那一年畢業的學校科系，值得注意的是校名與科系名稱應該使用全稱，以顯得尊重自己畢業的學校，如果學校並不是如「台大」、「清華」等校如此名聲顯著，可以加上學校所在地，並且以一句話說明學校的特色，增加說服力。

除此以外，介紹自己的成長環境，如從小在台北長大；目前居住的大概地址，如高雄市三民區。其他如家庭背景或個人學習工作經歷等，就視當時的情況而決定是否加以說明。

第三，**以平緩的語氣介紹自己的專長能力與證照**：如果主觀而自信的宣揚自己的專長，容易給別人留下不好的印象，但是以平實緩慢的語氣客觀的說明自己擁有的證照，在無形中那就是流露出堅定的自信。相對的，對於自我認知的專長，若是缺乏客觀的檢定或成績的證明，就容易被別人誤認是自以爲是的驕傲。建議以「我的興趣」爲介紹主軸，後面附帶說明曾經取得的證照或優異成績，如此就會讓人覺得謙虛中有不可忽略的實力，也是比較成熟的介紹方式。

第四，**專注而不卑不亢的回答任何問題的質詢**：在求職面試的場合中，許許多多奇怪的問題，往往是意想不到的，但是事前的準備許多可能被問到問題的答案，這是必須的自我訓練。縱使如此，不要過度的卑微，也不要過度的自信，放鬆心情而冷靜的回答，同時在回答問題時應該簡明扼要，不要太過簡短而顯得不夠成熟，也不要講得太長而顯得浮躁，一切適宜就好。

第五，**配合履歷表與自傳內容說明自己優於別人的特點**：人與人之間，可以將心比心，模擬自己將來也是面試他人的主管，那麼自己會要求面試者什麼呢？同時，配合履歷表與自傳的紙本，面對面的口試，應該展現的是大學畢業生的氣質與成熟度，以及相關的紮實訓練。

第六，**合宜的服裝儀容至為重要**：求職者應以較爲正式的服裝參與面試，因爲服裝儀容也是另一項報告的具體內容，有時候甚至比口頭報告的內容更爲重要，因爲合宜的服裝是一種「態度」，表達自己「尊重對方」的精神，也顯示出自己的品質或品味。此外，特別是女性，透過適宜的化妝與服飾，體現禮貌與敬業的精神，更能突顯自己優雅的氣質，在今日服務觀念至上的工商業社會中，這一點是非常重要的。

二、求職面試的十大陷阱與二十大經典問題

㈠求職面試的十大陷阱

1.不實的生前契約及推銷靈骨塔：刊用招募員工之機會，藉機推銷生前契約或靈骨塔。

2.不實的演藝人員與模特兒經紀公司：要求求職繳交訓練費、拍照費、海報製作費與宣傳費等費用後，卻從來沒有演出機會或不符基本要求。

3.不實的生化科技、養生食品與健康器材的推銷：利用招募員工的面試機會，藉機推銷氣血循環機、中頻電療機、靈芝、胎盤素……等健康器材或健康食品。

4.不實的多層次傳銷：刊登徵才廣告，實際上是爲了推銷產品或遊說加入其公司，而且尚未上班就要付一筆錢或付費參加訓練課程。因此，在求職前應上網多瞭解其公司的背景與相關資料。

5.不實的家庭代工：名稱爲家庭代工，實際上是爲了販賣其原料，求職者以高價購買原料辛苦完工後，公司藉故不買回成品而白白被騙。

6.不實的徵人求才：刊登徵保全員、或西服公司店員、徵儲備人員助理……等，當求職者前來應徵，便請其先訂做制服，繳交制服費，或要求繳保證金，詐騙金錢。

7.不實的招考補習班：刊登「公家機關」、「航空公司」招募員工，實爲電腦或空中服務員補習班。

8.不實的外匯買賣：利用招募員工，藉機誘使求職者投資地下期貨買賣或假造交易資料以詐騙金錢。

9.不實的巧立名目苛扣薪資與索取身分證明文件：苛扣薪資是變相減薪或是榨取勞力的方式之一。

10.第一次面試當場要求簽下契約或文作：契約內容多半不利求職者，應存覽五日帶回家細細察看。

(二)求職面試的二十大經典問題

1.你爲什麼想要離開目前的工作？
2.你的期望待遇是多少？
3.你最近找工作時曾應徵什麼職位？面談過那些工作？結果又是如何？
4.談談你最近閱讀的一本書或雜誌。
5.你曾經聽說過我們公司嗎？你對於本公司的第一印象如何？請你說明對本公司的瞭解情況。
6.你目前已經離職了嗎？是否取得離職證明，最快何時可以上班？
7.你爲什麼選擇念○○系？在學校你學習到什麼？那些課程讓你感到興趣？
8.你認爲什麼項目是自己最需要改進的？
9.通常對於別人的善意或惡意的批評，你會有什麼樣的反應？
10.你知道這份工作需要經常加班嗎？你覺得你能配合嗎？
11.你還有繼續念研究所或出國深造的計畫嗎？
12.你爲什麼會考慮接受一份各方面條件都不如目前的工作？
13.你在學校時曾參與那些課外活動或社團？
14.談談求學時期打工的經驗與心得。
15.你在學校時，曾經擔任系上、班上或社團幹部嗎？那是什麼樣的職務？心得如何？
16.談談你自己吧。
17.你有什麼問題想要問嗎？

18.你覺得自己最大的弱點或缺點是什麼？
19.你覺得自己最大的優點或專長是什麼？
20.爲什麼你值得我們雇用你呢？

三、演講辭的擬訂與演講技巧

在今日工商業社會的人際關係中，人與人之間除了書信、公文等應用文類的接觸之外，語言的對談與演講的溝通都是必備的訓練。換句話說，透過演講的表達可以宣揚理念（宣傳性的演講），可以傳達學術思想（學術性的演講）、可以鼓勵高尚的情操（鼓動性的演講）、可以在社交場合中發表適宜的言論（社交性的演講）。同時，演講的內容即是演講辭，配合聲音的語調、手勢、圖表或電腦簡報，就可以呈現一次成功的演講，達到心中設定的目標。因此，實際的演講應該注意十大要點：

第一，**事先擬妥大綱或完整的演講辭**：照稿子唸誦或背稿並不是受歡迎的演講，但是演講前即擬妥演講的大綱卻是十分重要的，因爲那是演講的主題與結構，可以重點的把握內容，不致於臨場的慌亂。初學者應寫出完整的演講稿，並且不斷的以口語試讀修改成通順與優美的言辭，但應避免硬性的死背演講稿，以臨場自然流暢的發揮爲首要目標，這是必須要不斷練習的項目。

第二，**要有充足的自信與勇氣**：初學者在面對眾人時的演講，往往因爲自信心的不足或是過於害羞而顯得不夠成熟，例如伸展台上的模特兒走秀是充滿自信的，面對眾人的演講也應該如此，但是這種自信卻不是驕傲，而是一種平實而篤定的意念，不卑不亢的精神，自然會得到眾人的肯定與支持。

第三，**保持氣定神閒的態度**：演講者的心緒與語言，往往會影響著聽眾，若是能夠保持氣定神閒的態度，自然不會給聽眾帶來壓力，也不會因爲緊張而忘稿或是表現失常，因此平時要練習深而長的呼吸。

第四，**表達成熟思考的獨特觀點**：許多演講並無精彩的內容或是引人入勝的觀點，因此不容易給聽眾留下深刻的印象。相對的，經過成熟的思考後產生的獨特觀點，卻是成功演講的靈魂，也讓人印象深刻。

第五，**善用親切微笑而專注的眼神**：善於演講者，常用親切的微笑拉近講者與觀眾的距離，同時以專注的眼神呼喚觀眾的參與，這也是一種尊重聽講者的一種禮貌，能夠達到互動而良好的溝通。

第六，**善用身體的各種姿勢或電腦簡報等輔助工具**：在演講中以適當的手勢或肢體語言會加強說服力，若是複雜的概念、科學的數據、商業的統計等無法以簡單的語言概念表達時，就應用電腦簡報的圖表設計予以輔助，甚至於以影片或實物做爲輔助的工具，目的是讓觀眾能夠精確的瞭解演講的內容。

第七，**讓聽眾加入演說的現場**：許多聽眾在聆聽演講的時候，往往會因爲注意力不集中或是進入昏沈的狀況，因此講者必須透過一些技巧，例如提高音調或講個笑話，讓聽講者回到演講的現場，維持演講的氣氛。

第八，**保持幽默風趣的談吐**：許多演講往往令聽眾覺得枯燥無味，或是長時間的演講也容易讓人精神不濟與注意力無法集中，或是演講的主題過於嚴肅與艱澀，如果在演講中能夠夾帶一些相關有趣的笑話，提振聽眾的精神，或讓大家稍爲放鬆，或是在敏感話題中，以幽默詼諧的口吻，點到爲止，會有畫龍點睛的功效。

第九，**互相討論的良好互動思考**：成功的演講並不是單向的宣傳，而是要讓聽者能夠互動的思考。

第十，**注意時間的控制**：任何演講都有時間的限制，多半也會留一點時間給聽眾發問，因此要把握時間。

【作業】

一、請以正式的服裝與一分鐘左右的時間，現場演練與發表求職的簡報。

第十一課　規章的種類與寫作

一、規章的意義與特質

任何團體或組織機構的運行軌則，就是透過「規章」的規定與執行，因此規章具備了五種特質：

第一，規章的制定必須符合政府法令，同時不能牴觸憲法的基本原則。

第二，規章由組織機構或團體訂定，必要時得經由主管機關的核准，才能施行。

第三，規章必須以紙本書面的方式明確記載。

第四，規章必須以分條列舉的方式陳列。

第五，規章經過選舉投票或充分討論等合理程序通過後，該機關團體的成員應該共同遵守履行。

二、規章的種類

規章是一種概括的通稱，其實尚有其他十二種不同的名稱：

㈠**章程**：規定組織的權利、義務等基本要則。

㈡**規程**：兼具規則與章程的意思，其內容與意義與規章是相同的。

㈢**規則**：是規章與法則的意思。

(四)準則：所遵循的標準或原則。
(五)細則：有關規章或制度的詳細規則。
(六)綱要：大綱要領的意思。
(七)辦法：處理事情或解決問題的方法。
(八)簡章：簡單的章程。
(九)須知：對所從事的活動必須知道的事項，多用作通告或指導性文件的名稱。
(十)注意事項：指導或指示相關重視與關注的事項。
(十一)要點：指執行重點。
(十二)標準：指推行規章或辦法中某些事項的依據。

三、規章的用語

規章是處理公眾事務或是具有法律性質的應用文書，所用的術語除了「法律統一用字表」與「法律統一用語表」之外，常見的術語仍有以下十三項：

第一，凡：概括一切的意思。
第二，應：肯定非如此不可的意思。
第三，須：必須如此的意思。「須」比「應」語氣較爲緩和。
第四，得：可以的意思，在某些情況下，可以如此做，但沒有強制性。

第五，不得：不可以如何的意思，這是硬性的規定。
第六，但：通常又稱為「但書」，表示例外的意思。
第七，均：兩樣以上的事情，同等看待的意思。
第八，並、及：表示兩個以上的事項同時兼具的意思。
第九，或：幾個項目同時並舉時，表示具備其中一項即可，或是具備其中某些項目亦可的意思。
第十，除……之外：是指規定中的例外事項，或是增加的項目，此有例外而增加的意思。
第十一，遇……時：是指規定中的例外事項，或是增加的項目，此有特別指定的意思。
第十二，視同：表示某些事項與規定相同時應同等看待的意思。
第十三：其他：是指不能概括詳盡時或不能預先設定時的意思，一般列在所有項目的最後面。

四、規章的寫作要點

第一，確定名稱。凡是規章，應有一個確定而適切的名稱。
第二，分配章節。規章的內容必須段落分明。
第三，安排次序。規章的結構，一般可以分為總則、分則與附則，內容各項名稱應有次序。
第四，根據法律。規章必須要有法律的依據，才能順利的推行。
第五，考慮周密。規章的設定必須考慮詳切，設想一切可能及預防各種變化，才是周延的規章。
第六，文字明確。規章文字必須簡明精確。

第十二課　書狀與契約

一、書狀的意義與種類

書狀是當事人的其中一方爲履行權利或義務而自行訂定或事先預訂的，通常是由一方簽署之後交付另一方收執。民間常見的書狀，可分爲兩大類：

第一類，**人事方面**：如志願書、證明書、悔過書、遺囑等。

第二類，**財物方面**：如同意書、保證書、切結書、承諾書、催告書、委託書等。

二、書狀的效用與寫作要領

書狀是經由當事人簽字或蓋章，此時立即就發生了法律效力，當事人就必須切實的履行。書狀和契約一樣，在訴訟法上是一種證據，具備充足的證明效力。因此一般契約的法律要件，在簽署書狀時，也應該切實的遵守，否則容易引發無謂的爭執，有時也可能影響其法律的效力。

書狀並無固定的格式，各種不同需求的書狀，因爲不同的事項就不一樣。然而，書狀的基本結構，可以包含書狀的名稱、本文、簽署姓名蓋章、寫立書狀的日期等四項。

（範例）

離職證明書

○○○君於民國○○年○○月○○日起至○○年○○月○○日止，在本公司擔任○○職務○年○月。茲因個人生涯規劃而自請離職，所有經管業務，皆交代清楚，特此證明。

○○公司（簽章）

中華民國　○○　年　○○　月　○○　日

悔過書

店員○○○於○○年○○月○○日，偶因一時情緒衝動，言行不當，事後深感懺悔，今後自當勤奮努力工作，改過向善，若再有冒犯或行為不檢之處，願受辭職處分，謹具此存照。

此　上

○○商店

立悔過書人：○○○（簽章）

中華民國　○○　年　○○　月　○○　日

書狀寫作仍應注意以下四點要領：

第一，文字必須精確分明，條理清晰，具有法律概念，不要成爲日後呈堂證供。

第二，內容要審慎周延，不要模糊虛應。

第三，涉及數字時最好使用大寫，以防塗改。

第四，特殊狀況時，應請求律師或至法院辦理相關認證或是公證手續，以增強其法律的效力。

三、契約成立的要件與結構

(一)契約的意義

契，本爲「刻」的意思，是古代占卜時以刀刃鑿刻龜甲，後來泛指刻物。此外，「契」也是憑證、符節、字據等信物。古代的「契」分爲左右兩半，雙方各執其一，用時將兩半合對以作爲徵信，後泛指契約，也就是指雙方或多方共同協議而訂立的條款與文書等。換句話說，契約是兩個或兩個以上的當事人之間爲設立、變更或終止法律權利和義務而達成的協議。現代人因爲工商業社會的商業往來，多半是不熟識而必須貿易交換，其中訂立書面的契約可以保障雙方的權益，避免無謂的糾紛。然而，人心不古，亦有不肖公司或廠商，利用擬訂契約的機會，加入許多不平等或不合法的條款，藉應徵求職的機會，要求求職者當場簽下不平等的契約，或利用推銷機會的小圓桌模式遊說被害人簽下契約，事後即以此契約要脅當事人履行契約，造成當事人重大的經濟或其他方面的損失。因此，任何簽署契約的當事人皆可以要求契約審閱期至少五日，若有疑慮應向律師洽詢或法律諮詢服務機構洽商，以維護自身的權益。

書狀與契約皆是規定權利義務而必須誠信遵守的應用文書，區別在於書狀是其中一方應履行權利義務而擬定的，簽署之後交由另一方收執；契約是經過雙方協調同意，簽署後各執一紙爲憑。以上兩者皆具法律上的當然證據力，在擬訂或簽署時，應特別慎重而加以遵守，但因不平等或不合法律精神的契約而遭致損失或傷害時，也不應默然接受而應透過合法程序提出申訴，這是民主法治國家的基本信念與民主平等精神的展現。

(二)契約成立的法律要件

1.當事人均須具有「行為能力」：所謂「行爲能力」，指可以獨立爲法律行爲，從而取得權利、負擔義務的能力。依我國民法第十三條第一項的規定，未滿七歲的未成年人，屬於無行爲能力人，滿七歲以上的未成年人，依同條第二項的規定，屬於限制行爲能力人。到了滿二十歲，依同法第十二條的規定便是成年人。無行爲能力人或是因心神喪失、精神耗弱，經法院宣告「禁治產」者，因其無行爲能力，所訂契約無效。年滿二十歲的成年人，及已結婚的未成年人，皆屬有行爲能力人，得爲契約的當事人。年滿七歲之未成年人，爲限制行爲能力人，其契約行爲須得法定代理人之允許或承認。限制行爲能力人是可以自己作出法律行爲，但是依據民法第七十八條規定，這些法律行爲必須先要得到他的法定代理人的允許，未得到允許的單獨行爲，屬於無效。限制行爲能力人如果是訂立契約的行爲，要經過法定代理人的承認，才能發生效力。誰是無行爲能力人或者限制行爲能力人的法定代理人呢？首先就是父母，因爲父母依民法第一千零八十六條的規定，是未成年人的法定代理人。

2.**必須經過要約承諾的程序**：契約的成立，必須經由當事人相互的同意、要約與承諾，缺一不可，如果僅是爲單方面的意思，或其中一方脅迫他方而訂立的契約，皆屬無法律效力的契約。

3.須依法定方式：所謂法定方式，例如民法第七百六十條：「不動產物權之移轉或設定，應以書面爲之。」其中的「以書面爲之」，即法定方式的指定。

4.**不得違反法律強制或禁止的規定**：強制的規定，指法律規定必須遵守的事項，其中禁止的規定，指法律規定禁止的事項，例如法律禁止販賣人口與賭博，則賭博契約、販賣人口契約，因違反禁止的規定，皆屬無效的契約。凡是違反我國法律的契約，就是屬於無效的契約。

5.**不得以不可能之給付為契約之標的**：凡是不可能給付的物品，或是不能產生的行爲，都不能作爲契約的標的物。例如人體四肢不可能作爲給付，故買賣四肢的契約是無效的。又如摘下天上的星星做爲愛情的見證，那也是無效的契約。

㈢契約的結構與撰寫要點

1.契約的名稱。
2.當事人的姓名或法人名稱。
3.當事人的自願。
4.訂立契約的原因。
5.標的物的內容。
6.標的物的價格。
7.立約後的保證內容。
8.雙方應該遵守的約束。
9.契約的期限。
10.當事人簽名蓋章與身分的基本資料。
11.見證人或保證人簽名蓋章。
12.訂立契約的日期。

第十三課　單據的作法

一、單據的意義與功能

現代工商業社會的各種買賣，由於種類繁多，必須使用各種文件做爲憑證，例如估價單、成交單、訂單、送貨單、回執單、發票與收據等均爲單據。其實單據也是收付款項或是貨物等的憑據。常用的單據有借據及收（領）據兩種。借據，主要是借貸財物的憑證，通常用於借貸的金額款項不多，或者是物品不是很貴重，而且借貸的時間不是很長的情況之下。收（領）據則是收受財物的主要憑證，通常是對上級機關多用領據，對平行或下行機關多用收據。

單據的主要功能，即在於「憑證」兩字，做爲交易、收受金錢或物品的證據，由一方簽署後交由另一方保管，這是現代生活中必項時時注意而加以妥善保存的事物，值得吾人重視。

二、單據的作法與範例

㈠借據的作法與範例

借據的作法：一、對內的借據，必須是蓋請借人的私章或簽名，或請借單位的戳記，並附蓋該單位經借人的私章，以便將來查考。二、對外或私人之間的借據，必須要將對方的機關名稱或姓名抬頭書寫，並寫明請借機關的名稱與首長姓名，並且在書寫日期處加蓋官方的印信，表明是爲公借用而非私用。三、私人之間的借據，只要請借人簽名蓋章即可。四、借據上使用到數字時，應用大寫，以防塗改。五、註明詳細的所借之物。六、註明詳細的日期。

（範例一：對外借物）

> 茲借到
> 會議長桌○○張與辦公椅○○把。
> 此據
> 市立○○高中校長○○○（蓋章）
> 經領人○○○（蓋章）
> 中華民國○○○年○月○日

（範例二：對內預支）

> 茲預支
> ○年○月○日至○月○日赴中國大陸參加學術研討會之出差旅費共新台幣○○元整。
> 此據
> ○○○（蓋章）具○年○月○日

㈡收據與領據的作法與範例

收據與領據的作法：一、無論對內或對外，都應將對方的機關或經辦人的姓名註明清楚並蓋章。二、使用數字，必須大寫。三、如果是向上級請領或是對外經收款項，應由機關首長、會計室主任與經手人等連署蓋章，並在書寫年月日的地方加蓋官方印信。四、如果是向下級機關收款，雖然不必加蓋本機關的印信，但是仍應由機關首長、主辦主計和主辦出納與經手人連署蓋章。

（範例三：領款）

茲領到
教育部撥發○○學年度清寒獎學金共新台幣○○元整。
此　據
○○科技大學校長○○○（蓋章）
會計室主任○○○（蓋章）
經領人○○○（蓋章）
中　華　民　國　○　○　○　年　○　月　○　日

（範例四：收物）

茲收到
○○科技大學○○學年度校刊○○本。
此　據
○○○（蓋章）具○年○月○日

第十四課　心得報告寫作要領

一、心得報告的標題與封面設計

心得報告的標題與封面，應力求樸實雅趣，不要過度的華麗與誇張，一般而言，勿以個人喜好或是揣測教師的好惡而投其所好，只要簡單大方即可。然而，不同科系的同學，例如視覺傳達、廣告、美工設計等科系，或許因爲科系的特殊風格而著重在設計感，或是某一門科目任課教師的指定與要求，封面就可以加以特殊的變化。若是以一般的心得報告橫式書寫的標準，參考範例如下：

（範例 1：本科系專業科目的報告）

〇〇大學〇〇系(科目名稱)期中報告
授課教授：〇　〇　〇　先　生

(心得報告的標題)

系級：〇〇系〇年〇班
學號：〇〇〇〇〇〇〇〇
姓名：〇　〇　〇
日期：〇〇年〇月〇日

（範例 2：全校通識選修科目的報告）

〇〇大學通識課程(科目名稱)期中報告
授課教授：〇　〇　〇　先　生

(心得報告的標題)

系級：〇〇系〇年〇班
學號：〇〇〇〇〇〇〇〇
姓名：〇　〇　〇
日期：〇〇年〇月〇日

二、心得報告寫作的十大優點與十大忌諱

編號	十大優點	十大忌諱
一	報告的每一個字都應該是自己的心得	完全是抄襲網路文章或是抄襲他人著作
二	不使用火星文、注音文與謹慎的校對	使用火星文、注音文或錯字連篇
三	每一堂課認真聽講與真誠的記錄上課的重點	平時缺課又惡意的人身攻擊以指責教師
四	真誠與適切的發覺與陳述感恩教師授課的優點	過度的諂媚阿諛奉承授課的教師
五	自我誠實強調全勤或高出席率以顯示高度興趣	自我懺悔平時上課不認真或是缺席或是睡覺
六	引述上課重點內容與發表深度感想與心得	完全不引述上課內容而只談個人感想或感受
七	具體分段分點說明自己主動學習的樂趣	表明個人被迫選課與上課的無耐心情
八	大量參考課程相關的其他資料並能引述其重點	完全不參考課程相關的其他資料
九	全部針對上課的內容或設定主題發表個人心得	傾訴自己感情或生活問題而離開心得報告主題
十	正確的使用標點符號（標點全形，數字半形）	錯誤的使用標點符號（標點半形，數字全形）

三、標點符號正確使用介紹

標點符號正確使用介紹

	錯誤使用	正確使用
全形半形	在經歷方面,畢業後,因緣際會即開始從事於教職等工作,……若有幸見擢,必殫盡所能,為貴公司、社會做最大的付出與奉獻.(○○○自傳)	在經歷方面，畢業後，因緣際會即開始從事於教職等工作，……若有幸見擢，必殫盡所能，為貴公司、社會做最大的付出與奉獻。(○○○自傳)
修改方法	用「取代」的方式，可以一次全部改過來。	
刪節號 ……	平日喜好動態的休閒活動，如露營、健行、打球…等，不只具有運動健身的效果，也可以拓展視野。	平日喜好動態的休閒活動，如露營、健行、打球……等，不只具有運動健身的效果，也可以拓展視野。
修改方法	輸入內碼「A14B」兩次的方式，可以改過來。因為那一個全形格有三點，兩格為六點。	
引文號 「 」	經由指導老師安排一些“自我探索”的課程，幫助我更了解自己；也接受“助人技巧”的訓練。我有個可愛的名字，叫做『○○○』，這是我爸媽為我取的，……	經由指導老師安排一些「自我探索」的課程，幫助我更了解自己；也接受「助人技巧」的訓練。我有個可愛的名字，叫做○○○，這是我爸媽為我取的，……
修改方法	輸入內碼「A175 與 A176」的方式，可以改過來。	
書名號 《》 篇名號 〈〉	在拜讀「咆哮山莊」時，感慨、遺憾取代了主角們原本該擁有的歡笑與幸福，讓我不禁想難道愛情在每個時代潮流中都必須承受禮制、地位觀念的束縛嗎？	在拜讀《咆哮山莊》時，感慨、遺憾取代了主角們原本該擁有的歡笑與幸福，讓我不禁想難道愛情在每個時代潮流中都必須承受禮制、地位觀念的束縛嗎？
修改方法	書名號為輸入內碼「A16D 與 A16E」的方式，可以改過來。 篇名號為輸入內碼「A171 與 A172」的方式，可以改過來。	
破折號 —— （語氣轉折）	完成了一個小小的圖樣會覺得超～有成就感，呵呵...！我的身體及心理狀況都很健康喔！	完成了一個小小的圖樣會覺得——非常有成就感。我的身體及心理狀況都很健康。
修改方法	輸入內碼「A277」兩次的方式，可以改過來。因為那一個全形格為一短橫線，兩格為兩短橫線。儘量避免使用「--」(半形)或「——」(全形)。	

學術論文寫作綱要

第一章　學術論文寫作的學術價值與現代意義

第一節　學術論文寫作的學術價值

一、學術論文的寫作是學術研究的起點、過程及終點的循環

㈠學術研究從選擇題目開始，即已決定研究的方向，所以是研究的起點。

㈡經由題目的擇定，然後依據論文寫作的方法及程序，由此展開研究的過程。

㈢經由論文寫作的程序，形成客觀的論證結果，然後呈現學術論文的報告。

㈣從個人到集體的研究論文，彼此交流，促進文明的發展，達到快速的成長。

二、學術論文寫作含有「研究方法論的哲學思維」、「論文表達形式的工具意義」與「操作的程序及方法」等三項層面意義

㈠「研究方法論的哲學思維」是指研究方法的理論根據，通常以哲學的邏輯判斷爲最初的起點，乃至於近現代的詮釋學、現象學或其他哲學理論，都可以引爲方法論的思想背景，具體的研究方法論是批評與討論方法的優異及價值。

㈡「論文表達形式的工具意義」是指學術論文基本組成的要素，包括註釋的格式，參考書目或圖表的附錄模式，以及前言、本文及結論等要件。

㈢「操作的程序及方法」是指論文寫作過程中，必須符合論文寫作的必要程序，乃至於各項研究方法的應用。

第二節　學術論文寫作的現代意義

一、學術論文的寫作，可以建立溝通的標準與研究的程序。

二、透過學術論文的成果，可以促進文明的快速發展，達到理論導引與資源共享的目標。

三、透過學術論文的發表，可以整合學術研究不同領域的成果，達到科際整合的目標。

第三節　學術論文寫作的未來發展

一、隨著科技的進步，從論文的寫作到成果的發表，必定走向電腦數位科技與網際網路統整的趨勢。
二、從紙本的論文發表形式，將來必定走向影音多媒體互動的簡報，而且會逐漸取代目前通用的論文格式。
三、學術論文的發表，從紙本的印刷，逐漸將走向數位電子檔案的傳輸模式。
四、各種不同學科的學術論文寫作將逐漸呈現愈來愈大的差異，同時會形成專屬領域的研究方法論及操作程序，並且由此形成不同的學科與開發新穎的研究領域，乃至形成新興的哲學思維。
五、客觀的學術研究思維發展到極致，可能反而走向主觀的生命實踐探討，也是對客觀物質化研究的反省及修正。

第二章　學術論文寫作的基本格式與進行流程

第一節　學術論文寫作的研究類型

一、文獻的研究（第一序的研究）
㈠古籍的整理：包括目錄學、文獻學、版本學等校訂考釋。
㈡文獻的歸納：透過各種比較或分類爬梳，尋找某種脈絡或發現某種特徵。
㈢目錄的建立：經由文獻的閱讀，建立參考書目的類別，以及形成學科的研究範圍。
㈣論點的呈現：從文獻的整理分析，可以揭曉文獻作者創作的主旨，可以說明作者的基本論點，乃至於闡述作者思想的背景。
二、歷史的研究
三、理論思想的研究與批判（第二序的研究）
㈠問題意識的提出是理論研究的起點。
㈡現象的觀察與分析是思想研究的動力。

㈢背景原因的探討是哲學思維的支柱。
㈣諸多學者意見的統合及批判是學術研究的基本精神。

四、科學實驗的研究

五、各項調查研究

六、評估分析報告

第二節　學術論文寫作的基本格式（以碩博士論文為例，橫或直式按先後的次序）

一、篇首形式方面（Preliminaries）

㈠封面（含書背、紙張、裝訂方式）（Title Page）
㈡空白頁（Blank Page）
㈢封面影本（書名頁）
㈣授權頁（一至四頁，博碩士學位論文繳交時必備）
㈤序言（Preface）（博碩士學位論文可免，用在出版時，有贈序及自序）
㈥致謝詞（Acknowledgments）（用於博碩士學位論文，但已少用）
㈦口試委員評分簽名紀錄表
㈧學位論文摘要（論文提要）（各校規定不同，另有學校要求英文提要）
㈨目錄（Table of Contents）
㈩圖表目錄（List of Tables and Figures）
(十一)附錄目錄（List of Appendixes）

二、本文形式方面（Texts）

㈠前言、引言、緒言、導言、緒論或導論。（Introduction）
㈡本文（包含各篇 Part、章 Chapter、節 Section 與注解 Footnotes）
㈢結論

三、參考文獻與附錄資料（The References）

㈠附錄資料（Appendix）

㈡參考書目舉要（Bibliography or References）

㈢其他可供參考性資料（必須與論文主題或內容有密切關係，如書影）

㈣索引

㈤英文提要、大綱、封面（內頁封底）

第三節　學術論文寫作的進行流程

宋楚瑜先生在《如何寫學術論文》一書提出「撰寫學術論文與研究報告的十項基本步驟」（三民書局，前言），頗資參考，但是隨著時代的推移，數位科技的普及，論文研究的方法與程序，都有長足的進步，筆者不揣簡陋，提出修訂的意見，特別是加上數位建檔整理的觀念及方法，對於論文寫作的各項實際問題，加以介紹與說明：

	宋楚瑜《如何寫學術論文》	黃連忠《學術論文寫作方法》（尚未出版）
第一項	選擇題目	選擇題目的眼光與學術價值
第二項	閱讀相關性的文章	參考書目的建立與資訊評估
第三項	構思主題與大綱	各項資料的蒐集與數位整理
第四項	蒐集參考書與編製書目	構思主題的論點與預擬大綱
第五項	蒐集資料，作成筆記	數位檔案的運用與撰寫初稿
第六項	整理筆記，修正大綱	正文註釋的對照與圖表補充
第七項	撰寫初稿	修訂初稿的內容與大綱審定
第八項	修正初稿並撰寫前言及結論	導言結論的意義與撰寫原則
第九項	補充正文中的註釋	校訂排版的原則與印刷品質
第十項	清繕完稿	媒體簡報的設計與網頁分享

以上的主要差別，在於過去是以稿紙書寫，然後重新謄寫成定稿，出版的方式主要有三種：第一種是影印，不過二十年前尚未普遍；第二種是刻鋼版，以蠟紙油印，但目前已完全不流行；第三種是書局出版，直接由印刷廠印製。但是邁入廿一世紀的今天，電腦數位科技與網際網路的日新月益，帶給論文的寫作方法與程序極大的改變，而且流程也將隨著不同的學科及不同的學術領域而有所不同，特別是新的主題或是新的學術科別，必然會開發新的研究程序及方法，甚至形成一門新穎的研究方法論或哲學系統。

第三章　學術論文寫作的步驟與進行程序

第一節　選擇題目的眼光與學術價值

一、選擇題目的重要性

㈠了解自己的生活形態、生命目標、思想興趣、意識形態趨向、電腦資訊處理能力、各種語言表達及閱讀程度、各種學科的學習情形、指導教授或師資的配合、研究環境的週邊設施、希望表達的中心思想、期待達到的學術成就及目標，……都是論文題目決定的重要關鍵因素。

㈡題目的決定，將是論文成敗最重要的關鍵，也可以說是佔了百分之五十以上的份量，不可不慎重決定。許多博碩士班的研究生為了擬定研究的主題到確立論文的題目，都要花上數月甚至一兩年的時間，並且要與指導教授充分的討論與溝通，同時得到指導教授的完全支持與協助，必要時私下徵詢該領域的專家學者，並聽取其他研究者的建言，都是重要的事。

㈢簡明扼要又深具學術價值的論文題目，不僅可以收攝心念，指引論文研究的方向，掌握資料蒐集的範圍，將來更可以對某一主題有深入與整體的研究成果。

㈣深具學術研究價值的論文題目，不僅能夠吸引讀者強烈的注意，研究的成果也能夠對學術研究提供具體的貢獻，然而此價值的建立與肯定，必須是建立在嚴謹的論證、豐富的資料、客觀的判斷、精確的表達與周延的思考基礎上。

㈤論文的題目應衡量研究者本身的能力、時間與面對的學術要求等諸多問題，如博碩士的學位論文或一般在兩三萬字以內的短篇論文，雖然在論文基本格式上是相同的，但是在篇幅、大綱及寫作方法上仍有相當程度的不同。其中，最值得注意的是論文題目的大小寬狹，如果題目太大而時間或能力不足，完稿時就會顯得疏濶或無以爲繼；題目太小而材料不足時，就會缺乏深刻的論點與基本的格局。因此，選擇適當的研究題目是非常重要的。

㈥前人研究過的某一項題目已有過多的論文，而且又達到一定的學術水準，因此可能缺乏研究的新意，也可能毫無新穎的論點可供提出，自然缺乏研究的價值。但是，若某一項題目雖然已有數篇學位論文或數十篇短篇學術論文，並不表示完全不能從事這項題目的研究，研究者在通讀之後，發現其中仍有很大的空間或研究的價值，或是前人研究充滿了錯謬之處，或是有信心提出更爲周延詳切的論點或成果，藉以改進前人的研究缺失，甚至提出新穎的創見及重大的發明，自然有其重大的學術研究價值。

㈦確定的論文題目，可以提供研究者以下七項的要點：

1.論文確切的研究方向與主題。

2.確定的研究範圍與限制。

3.思維大綱與內容的指引。

4.確定蒐集資料與數位建檔的範圍。

5.導引研究大綱的試擬。

6.建立研究者主題研究、關鍵詞與研究範疇的思維。

7.預期得到的研究成果。

二、題目審定的基本原則與確定研究的範圍

㈠題目的審定應依個人的研究志趣，特別是平日生活中的一般興趣，能夠主動歡喜積極熱忱的從事相關的研究，儘量避免被迫選擇或完全沒有興趣的研究主題。

(二)題目審定前應廣泛的閱讀相關的文獻，包括國內外博碩士的學位論文，國內外的學術專書、期刊、論文集、報章雜誌等相關資料，建立學術脈動的基本學識。

(三)除非論文的指導教授指定研究的題目，或是相關單位委託限定研究者的題目，否則研究者應該自行選擇題目，而且儘量避免教授明確指定題目，最好是由自己反覆斟酌推敲後決定。

(四)題目審定前應自我衡量相關研究的能力，或是對於所選擇的題目已有相當的準備。

(五)論文的題目應確實新穎，避免空疏浮華而不著邊際，而且大小適中。

(六)題目審定前應衡量該題目的資料是否充足，是否足以架構或提供研究的需要，相關的資料是否容易取得及運用。

(七)題目審定前應檢討前人的研究成果，包含數量、品質、價值與周延性等諸多因素，以提供研究者決定題目。

(八)題目審定前應多徵求師長朋友的意見，特別是該項領域的權威學者，或是由指導教授指定研究題目，或是拜訪相關領域的學者，廣泛搜求，汲益新知。

(九)適切的論文題目應具備以下十項基本原則：

1.題目符合研究者的志趣與平日主動關懷積極蒐集相關資料的興趣。

2.題目具有高度的學術研究價值，特別是前人未曾探討的論題。

3.題目能引導或隨附時下最新的學術研究脈動，甚至解決眼前的社會問題或長久以來的文史公案。

4.題目富有學術的創造力與進一步探求的可能性及學術的深度。

5.題目具有吸引專家學者注意的潛力，包含開發新的研究領域與解決過去高難度的舊問題。

6.題目具備學術的影響性與重要性。

7.題目的研究範圍大小適中與精密的準確度，題目應該切實，避免空疏浮泛。學位論文視能力及各項條件可以擴大，但短篇論文應鎖定小題目，如此才能專精而深入某一問題。

8.題目應該避免爭論性過高而無有定論的問題。

9.對於已經選擇的題目已有各方面的評估及相當的準備。

10.題目已經得到指導教授的高度肯定，或是得到這個領域權威學者專家的鼓勵支持。

三、如何選擇適切的題目

㈠從平日上課或研究的學習過程中，產生的問題意識，進一步具體的擬定題目。

㈡經由指導教授、一般師長或權威的專家學者提供意見或直接指定題目。

㈢從各種學術專書、期刊論文、專業性的雜誌、論文集、學報等整體評估獲得。

㈣從相關的學術著作、博碩士學位論文的參考書目中，進一步過濾而得。

㈤從學校同學或師長朋友的討論中激發的學術性思維，進一步的擬定題目。

㈥從圖書館的專業目錄、電腦圖書資料庫或網際網路的電子資料庫檢索中，獲得靈感。

㈦從學術研討會的討論中，激發問題意識的思維。

㈧從閱讀論文中，細心的檢查與思考可能研究的題目。

第二節　參考書目的建立與資訊評估

一、參考書目建立的基本要點與價值

在現代學術研究的論文寫作方法裏，參考書目的建立，不僅承襲了古代的治學方法中目錄學與文獻學的學術訓練，在面對現代資訊爆炸及複雜多元的情況下，建立某一研究主題的參考書目，就顯得急迫與重要了。同時，「參考書目」的定義與內容，實際上隨著時代脈動發展而出現了愈來愈多元複雜的傾向，包括了以下八項具體的內容，分別是：

㈠傳統的古籍，包含後代學者的註釋，以及各種版本或善本的流傳。如果是研究佛教的主題，自然包含了佛教傳統的經論。

㈡各種國內外當代學者的學術專著，其中又包含了原文或翻譯類著作。

㈢各種國內外學術期刊的論文。

㈣各種國內外的叢刊、論文集或學報的論文。

㈤各種國內外的學位論文，包含了學士論文、碩士論文與博士論文等。
㈥各種國內外的報告資料或實驗成果。
㈦各種國內外的文獻資料，以及手稿或圖版等。
㈧其他相關的影音紀錄資料，如電子光碟等。

參考書目的建立，主要涵蓋了八項價值與意義：

㈠充份掌握最新的學術行情、學術脈動與研究趨勢。
㈡能夠掌握某一主題的全體研究概況。
㈢能夠了解研究資料的蒐集方向。
㈣能夠由參考書目的各項內容，建構對某一研究主題的整體概念或系統。
㈤從參考書目的相關紀錄中，可以避免與他人完全雷同的題目。
㈥從參考書目的數位電子建檔中，可以成爲日後閱讀或整理資料的來源。
㈦從參考書目的整理中，可以統整與概括研究的版圖，以及啓發創意的靈感。
㈧參考書目可以提供後續的研究者，對某一主題完整的研究趨勢的瞭解。

二、參考書目建立的來源與方法

參考書目的建立，可以從以下十項基本來源考察：

㈠前人研究的參考書目，特別是權威學者的學術專著，或是最新的博碩士論文。
㈡最新的國內外學術期刊電子目錄，分爲網際網路的電子資料庫與光碟版兩種。
㈢尙未上網或較爲陳舊的圖書館中書目編目卡。
㈣各種專業索引，又分爲網際網路資料庫、電子光碟與紙本文獻等三種。
㈤各式工具辭書或百科全書。

(六)國內外書局的圖書目錄與網路書店的最新書訊。

(七)各種期刊雜誌的書訊與廣告，以及報紙索引的電子光碟版。

(八)國內外的學術研討會與後續出版的論文集。

(九)時常向專家學者或學有專精者請益，或是借閱許多珍藏書。

(十)圖書館內勤翻閱，隨時紀錄電子檔；最新期刊時常看，上窮碧落下黃泉。

至於，參考書目建立的方法與製作要點，可以概分爲以下八項要點：

(一)採取最爲方便的 WORD 格式或 EXCEL 格式，以利將來的排版列印。

(二)博碩士論文的參考書目應避免採用複雜的資料庫軟體建檔。

(三)參考書目應詳細分類羅列，編排序號，並按自訂的排序方式處理，如筆劃或出版時間等。

(四)參考書目應具備詳細的資料，如書目名稱或論文名稱，編著者，出版者或刊名卷期，出版時間及版別等。

(五)參考書目應隨時增列或刪除，並且都以電子檔方式記錄。

(六)參考書目的編列序號後，應採取數位建檔方式，時時閱讀並建檔之。

(七)參考書目的建立，除了分類羅列之外，必須特別注意涵蓋的廣度及深度，並刪除毫無學術參考價值的無關資料。

(八)參考書目的建立之後，必須依重要性依次閱讀或研究，若完全陌生而隨意摘引他人書目，將會使得書目顯得浮泛，最好羅列的書目有一定的瞭解程度，至於是否購藏，得視個人經濟能力或重要性決定。

三、參考書目的排列與引用的標準

(一)參考書目的排列必須注意下列四項重點：

1.參考書目是以書目爲優先考量，故排列時應將書目名稱（或論文名稱）放置在第一位，作者置於第二位。

2.參考書目應將全部書目分類羅列，一般是以論文主題直接相關的列在第一類，或是使用經史子集四部分類，或是以出版日期先後排列，或是以書目筆劃先後排列……，只要使用明確而易查的分類原則皆可。

3.每一本或每一篇參考書目羅列時，應註明【書目名稱】、【作者】、【出版地與出版者】、【出版日期與版別】等資料。以上等資料愈詳細愈好，特別是出版日期應統一更改爲西元並註用出版月份，另應註明版別爲宜。例如：

禪宗公案體相用思想之研究　黃連忠著　台北：學生書局　二〇〇二年九月初版

4.爲方便管理與製作，應以 Excel 軟體爲主，排版印刷時則以 Word 軟體爲主，建議使用表格式的參考書目，可能更能方便讀者閱讀。例如：

日文期刊論文類				
論文名稱	作者	期刊名稱	卷期	出版日期
五燈の『景德伝燈錄』と『天聖広燈錄』にぉけろ現成にっぃて	新野光亮	印度学佛教学	通卷五十三	一九七八年十二月
景德伝燈錄序をめぐる諸問題	石井修道	仏教学	十八	一九八四年十月
高麗本『景德伝燈錄』にっぃて	西口芳男	印度学佛教学	通卷六十四	一九八四年三月

第三節　註釋引用格式與書籍條目資料的數位整理

一、註釋引用格式

㈠引用專書部分：

作者：《書名》，出版地：出版者，出版年月版別，頁數。

㈡引用論文部分：

作者：〈論文名稱〉，《期刊名稱》，卷期總號，出版年月，頁數。

㈢引用論文集中的論文部分：

作者：〈論文名稱〉，出自編者：《論文集名稱》，出版地：出版者，出版年月版別，頁數。

二、註釋引用他人著作的原則

如果在自己的著作中引用他人的研究成果，或是介紹某位人物時，必須注意以下六項原則：

其一，引文部份應忠於古版原文，但爲了適應現代的學術資訊流通，可在意義不變的前提下，適度的改變成現代的字體，如「麤」字可改成「粗」，如倒「縣」可改成倒「懸」。另外，如遇特殊情況，可將原圖或書影以掃瞄的方法處理。

其二，第一次出現某位人物時請在括號中註明生卒之西元紀年，如鍾敬文（1903-2002）。

其三，不適合引用的文字，應注意以下四點：第一，不具備學術規範的文字或非學術著作則不宜引用，例如○○大師開示等著作；第二，出處不明的文字或說法觀點過於偏頗；第三，不具備論點或是沒有論證焦點或是不知所云的文字。第四、資料過長的文字（可置於附錄或以圖表重新整理之）。

其四，引用他人觀點時應具備「充分支持自己發表的論點」或「引述他人著作而加以批判」兩大類。初學者應多引用權威學者或權威著作的觀點以支持自己的論點，資深學者多以個人深入研究的創見發表，儘量減少引用不夠成熟的著作。

其五，引用他人著作或品評某位思想家時，應避免個人主觀好惡的情緒語言或偏執論斷，也應避免人身攻擊或信仰狂熱。

其六，引用多人著作的某一觀點，可以製表加以整理，而非串錄他人著作觀點而成書，論文研究並非是編輯整理的工作。

三、資料數位處理的方法

㈠原版書影的處理方法

以高階掃瞄器設定影像全彩及六百點以上，將原稿掃瞄至電腦中，以備來日不時之需。

㈡圖片或插畫等圖片方法

也是以高階掃瞄器設定影像全彩及六百點以上，將原稿掃瞄至電腦中，以備來日不時之需。

㈢將書本或論文視爲論點條目的總集，因此可以拆解分別獨立建檔。

㈣論點條目的選取建立，必須由學術眼光的檢定、評估及分析而後得到。

㈤論點條目的題目即是檔案名稱，不嫌長的兼容並蓄能夠涵攝主題關鍵詞，但也不要太過長，檔名也應該避免標點符號等，以免影響將來燒錄及複製檔案的情形。

㈥建檔時應特別注意專書或期刊的版權頁及目錄頁，如果時間及設備允許，應該將專書或期刊的版權頁及目錄頁掃瞄。

㈦論點條目選取打字後，或由掃瞄器輸入由文字辨識軟體辨識，都必須及時嚴格校正，讓將來引用資料時能夠無後顧之憂。

㈧每一項論點條目應單篇獨立，尤其是書目引用基本資料必須正確無謬，以利將來進一步引用或處理。

㈨在論點條目建立之後，可以針對引述部分加以闡釋個人觀點或解說，以此爲讀書劄記。

四、書目資料條目建立方法

㈠每看一本書就爲每一本書設置書目編號，看到一則內容可以⑴參考⑵改用⑶引用⑷批判⑸旁證⑹附錄⑺註釋時，就爲它設一個條目編號，全部以WORD檔案格式製作，一個條目一個檔，並設立一句描述語爲檔名並加日期，以利將來搜尋使用。

㈡依據論文大綱的每一小節就設立一個資料夾，每一個條目檔案若性質相符則歸入此資料夾中，以利將來的運用。

㈢在閱讀每一本書並建立完整的條目檔案的同時，應註明註釋格式的書目資料。若是詳細的看完一本書時，就應一網打盡這本書的精華，可以放心的不用再看，繼續處理下一本書，如此看書登錄檔案，才能有效率的完成閱讀與整理工作。

㈣儘量不要使用紙本影印，因爲一則爲了環保，二則爲了電子檔案方便利用。

㈤建立書籍條目資料的內容，建檔時務必一再校對，已校畢後即可放心使用，不必擔心日後錯謬問題。

第四節　構思主題的論點與預擬大綱

一、構思主題的論點到預擬大綱完成的基本程序

一篇論文到博碩士論文的完成及提出，主要是由一個主要論點或十數個乃至上百個論點所組成。因此，「論點」是全篇論文的核心，更是論文存在的價值所在，所以構思主題的論點，也就等於設計一棟大樓的主結構，如同船隻的龍骨，如同房舍的大樑，是非常重要的。然而，如何從題目的決定開始，到預擬大綱的完成，大抵有以下八項階段：

㈠**決定題目的大方向**：如先秦諸子、楚簡文字、東坡詞、董仲舒……等。

㈡**開始上窮碧落下黃泉般的蒐集相關資料**：特別是在電腦網際網路以外可以找到的資料。

㈢**將蒐集的資料系統性的處理**：首先應建立分類目錄，然後編列序號，全部輸入電腦。

㈣**從分類目錄中開始閱讀資料並初步建檔**：首先廣泛閱讀資料，特別是權威學者的專著或論文，然後從前人的研究成果發覺可以進一步研究的主題，或是確立研究的問題意識。

㈤**確立研究的主題**：從發覺前人尚未處理或處理不夠周延的論題中，確定核心的主題及確立研究的價值。

㈥**思考論文推演的基本程序與邏輯的討論先後次序**：論文大綱的討論程序關係論文的進行次第，是否合於學術論文的基本規範，同時論點前後的邏輯推理也是十分重要的。

㈦**依論文大綱建構的基本規範及格式試擬論文大綱**：首先草擬大綱，然後請指導教授或學有專精的學者斧正，並依此修改。

㈧**預擬論文大綱的完成**：完全符合論文的學術規範，以及相關的格式，如爲自己寫作的基本程序所用，應該鉅細靡遺的全部臚列，甚至細微的論點推演。

二、擬定大綱的基本格式

論文大綱的擬定，象徵著論文的研究及寫作進入了實踐的階段，也就是實際去寫論文的內容前，一個確切方向的導引。但是，大綱有如溝渠，所以合乎「大格局」的基本要求，相對的就十分重要了。從大格局的系統建立之後，綱舉目張，細小的水道及走向引導，就會星棋羅布的全面掌握論文的廣度，再配合論點的深入討論，就會形成絕佳的論文。因此，本文首先介紹一般博碩士論文必備的「緒論」（導論）的基本格式如下：

第一章　導論——問題的產生與研究方法論

　第一節　本文研究之目的與價值

　第二節　以往研究之成果與檢討

　第三節　本文研究之範圍與架構

　第四節　本文研究之進程與方法

以上的名稱可以在不影響意義的前提下，自由的替換適宜的字詞。

至於論文大綱的基本結構，可以分爲以下五項情形：

㈠單主題式的論文：如《朱熹四書集註之研究》。

㈡雙主題式或多主題式的論文：如《般若心經的理論發展與現代意義》。

㈢比較式的論文：如《朱熹與王陽明格物致知論之比較》。

㈣史觀式的論文：如《圭峰宗密禪宗史觀之研究》。

㈤範疇式的論文：如《禪宗公案體相用思想之研究》。

第五節　數位檔案的運用與撰寫初稿

一、配合文字與圖片數位檔案的建立與大綱的擬定而建立資料夾。

二、由大綱的擬定建立資料夾而形成資料庫。

三、由資料庫的建立而形成關鍵詞的互聯網。

四、由關鍵詞與論點的交互辯證而形成敘述的主幹。

五、注意邏輯的推演與敘述先後的次第以爲初稿的撰寫。

第六節　正文註釋的對照與圖表補充

一、正文註釋的對照意義

註釋的主要功能及使用方法如下：

㈠交待引用其他學人文字或論點的出處而避免抄襲之嫌。

㈡交待引述文字或觀點的學術根據與典籍來源，但特別注意重複引用時避免過於簡略。

㈢妨礙正文行文流暢，但有助於讀者理解時的補充說明，則置於註釋。

㈣對於正文的行文敘述，註釋可以提出參照的相關典籍或當代學人著作，以供讀者旁參。

㈤對於正文的行文敘述有所不足時，或作者有不同意見而未便於正文提出，可於註釋發揮。

㈥介紹正文中述及的某一學術領域的學術脈動，可以在註釋中略加提舉。

㈦對正文中提到的某一項專有名詞，可能是特殊或專業的術語，作者視一般讀者的程度，可能有選擇性的在註釋中加以「名詞解釋」般的說明。

㈧對於正文中引用某一學者的論點或典籍中的某一段，可能因行文的關係不得不簡述時，可以在註釋詳引全文，以供讀者參考，但應避免過長。

㈨若引用他人觀點的註釋，應避免過於乾枯，宜加以潤澤承接上下文，必要時可多發表作者的看法。

㈩對於作者自己過去的著作，可以多加利用提及，以示作者長久以來關注此一論題的歷史。

(十一)作者在正文中可能有交待不清，或是初稿完成後再閱讀時，可將補充意見放在註釋中討論或說明。

(十二)有時對權威學者論點的批判，可能不適合置於正文時，可以放在註釋中討論，但必要時給予合理化的詮釋，同時應避免過激的語詞而失卻學術客觀的中立性。

(十三)附錄圖表可以與註釋交互參照，以圖表與註釋的大量結合使用，可以使讀者一目了然，同時也可以看出論文的研究用功程度與整理的工夫。

(十四)註釋的形式有隨頁注、章節注與全文附註三種，現代宜採取隨頁註的方式，以利讀者的閱讀。

(十五)註釋的功能中有引述式、引證式、參考式、說明式、辯證式與混用式等六類。

註釋其他的注意事項有四點如下：

其一，註釋以隨頁注爲佳。

其二，註釋以 Office xp 的 Word 自動編序爲最佳，方法是由【插入】而【參照】而【註腳】。

其三，獨立引文每行縮三格，意即空三格平行，但要注意左右對齊。

其四，年代及頁數請一律使用阿拉伯數字，中華民國紀元自行轉換成西元，以利國際化。

第七節　導論與結論的意義與撰寫原則

一、導論部分

在博碩士論文中有所謂「第一章」，一般稱爲「緒論」，或是「緒言」、「前言」、「通論」、「導言」與「導論」（本文以導論爲通稱）等，其基本原則、價值意義與注意情形爲以下七項：

㈠導論是全文最重要的一章，因爲此章必須交待全文之梗概，提綱挈領的對於全文作一概述，讓讀者能夠從導論了解全文的大要，包括研究方法等要素。

㈡導論內容即使過短，也必須冠以章節名稱，因爲這是屬於正文的部分。

㈢導論必須清楚的說明研究的動機背景、研究的問題意識、研究的價值與目標、研究的範圍與架構、研究的方法進路等要點，缺一不可的簡要概述。

㈣必要時亦可加註，但不宜過多，以免讓導論成爲焦點，光彩掩蓋了後面的章節。

㈤導論必要時可加註副標題，可以加強說服力及突出思想的辨證性。

㈥導論的文字份量約佔全文字數的七分之一至十分之一。

㈦導論是學術論文中極爲重要的一環，應避免感性或感謝的生活語言，純粹以客觀的學術語言說明最好。

二、結論部分

在博碩士論文的最後一章，一般稱爲或「結論」，其基本原則、價值意義與注意情形爲以下七項：

㈠總結全文的梗概，說明研究的成果及重要的論點，以及對後續研究的開拓與展望等。

㈡結論內容即使過短，也必須冠以章節名稱，因爲這是屬於正文的部分。（「結語」適合用於極短篇的論文）

㈢結論必須清楚的說明該主題研究方法問題的重要性，建立可長可久的後續研究。

㈣非絕對必要時應儘量避免加註，因爲結論是屬於作者的最後報告，不宜再徵引或另加詮釋，若有言不盡意之處，應提到前面的章節討論。

㈤結論必要時可加註副標題，可以加強說服力及突出思想的辨證性。
㈥結論的文字份量約佔全文的七分之一至十分之一，而且不宜過短。
㈦結論是學術論文中極為重要的一環，應避免感性或感謝的生活語言，純粹以客觀的學術語言說明最好。

三、論文提要部分

論文提要主要是介紹研究的主體結構、研究貢獻與論文的內容等，其基本原則、價值意義與注意情形為以下八項：

㈠尊重教育部及各校的規定及格式，有些學校甚至要求英文提要。
㈡論文提要必須以極為精簡的兩千字之內，交待論文全文的研究重點與成果。
㈢論文提要必須說明研究的動機與目標。
㈣論文提要必須介紹研究的範圍與結構。
㈤論文提要必須說明研究的發現或問題意識的澄清。
㈥論文提要必須說明研究的方法
㈦論文提要必須說明研究的結論或建議。
㈧論文提要必須說明研究此一論題之後續研究必要性之評估。

第四章　校訂排版印刷的原則與論文審查標準的參考

絕大多數的國內外大學研究所，多半都規定了標準的論文封面格式，同時是以「範例」的模式要求，因此尊重自己學校或就讀的研究所規定為第一要務，本文僅介紹通例如下：

㈠學校名稱及研究所名稱（The name of the school , the university or college）。
㈡指導教授的姓名及敬稱（Advisor , or the Director of the Research）。
㈢博士論文或碩士論文的字樣（The Exact Title of the Paper）。

㈣論文名稱（Title of the paper，thesis，or dissertation）。

㈤研究生姓名（The name of the writer）。

㈥論文寫成日期（The Date）。

博士論文或碩士論文校對時應注意事項							
	注意內容	1	2	3	4	5	附錄
1	確定版面設定正確						
2	章標題 16 粗明體						
3	節標題 16 標楷體						
4	點標題 15 魏碑體						
5	正文字級數爲 14，新細明體對齊						
6	引文字級數爲 14，標楷體						
7	段落改爲固定行高 24						
8	文件格線取消勾選						
9	引文上下行改爲單行間距						
10	註釋凸排 1-9=0.8（以實際爲準）						
11	註釋凸排 10-99=1.2（以實際爲準）						
12	註釋凸排 100-=1.5（以實際爲準）						
13	註釋全部左右對齊						
14	設定並更改頁眉頁數						
15	注意頁眉位置不能出現其他虛框						
16	版面設置設爲奇偶頁不同						
17	統一名詞或簡稱						
18	重新編定頁碼						
19	注意頁碼位置						
20	更正圖表中的標題字數爲 14 級						
21	注意圖表的左右範圍						
22	建立圖表目錄（再校對一次）						
23	引文後每段開始應空兩格或不空						
24	每節之間空三格						
25	注意註釋末尾的平行線左右對齊						
26	正文段落爲固定行高 24						
27	注意每則註釋末尾的行高						
28	去掉先生（注意「師」字）						
29	將半形()改成全形（）						
30	注意引用書目加入參考書目						
31	校訂章節標題						
32	目錄的點線						
33	修改內文						
34	引文須校對原文						
35	參考書目要分類（用 EXCEL）						

（以上表格僅供參考，內容可以自由設定。）

☞排版印刷時的注意事項：第一，排版格式必須一致與美觀；第二，最好使用雷射印表機列印；第三，至專業影印店影印雙面；第四，裝訂宜用精美的膠裝，過厚時宜用線裝。

論文審查標準參考		
關於文字者 15 %	文字是否通順？	5 %
	是否詞可達意？	5 %
	敘述是否扼要？	5 %
關於組織者 25 %	組織有無系統？	5 %
	結構（格式）是否完整？	5 %
	論證是否嚴謹？	5 %
	各章節份量是否恰當？	5 %
	論文各章節內容能否把握重心？	5 %
關於參考材料者 20 %	參考材料是否註明出處？	5 %
	材料是否可靠？（第一手資料或善本）	5 %
	是否儘量參考原始材料？	5 %
	材料是否完整而全面？	5 %
關於觀點者 20 %	觀點是否正確合理而具有說服力？	10 %
	有學理之根據否？（學術思想與研究成果）	10 %
關於創見或發明者 20 %	對於前人學說有無改進之處？	5 %
	是否有獨立體系自成一家之言？	5 %
	是否具有創見或重大發明之處？	10 %

（以上表格僅供初學者參考，內容因審查的級別或任務而有所區別。）

另一份參考標準如下：

評審項目	佔分比率	評定分數
1.研究方法、論文推理論證是否嚴謹	20	
2.資料的取得、處理、引用與詮釋是否得當	20	
3.論文章節安排與論證層次是否均衡而有系統	20	
4.文字精確流暢、段落分明、圖表清晰與具備學術格式	10	
5.具有原創性、特殊創見或崇高的學術價值	30	
總分	100	

☞初學者以符合學術語言、文字運用為優先考慮，資深研究者則以原創性的創見為最重要的評量標準。

第五章　研究計畫的寫作

研究計畫的重要性及寫作要點

㈠研究計畫的設立主要目的是說明與研究某一主題的主旨、結構、範圍及方法。

㈡研究計畫必須說明研究的學術背景、根本問題與學術目標以及研究的預期成果。

㈢研究計畫必須提供某一主題研究的資料蒐集來源與方法，以及分析的流程與工具。

㈣研究計畫必須規劃預期的研究進度，以及可能遭遇的困難。

㈤研究計畫必須列出預擬的大綱與參考的基本書目。

㈥爲顯示研究計畫的可行性、加強說服力與呈現階段性成果，可以酌情附錄一篇相關的論文。

㈦研究計畫必備的要件如下：

1.封面。
2.空白頁。
3.目錄大綱。
4.研究的動機與目的。
5.研究的範圍與資料。
6.研究的進路與方法。
7.試擬研究的大綱。
8.預期的研究成果。
9.參考文獻舉要。
10.可以酌情附錄一篇相關的論文。

第六章 網際網路的資料搜尋檢索與相關應用軟體的介紹

第一節 網際網路的資料搜尋檢索

當今的數位時代，只要曾經走過，必定留下痕跡，過去許多的隱蔽的資訊，現今在網際網路中已經無所遁形，所以任何人查找資料都可以透過網路而輕易取得，在此介紹幾個網站，以及簡單的搜尋技巧：

【一般資料的查找】

一、http://www.google.com.tw/（查找一般資料）

可以利用【進階搜尋】與【頁庫存檔】找到資料

二、http://tw.yahoo.com/（奇摩）

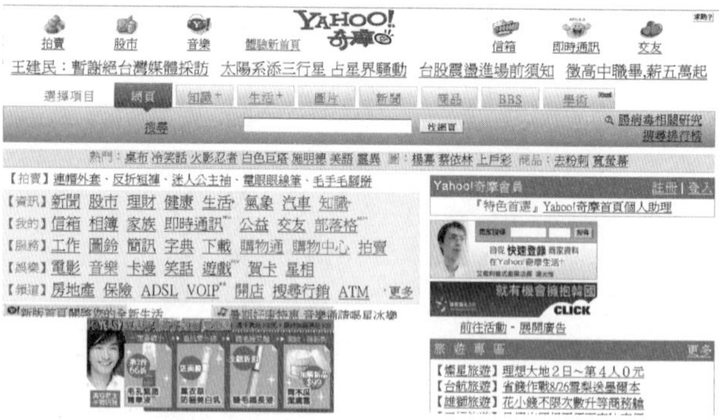

可以申請一個免費的電子郵件信箱

三、http://www.google.com/intl/zh-CN/

查找大陸地區的資料

四、http://cn.yahoo.com/

許多台灣地區網頁找不到的文史資料，可以透過網際網路的連結，到大陸的搜尋網站試試看。

【圖書資料的查找】

台灣與大陸的數位圖書（大陸地區稱爲數字圖書）各有特色，內容豐富而多元，若非長時間在網路上查找，有時候確實會遺漏許多珍貴而重要的資料。以下筆者將簡單的介紹容易被人忽略的網路圖書資源，以及妙用無窮的電子資料庫等，因爲網路資源過於龐雜，以下介紹僅限不容易發現的網站爲優先，爲方便羅列網址，下文改採橫式排列。

一、查找佛學資料

1.佛學數位圖書館暨博物館 http://buddhism.lib.ntu.edu.tw/BDLM/index.htm
可以查詢佛學圖書與論文目錄，並附有部分的電子全文檔案可供下載。

2.電子佛典協會 http://www.cbeta.org/index.htm
可以查詢大藏經與電子佛典，提供全文檢索與光碟映像檔下載。

3.台灣佛教史料庫 http://ccbs.ntu.edu.tw/taiwan/index.htm
提供台灣佛教的相關研究資料包括期刊論文（全文）、書籍和期刊論文目錄、訪談紀錄、文件、圖片等。

4.印順文教基金會 http://www.yinshun.org.tw/firstpage.htm
可以查詢印順法師的著作及其全文檢索。

5.佛光大辭典網路版 http://sql.fgs.org.tw/webfbd/
可以查詢佛教學的專有名詞、名相等。

6.香光資訊網 http://www.gaya.org.tw/
可以查詢香光寺建構的網路圖書資源。

7.佛教網絡站點大觀 http://www.psb.sz.js.cn/images/dir/7/7/3/connect.htm
可以查詢網路世界的佛教網站。

8.佛學研究相關網站 http://web.cc.ntnu.edu.tw/~t21015/B-websites93.htm
由台灣師範大學王開府教授建構的專業網站，內容區分為一、搜尋引擎，二、中文繁體網站，三、中文簡體網站，四、日文網站，五、英文網站。網站類別：入口、綜合、檢索、圖書館、中心、佛典、辭典、期刊、研究所、佛學院、大學、社團、基金會、論壇、宗派、個人、博物館、藝術、佛像、影片、漫畫、古跡、參考、書店。

二、查找電子資料庫網路資源

1.二十五史 [中研院漢籍電子文獻]系統
http://www.sinica.edu.tw/~tdbproj/handy1/
中研院漢藉電子文獻。

2.大陸期刊聯合目錄 [全國館際合作系統]
http://sticnet.stpi.org.tw/sticweb/html/illmenu.htm

3.中文期刊篇目索引影像系統 [遠距版]
http://readopac2.ncl.edu.tw/ncl3/index.jsp

4.中國大百科全書智慧藏 http://ci58.lib.ntu.edu.tw/cpedia/
《中國大百科》線上版。

5.中國古籍書目資料庫 http://nclcc.ncl.edu.tw/ttsweb/rbookhtml/nclrbook.htm
收錄臺灣、大陸、港、澳、美國等地區圖書館之善本古籍書目資料，目前收錄約 45 萬餘資料。提供繁、簡體版查詢介面。

6.中國期刊網 http://cnki.csis.com.tw/（這是查詢下載大陸論文最主要的網站）
收錄大陸之期刊論文資料庫：所有專輯。可用繁體字查詢，亦以繁體字顯示。第一次使用請安裝顯示軟體 CAJViwer 及簡體字型。

7.中華民國期刊論文索引系統 WWW 版 （這是查詢台灣論文最主要的網站）
http://ncl3web.ascc.net/cgi-bin/ncl3web/hypage51?HYPAGE=Home.txt
國內期刊文獻，可線上列印「無償授權且已掃描」之全文文獻第一次使用請安裝顯示軟體 VSetup (for Win XP)

8.全國博碩士論文資訊網 http://etds.ncl.edu.tw/theabs/index.jsp
臺灣博碩士論文。

9.西文期刊聯合目錄[全國館際合作系統] http://ndds.stpi.org.tw
全國館際合作系統。

10.國家文化資料庫 http://nrch.cca.gov.tw/ccahome/index.jsp
國家文化資料庫的藏品內容，涵蓋表演藝術、視覺藝術、環境藝術、民俗生活與文物、民間信仰、傳統工藝、傳統戲曲、傳統建築與聚落、村落歷史等，藏品形式包含文字、圖片、聲音、影像、地圖。

11.教育論文線上資料庫 EdD Online http://140.122.127.251/edd/edd.htm
收錄民國 46 年至今登載於中文期刊、學報、報紙、論文集等之教育性論文。

12.當代文學史料影像全文系統
http://lit.ncl.edu.tw/hypage.cgi?HYPAGE=home/index.htm
收集近五十餘年來台灣地區當代文學作家，約兩千位之基本資料及其生平傳記、手稿、照片、著作年表、作品目錄、評論文獻、翻譯文獻、名句及歷屆文學獎得獎記錄。

13.學術會議論文摘要 [全國科技資訊網路(STICNET)]
http://sticnet.stic.gov.tw/sticweb/html/index.htm
收錄於國內舉辦之學術會議所發表之論文。

14.超星數字圖書館 http://www.ssreader.com/
這是全球最大的中文數字（數位）圖書網，必須付費使用。此網站藏書量已達數百萬冊，並且涵蓋各門學科，凡研究者不得不知，亦不得不上。

15.萬方數據資源統一服務系統 www.wanfangdata.com.cn
此網站擁有六大數據庫，特別是【中國學位論文資料庫】、【中國會議論文資料庫】、【科技文獻資料庫】最為重要。

16.中國知網 http://www.cnki.net/index.htm
此網站包含了【中國期刊全文資料庫】、【中國優秀博碩士學位論文全文資料庫】、【中國重要會議論文全文資料庫】、【中國重要報紙全文資料庫】、【中國圖書全文資料庫】、【中國年鑒全文資料庫】與【中國引文資料庫】等資料庫。

第二節　相關應用軟體的介紹

許多軟體的使用對研究者而言是十分簡便的，但因爲軟體種類太多，各式功能五花八門，筆者僅介紹較爲重要或較爲特殊的軟體，其中絕大多數是擁有智慧財產權的，在獲得與運用時應尊重智慧著作權。此外，因限於篇幅，本文介紹點到爲止。

一、工具辭書軟體

1.漢語大辭典光碟版（繁體 2.0 版）／香港商務印書館出版。

此光碟由筆者 2003 年 12 月親至香港購得，目前最佳辭典光碟。

2.現代漢語辭典（繁體版）／香港商務印書館出版。

此光碟由筆者 2003 年 12 月親至香港購得，目前最佳現代辭典。

3.佛光大辭典（第三版）／台灣佛光山文教基金會出版。

此光碟查詢佛學名詞至為方便。

4.中國大百科全書光碟版／智慧藏學習科技股份有限公司製作。

此光碟可以查詢各類門科的專有名詞。

5.譯典通光碟版／英業達股份有限公司出版。

這是語文學習必備一份的光碟。

6.四庫全書電子版／製作單位：武漢大學出版社。

此套光碟由筆者 2006 年 6 月親至武漢大學購得，是目前最為簡易的四庫全書光碟的全文圖像版。尚有其他不同版本，可資參考。

7. CBETA 電子佛典集成／CBETA 中華電子佛典協會製作。

此光碟可以查詢佛教大藏經的經論。

二、一般應用軟體

1.酒精 Alcohol 120%

這是一套結合光碟虛擬和燒錄工具軟體，不但具有製作光碟虛擬映像檔和模擬 31 台光碟機的強大能力，而且簡單又實用，如果你同時有光碟機和燒錄機，更可以直接進行對燒或將映像檔燒錄至空白光碟片之中。

2. Cajviewer 閱讀軟體

此軟體含有簡體字包，可以開啟由中國期刊網下載的論文電子檔（副檔名為 caj），並能開啟 PDF 格式的電子檔，具有 OCR 文字識別能力，特別是針對橫式簡體字識別，功能強大。

3.蒙恬認識王 3.1b 專業版

此軟體特別是針對直式中文字識別，功能強大。

4. convertz 中文內碼轉換器

此軟體 ConvertZ 是一個中文內碼轉換器，讓您能輕鬆地對純文字檔案或剪貼簿內容在 big5/gbk/unicode/utf-8/jis/shift-jis/euc-jp 各種內碼之間自由轉換，解決不同地區因為應用不同編碼而產生的溝通問題。特別是針對資料夾內大量的簡體字檔案名稱的批量轉換，至為方便。

5. FlashGet 下載軟體

這是知名的下載軟體。

6. FolderView 文件管理軟體。

此軟體可以將資料夾與整批檔案名稱匯出成文字檔，甚為方便。

7. Microsoft AppLocale 公用程式

此軟體可以正常顯示簡體或日文軟體，但在繁體中文的作業系統中執行時，卻常常出現操作介面變成亂碼的情況，利用微軟所開發的 AppLocale 公用程式，就可以讓簡體或日文介面的軟體，在繁體中文環境中也可以正常顯示。

8. unlocker 解除佔用檔案又無法刪除的程式

此軟體可以解開檔案被鎖任。

9. BatchUnRar 瑞星

此軟體可以解壓縮下載大陸圖書壓縮檔，至為特殊與方便。

10. EUDC.TTE <u>中國海字集</u>到 <u>Unicode 補完計畫</u>

透過安裝，即可在 WORD 中插入符號的方式選用以下符號，至爲方便：❶(1) 1.国⅝等。

11. 華康金蝶字型光碟

此軟體字型，種類齊全，方便論文製作的排版使用。

12. ScanSoft PDF Converter Professional／PDF 轉 Word 轉換效果最好的程式

此軟體在轉換 PDF 為 WROR 的轉換效果最好。

13. Techsmith Camtasia Studio 螢幕影像攝錄、轉檔、 編輯的影片工具

此軟體提供幾乎所有在製作影片所需要的功能，從錄製、擷取、加入文字符號、圖片效果等，到轉檔、壓縮等功能。

14. 論文製作技巧集電子書

此電子書提供實際操作的步驟與使用方法。

15. Adobe Acrobat 7.0 Professional／PDF 製作閱讀軟體

此軟體應是人人必備，功能至為強大，特別是方便印刷出版的工作，其中無損失原圖文重現，可以跨平台、電腦使用，看到的檔案完全一樣。筆者曾協助一位中央研究院的學者，將其大量造字的 WORD 檔案轉換成 PDF 格式，然後傳送至歐洲法國研究機構，只要該電腦裝有此軟體，即可百分之百的重現，毫無失真現象。

16. e-Pointer 螢幕畫筆

此軟體可取代雷射筆，方便論文發表時的簡報之用。

17. Easy CD-DA Extractor Pro／MP3 音樂格式錄製轉換工具軟體

此軟體可以轉換各種音樂格式，方便論文簡報時音樂處理，對於壓力大的研究生，亦可由聆聽各式音樂以減壓。

附錄：大陸簡體字與正體字對照表（部份字型因故不能顯現，保持空白，敬請見諒！）

大陸簡體字與正體字對照表

	簡	正		簡	正		簡	正		簡	正
2 畫											
001	厂	廠	002	卜	蔔	003	儿	兒	004	*几	幾
005	乃	迺/廼	006	了	瞭						
3 畫											
001	干	幹	002	干	榦	003	亏	虧	004	才	纔
005	万	萬	006	与	與	007	千	韆	008	亿	億
009	个	個	010	么	麼	011	广	廣	012	门	門
013	义	義	014	卫	衛	015	飞	飛	016	习	習
017	马	馬	018	乡	鄉						
4 畫											
001	丰	豐	002	开	開	003	无	無	004	韦	韋
005	专	專	006	云	雲	007	艺	藝	008	厅	廳
009	历	歷	010	历	曆	011	区	區	012	车	車
013	冈	岡	014	贝	貝	015	见	見	016	气	氣
017	长	長	018	仆	僕	019	币	幣	020	从	從
021	仑	侖	022	仓	倉	023	风	風	024	仅	僅
025	凤	鳳	026	乌	烏	027	闩	閂	028	为	為
029	斗	鬥	030	忆	憶	031	订	訂	032	计	計
033	讣	訃	034	认	認	035	讥	譏	036	丑	醜
037	队	隊	038	办	辦	039	邓	鄧	040	劝	勸
041	双	雙	042	书	書						
5 畫											
001	击	擊	002	戋	戔	003	扑	撲	004	节	節
005	术	術	006	龙	龍	007	厉	厲	008	灭	滅
009	东	東	010	轧	軋	011	卢	盧	012	业	業
013	旧	舊	014	帅	帥	015	归	歸	016	叶	葉
017	号	號	018	电	電	019	只	隻	020	祇	祇
021	叽	嘰	022	叹	嘆	023	们	們	024	仪	儀
025	丛	叢	026	尔	爾	027	乐	樂	028	处	處
029	冬	鼕	030	鸟	鳥	031	务	務	032	刍	芻
033	饥	饑	034	邝	鄺	035	冯	馮	036	闪	閃
037	兰	蘭	038	汇	匯	039	汇	彙	040	讦	訐
041	讧	訌	042	讨	討	043	写	寫	044	让	讓
045	礼	禮	046	讪	訕	047	讫	訖	048	训	訓
049	议	議	050	讯	訊	051	记	記	052	辽	遼
053	边	邊	054	出	齣	055	发	發	056	发	髮
057	圣	聖	058	对	對	059	台	臺	060	台	檯
061	台	颱	062	纠	糾	063	驭	馭	064	丝	絲
6 畫											
001	玑	璣	002	动	動	003	执	執	004	巩	鞏
005	圹	壙	006	扩	擴	007	扪	捫	008	当	當
009	当	噹	010	尘	塵	011	吁	籲	012	吓	嚇
013	虫	蟲	014	曲	麯	015	团	團	016	团	糰
017	吗	嗎	018	屿	嶼	019	岁	歲	020	回	迴
021	岂	豈	022	则	則	023	刚	剛	024	网	網
025	钆	釓	026	钇	釔	027	朱	硃	028	迁	遷
029	乔	喬	030	伟	偉	031	传	傳	032	伛	傴
033	扫	掃	034	扬	揚	035	场	場	036	亚	亞
037	芗	薌	038	朴	樸	039	机	機	040	权	權
041	过	過	042	协	協	043	压	壓	044	厌	厭

	簡	正		簡	正		簡	正		簡	正
045	库	庫	046	页	頁	047	夸	誇	048	夺	奪
049	达	達	050	夹	夾	051	轨	軌	052	尧	堯
053	划	劃	054	迈	邁	055	毕	畢	056	贞	貞
057	师	師	058	优	優	059	伤	傷	060	怅	悵
061	价	價	062	伦	倫	063	伧	傖	064	华	華
065	伙	夥	066	伪	僞	067	向	嚮	068	后	後
069	会	會	070	杀	殺	071	合	閤	072	众	眾
073	爷	爺	074	伞	傘	075	创	創	076	杂	雜
077	负	負	078	犷	獷	079	犸	獁	080	凫	鳧
081	邬	鄔	082	饦	飥	083	饧	餳	084	壮	壯
085	冲	衝	086	妆	妝	087	庄	莊	088	庆	慶
089	刘	劉	090	齐	齊	091	产	產	092	闭	閉
093	问	問	094	闯	闖	095	关	關	096	灯	燈
097	汤	湯	098	忏	懺	099	兴	興	100	讲	講
101	讳	諱	102	讴	謳	103	军	軍	104	讵	詎
105	讶	訝	106	讷	訥	107	许	許	108	欣	訢
109	论	論	110	讻	訩	111	讼	訟	112	讽	諷
113	农	農	114	设	設	115	访	訪	116	诀	訣
117	寻	尋	118	尽	盡	119	尽	儘	120	导	導
121	孙	孫	122	阵	陣	123	阳	陽	124	阶	階
125	阴	陰	126	妇	婦	127	妈	媽	128	戏	戲
129	观	觀	130	欢	歡	131	买	買	132	纡	紆
133	红	紅	134	纣	紂	135	驮	馱	136	纤	縴
137	纤	纖	138	纥	紇	139	驯	馴	140	纨	紈
141	约	約	142	级	級	143	纩	纊	144	纪	紀
145	驰	馳	146	纫	紉						

7 畫

001	寿	壽	002	麦	麥	003	玛	瑪	004	进	進
005	远	遠	006	违	違	007	韧	韌	008	刬	剗
009	运	運	010	抚	撫	011	坛	壇	012	坛	罎
013	抟	摶	014	坏	壞	015	抠	摳	016	坜	壢
017	扰	擾	018	坝	壩	019	贡	貢	020	挧	挧
021	折	摺	022	抡	掄	023	抢	搶	024	坞	塢
025	坟	墳	026	护	護	027	壳	殼	028	块	塊
029	声	聲	030	报	報	031	拟	擬	032		
033	芜	蕪	034	苇	葦	035	芸	蕓	036	苈	藶
037	苋	莧	038	苁	蓯	039	苍	蒼	040	严	嚴
041	芦	蘆	042	劳	勞	043	克	剋	044	苏	蘇
045	苏	囌	046	极	極	047	杨	楊	048	两	兩
049	丽	麗	050	医	醫	051	励	勵	052	还	還
053	矶	磯	054	奁	奩	055	歼	殲	056	来	來
057	欤	歟	058	轩	軒	059	连	連	060	轫	軔
061	卤	鹵	062	卤	滷	063	邺	鄴	064	坚	堅
065	时	時	066	呒	嘸	067	县	縣	068	里	裏
069	呓	囈	070	呕	嘔	071	园	園	072	呖	嚦
073	旷	曠	074	围	圍	075	吨	噸	076	旸	暘
077	邮	郵	078	困	睏	079	员	員	080	呗	唄
081	听	聽	082	呛	嗆	083	呜	嗚	084	别	彆
085	财	財	086	囵	圇	087	岘	峴	088	帏	幃
089	岖	嶇	090	岗	崗	091	钉	釘	092	帐	帳
093	岚	嵐	094	针	針	095	乱	亂	096	钊	釗
097	钋	釙	098	钌	釕	099	体	體	100		

	簡	正		簡	正		簡	正		簡	正
101	佣	傭	102			103	彻	徹	104	余	餘
105	佥	僉	106	谷	穀	107	邻	鄰	108	肠	腸
109	龟	龜	110	犹	猶	111	狈	狽	112	鸠	鳩
113	条	條	114	岛	島	115	邹	鄒	116	饨	飩
117	饩	餼	118	饪	飪	119	饫	飫	120	饬	飭
121	饭	飯	122	饮	飲	123	系	係	124	系	繫
125	冻	凍	126	状	狀	127	亩	畝	128	庑	廡
129	库	庫	130	疖	癤	131	疗	療	132	应	應
133	这	這	134	庐	廬	135	闰	閏	136	闱	闈
137	闲	閑	138	间	間	139	闵	閔	140	闷	悶
141	灿	燦	142	灶	竈	143	炀	煬	144	沣	灃
145	沤	漚	146	沥	瀝	147	沦	淪	148	沧	滄
149			150	沟	溝	151	沩	潙	152	沪	滬
153	渖	瀋	154	怃	憮	155	怀	懷	156	怄	慪
157	忧	憂	158	忾	愾	159	怅	悵	160	怆	愴
161	穷	窮	162	证	證	163	诂	詁	164	诃	訶
165	启	啓	166	评	評	167	补	補	168	诅	詛
169	识	識	170	詷	詷	171	诈	詐	172	诉	訴
173	诊	診	174	诋	詆	175	谄	諂	176	词	詞
177	诎	詘	178	诏	詔	179	译	譯	180	诒	詒
181	灵	靈	182	层	層	183	迟	遲	184	张	張
185	际	際	186	陆	陸	187	陇	隴	188	陈	陳
189	坠	墜	190	陉	陘	191	妪	嫗	192	妩	嫵
193	妫	嬀	194	到	到	195	劲	勁	196	鷄	鷄
197	纬	緯	198	纭	紜	199	驱	驅	200	纯	純
201	纰	紕	202	纱	紗	203	纲	綱	204	纳	納
205	纴	紝	206	驳	駁	207	纵	縱	208	纶	綸
209	纷	紛	210	纸	紙	211	纹	紋	212	纺	紡
213	驴	驢	214	纫	紉	215	纽	紐	216	纾	紓
8畫											
001	玮	瑋	002	环	環	003	责	責	004	现	現
005	表	錶	006	玱	瑲	007	规	規	008	匦	匭
009	拢	攏	010	拣	揀	011	炉	爐	012	担	擔
013	顶	頂	014	拥	擁	015	势	勢	016	拦	攔
017	拧	擰	018	拨	撥	019	择	擇	020	茏	蘢
021	苹	蘋	022	茑	蔦	023	范	範	024	茔	塋
025	茕	煢	026	茎	莖	027	枢	樞	028	枥	櫪
029	柜	櫃	030	㭎	棡	031			032	枨	棖
033	板	闆	034	枞	樅	035	松	鬆	036	枪	槍
037	枫	楓	038	构	構	039	丧	喪	040	画	畫
041	枣	棗	042	郁	鬱	043	矾	礬	044	矿	礦
045	砀	碭	046	码	碼	047	厕	廁	048	奋	奮
049	态	態	050	瓯	甌	051	欧	歐	052	殴	毆
053	垄	壟	054	郏	郟	055	轰	轟	056	顷	頃
057	转	轉	058	轭	軛	059	辗	輾	060	轮	輪
061	软	軟	062	鸢	鳶	063	齿	齒	064	虏	虜
065	肾	腎	066	贤	賢	067	昙	曇	068	国	國
069	畅	暢	070	咙	嚨	071	虮	蟣	072	黾	黽
073	鸣	鳴	074	咛	嚀	075			076	罗	羅
077	啰	囉	078	岽	崬	079			080	帜	幟
081	岭	嶺	082	刿	劌	083	剀	剴	084	凯	凱
085			086	败	敗	087	账	賬	088	贩	販
089	贬	貶	090	贮	貯	091	图	圖	092	购	購

	簡	正		簡	正		簡	正		簡	正
093	钍	釷	094	焊	釬	095	钏	釧	096	钐	釤
097	钓	釣	098	钒	釩	099	钔	鍆	100	钕	釹
101	钖	鍚	102	钗	釵	103	制	製	104	刮	颳
105	侠	俠	106	侥	僥	107	侦	偵	108	侧	側
109	凭	憑	110	侨	僑	111	侩	儈	112	货	貨
113	侪	儕	114	侬	儂	115	质	質	116	征	徵
117	径	徑	118	舍	捨	119	刽	劊	120	郐	鄶
121	怂	慫	122			123	觅	覓	124	贪	貪
125	贫	貧	126	戗	戧	127	肤	膚	128	䏝	膞
129	肿	腫	130	胀	脹	131	骯	骯	132	胁	脅
133	迩	邇	134	鱼	魚	135	狞	獰	136	备	備
137	枭	梟	138	饯	餞	139	饰	飾	140	饱	飽
141	饲	飼	142			143	饴	飴	144	变	變
145	庞	龐	146	庙	廟	147	疟	瘧	148	疠	癘
149	疡	瘍	150	剂	劑	151	废	廢	152	闸	閘
153	闹	鬧	154	郑	鄭	155	卷	捲	156	单	單
157	炜	煒	158	炝	熗	159	炉	爐	160	浅	淺
161	泷	瀧	162	沪	滬	163	泺	濼	164	泞	濘
165	泻	瀉	166	泼	潑	167	泽	澤	168	泾	涇
169	怜	憐	170			171	怿	懌	172	峃	嶨
173	学	學	174	宝	寶	175	宠	寵	176	审	審
177	帘	簾	178	实	實	179	诓	誆	180	诔	誄
181	试	試	182	诖	詿	183	诗	詩	184	诘	詰
185	诙	詼	186	诚	誠	187	郓	鄆	188	衬	襯
189	祎	禕	190	视	視	191	诛	誅	192	话	話
193	诞	誕	194	诟	詬	195	诠	詮	196	诡	詭
197	询	詢	198	诣	詣	199	诤	諍	200	该	該
201	详	詳	202	诧	詫	203	诨	諢	204	诩	詡
205	肃	肅	206	隶	隸	207	录	錄	208	弥	彌
209	弥	瀰	210	陕	陝	211	驽	駑	212	驾	駕
213	参	參	214	艰	艱	215	綫	綫	216	绀	紺
217	绁	紲	218			219	练	練	220	组	組
221	驵	駔	222	绅	紳	223	紬	紬	224	细	細
225	驶	駛	226	驸	駙	227	驷	駟	228	驹	駒
229	终	終	230	织	織	231	驺	騶	232	绉	縐
233	驻	駐	234	绊	絆	235	驼	駝	236	绋	紼
237	绌	絀	238	绍	紹	239	驿	驛	240	绎	繹
241	经	經	242	骀	駘	243	绐	紿	244	贯	貫
9畫											
001	贰	貳	002	帮	幫	003	珑	瓏	004	预	預
005			006			007	挜	掗	008	挝	撾
009	项	項	010	挞	撻	011	挟	挾	012	挠	撓
013	赵	趙	014	贲	賁	015	挡	擋	016	垲	塏
017	挢	撟	018	垫	墊	019	挤	擠	020	挥	揮
021	挦	撏	022	荐	薦	023	荚	莢	024		
025	荛	蕘	026	荜	蓽	027	带	帶	028	茧	繭
029	荞	蕎	030	荟	薈	031	荠	薺	032	荡	蕩
033			034	荣	榮	035	荤	葷	036	荥	滎
037	荦	犖	038	荧	熒	039	荨	蕁	040	胡	鬍
041	荩	藎	042	荪	蓀	043	荫	蔭	044	荬	蕒
045	荭	葒	046			047	药	藥	048	标	標
049	栈	棧	050	栉	櫛	051	栊	櫳	052	栋	棟

	簡	正		簡	正		簡	正		簡	正
053	栌	櫨	054	栎	櫟	055	栏	欄	056	柠	檸
057			058	树	樹	059			060	郦	酈
061	咸	鹹	062	砖	磚	063	砗	硨	064	砚	硯
065			066	面	麵	067	牵	牽	068	鸥	鷗
069	龚	龔	070	残	殘	071	殇	殤	072		
073	轲	軻	074	轳	轤	075	轴	軸	076	轶	軼
077			078	轸	軫	079	轹	轢	080		
081	轻	輕	082	鸦	鴉	083			084	战	戰
085	觇	覘	086	点	點	087	临	臨	088	览	覽
089	坚	堅	090	尝	嘗	091			092	昽	曨
093	哑	啞	094	显	顯	095	哒	噠	096		
097	哔	嗶	098	贵	貴	099	虾	蝦	100	蚁	蟻
101	蚂	螞	102	虽	雖	103	骂	罵	104		
105	剐	剮	106			107	勋	勛	108	哗	嘩
109	响	響	110	哙	噲	111	哝	噥	112	呦	呦
113	峡	峽	114	硗	墝	115			116	罚	罰
117			118	贱	賤	119	贴	貼	120		
121	贻	貽	122	钘	鈃	123			124	钛	鈦
125			126	钝	鈍	127	钞	鈔	128	钟	鐘
129	钟	鍾	130	钡	鋇	131	钢	鋼	132	钠	鈉
133	钥	鑰	134	饮	飲	135	钧	鈞	136		
137	钨	鎢	138			139	钪	鈧	140	钫	鈁
141	钬	鈥	142			143	钮	鈕	144	钯	鈀
145	毡	氈	146	氢	氫	147	选	選	148	适	適
149	种	種	150	秋	鞦	151	复	復	152	复	複
153	笃	篤	154	俦	儔	155	俨	儼	156	俩	倆
157	俪	儷	158	货	貨	159	顺	順	160	俭	儉
161	剑	劍	162	鸽	鴿	163	须	須	164	须	鬚
165	胧	朧	166			167	胪	臚	168	胆	膽
169	胜	勝	170	胫	脛	171	鸨	鴇	172	狭	狹
173	狮	獅	174	独	獨	175	狯	獪	176	狱	獄
177	狲	猻	178	贸	貿	179	饵	餌	180	饶	饒
181	蚀	蝕	182	饷	餉	183			184		
185	饺	餃	186			187	饼	餅	188	峦	巒
189	弯	彎	190	孪	孿	191	娈	孌	192	将	將
193	奖	獎	194			195	疮	瘡	196	疯	瘋
197	亲	親	198	飒	颯	199	闺	閨	200	闻	聞
201			202	闽	閩	203	闾	閭	204		
205	阀	閥	206	阁	閣	207			208	阂	閡
209	养	養	210	姜	薑	211	类	類	212	娄	婁
213	总	總	214	炼	煉	215	炽	熾	216	烁	爍
217	烂	爛	218	烃	烴	219	洼	窪	220	洁	潔
221	洒	灑	222			223	浃	浹	224	浇	澆
225			226	狮	獅	227	浊	濁	228	测	測
229	浍	澮	230	浏	瀏	231	济	濟	232	浐	滻
233	浑	渾	234	浒	滸	235	浓	濃	236	浔	潯
237	浕	濜	238	恸	慟	239	恹	懨	240	恺	愷
241	恻	惻	242	恼	惱	243			244	举	舉
245	觉	覺	246	宪	憲	247	窃	竊	248	诫	誡
249	诬	誣	250	语	語	251	袄	襖	252	诮	誚
253	祢	禰	254	误	誤	255	诰	誥	256	诱	誘
257	诲	誨	258	诳	誑	259	鸩	鴆	260	说	說
261	诵	誦	262			263	垦	墾	264	昼	晝

	簡	正		簡	正		簡	正		簡	正
265	费	費	266	逊	遜	267	陨	隕	268	险	險
269	贺	賀	270	怼	懟	271	垒	壘	272	娅	婭
273	娆	嬈	274	娇	嬌	275	绑	綁	276	绒	絨
277	结	結	278			279			280	绕	繞
281			282	骄	驕	283	骅	驊	284	绘	繪
285	骆	駱	286	骈	駢	287	绞	絞	288	骇	駭
289	统	統	290			291	给	給	292	绚	絢
293	绛	絳	294	络	絡	295	绝	絕			
10畫											
001	艳	豔	002	项	項	003	珲	琿	004	蚕	蠶
005	顽	頑	006	盏	盞	007	捞	撈	008	载	載
009	赶	趕	010	盐	鹽	011	埘	塒	012	损	損
013	埙	塤	014	埚	堝	015	捡	撿	016	贽	贄
017	挚	摯	018	热	熱	019	捣	搗	020	壶	壺
021	聂	聶	022	莱	萊	023	莲	蓮	024	莳	蒔
025	莴	萵	026	获	獲	027	获	穫	028	莸	蕕
029	恶	惡	030			031	蓟	薊	032	莹	瑩
033	莺	鶯	034	鸪	鴣	035			036	桡	橈
037	桢	楨	038	樯	檣	039	桤	榿	040	桥	橋
041	桦	樺	042	桧	檜	043	桩	樁	044	样	樣
045	贾	賈	046	逦	邐	047	砺	礪	048	砾	礫
049	础	礎	050	砻	礱	051	顾	顧	052	轼	軾
053	轾	輊	054	轿	轎	055	辂	輅	056	较	較
057	鸫	鶇	058	顿	頓	059	趸	躉	060	[illegible]	[illegible]
061	致	致	062	龇	齜	063	鸬	鸕	064	虑	慮
065	监	監	066	紧	緊	067	党	黨	068	唛	嘜
069	晒	曬	070	晓	曉	071	唝	嗊	072	唠	嘮
073	鸭	鴨	074	唡	啢	075	晔	曄	076	晕	暈
077	鸮	鴞	078	唢	嗩	079	㖞	喎	080	蚬	蜆
081	鸯	鴦	082	崂	嶗	083	崃	崍	084	罢	罷
085	圆	圓	086	觊	覬	087	贼	賊	088	贿	賄
089	赂	賂	090	赃	贓	091	赅	賅	092	赆	贐
093	钰	鈺	094	钱	錢	095	钲	鉦	096	钳	鉗
097	钴	鈷	098			099	钶	鈳	100	钹	鈸
101	钺	鉞	102	钻	鑽	103	钼	鉬	104	钜	鉅
105	钾	鉀	106	铀	鈾	107	钿	鈿	108	铁	鐵
109	铂	鉑	110	铃	鈴	111	铄	鑠	112	铅	鉛
113	铆	鉚	114	铈	鈰	115	铉	鉉	116	铋	鉍
117	铌	鈮	118	铍	鈹	119	鏺	鏺	120	铎	鐸
121	氩	氬	122	牺	犧	123	敌	敵	124	积	積
125	称	稱	126	笕	筧	127	笔	筆	128	债	債
129	藉	藉	130	倾	傾	131	赁	賃	132	颀	頎
133	徕	徠	134	舰	艦	135	舱	艙	136	耸	聳
137	爱	愛	138	鸽	鴿	139	颁	頒	140	颂	頌
141	脍	膾	142	脏	臟	143	脏	髒	144	脐	臍
145	脑	腦	146	胶	膠	147	脓	膿	148	鸱	鴟
149	玺	璽	150	鱽	魛	151	鸲	鴝	152	猃	獫
153	鸵	鴕	154	袅	嫋	155	鸳	鴛	156	皱	皺
157	饽	餑	158	饿	餓	159	馁	餒	160	栾	欒
161	挛	攣	162	恋	戀	163	桨	槳	164	浆	漿
165	症	症	166	痈	癰	167	斋	齋	168	痉	痙
169	准	准	170	离	離	171	颃	頏	172	资	資

173	竞	競	174	阃	閫	175			176	阅	閱
177	阆	閬	178	郸	鄲	179	烦	煩	180	烧	燒
181	烛	燭	182	烨	燁	183	烩	燴	184	烬	燼
185	递	遞	186	涛	濤	187	涞	淶	188	涟	漣
189	涠	潿	190	涢	溳	191	涡	渦	192	涂	塗
193	涤	滌	194	润	潤	195	涧	澗	196	涨	漲
197	烫	燙	198	涩	澀	199	悭	慳	200	悯	憫
201	宽	寬	202	家	家	203	宾	賓	204	窍	竅
205	窎	窵	206	请	請	207	诸	諸	208	诹	諏
209	诺	諾	210	诼	諑	211	读	讀	212	诽	誹
213	袜	襪	214	祯	禎	215	课	課	216	诿	諉
217	谀	諛	218	谁	誰	219	谂	諗	220	调	調
221	谄	諂	222	谅	諒	223	谆	諄	224	谇	誶
225	谈	談	226	谊	誼	227	审	審	228	恳	懇
229	剧	劇	230	娲	媧	231	娴	嫻	232	难	難
233	预	預	234	绠	綆	235	骊	驪	236	绡	綃
237	骋	騁	238	绢	絹	239	绣	繡	240	验	驗
241	绥	綏	242			243	继	繼	244	绨	綈
245	骎	駸	246	骏	駿	247	鸶	鷥	248		

11畫

001	焘	燾	002	琎	璡	003	琏	璉	004	琐	瑣
005	麸	麩	006	掳	擄	007	掴	摑	008	鸷	鷙
009	掷	擲	010	掸	撣	011	壶	壺	012	悫	愨
013	据	據	014	掺	摻	015	掼	摜	016	职	職
017	聍	聹	018	萚	蘀	019	勚	勩	020	萝	蘿
021	萤	螢	022	营	營	023	萧	蕭	024	萨	薩
025	梦	夢	026	觋	覡	027	检	檢	028	棂	櫺
029	啬	嗇	030	匮	匱	031	酝	醞	032		
033	硕	碩	034	硖	硤	035	硗	磽	036	硙	磑
037	硚	礄	038	鸸	鴯	039	聋	聾	040	龚	龔
041	袭	襲	042	[illegible]	鴐	043	殒	殞	044	殓	殮
045	赉	賚	046	辄	輒	047	辅	輔	048	辆	輛
049	堑	塹	050	颅	顱	051	啧	嘖	052	悬	懸
053	啭	囀	054	跃	躍	055	啮	齧	056	跄	蹌
057	蛎	蠣	058	蛊	蠱	059	蛏	蟶	060	累	纍
061	啸	嘯	062	帻	幘	063	崭	嶄	064	逻	邏
065	帼	幗	066	赈	賑	067	婴	嬰	068	赊	賒
069	铏	鉶	070	铐	銬	071	铑	銠	072	铒	鉺
073	铓	鋩	074	铺	鋪	075	铗	鋏	076	铙	鐃
077	铛	鐺	078	铝	鋁	079	铜	銅	080	铟	銦
081	铠	鎧	082	铡	鍘	083	铢	銖	084	铣	銑
085	铦	銛	086	铤	鋌	087	铧	鏵	088	铨	銓
089	锻	鍛	090	铪	鉿	091	铫	銚	092	铭	銘
093	铬	鉻	094	铮	錚	095	铯	銫	096	铰	鉸
097	铱	銥	098	铲	鏟	099	铳	銃	100	铵	銨
101	银	銀	102	[illegible]	鉫	103	矫	矯	104	鸹	鴰
105	秽	穢	106	笺	箋	107	笼	籠	108	笾	籩
109	债	債	110	鸺	鵂	111	偿	償	112	偻	僂
113	躯	軀	114	皑	皚	115	衅	釁	116		
117	衔	銜	118	舻	艫	119	盘	盤	120	鸼	鵃
121	龛	龕	122	鸽	鴿	123	敛	斂	124	领	領
125	腘	膕	126	脸	臉	127	猎	獵	128	猡	玀
129	猕	獼	130	馃	餜	131	馄	餛	132	馅	餡
133	馆	館	134	鸾	鸞	135	庼	廎	136	痒	癢

137	鸡	鸡	138	旋	旋	139	阈	閾	140	阉	閹
141	间	閰	142			143	阌	閿	144	阍	閽
145	阎	閻	146	阏	閼	147	阐	闡	148	羟	羥
149	盖	蓋	150	粝	糲	151	断	斷	152	兽	獸
153	焖	燜	154	渍	漬	155	椭	橢	156	鹁	鵓
157	鹂	鸝	158	觌	覿	159	硷	堿	160	确	確
161	詟	讋	162	殚	殫	163	颊	頰	164	雳	靂
165	辊	輥	166	辋	輞	167	椠	槧	168	辍	輟
169	辎	輜	170	翘	翹	171	辈	輩	172	凿	鑿
173	辉	輝	174	赏	賞	175	睐	睞	176	睑	瞼
177	喷	噴	178	畴	疇	179			180		
12 畫											
001	靓	靚	002	琼	瓊	003	辇	輦	004	鼋	黿
005	趋	趨	006	揽	攬	007	颉	頡	008	揿	撳
009	搀	攙	010	蛰	蟄	011	絷	縶	012	搁	擱
013	搂	摟	014	搅	攪	015	联	聯	016	蒇	蕆
017	蒉	蕢	018	蒋	蔣	019	蒌	蔞	020	韩	韓
021	椟	櫝	022			023	绪	緒	024	绫	綾
025	骐	騏	026	续	續	027	绮	綺	028	骑	騎
029	绯	緋	030	绰	綽	031	骒	騍	032	绲	緄
033	绳	繩	034	骓	騅	035	维	維	036	绵	綿
037	绶	綬	038			039	绸	綢	040	绺	綹
041	绻	綣	042	综	綜	043	绽	綻	044	绾	綰
045	绿	綠	046	骖	驂	047	缀	綴	048	缁	緇
049	谒	謁	050	谓	謂	051	谔	諤	052	谕	諭
053	谖	諼	054	谗	讒	055	谘	諮	056	谙	諳
057	谚	諺	058	谛	諦	059	谜	謎	060	谝	諞
061	谞	諝	062	弹	彈	063	堕	墮	064	随	隨
065	粜	糶	066	隐	隱	067	婳	嫿	068	婵	嬋
069	婶	嬸	070	颇	頗	071	颈	頸	072	绩	績
073	鸿	鴻	074	渎	瀆	075	渐	漸	076	渑	澠
077	渊	淵	078	渔	漁	079	淀	澱	080	渗	滲
081	惬	愜	082	惭	慚	083	惧	懼	084	惊	驚
085	惮	憚	086	掺	摻	087	惯	慣	088	祷	禱
089	谌	諶	090	谋	謀	091	谍	諜	092	谎	謊
093	谏	諫	094	皲	皸	095	谐	諧	096	谑	謔
097	裆	襠	098	祸	禍	099	践	踐	100	遗	遺
101	蛱	蛺	102	蛲	蟯	103	蛳	螄	104	蛴	蠐
105	鹃	鵑	106	喽	嘍	107	嵘	嶸	108	嵚	嶔
109	嵝	嶁	110	赋	賦	111	赌	賭	112	赎	贖
113	赒	賙	114	赔	賠	115	赕	賧	116	铸	鑄
117	铹	鐒	118	铺	鋪	119	铼	錸	120	铽	鋱
121	链	鏈	122	铿	鏗	123	销	銷	124	锁	鎖
125			126	锄	鋤	127	锂	鋰	128	锅	鍋
129	锆	鋯	130	锇	鋨	131	锈	鏽	132	锉	銼
133	锋	鋒	134	锎	鐦	135	锏	鐧	136	锐	銳
137	锑	銻	138	锒	鋃	139	锓	鋟	140	锔	鋦
141	锕	錒	142	犊	犢	143	鹄	鵠	144	鹅	鵝
145	颋	頲	146	筑	築	147	筚	篳	148	筛	篩
149	牍	牘	150	傥	儻	151	傧	儐	152	储	儲
153	傩	儺	154	惩	懲	155	御	禦	156	颌	頜
157	释	釋	158	鹆	鵒	159	腊	臘	160	腘	膕
161	鱿	魷	162	鲁	魯	163	鲂	魴	164	颍	潁

165	飏	颺	166	觞	觴	167	惫	憊	168		
169	馈	饋	170	馊	餿	171	馋	饞	172	亵	褻
173	装	裝	174	蛮	蠻	175	脔	臠	176	痨	癆
177	痫	癇	178			179	颏	頦	180	鹇	鷴
181	阑	闌	182	阒	闃	183	阔	闊	184	粪	糞
185	鹈	鵜	186	窜	竄	187	窝	窩	188	喾	嚳
189	愤	憤	190	愦	憒	191	滞	滯	192	湿	濕
193	溃	潰	194	溅	濺	195	溇	漊	196	湾	灣
197	谟	謨	198	裢	褳	199	裣	襝	200	裤	褲
201			202	禅	禪	203	谠	讜	204	谡	謖
205	谢	謝	206	谣	謠	207	谤	謗	208	谥	謚
209	谦	謙	210	谧	謐	211	属	屬	212	屡	屢
213			214	巯	巰	215	毵	毿	216	翚	翬
217	骛	鶩	218	缂	緙	219	缃	緗	220	缄	緘
221	缅	緬	222	缆	纜	223	缇	緹	224	缈	緲
225	缉	緝	226	缊	縕	227	缌	緦	228	缎	緞
229	缑	緱	230	缓	緩	231	缒	縋	232	缔	締
233	缕	縷	234	骗	騙	235	编	編	236	缗	緡
237	骚	騷	238	缘	緣	239	飨	饗	240		

13 畫

001			002	鹉	鵡	003	鶄	鶄	004	韫	韞
005	骜	驁	006	摄	攝	007	摅	攄	008	摆	擺
009	襬	襬	010	赪	赬	011	摈	擯	012	毂	轂
013	摊	攤	014	鹊	鵲	015	蓝	藍	016	蓦	驀
017	鹋	鶓	018	蓟	薊	019	蒙	矇	020	蒙	濛
021	蒙	懞	022	颐	頤	023	献	獻	024	蓣	蕷
025	榄	欖	026	榇	櫬	027	榈	櫚	028	楼	樓
029	榉	櫸	030	赖	賴	031	碛	磧	032	碍	礙
033	碜	磣	034	鹌	鵪	035	尴	尷	036		
037	雾	霧	038	辏	輳	039	辐	輻	040	辑	輯
041	输	輸	042	频	頻	043	龃	齟	044	龄	齡
045	龅	齙	046	龆	齠	047	鉴	鑒	048	韪	韙
049	嗫	囁	050	跷	蹺	051	跸	蹕	052	跹	躚
053	蜗	蝸	054	嗳	噯	055	赗	賵	056	锗	鍺
057	错	錯	058			059	锚	錨	060	锛	錛
061	锝	鍀	062	锞	錁	063	锟	錕	064	锡	錫
065	锢	錮	066	锣	鑼	067	锤	錘	068	锥	錐
069	锦	錦	070	锧	鑕	071			072	锫	錇
073	锭	錠	074	键	鍵	075	锯	鋸	076	锰	錳
077	锱	錙	078	辞	辭	079	颓	頹	080	穇	穇
081	筹	籌	082	签	簽	083	签	籤	084	简	簡
085	觎	覦	086	颔	頷	087	腻	膩	088	鹏	鵬
089	腾	騰	090	鲅	鮁	091	鲆	鮃	092	鲇	鮎
093	鲈	鱸	094	鲊	鮓	095	稣	穌	096	鲋	鮒
097	鲫	鯽	098	鲍	鮑	099	飕	颼	100	鲐	鮐
101	颖	穎	102	雏	雛	103	馎	餺	104	飗	飀
105	触	觸	106	馐	饈	107	酱	醬	108	馍	饃
109	馏	餾	110	瘆	瘮	111	鹒	鶊	112	鹑	鶉
113	瘅	癉	114	阙	闕	115	誊	謄	116	阖	闔
117	阗	闐	118	滟	灩	119	滠	灄	120	粮	糧
121	数	數	122	滥	濫	123	滗	潷	124	满	滿
125	滤	濾	126	滨	濱	127	滩	灘	128	泺	濼
129	漓	灕	130	誉	譽	131	鲎	鱟	132	濒	瀕
133	慑	懾	134	窥	窺	135	窦	竇	136	骞	騫

137	寝	寢	138	谪	謫	139	谫	謭	140	谨	謹
141	谩	謾	142	嫒	嬡	143	嫔	嬪	144	谬	謬
145	辟	闢	146	缚	縛	147	缛	縟	148	缙	縉
149	缜	縝	150	骝	騮	151	缞	縗	152	辔	轡
153	缝	縫	154	缡	縭	155	缢	縊	156	缟	縞
157	缠	纏	158	骗	騙	159	缣	縑	160	缤	繽
161			162			163			164		

14 畫

001	瑷	璦	002	赘	贅	003	觏	覯	004	韬	韜
005	叆	靉	006	墙	墻	007	撄	攖	008	蔷	薔
009	蔑	衊	010	蔹	蘞	011	蔺	藺	012	蔼	藹
013	鸷	鷙	014	槚	檟	015	槛	檻	016	槟	檳
017	槠	櫧	018	酽	釅	019	酾	釃	020	酿	釀
021	霁	霽	022	愿	願	023	殡	殯	024	辕	轅
025	辖	轄	026	辗	輾	027	龇	齜	028	龈	齦
029	䴗	鶪	030	颗	顆	031	䁖	瞜	032	暧	曖
033	鹖	鶡	034	踌	躊	035	踊	踴	036	蜡	蠟
037	蝈	蟈	038	蝇	蠅	039	蝉	蟬	040	鹗	鶚
041	嘤	嚶	042	罴	羆	043	赙	賻	044	罂	罌
045	赚	賺	046	鹘	鶻	047	锲	鍥	048	锴	鍇
049	锶	鍶	050	锷	鍔	051	锹	鍬	052	锸	鍤
053	锻	鍛	054	锼	鎪	055	锾	鍰	056	锵	鏘
057	锿	鎄	058	镀	鍍	059	镁	鎂	060	镂	鏤
061	镃	鎡	062	镄	鐨	063	镅	鎇	064	鹙	鶖
065	稳	穩	066	箦	簀	067	箧	篋	068	箨	籜
069	箩	籮	070	箪	簞	071	箓	籙	072	箫	簫
073	舆	輿	074	膑	臏	075	鲑	鮭	076	鲒	鮚
077	鲔	鮪	078	鲖	鮦	079	鲗	鰂	080	鲙	鱠
081	鲚	鱭	082	鲛	鮫	083	鲜	鮮	084	鲟	鱘
085	飗	飀	086	馑	饉	087	馒	饅	088	銮	鑾
089	瘗	瘞	090	瘘	瘻	091	阚	闞	092	糁	糝
093	鹚	鶿	094	潇	瀟	095	潋	瀲	096	潍	濰
097	赛	賽	098	窭	窶	099	谭	譚	100	谮	譖
101	樻	樻	102	褛	褸	103	谯	譙	104	谰	讕
105	谱	譜	106	谲	譎	107	鹛	鶥	108	嫱	嬙
109	鹜	鶩	110	缥	縹	111	骠	驃	112	缦	縵
113	骡	騾	114	缨	纓	115	骢	驄	116	缩	縮
117	缪	繆	118	缫	繅						

15 畫

001	耧	耬	002	璎	瓔	003	叇	靆	004	撵	攆
005	撷	擷	006	撺	攛	007	聩	聵	008	聪	聰
009	觐	覲	010	鞑	韃	011	鞒	鞽	012	赜	賾
013	蕴	蘊	014	樯	檣	015	樱	櫻	016	飘	飄
017			018	魇	魘	019	餍	饜	020	霉	黴
021	辘	轆	022	龉	齬	023	龊	齪	024	觑	覷
025	瞒	瞞	026	题	題	027	颙	顒	028	踬	躓
029	踯	躑	030	蝾	蠑	031	蝼	螻	032	噜	嚕
033	嘱	囑	034	颛	顓	035	镊	鑷	036	镇	鎮
037	镉	鎘	038	镋	钂	039	锈	銹	040	镍	鎳
041	镎	鎿	042	镏	鎦	043	镐	鎬	044	镑	鎊
045	镒	鎰	046	镓	鎵	047	镔	鑌	048		
049	篑	簣	050	篓	簍	051			052	鹡	鶺
053	鹞	鷂	054	鲠	鯁	055	鲡	鱺	056	鲢	鰱

057	鲥	鰣	058	鲤	鯉	059	鲦	鰷	060	鲧	鯀
061	鲩	鯇	062	鲫	鯽	063	馓	饊	064	馔	饌
065	瘪	癟	066	瘫	癱	067	齑	齏	068	颜	顏
069	鹈	鵜	070	鲨	鯊	071	澜	瀾	072	额	額
073	谳	讞	074	褴	襤	075	谴	譴	076	鹤	鶴
077	谵	譫	078	屦	屨	079	缬	纈	080	缭	繚

16 畫

001	薮	藪	002	擞	擻	003	颞	顳	004	颟	顢
005	鹥	鷖	006	颠	顛	007	橹	櫓	008	橼	櫞
009	錾	鏨	010	赝	贗	011	飙	飆	012	豮	豶
013	螨	蟎	014	辙	轍	015	辚	轔	016	鹾	鹺
017	镖	鏢	018	鹦	鸚	019	赠	贈	020	镞	鏃
021	镛	鏞	022	镗	鏜	023	镘	鏝	024	篮	籃
025	氇	氌	026	镜	鏡	027	镝	鏑	028	鲮	鯪
029	篱	籬	030	赞	贊	031	穑	穡	032	鲳	鯧
033	鲰	鯫	034	魉	魎	035	鲭	鯖	036	鲸	鯨
037	鲵	鯢	038	鲱	鯡	039	鲲	鯤	040	瘿	癭
041	鲻	鯔	042	鲶	鯰	043	鲷	鯛	044	濑	瀨
045	瘾	癮	046	獭	獺	047	鹧	鷓	048	鹨	鷚
049	濒	瀕	050	斓	斕	051	辩	辯	052	缲	繰
053	颡	顙	054	懒	懶	055	黉	黌	056	缱	繾
057	缳	繯	058	缰	繮	059	缴	繳	060		

17 畫

001	藓	蘚	002	鹩	鷯	003	龋	齲	004	龌	齷
005	瞩	矚	006	蹒	蹣	007	蹑	躡	008	蟏	蠨
009	镣	鐐	010	羁	羈	011	赡	贍	012	镢	鐝
013	镧	鑭	014	镤	鏷	015	镥	鑥	016	镦	鐓
017	镪	鏹	018	镫	鐙	019	镨	鐠	020	鹪	鷦
021	䲠	鰆	022	鲽	鰈	023	簖	籪	024	鳃	鰓
025	鳇	鰉	026	鳄	鰐	027	鲙	鱠	028	鳆	鰒
029	辫	辮	030	鳅	鰌	031	鳅	鰍	032	鹜	鶩
033	滤	濾	034	赢	贏	035	鳊	鯿	036	鹬	鷸

18 畫

001	鳌	鰲	002	鞯	韉	003	黡	黶	004	䜩	讌
005	颢	顥	006	鹭	鷺	007	嚣	囂	008	髅	髏
009	镬	鑊	010	镭	鐳	011	镮	鐶	012	镯	鐲
013	镰	鐮	014	镱	鐿	015	雠	讎	016	腾	騰
017	鳍	鰭	018	鳎	鰨	019	鳏	鰥	020	鹱	鸌
021	鳒	鰜	022	鹯	鸇	023	鹰	鷹	024	癞	癩

19 畫-25 畫

001	攒	攢	002	霭	靄	003	鳖	鱉	004	蹿	躥
005	巅	巔	006	髋	髖	007	髌	髕	008	缵	纘
009	籁	籟	010	鳘	鰵	011	鳓	鰳	012	鳔	鰾
013	鳕	鱈	014	鳗	鰻	015	鳙	鱅	016	鳛	鰼
017	颤	顫	018	癣	癬	019	谶	讖	020	骥	驥

001	瓒	瓚	002	鬓	鬢	003	颥	顬	004	鼍	鼉
005	黩	黷	006	镳	鑣	007	镴	鑞	008	臜	臢
009	鳜	鱖	010	鳝	鱔	011	鳞	鱗	012	鳟	鱒

001	[illegible]	[illegible]	002	躏	躪	003	鳢	鱧	004	鳣	鱣
005	癫	癲	006	赣	贛	007	灏	灝	001	鹳	鸛

001	趱	趲	002	颧	顴	003	躜	躦			

001	䦆	钁	002	馕	饢	003	戆	戇			

國家圖書館出版品預行編目資料

大學國文與應用文／黃連忠編撰 -- 初版． -
臺北市：萬卷樓, 2009.07
面；　公分
ISBN 978 - 957 - 739 - 654 - 9 (平裝)
1.國文科　2.讀本　3.漢語　4.應用文　5.公文程式

836　98011036

大學國文與應用文

撰　　者：黃連忠
發 行 人：陳滿銘
出 版 者：萬卷樓圖書股份有限公司
臺北市羅斯福路二段 41 號 6 樓之 3
電話 (02)23216565 · 23952992
傳真 (02)23944113
劃撥帳號：15624015
出版登記證：新聞局局版臺業字第 5655 號
網　　址：http://www.wanjuan.com.tw
E-mail：wanjuan@tpts5.seed.net.tw
承印廠商：中茂分色製版印刷事業股份有限公司
定　　價：460 元
出版日期：2009 年 7 月初版

ISBN 978 - 957 - 739 - 654 - 9